Chefsache Prävention II

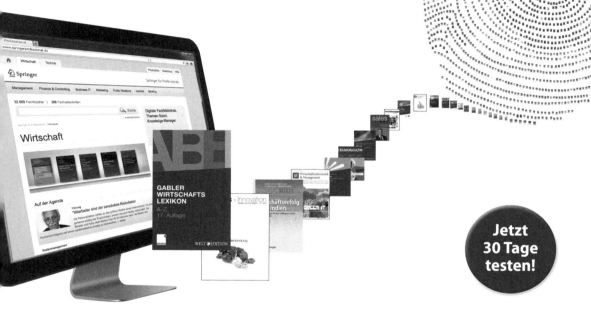

Peter Buchenau
Herausgeber

Chefsache Prävention II

Mit Vorsorgemaßnahmen zum persönlichen und unternehmerischen Erfolg

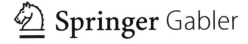

Herausgeber
Peter Buchenau
The Right Way GmbH
Waldbrunn, Deutschland

ISBN 978-3-658-03613-3 ISBN 978-3-658-03614-0 (eBook)
DOI 10.1007/978-3-658-03614-0

Die Deutsche Nationalbibliothek verzeichnet diese Publikation in der Deutschen Nationalbibliografie; detaillierte bibliografische Daten sind im Internet über http://dnb.d-nb.de abrufbar.

Springer Gabler
© Springer Fachmedien Wiesbaden 2015
Das Werk einschließlich aller seiner Teile ist urheberrechtlich geschützt. Jede Verwertung, die nicht ausdrücklich vom Urheberrechtsgesetz zugelassen ist, bedarf der vorherigen Zustimmung des Verlags. Das gilt insbesondere für Vervielfältigungen, Bearbeitungen, Übersetzungen, Mikroverfilmungen und die Einspeicherung und Verarbeitung in elektronischen Systemen.

Die Wiedergabe von Gebrauchsnamen, Handelsnamen, Warenbezeichnungen usw. in diesem Werk berechtigt auch ohne besondere Kennzeichnung nicht zu der Annahme, dass solche Namen im Sinne der Warenzeichen- und Markenschutz-Gesetzgebung als frei zu betrachten wären und daher von jedermann benutzt werden dürften.

Lektorat: Stefanie Brich, Claudia Hasenbalg
Einbandabbildung: fotolia.de

Gedruckt auf säurefreiem und chlorfrei gebleichtem Papier.

Springer Gabler ist eine Marke von Springer DE. Springer DE ist Teil der Fachverlagsgruppe Springer Science+Business Media
www.springer-gabler.de

Vorwort

Ich habe mich gefreut, dass mein Buch – Chefsache Prävention I – Wie Prävention zum unternehmerischen Erfolgsfaktor wird – so positive Resonanz erzeugt hat, deswegen möchte ich Ihnen den zweiten Teil nicht vorenthalten.

Das verantwortungsvolle Handeln im und mit dem eigenen Unternehmen bedeutet auch, Prävention zur Chefsache zu machen. Wie die Kunst, sich selbst zu motivieren und sich selbst gesund (im Kontext von Führung und Eigenverantwortung) zu halten, funktioniert, habe ich Ihnen bereits in meinem ersten Buch mit an die Hand gegeben. Direkt aus der Praxis zeigen dort meine Kollegen und ich Ihnen Wege, wie Sie sich beispielsweise durch körperliche Prävention und einen „Wartungsvertrag für sich selbst" buchstäblich in Schuss halten können. Wie Sie durch Beziehungen für Ihren unternehmerischen Erfolg sorgen können und Achtsamkeit der Schlüssel zu nachhaltigen Erfolgen werden kann.

Wir sind ein Netzwerk von (Ex-)Führungskräften, die sich mit verantwortungsvoller Führung und somit auch der Prävention beschäftigen. Wir kommen aus unterschiedlichen Branchen und haben sehr unterschiedliche Werdegänge. Unsere Fachreihe ist von der Praxis für die Praxis und richtet sich an Menschen mit Personal- und Sachverantwortung, auch Führungskräfte genannt – und natürlich die, die es werden möchten. Um uns etwas näher miteinander bekannt zu machen, hier ein paar Informationen über uns:

Petra Barsch kann auf insgesamt 10 Jahre Erfahrung in der Personalführung, -entwicklung und -beschaffung zurückblicken. Sie schreibt über die Zukunft des Personals, wie Unternehmen damit umgehen und Nutzen daraus ziehen können.

Ralf Gasche blickt auf eine mehr als 30-jährige Karriere im Bereich Führung zurück und ist seit 12 Jahren als Business-Coach und Berater für große und mittelständische Unternehmen aktiv. Ralf Gasche kennt den Spagat und die damit verbundenen Probleme, denen Führungskräfte ausgesetzt sind, er zeigt Techniken auf um dieser Überlastung vorzubeugen.

Suzanne Grieger-Langer arbeitet als Profiler, Redner und CXO-Consultant. Ihre Erfahrungen und Erfolge als Consultant und Coach für Führungskräfte und Lehraufträge an den renommiertesten Hochschulen Europas sprechen für Ihre Expertise. Sie schreibt über Macht und Menschen, und wie Sie sich vor Tricksern schützen können.

Roman Kmenta Der Ideendesigner hat in seiner Karriere mehrere erfolgreiche Start-Ups gegründet, sowie internationale Trainerorganisationen aufgebaut. Führungskräfte und Teilnehmer seiner Vorträge haben ihn als Experten kennen- und schätzen gelernt. Er zeigt die sieben Todsünden der erfolgreichen Veränderung auf, und wie Sie diesen vorbeugen können.

Josua Kohberg gilt als „Selfmademan der Neurowissenschaft" und hat mehr als zwei Jahrzehnte Erfahrung als Unternehmer sowie in der Forschung und Entwicklung. Josua Kohberg trimmt Ihren Kopf auf Veränderung und Prävention mit Erkenntnissen der Neurowissenschaft.

Richard Lechner hat mehr als 20 Jahre Erfahrung in der Steuer-, und Wirtschaftsprüfung und arbeitete auch für eine der führenden Unternehmensberatungen Deloitte & Touche. Er schreibt über die Einblicke und Erfahrungen eines Steuerberaters und wie Cockpitcontrolling Ihr Leben vereinfacht.

Jürgen Linsenmaier gründete schon als Student sein erstes Unternehmen: einen Verlag. Alle Zeitschriften, die er in seiner Verleger-Laufbahn konzipiert hat, sind – nach inzwischen 30 Jahren – immer noch am Markt bedeutend platziert. Er befasst sich mit Reputation und wie Sie sich und Ihrem Unternehmen Reputation erarbeiten, erhalten und effektiv einsetzen können.

Dr. Gerlinde Manz-Christ bietet Coachings, Trainings, Beratung und Vorträge rund um das Thema Diplomatie für Wirtschaft und Politik sowie Krisenmanagement an. Die ehemalige Diplomatin erläutert im Interview, wie optimale Kommunikation aussieht und was Public Diplomacy bedeutet.

Jochen Metzger arbeitete als Redakteur und Ressortleiter. Seit 2008 ist er freier Journalist und Autor u. a. für Psychologie Heute, Zeit Wissen, P.M.-Magazin, Vital, Focus Schule. Er erklärt wie Performance Coaching funktioniert und wie Sie sich vom Alleskönner-Virus kurieren können.

Monika Mischek besitzt insgesamt mehr als 20 Jahre Berufserfahrung u. a. in den Bereichen, Personal-, Persönlichkeits- und Organisationsentwicklung, Change Management und Kommunikation bei führenden Unternehmen und Institutionen. Sie gibt ein Plädoyer für mehr als nur Über-Leben im Unternehmen: Wie Sinn präventiv wirkt.

Ralf Ohrmann ist Fitness und Personal Trainer und kehrte erst vor kurzem von einer spannenden Zeit von der Fußball-WM in Brasilien zurück. Er erläutert, warum Sie bewegt bleiben sollten.

Kurt Steindl war mehr als 15 Jahre in leitenden Funktionen in der Hotellerie und Gastronomie tätig und gründete Gastlichkeit & Co, eines der erfolgreichsten Weiterbildungsinstitute Österreichs. Kurt Steindl schreibt, wie Sie Werte für sich und Ihr Unternehmen nutzen können, und wie einfach Mitarbeitermotivation funktionieren kann.

Mario Tutas ist Steuerberater und gründete die erste Wirtschaftsprüfungsgesellschaft in Cuxhaven. Dieses Jahr wurde sein Unternehmen als „Bester Arbeitgeber 2014" von Great Place To Work ausgezeichnet. Mario Tutas zeigt, wie Sie richtig mit übersteckten Erwartungen umgehen und das im Auge behalten, was für das Unternehmen wichtig ist – und d. h. auch manchmal andere gehen zu lassen.

Im zweiten Teil Chefsache Prävention II zeigen wir Ihnen auf, wie Sie Ihr Personal bestmöglich einsetzen und leistungsfähig erhalten können. Wir sprechen über den „guten Ruf" und wie Sie sich präventiv vor scheinbar ausweglosen Situationen schützen können. Hierzu gehört auch veränderungsbereit zu bleiben und Krisen zu nutzen, anstatt sich von Ihnen einschüchtern zu lassen. Zudem versuchen wir Ihnen nahezulegen, wie wichtig Werte im Unternehmensalltag sind und wie Sie sie für den Unternehmenserfolg nutzen können.

Bei folgendem Fall aus der Hotellerie zeigt sich, wie verheerend negativ gestimmte Mitarbeiter sein können und wie wichtig Employer Branding in der heutigen Zeit ist, um auf dem Bewerbermarkt gefragt zu sein und auch zu bleiben. In einer renommierten Hotelkette erlebte ich, wie das gesamte Verkaufsbüro bis auf die Führungskraft, kündigte. Eingeleitet wurde dies durch die Kündigung eines sehr unzufriedenen Mitarbeiters. Binnen drei Monaten gab es keinen Verkäufer mehr und das Unternehmen hatte Probleme neue zu finden. Zu vermuten ist, dass auch das Image des Unternehmens bei potenziellen Bewerbern aus der Branche durch den Vorfall gelitten hatte. Nachdem neue Verkäufer gefunden waren, entstand schnell unter den Beschäftigten in anderen Abteilungen das Bild, dass diese unzufrieden sind. Dies bestätigte sich durch eine Befragung, durchgeführt von der Personalabteilung. Nach einer weiteren gemeinschaftlichen Befragung der neuen Verkäufer war in den Raum gestellt, dass die zuständige Führungskraft den Mitarbeitern wenig Raum für neue Ideen ließe, und Meetings eher einer Ohrfeige gleichkamen als einer produktiven Zusammenarbeit. Zudem versuchte die Führungskraft die Mitarbeiter gegeneinander aufzuhetzen.

Der Fisch fängt vom Kopf an zu stinken, allerdings gibt es Methoden, wie sich der Kopf immer wieder seiner Richtung und Ausstrahlung bewusst werden kann. Wieso musste es soweit kommen? Umfragen hinsichtlich der Zufriedenheit und somit auch Leistungsfähigkeit der Mitarbeiter sind heute eigentlich normal – sollte man meinen. Leider ist für viele Unternehmen die Abteilung, die das Personal in ihrem Namen trägt, ein Apparat der Verwaltung geworden. Natürlich, es gibt andere Ansätze. Fakt ist aber, dass in unserem Beispiel das Unternehmen zu wenig Wert auf die Führung und die Mitarbeiter gelegt hat. Sonst hätte die entsprechende Führungskraft die Anzeichen für die anstehenden Kündigungen erkannt; und die – in diesem Fall – Personalabteilung, hätte über rechtzeitig gestellte Umfragen bereits feststellen können, dass es in der entsprechenden Abteilung Probleme mit der Führung gibt.

Kommunikation, Denkanstöße und Reflexion – ein geeignetes Coaching hätte die Führungskraft und die Mitarbeiter eventuell wieder zusammengebracht. Andernfalls hätte dann nach einer anderen Lösung gesucht werden müssen, aber mit mehr Karten auf der Hand.

Haben Sie Mut zur Veränderung und lernen Sie Krisen erfolgreich zu überwinden, und vor allem einen Nutzen aus ihnen zu ziehen. Es ist Souveränität, Offenheit und Kommunikation und nicht zu vergessen Menschenkenntnis gefragt. Dabei sollten Sie aber immer der Chef bleiben!

An dieser Stelle möchten ich und meine Kollegen uns bei unseren Klienten und auch Trainingsteilnehmern bedanken ohne die unsere Bücher nicht möglich gewesen wären. Wir alle lernen aus Erfahrungen und von Menschen, die Erfahrungen mit uns teilen.

Peter Buchenau   Waldbrunn, im August 2014

Inhaltsverzeichnis

1	**Zukunft Personal ???**	1
	Petra Barsch	
2	**Achtsam leben, klug entscheiden, mutig handeln!**	23
	Ralf Gasche	
3	**Prävention – 007 statt 08|15**	49
	Suzanne Grieger-Langer	
4	**Die 7 Todsünden erfolgreicher Veränderung**	69
	Roman Kmenta	
5	**Nachhaltige Prävention beginnt im Kopf**	93
	Josua Kohberg	
6	**Methode statt Geheimnis – Erfahrungen eines Steuerberaters**	115
	Richard Lechner	
7	**Wer einen guten Ruf hat, ist besser vor Wettbewerbern und negativen Folgen geschützt**	135
	Jürgen Linsenmaier	
8	**Interview mit Dr. Gerlinde Manz-Christ**	153
	Gerlinde Manz-Christ	
9	**Zwischen Alleskönner und Performancecoach – verkaufen, führen, stolpern?**	169
	Jochen Metzger	
10	**Sinn wirkt präventiv**	183
	Monika Mischek	
11	**Bewegung ist Leben**	205
	Ralf Ohrmann	

12	**Wer Leistung will, muss Sinn stiften** 219
	Kurt Steindl
13	**Starke Chefs sind schwach, aber glücklich!** 241
	Mario Tutas

Zukunft Personal ???

Petra Barsch

Inhaltsverzeichnis

1.1	Stand der Dinge?	1
1.2	Folgen für Unternehmen	2
1.3	Was tun?	3
1.4	Mediennutzung im Visier	7
1.5	Von Mensch zu Mensch?	13
1.6	Mitarbeiterbindung	14
1.7	Fazit	18
1.8	Über den Autor	20
Literatur		20

Manfred Maus (Begründer von OBI) sagte einmal in einem Vortrag „Produkte und Dienstleistungen werden in der heutigen Zeit immer austauschbarer, der technische Innovationsvorsprung schwieriger und die Konkurrenz immer enger. Wer heute auf dem Markt bestehen will, muss auf die einzige Ressource setzen, die nicht so leicht austauschbar ist – die Mitarbeiter."

1.1 Stand der Dinge?

Der heutige Stellenbesetzungsmarkt ist schwer zu durchschauen. Auf der einen Seite gibt es die Unternehmen, die über einen Fachkräftemangel klagen, auf der anderen Seite ärgern sich Bewerber über mangelndes Interesse an ihren Qualifikationen. Eine Entwicklung, die sich zuzuspitzen scheint, bei der man aber den Eindruck gewinnt, dass sich keine der beiden Parteien ernsthaft auf die andere zubewegt.

Petra Barsch ✉
Schivelbeiner Str. 42, 10439 Berlin, Deutschland
e-mail: post@petrabarsch.de

© Springer Fachmedien Wiesbaden 2015
P. Buchenau (Hrsg.), *Chefsache Prävention II*, DOI 10.1007/978-3-658-03614-0_1

Schauen wir uns zuerst die Zahlen an: Tatsächlich unterscheiden sich hier die Statistiken nicht sehr voneinander. Die Unternehmen verkünden, dass die Stellenbesetzung schwerer geworden ist, wobei zwischen Großkonzernen und kleinen und mittelständischen Unternehmen zu unterscheiden ist. Während sich bei den Großen noch ausreichend Bewerber melden, klagen die Mittelständler über zunehmende Schwierigkeiten bei der Stellenbesetzung. Kommt dann noch eine ländliche Lage dazu, wird es schon fast unmöglich geeignete Mitarbeiter zu finden. Hier trifft man auf folgendes Verhältnis der besetzten Vakanzen, so sind es bei den Ersteren noch 85 %, bei der zweiten Gruppe nur noch 77 %.

Schaut man sich die Arbeitslosenstatistik an, liegt der Anteil der arbeitslosen Hochschulabsolventen bei 8 %, während der Anteil der Menschen mit Fachabschlüssen bei 62 % der Gesamtarbeitslosen liegt (Statistik der BA, Mai 2012). Die Auswertung von Stellenanzeigen zeigt, dass vor allem Akademiker aus der IT oder Ingenieure gesucht werden. Was darauf hindeuten könnte, dass es gar keinen generellen Fachkräftemangel gibt, sondern nur einen partiellen (Engpassreport der BA. September 2012).

Umfrageergebnisse unter Unternehmen ergeben, dass sich die Unternehmen des demografischen Wandels bewusst sind und sie in der Zukunft mit deutlich größeren Engpässen zu rechnen haben. Laut der Bundesagentur für Arbeit wird sich die Zahl der fehlenden Arbeitskräfte weiter erhöhen und bis 2025 auf 6,5 Millionen summiert haben (IAB). Eine Größenordnung, die auch mit einwandernden Fachkräften kaum zu decken sein wird, zumal eingeschätzt wird, dass diese Einwanderer eher temporär in Deutschland bleiben und in ihre Heimat zurückkehren, sobald sich dort die wirtschaftlichen Verhältnisse gebessert haben. Auch ist aufgrund der immer noch nicht allgemein anerkannten Abschlüsse fraglich, inwieweit hier der Mangel behoben werden kann. Denn, was sich nicht so schnell ändern lässt, ist der Geburtenrückgang in den letzten Jahren. Die Welt stellt in einem Artikel fest, dass die Geburtendifferenz weiter gestiegen ist. Der Autor schlussfolgert, dass der Geburtenanstieg faktisch nicht zu einer Zunahme der Bevölkerung geführt hat, da die Zahl der Neugeborenen immer noch unter denen der Todesfälle liegt (Kamann 2014).

1.2 Folgen für Unternehmen

Was bedeutet diese Entwicklung nun für den Arbeitgeber? Früher konnten Unternehmen unter den Bewerbern auswählen, heute ist es umgekehrt, der Bewerber sucht sich das für ihn passende Unternehmen aus. Die Praxis zeigt, dass Veränderungen nur schwer in Gang kommen, obwohl sich Unternehmen der Entwicklung durchaus bewusst sind, ebenso wie sie erkennen, dass sie mit den jetzigen Methoden der Personalgewinnung und Personalbindung nicht wirklich weiterkommen.

Doch nicht nur die zunehmende „Vergreisung" der Gesellschaft stellt Unternehmen vor große Herausforderungen, die junge Generation vollzieht auch noch einen Wertewandel – die Generation Y erscheint als das zweite Schreckgespenst. Individualisierung der Arbeit, Mitredenwollen bei Inhalten, flexible Arbeitszeiten und Arbeitsorte stellen sie in den Mittelpunkt ihrer Entscheidungen für einen Arbeitgeber. Individuelle, den Lebensumständen angepasste Karrierewege, Transparenz und persönliche Entwicklungsmöglichkeiten bestimmen ihre beruflichen Vorstellungen. Der Arbeitsumgebung und dem Arbeitsklima werden mehr Bedeutung beigemessen als Hierarchien und auch die Rolle von Vorgesetzten wird infrage gestellt.

Also doppelter Angriff auf bisher funktionierende Methoden der Mitarbeitersuche. Bereits in den letzten Jahren haben Arbeitgeber ihre Anstrengungen Personal zu finden verdoppelt, ja verdreifacht. Stellenanzeigen werden breiter gestreut, die Messepräsenz ist häufiger und aufwendiger geworden, vor allem aber werden Personalvermittler und Headhunter beauftragt. (Laut Index-Personalmarketing–Report 2013 werden zwei Drittel des Budgets für Stellenanzeigen, Karrieremessen und Personalberater ausgegeben.) Die damit verbundene Ressourcennutzung steigert sich unaufhörlich und es ist absehbar, dass die wirtschaftliche Erträglichkeit bald erreicht ist.

Neue Entwicklungen sind bereits in Gang gesetzt, Megatrends der Personalarbeit in der Zukunft identifiziert und nun geht es um deren Umsetzung. Doch hier haben Unternehmen die Qual der Wahl, derzeit gibt es zahlreiche Trends, die die Personalarbeit der nächsten Jahre nachhaltig und langfristig beeinflussen könnten. Welche sich als Modeerscheinung entpuppen und welche an Bedeutung gewinnen werden, ist schwierig zu unterscheiden. Studien kommen bei der Bewertung zu teilweise unterschiedlichen Ergebnissen. Einig sind sie sich in der Bestimmung der folgenden Megatrends:

- Employer Branding,
- Proaktives Recruiting und Mitarbeiterbindung,
- Talent Management,
- Flexibilisierung der Arbeit und der Arbeitszeit,
- Individualisierung der Personalarbeit,
- Altersstrategien im Zeichen des demografischen Wandels,
- Verstärkte Werte- und Sinngebung.

In einigen Studien wird außerdem der Digitalisierung und Social Media ein hoher Stellenwert eingeräumt.

1.3 Was tun?

1.3.1 Employer Branding

Employer Branding ist dabei als wesentlicher und wichtigster Trend anerkannt und die Definierung und Einführung ist bereits vielerorts vorgesehen. Was aber ist Employer Branding? 2006 definierte die DEBA erstmals im deutschsprachigen Raum den Begriff des Employer Brandings.

▶ **Employer Branding** Ist die identitätsbasierte, intern wie extern wirksame Entwicklung und Positionierung eines Unternehmens als glaubwürdiger und attraktiver Arbeitgeber.

Kern des Employer Brandings ist immer eine die Unternehmensmarke spezifizierende oder adaptierende Arbeitgebermarkenstrategie. Entwicklung, Umsetzung und Messung dieser Strategie zielen unmittelbar auf die nachhaltige Optimierung von Mitarbeitergewinnung, Mitarbeiterbindung, Leistungsbereitschaft und Unternehmenskultur sowie die Verbesserung des Unternehmensimages. Mittelbar steigert Employer Branding außerdem Geschäftsergebnis sowie Markenwert (DEBA 2006).

Im Employer Branding wird der Arbeitgeber selbst zur Marke. Das heißt, wie für die Marke im Konsumgüterbereich müssen Merkmale definiert werden. Farbe, Geruch, Verpackung, Buchstaben und Hörzeichen usw. sind solche Markenzeichen. Wie aber definiert man eine Arbeitgebermarke? Bei der Auswahl eines Arbeitgebers wird sicherlich nach anderen Merkmalen entschieden als beim Kauf einer Waschmaschine. Bei beiden geht es allerdings darum, die richtige Entscheidung zu treffen. Markenkennzeichen sollen und können dabei helfen. Sie sollen eine größtmögliche Sicherheit bei der Entscheidung geben. Bei Arbeitgebern ist dies hinsichtlich einer Beurteilung nicht so einfach, denn Menschen haben wenig Einblicke in die wirkliche Arbeitswelt der einzelnen Unternehmen. Sie wissen nicht, wie es ist dort zu arbeiten, wie es sich anfühlt jeden Morgen durch diese Tür zu gehen, in einem Raum mit Kollegen zu sitzen, die man zum Zeitpunkt der Einstellung oft gar nicht kennt. Publik werden Unternehmen meist durch die Presse, durch Selbstdarstellungen oder durch Bekannte, die dort arbeiten. Heute gibt es Plattformen wie kununu, meinchef und jobvoting, auf denen sich Arbeitnehmer und ehemalige Mitarbeiter über Unternehmen äußern.

Jährlich befragt das trendence Institut in Zusammenarbeit mit dem Stipendiennetzwerk e-follows.net Berufseinsteiger nach ihren Karriereplänen und Wunscharbeitgebern. Alarmierend für Arbeitgeber ist, dass nur 53 % der Befragten ihren Arbeitgeber an Freunde und Bekannte weiterempfehlen würden, und das, obwohl Arbeitgeber längst erkannt haben, dass Mitarbeiter die wichtigste Ressource sind. Eine gute Arbeitgebermarke ist nicht nur im Kampf um die Talente ein guter Anziehungspunkt, auch führt sie zu höherer Motivation und senkt die Fluktuation.

Als Faktoren, die für eine gute Arbeitgebermarke ausschlaggebend sind, gelten Führungskultur, berufliche und persönliche Entwicklungsmöglichkeiten und Work-Life-Balance, Bekanntheit, Arbeitgeberimage. Weitere Handlungsfelder, die für eine Markenbildung nutzbar sein können, sind Vereinbarkeit von Beruf und Familie, Diversity Management, Home-Office, Willkommenskultur oder Gesundheits- und Altersvorsorge.

Ein wichtiger Ausgangspunkt für die Definition einer Arbeitgebermarke sind die oben genannten Arbeitgebereigenschaften. Diese werden beantwortet, wenn Mitarbeiter gefragt werden, warum sie gerne in dem bestimmten Unternehmen arbeiten. Wenn er nach 15 Jahren immer noch gern in dem Unternehmen arbeitet und auch sagen kann warum, sind die Antworten auf diese Fragen meist ganz klar und kommen aus folgenden Kategorien:

Unternehmen: Image, Produkte, Dienstleistungen, Standort, Erfolg, Marktposition, Arbeitsplatzsicherheit, Kunden

Tab. 1.1 Erwartungen an den Führungsstil (Quelle: trendence 2013)

Motivation der Mitarbeiter	84,0 %
Soziale Kompetenz, Dialog, Einbindung der Mitarbeiter	81,1 %
Feedbackkultur	76,3 %
Transparenz	66,7 %
Vorbildfunktion	64,7 %
Fachkompetenz	63,8 %

Tab. 1.2 Work-Life-Balance-Aspekte (Quelle: trendence 2013)

Flexible Arbeitszeiten, Arbeitszeitkonten	74,0 %
An Wochenenden und nach Feierabend nicht erreichbar sein zu müssen	62,4 %
Möglichkeit zum Home-Office	61,8 %
Familienfreundliche Kultur	59,9 %
Keine Nacht- und Wochenendarbeit	52,4 %

Mitarbeiter: Zusammenarbeit, Qualifikationsniveau, Persönlichkeiten von Kollegen und Chefs

Aufgaben: anspruchsvolle Aufgaben, Einflussmöglichkeiten, Innovationen

Leistungen für Mitarbeiter: Weiterbildungsmöglichkeiten, Work-Life-Balance, Lohn- und Gehaltsgefüge, Zusatzleistungen, Home-Office, flexible Arbeitszeiten

Werte: Unternehmenskultur, Führungskultur

Alle genannten Merkmale definieren aber unterschiedliche Zielgruppen verschieden, so z. B. besteht laut dem trendence Young Professional Barometer 2013 gute Führung in erster Linie aus der Fähigkeit zu motivieren, dem Vorhandensein sozialer Kompetenz sowie der Einbindung von Mitarbeitern (vgl. Tab. 1.1).

Flexible Arbeitszeiten, ein flexibler Arbeitsort und eine familienfreundliche Kultur sind den Young Professionals die wichtigsten Aspekte ihrer Work-Life-Balance (vgl. Tab. 1.2).

Für Unternehmen gilt im Alltag, diese Begriffe mit Leben zu füllen. Glaubwürdigkeit, Authentizität und eine gelebte Marke sichern Erfolge.

Wie schon darauf hingewiesen, ist die Gewichtung der Merkmale bei den unterschiedlichen Arbeitnehmergruppen unterschiedlich. Deshalb ist der erste Schritt bei der Entwicklung einer Arbeitgebermarke die Definition der Zielgruppen. Also die Definition der Menschen, die ein Unternehmen mit seiner Arbeitgebermarke ansprechen möchte. Da dies sehr vielschichtig sein kann und somit die Marke zerreißen könnte, ist es anzuraten, dass sich das Unternehmen auf die Wichtigste, für den Unternehmenserfolg kritischste Gruppe, konzentrieren sollte. Im nächsten Schritt sollte das Augenmerk darauf liegen, wie die Verfügbarkeit der Gruppe auf dem Markt ist und wie hoch der künftige Personalbedarf in dieser Zielgruppe sein wird. Das bedarf einer langfristigen Personalplanung, die vielerorts noch nicht vorhanden ist.

Zur Erarbeitung der oben genannten Faktoren sollten mehrere Quellen herangezogen werden. Aktuelle und ehemalige Mitarbeiter, Führungskräfte, Bewerber und Mitarbeiter von Konkurrenzunternehmen können am besten dazu beitragen. Hilfreiche Methoden sind Einzel- und Gruppeninterviews, Gruppenbefragungen oder Testverfahren wie z. B. Profilingbrands.

▶ **Profilingbrands** Ist das einzige Verfahren, das die „inneren Werte" und die gegenwärtige Situation einer Marke, eines Unternehmens oder einer anderen organisatorischen Einheit misst. ... Das Verfahren ist nicht manipulierbar und ortsunabhängig sowie rund um die Uhr einsetzbar. Das komfortable und schnelle Online-Verfahren dauert nur 20 Minuten pro Teilnehmer. Es können und sollen sowohl unternehmensinterne (Mitarbeiter, Management, Aufsichtsräte, Eigentümer, ...) als auch externe Dialoggruppen (Kunden, Lieferanten, Partner, Meinungsbildner, ...) befragt werden. Die Teilnehmerauswahl erfolgt in direkter Abstimmung mit den Projektverantwortlichen.

Profilingbrands beruht auf den wertepsychologischen wissenschaftlichen Ansätzen von Professor Robert S. Hartman, einem deutschen Wissenschaftler, der 1932 über England und Mexiko in die USA emigrierte. Profilingbrands geht davon aus, dass jede Marke ebenso eine eigene Persönlichkeit besitzt wie auch ein Mensch. Die Kompetenzskalen von profilingbrands sind wissenschaftlich vielfach validiert. Profilingbrands ist weltweit ein einzigartiges System (www.profilingbrands.com).

Was also zeichnet einen attraktiven Arbeitgeber aus? Die Positionierung erfolgt in zwei Richtungen – nach innen (Commitment) und nach außen (Employer Branding). Das Great Place to Work-Modell definiert es folgendermaßen:

▶ **Definition** Ein „Great Place to Work" ist da, wo man denen vertraut, für die man arbeitet, stolz ist auf das, was man tut und Freude hat an der Zusammenarbeit mit den anderen.

Arbeitnehmer empfinden ihr Unternehmen als attraktiven Arbeitgeber, wenn sie in besonderem Maße:
Vertrauen zu den Menschen haben, für die sie arbeiten;
Stolz sind auf das, was sie tun;
Freude haben an der Zusammenarbeit mit den Kollegen.
(www.greatplacetowork.de)

Ersichtlich wird, dass es sich hier um eine emotionale Bindung an das Unternehmen handelt. Beziehungsmanagement ist ein Faktor für eine hohe Mitarbeiterbindung. Faktoren, die bereits bei der Personalgewinnung eine Rolle gespielt haben, sollten nun auch gelebt werden. Der Aufbau nachhaltiger Karrieren, Coaching, Mentoring, betriebliche Altersvorsorge und Gesundheitsvorsorge stehen als harte Fakten hoch im Kurs, Führungskultur, Unternehmensgeist und Betriebsklima stehen dem aber in nichts nach. Dabei verlassen sich die Kandidaten immer weniger auf die in Hochglanzbroschüren und auf Webseiten gegebenen Informationen. Ein Blick in Arbeitgeberbewertungsportale gibt da schon eher Aufschluss. Diese Portale ermöglichen dem Bewerber Einblicke ins Unternehmen jenseits der offenen Darstellung. Zwar werden Unternehmen hier überwiegend zunächst einmal negativ beurteilt, denn über negative Erfahrungen wird nun mal eher berichtet. Unzufriedene Mitarbeiter melden sich häufiger zu Wort. Zufrieden zu sein ist selbstverständlich und wird deshalb seltener kundgetan. Diese Transparenz in der öffentlichen Wahrnehmung ist es, die Employer Branding zu einem wesentlichen Faktor im Personalmarketing macht. Der wirkt allerdings nur, wenn die Arbeitgebermarke zur Unternehmensmarke passt und sich in gleichem Maße nach innen und außen richtet, wenn sie wahrhaftig ist und von allen Mitarbeitern getragen wird. Oft jedoch werden die Leitmotive und Unternehmensbeschreibungen nur in der Unternehmensspitze festgelegt.

> **Fazit**
>
> Für eine erfolgreiche Implementierung einer wirksamen Arbeitgebermarke ist es sinnvoll das Potenzial der Menschen zu nutzen, die das Unternehmen am besten kennen – das der Mitarbeiter. Zu erarbeitende Kernbotschaften sollten sein, was das Unternehmen und seine Kultur als Arbeitgebermarke einzigartig macht und worin es sich vom Wettbewerber unterscheidet, welche Menschen fachlich, aber auch persönlich und kulturell passen, wer die optimalen Bedingungen vorfindet, um Höchstleistungen zu vollbringen und sich dabei wohlfühlt. Ecken und Kanten sollten zu sehen sein. Mit der Implementierung einer Arbeitgeberstrategie, die auf die entscheidende Zielgruppe abgestimmt ist, ergibt sich auch, welche Medien am effektivsten nutzbar sind.

1.4 Mediennutzung im Visier

1.4.1 Wie sieht es heute überwiegend aus?

Derzeit werden Fachkräfte vielerorts immer noch zu einem hohen Prozentsatz über die klassische *Anzeige* gesucht. Laut einer Studie des Online-Portals Monster/Uni Bamberg werden 69,1 % der freien Stellen im Internet veröffentlicht, aber nur 36,9 % auch darüber besetzt. Bei 27,4 % der Stellen setzt man auf die Bundesagentur für Arbeit, die dann Ergebnisse in Höhe von 4,5 % liefert. 8 % werden von Mitarbeitern empfohlen, obwohl Arbeitgeber nur höchst selten darum bitten, nämlich bei zwei von zehn freien Stellen. Das Social Media-Recruiting bringt es auf 3,1 %.

Bei kleinen und mittelständischen Unternehmen werden ca. 66 % der Vakanzen über persönliche Kontakte besetzt, 50 % werden über Inserate und die Bundesagentur für Arbeit ausgeschrieben. Die eigene Homepage oder Internetanzeigen liegen bei den Suchwegen weit abgeschlagen mit 19–25 %.

Inserate auf der Homepage, auf Webportalen oder in der Fachpresse sind trotzdem noch ein adäquates Mittel Kandidaten zu finden, gewisser Einschränkungen sollten sich Unternehmen aber bewusst sein. Der erreichte Kandidatenkreis beschränkt sich eher auf

Personen, die zurzeit aktiv auf der Suche nach einer neuen Stelle sind und Anzeigenseiten regelmäßig durchgehen. Die Gefahr ist zudem groß, dass der im Inserat vermittelte Informationsgehalt über die vakante Aufgabe und den gesuchten Idealtyp derart gering ist, dass sich selbst ein potenziell geeigneter Anzeigenleser nicht wiedererkennt und von einer Kontaktaufnahme absieht.

Ein großes Manko bei vielen Stellenanzeigen ist, dass die Aussagekraft zu wünschen übrig lässt. In der Regel findet sich eine Aneinanderreihung von Schlagworten zu fachlichen Fähigkeiten und Soft Skills. Was genau aber die Unternehmen mit Teamfähigkeit, Flexibilität oder sozialer Kompetenz meinen, bleibt dem Leser verborgen. Dabei bedeutet z. B. flexibel sein für einige Positionen räumlich flexibel, für andere zeitlich oder inhaltlich. Die Anforderungen verlieren somit an Aussagekraft und die Folge ist, dass viele der eingereichten Bewerbungen nicht passen.

Die aktuelle Untersuchung Young Professional Index von mehr als 2.900 Online-Stellenangeboten bei 800 Unternehmen durch den Personaldienstleister „Jobs in time" ergab auch Folgendes: Besonders häufig tauchte die Forderung nach sozialer Kompetenz in den untersuchten Stellenanzeigen auf: 88,5 Prozent der Unternehmen legen hierauf Wert, für mehr als zwei Drittel der Personalverantwortlichen steht Teamgeist der Nachwuchskräfte im Vordergrund. Offen bleibt, ob ein Kandidat das Kriterium Teamfähigkeit erfüllt, weil er seit Jahren Mitglied im Sportverein ist oder weil er seine gesamte Denk- und Arbeitsweise dem Teamgeist unterordnet. Was in den Stellenangeboten in der Regel fehlt, sind detaillierte Angaben, welche Talente die Bewerberin oder der Bewerber für den spezifischen Aufgabenbereich mitbringen soll. Dabei stehen hinter den aufgeführten Anforderungen ganz konkrete Überlegungen der Unternehmen, die in oft aufwendig erstellten, umfangreichen Anforderungsprofilen dokumentiert werden. Nicht selten umfassen diese Profile 20 und mehr Kriterien. Es wird definiert, dass kommunikationsfähig zu sein heißt, Botschaften klar und deutlich zu formulieren oder unterschiedliche Menschen ansprechen zu können. Ein Organisationstalent hat, wer Termine und Arbeitsabläufe so plant, dass die eigene Arbeitskraft möglichst optimal genutzt wird. Organisationstalente setzen Prioritäten. In einigen Unternehmen wird allerdings nach dieser Eigenschaft gefragt, weil die ausgeschriebene Stelle unter anderem das Organisieren von Veranstaltungen beinhaltet.

Das soll an einem Beispiel illustriert werden (vgl. Tab. 1.3).

Konkrete Informationen darüber sind in den untersuchten Stellenanzeigen allerdings nur selten zu finden. Umgekehrt fordern Unternehmen von Bewerbern, die vorhandenen Soft Skills im Bewerbungsschreiben präzise zu benennen und mit Beispielen zu belegen.

Warum werden diese Anforderungen nicht konkret in Stellenanzeigen genannt?

Anzeigen werden sowohl im Print als auch online in Stellenbörsen oder auf der Unternehmenswebseite veröffentlicht. Seit Mitte der 1990er-Jahre gibt es kaum noch Unternehmen, die sich nicht auf eigenen *Webseiten* präsentieren, spezielle Karrierewebseiten finden sich überwiegend bei großen Unternehmen. Die Platzierung der Anzeigen gibt einen ersten Hinweis auf den Stellenwert, den das Unternehmen der Besetzung beimisst. Anzeigen, die erst mühsam gesucht werden müssen, sich unter „Wir über uns" oder im Kleingedruckten neben dem Impressum verbergen, ziehen wenig Aufmerksamkeit auf

Tab. 1.3 Anforderungsprofil – Beispiel

	Hoch	Sehr hoch	Unverzichtbar
Befähigung			
Einschlägiger Berufsabschluss als … oder gleichwertige … Ausbildung oder vergleichbare Kenntnisse und Fähigkeiten (vorzugsweise nachgewiesen durch einschlägige Berufserfahrung)			
Fortbildungen (…)			
Fachliche Leistung			
Mehrjährige Berufserfahrung			
Einschlägige Fachkenntnisse			
Kenntnisse der DV-Anwendungen …			
Sprachkenntnisse			
Kommunikationsfähigkeit Der Mitarbeiter: hört aktiv zu, lässt aussprechen und fragt nach hält Blickkontakt und ist körperlich zugewandt ist im Sprachgebrauch adressatengerecht verfügt über eine großen aktiven Wortschatz geht offen auf andere zu, ist freundlich und aufgeschlossen			xx
Flexibilität		X	
Führungskompetenz			xx
Konflikt- und Kritikfähigkeit Der Mitarbeiter nimmt Konflikte rechtzeitig wahr und lässt sich konstruktiv auf Konflikte ein sucht sinnvolle Lösungen und trifft notwendige Regelungen zur Konfliktbewältigung geht Konflikten nicht aus dem Weg, schiebt unangenehme Gespräche nicht auf äußert sachliche Kritik ohne zu verletzen kann berechtigte Kritik annehmen, akzeptiert und integriert andere Meinungen			xx
Organisationsfähigkeit			
…			

sich. Fragwürdig wird es auch, wenn in Stellenbörsen vakante Stellen präsentiert werden, die auf der Homepage nicht mehr zu finden sind. Aber auch die *Printanzeige* hat weiterhin ihre Berechtigung. Je nach Standort, Branche oder gesuchtem Personal, kann sie sich ebenfalls als erfolgreich erweisen.

Wenn Unternehmen derzeit keine Vakanzen haben, wird oft die Möglichkeit der Initiativbewerbung angeboten und das gestaltet sich ungleich schwerer. Initiativbewerbungen leben davon, dass Sie an eine bestimmte Person gerichtet werden, die auf den Seiten selten genannt werden. Bewerbungen an: Post @, Hallo Office, sehr geehrte Info, haben schon verloren. Vom Bewerber wird verlangt, sich durch möglicherweise vorhandene Organigramme zu suchen um einen Ansprechpartner zu finden.

Üblicherweise wird bei der Veröffentlichung einer Stellenanzeige davon ausgegangen, dass die Kandidaten die Initiative ergreifen und eine Bewerbung einsenden, auf die dann ein Auswahlprozess folgt. Dieser Ansatz kann aber dazu führen, dass der Arbeitgeber mit einer relativ großen Zahl ungeeigneter Bewerber konfrontiert wird. Darüber hinaus kann man sich nie wirklich sicher sein, ob der richtige Kandidat sich beworben hat und der Beste ausgewählt wurde.

1.4.2 Wege in die Zukunft

Schauen wir uns auf der anderen Seite an, wie Bewerber suchen: Die Studie „Bewerbungstrends 2013" (ebenfalls eine Kooperation des Online-Portals Monster/Uni Bamberg) kommt zu dem Ergebnis, dass Stellensuchende zu etwa 62 % im Internet und in Stellenbörsen nach offenen Stellen suchen, gefolgt von Karrierewebseiten (zu ca. 37 %) und Karrierenetzwerken (ca. 28 %). Ca. 70 % der Suchenden veröffentlichen ihr Profil in den Datenbanken der Stellenbörsen, 60 % stellen ihr Profil in Netzwerken, wie z. B. Xing ein und 43 % setzen auf die Datenbanken der Unternehmenswebseiten.

Deutlich wird, dass sich das Bewerbungsverhalten der jungen Generation grundlegend geändert hat. Man vernetzt sich und ist über soziale Medien in Kontakt, ohne dabei aktiv auf Stellensuche zu sein. Das bedeutet für Unternehmen, dass die Strategie des Ausschreibens und Wartens teilweise zu immer weniger guten Ergebnissen führt und in naher Zukunft nicht mehr funktionieren wird. Geht es um die junge Generation, um die High Potenzials in der Zukunft, gewinnen *proaktive Suchstrategien* an Bedeutung.

Derzeit ist die proaktivste Maßnahme die Beauftragung eines Headhunters oder Personalvermittlers. In einem mehrstündigen Briefing beschreibt der Arbeitgeber diesem die vakante Stelle und den idealen Mitarbeiter.

Proaktiv bedeutet, den ersten Schritt zu gehen und Kandidaten von sich aus anzusprechen. Durch das Internet, die sozialen Netzwerke, wird dies für jeden möglich. Bei einer proaktiven Strategie geht es immer um das Pflegen von Netzwerken oder darum, ehemalige Mitarbeiter nicht aus den Augen zu verlieren. Eine der Möglichkeiten ist, das Web nach passenden Kandidaten zu durchsuchen – sowohl nach denen, die aktiv stellensuchend sind, als auch nach denen, die sich offen gegenüber beruflichen Veränderungen zeigen, aber passiv bezüglich einer Stellensuche sind.

Für dieses *Talent-Sourcing* müssen Recruiter alle möglichen virtuellen Aufenthaltsorte der gesuchten Talente durchkämmen, wie etwa soziale Netzwerke – z. B. LinkedIn, Xing, Twitter, Facebook, Blogs oder MySpace-Datenbanken, Newsgroups, Communities und das Open Web. Ziel muss es sein, dieses Talent-Sourcing auf eine möglichst breite Basis zu stellen. Der entscheidende Punkt ist, wie effektiv und effizient Personalabteilungen bzw. Recruiter dies erreichen können.

Im Mittelpunkt der Suche stehen nicht die größtmöglichen Zielgruppen, sondern die benötigten Spezialisten. Ebenfalls stärker für die Rekrutierung kann das Mitarbeiternetzwerk konsultiert werden. Aber was von all den Möglichkeiten macht wirklich Sinn? Eine Frage, die sich nicht so leicht beantworten lässt, denn auch die Nutzung der neuen Medien, des Social Network, ist von der gesuchten Zielgruppe abhängig.

1.4.3 Social Media

Realistisch gesehen steht die Entwicklung des Social Media Recruiting noch ganz am Anfang. Langzeitstudien, die gesicherte Ergebnisse liefern können, gibt es noch nicht. Dennoch muss dem Ansteigen der Nutzung sozialer Netzwerke Rechnung getragen werden. Auch wenn Studien zu Recruitingwegen belegen, dass eine zunehmende Nutzung der Social-Media-Kanäle kein Garant für erfolgreiche Stellenbesetzungen ist. Kleinen und mittelständischen Unternehmen bietet das Social Net die Möglichkeit, auch mit kleinerem Budget präsent zu sein. Eine Studie der BITKOM 2012 zeigt, dass ca. 62 % der Unternehmen diese Kanäle bereits nutzen bzw. sich mit der Nutzung auseinandergesetzt haben. Ein Blick auf die Anwendungsverteilung sagt, dass 70–75 % Social Media für Werbezwecke einsetzen, aber nur 8 % für HR in Unternehmen bis 500 Mitarbeiter und 28 % in größeren. Dabei ist die Nutzung mit folgenden Zielen verbunden: 82–87 % zur Steigerung der Bekanntheit der Marke bzw. des Unternehmens, zur Gewinnung neuer Mitarbeiter jedoch nur zu 23–33 %. Wie kann hier der Nutzen gesteigert werden?

Da sich immer mehr Menschen mit ihren Lebensläufen im Netz präsentieren, kann das aktive Zugehen auf interessante Kandidaten gesteigert werden. Für die unkomplizierte Kontaktaufnahme und die vereinfachte Gesprächsanbahnung können vor allem die Businessnetze XING und LinkedIn stärker genutzt werden. Facebook ist im Rahmen der Personalgewinnung nicht als Medium der direkten Ansprache zu sehen, hier ist eine Fanpage vorzuziehen, die es ermöglicht im Dialog mit den Interessierten zu bleiben und die Arbeitgebermarke in Wort, Bild und Video zu präsentieren. Von den Nutzern wird diese Plattform mehr als privates Netzwerk gesehen und die gezielte Ansprache von Firmen eher als störend empfunden. Besonderes Augenmerk muss bei der Nutzung aller Plattformen auf den Austausch und die regelmäßige Dialogführung gelegt werden. Es reicht aber nicht, ein Profil einzustellen und sich zufrieden in den Sessel zurückzulehnen. Trotz teilweise knapper personeller Ressourcen ist auch nicht dazu überzugehen, diese Kommunikationsaufgabe Aushilfen, Beratern oder Praktikanten anzuvertrauen. Nicht zuletzt wegen der hohen personellen Ressourcen, die eine Nutzung des Netzes bindet, ist es nicht so kostengünstig ist, wie es scheint. Die schnelle Reaktion ist ebenso gefragt wie die authentische. Standardisierte Antworten vom Pressesprecher finden keinen Anklang.

Im Sinne der Transparenz und Offenheit wäre auch wünschenswert, dass sich Personalverantwortliche mit ihrem Profil auf Xing präsentieren und so den interessierten Kandidaten eine Möglichkeit der Kontaktaufnahme bieten.

YouTube Weiterhin liegt Schnelligkeit der Informationsbeschaffung im Trend, immer weniger lesen lange Texte, bewegte Bilder liefern in kurzer Zeit eine geballte Menge an Informationen. Dies bringt eine weitere Plattform ins Gespräch – YouTube, vielmehr das, wofür YouTube steht. Videos ermöglichen durch persönliche Ansprache zu wirken. In letzter Zeit gab es immer wieder Beispiele von Videos, die um die Welt gingen und Millionen Menschen begeistert haben, wie die Videos des krebskranken Mädchens, das Schminktipps gibt, die Performance einer jungen Frau beim PoetrySlam usw. Diese Beispiele zeigen, wie viel das Medium Film erreichen kann. Durchaus eine Möglichkeit, ein Unternehmen auch dazustellen, Mitarbeiter zu Wort kommen zu lassen, Arbeitsabläufe zu zeigen.

Und sonst noch? Es reicht aber nicht aus, sich bei der Rekrutierung nur auf High Potenzials zu konzentrieren. Die Recruitingbereiche müssen ausgeweitet werden:

- Ausbildung,
- Rekrutierung auch auf außerhalb der Region,
- Rekrutierung von Migranten,
- Altersunabhängige Rekrutierung,
- Rekrutierung verstärkt von Frauen,
- Rekrutierung nicht nur von „High Potenzials",
- Zusammenarbeit mit Schulen und Hochschulen,
- Rekrutierung durch Mitarbeiter.

Es ist alles möglich, was erlaubt ist.

1.4.4 Personalleasing

In den letzten Jahren konnte man beobachten, dass Personalleasing in Deutschland zunehmend an Bedeutung gewinnt. Doch im internationalen Bereich ist Deutschland immer noch nicht vorne dabei. Neben vielen Vorteilen, die Personalleasing für Unternehmen mit sich bringt, gibt es auch Nachteile, die Beachtung finden sollten. Bei der Belegschaft kann der Eindruck entstehen, dass das Unternehmen aus Kostengründen langfristig mittels Personalleasing viele Arbeitsplätze abbauen könnte, was zu ungünstigen Reaktionen führen kann, z. B. wenn besonders die qualifizierten Mitarbeiter sich beruflich neu orientieren. Deshalb ist es für Unternehmen sehr wichtig, die kurz- und langfristigen Ziele beim Personalleasing in der Belegschaft zu kommunizieren.

Personalleasing ist eine gute Möglichkeit, um kurzfristigen Arbeitsbedarf im Unternehmen schnell und flexibel abzudecken. Personalleasing als langfristige Strategie zur Kosteneinsparung beim Personalbedarf wird nur in den wenigsten Fällen funktionieren (www.dir-info.de).

1.5 Von Mensch zu Mensch?

Bewerberansprache Zur Vereinfachung des Auswahlprozesses und besseren Vergleichbarkeit der Bewerber haben Personalverantwortliche die Formularbewerbung entwickelt und eingeführt. Seitenweise werden Eintragungen, Häkchen und Zahlen verlangt, nur um Bewerber dann mit einem unpassenden Studiengang oder der zu hohen Gehaltsvorstellung auszusortieren. Dann werden noch alle Unterlagen (einschließlich) Lebenslauf anhängt. Die gleichen Informationen könnte der Personaler auch einem gut gepflegten Xing-Profil entnehmen.

Ein großer Kritikpunkt seitens der Bewerber ist immer wieder der Umgang mit eingereichten Unterlagen. Leider ist es zu der Unsitte gekommen, dass sehr häufig keine Eingangsbestätigungen versandt werden, was bei Onlinebewerbungen eigentlich recht einfach zu installieren ist. Bewerber erhalten keine Informationen über den Stand des Bewerbungsverfahrens und werden oft auch gebeten, von Nachfragen abzusehen. Die Rücksendung der Unterlagen, differenziertere Ablehnungsschreiben sind ein weiterer Kritikpunkt. In Vorstellungsgesprächen setzen sich die Kritiken fort. Unangemessene Fragen, respektloses Benehmen gehören ebenfalls zu berichteten Erfahrungen.

Ein wichtiger Schritt für Unternehmen kann sein, die Vorgehensweisen zu überprüfen und gegebenenfalls zu verändern.

Auswahlverfahren Was aber rückt in den Mittelpunkt der Bewertung, was ist mit der Vergleichbarkeit der Kandidaten und der sich daraus ergebenden, objektiven Entscheidung? Umdenken ist angesagt, umdenken hinsichtlich der tatsächlichen Anforderungen. Worauf kommt es im heutigen Arbeitsumfeld an?

Wertebasierte Modelle erobern den Markt, wichtig werden beispielsweise Motivation, Lernbereitschaft, Empathie, Handlungskompetenz und Persönlichkeit. Wem nützt es, wenn jemand perfekt chinesisch spricht, nicht aber nicht mit seinen Kollegen zusammenarbeiten kann? Wie passt ein Mitarbeiter, der entsprechend seinem Biorhythmus arbeiten will, in ein Unternehmen, das mit Kernzeiten oder gar Schichten arbeitet?

Für Unternehmen bedeutet das im Vorfeld festzustellen, für welche Werte das Unternehmen steht und welche für eine gute Zusammenarbeit unverzichtbar sind. Ein Tool, das Unternehmen dabei nutzen kann ist z. B. profilingvalues. Es basiert auf den Forschungsergebnissen und der Wertewissenschaft von Robert S. Hartman und dem von ihm entwickelten Hartmans Value Profil (HVP).

> Das HVP bildet das persönliche Wertesystem eines Menschen ab und aus den Ergebnissen des HVP sind dann Persönlichkeitseigenschaften, Interessen, Neigungen sowie Fähigkeiten und Handlungsmotive schlüssig darstellbar (Handbuch profilingvalues).

Die aktuellen Entwicklungen auf dem Arbeitsmarkt führen dazu, dass hundertprozentig passgenaue Mitarbeiter selten werden, verstärkt durch die schnelle Wissensentwicklung und die immer stärkere Spezialisierung und Individualisierung. Kriterien für den Auswahlprozess müssen neu überdacht und formuliert werden. Jeder kennt es, das klassische

Anforderungsprofil, die akribische Auflistung der fachlichen, persönlichen, sozialen und methodischen Kriterien, die unabhängig von der Stelle Dienstleistungsorientierung, Teamfähigkeit, Flexibilität usw. definieren.

Assessment-Center Assessment-Center sind Moden unterworfen, es gibt Zeiten, da selbst Produktionsarbeiter einem AC unterzogen werden, in anderen Zeiten verlieren sie vorübergehend an allgemeiner Bedeutung. Das AC wird gern als Instrument bezeichnet, dass die sicherste Auswahl geeigneter Kandidaten ermöglicht. Ist ein Assessment-Center also das Nonplusultra der Personalauslese oder eine längst überholte Auswahl-Methode? Die Meinungen gehen auseinander. Einerseits wird die gute Vergleichbarkeit der Kandidaten hervorgehoben, andererseits wird das AC-Verfahren als zu unflexibel kritisiert. Letztlich muss jedes Unternehmen selbst entscheiden, ob und wie es ein AC organisiert.

Das Unternehmen hat mit dem Assessment-Center die Chance, die Bewerber eingehend zu durchleuchten. Man hat teilweise mehrere Tage Zeit, die Bewerber kennenzulernen. Ist das Assessment-Center stellenbezogen konzipiert, dann können gravierende Fehler bei der Rekrutierung von Personal vermieden werden. Das spart Kosten, denn ein ungeeigneter Mitarbeiter verursacht unter Umständen mehr finanziellen Schaden, als ein umfangreiches Assessment-Center. Entscheidend ist also immer die Qualität des Assessment-Centers.

Doch wo Licht ist, da findet man auch Schatten. Ein Assessment-Center ist nicht per se die „Wunderwaffe" der Personaler, auch wenn dies immer wieder propagiert wird. Kritiker bemängeln häufig den fehlenden Nutzen und die fehlende Aussagekraft von Assessment-Centern. Dabei stehen vor allem Manipulationsmöglichkeiten durch den Bewerber und die Übertragbarkeit auf den Berufsalltag im Fokus der Kritik. Außerdem zweifeln Kritiker am Praxisbezug der Assessment-Center-Übungen. Fakt ist, dass das Assessment-Center zu den umstrittenen Personalauswahlverfahren gehört und eine qualitativ hochwertige Konzeption den Aussagewert eines Assessment-Centers bestimmt. Dies ist allerdings auch immer mit entsprechend hohen Kosten verbunden.

Neben neuen Wegen im Recruitingprozess und effektiven und treffsicheren Personalauswahlverfahren sind Maßnahmen zur Mitarbeiterbindung wesentliche Faktoren zur Verhinderung von Unterbesetzung.

1.6 Mitarbeiterbindung

Mitarbeiterbindung heißt, qualifizierte Mitarbeiter durch positive Anreize zu halten und zu binden. In Zeiten des Fachkräftemangels bildet das mehr denn je die Grundlage für den strategischen Wettbewerbsvorteil und den langfristigen Unternehmenserfolg. Obwohl Mitarbeiterbindung zu den wichtigsten Aufgaben des Personalmanagements gehört, haben erst 4 % der Unternehmen eine Strategie dafür entwickelt (DGFP-Langzeitstudie Professionelles Personalmanagement (pix) 2012). Die Studie kommt zu folgenden Ergebnissen: Die Zielgruppenanalyse ist in ca. 27 % der Unternehmen kaum oder gar nicht umgesetzt, lediglich 29 % setzen auf zielgruppenspezifische Instrumente in der Weiterbildung und in 32 % der Unternehmen sind keine eindeutigen Prozesse der Mitarbeiterbindung definiert oder gar umgesetzt, eingesetzt werden bereits bekannte Methoden der Bindung in 35 % der Unternehmen nicht.

Aber wie funktioniert erfolgreiche Mitarbeiterbindung? Wie lassen sich möglichst hohe Ergebnisse erzielen? Wie bleiben wichtige Mitarbeiter der Firma treu? Während Ältere durch ein höheres Gehalt und durch Beschäftigungssicherheit eher an einen Arbeitgeber gebunden werden können, sind für Jüngere neben der Steigerung der Arbeitgeberattraktivität und einem erfolgreichen Arbeitgebermarketing folgende Faktoren für die Mitarbeiterbindung wichtig (JobScout 24 2011):

- angenehmes Arbeitsklima und Wertschätzung (39 % der Befragten),
- leistungsgerechte Bezahlung (31 %),
- Familienfreundlichkeit im Betrieb (11 %),
- materielle Zusatzleistungen, zum Beispiel Firmenwagen (6 %),
- Wissenstransfer und Weiterbildungsangebote (5 %),
- gute Sozialleistungen (knapp 5 %),
- internationale Ausrichtung des Unternehmens (3 %).

Eine weitere Umfrage der Stellensuchmaschine deutet auf die Notwendigkeit von Mitarbeiterbindungsmaßnahmen hin: 76 Prozent der Arbeitnehmer gaben an, sich während der Arbeitszeit mit einem Headhunter über ein Angebot auszutauschen. Weitere sechs Prozent würden zumindest einen alternativen Gesprächstermin vereinbaren und nur zehn Prozent würden den Personalvermittler abwimmeln.

Weitere Instrumente zur Fachkräftebindung sind:

- Personalführung,
- Familie und Beruf,
- Laufbahnplanung,
- Mitarbeitergespräche,
- Flexible Arbeitszeitmodelle,
- Karrierepotenziale von Frauen,
- Know-how von älteren Arbeitnehmern.

1.6.1 Personalentwicklung

Ist der neue Mitarbeiter dann erst einmal eingestellt, wendet sich die ganze Aufmerksamkeit der nächsten Vakanz zu und er ist auf sich allein gestellt. Personalmarketing, Employer Branding, Kommunikation enden oft mit der Unterschrift auf dem Arbeitsvertrag.

Dabei definieren sich die Aktivitäten ganz anders:

▶ **Personalmarketing** Wird (laut Wikipedia) als Querschnittsfunktion verstanden, welche ziel(gruppen)-bezogen auf die Instrumente und Inhalte aller personalwirtschaftlichen Funktionen zurückgreift und die integrative Sicht über alle Schnittstellen hinweg fördert. Das primäre Ziel des Personalmarketings besteht in der Schaffung von Voraussetzungen zur langfristigen Sicherung der Versorgung einer Unternehmung mit qualifizierten und motivierten Mitarbeitern. Personalmarketing richtet sich an vorhandene und potenzielle Mitarbeiter bzw. Bewerber.

Personalmarketing und Employer Branding gehen also nicht davon aus, dass die Anstrengungen der Unternehmen Sieger im Kampf um die besten Fachkräfte zu sein, an der Unternehmenstür enden. Vielerorts wird Personalentwicklung angeboten, erfolgt aber oft noch nach dem Gießkannenprinzip.

Operative Personalentwicklungsmaßnahmen können diese neuen Herausforderungen oft nicht leisten. Es müsste Veränderungen geben, weg von einem katalogisierten Seminarangebot hin zur bedarfsorientierten Personalentwicklung, die vom Mitarbeiter selbst angeregt wird. Wissen vervielfacht sich mit zunehmender Geschwindigkeit und jeder einzelne Mitarbeiter muss schnellstmöglich Zugang zu neuen Erkenntnissen bekommen, um die veränderten Bedingungen und Erwartungen zu erfüllen.

Durch die Individualisierung der Arbeit individualisiert sich auch das benötigte Wissen. Seminare, die allen den gleichen Wissensstand vermitteln, können das nicht ausreichend leisten. Vorausgesetzt werden muss nun, dass auch die Bedarfsermittlung auf neue Füße gestellt wird und die Ankreuzbögen der Vergangenheit angehören. Mitarbeitergespräche übernehmen die Funktion nicht nur auf dem Papier, sondern real. Führungskräften und Personalverantwortlichen kommt dabei eine neue Rolle zu.

Aber auch wenn sich die Erkenntnis in den Unternehmen durchsetzt, dass Personalentwicklung einen großen Einfluss auf die Mitarbeiterbindung hat, fehlt es bei mittelständischen Unternehmen oft an Aufstiegsmöglichkeiten oder einer langfristigen Personalentwicklung. Eine große Herausforderung ist es, sich auf die verschiedenen Altersgruppen einzustellen. Unterschiedlichen Lebensphasen gerecht zu werden erfordert den Einsatz unterschiedlicher Instrumente. Einsetzbare Personalentwicklungstools sind u. a. Mentoring, kollegiale Beratung und Webbasiertes Lernen. Methoden des aktiven Trainings werden mit anderen Instrumenten effizient kombiniert, was vor dem Hintergrund der engen personellen und finanziellen Ressourcen unerlässlich ist.

1.6.2 Talentförderung statt Talentmanagement

Unter Talentmanagement versteht man laut Gabler Wirtschaftslexikon:

> … die intern und extern gerichtete Strategien, Methoden und Maßnahmen, mit denen ein Unternehmen sicherstellt, dass die für den Geschäftserfolg kritischen Schlüsselpositionen mit

den richtigen Mitarbeitern besetzt sind: das zielorientierte Handeln, um Talente zu entdecken, zu gewinnen, zu entwickeln, zu fördern, optimal zu platzieren und an das Unternehmen zu binden.

Die Merkmale bestimmt Gabler folgendermaßen:

… Talent Management muss unternehmensspezifisch entwickelt werden und ist organisationsspezifisch zu bestimmen. Es ist abhängig von der Art der Produkte bzw. Dienstleistungen und der Art der Aufgaben. Des Weiteren ist es dynamisch zu verstehen, d. h. der Talentbegriff passt sich an veränderte organisationale Prioritäten an.

Die Konsequenzen für ein erfolgreiches Talent Management sind demnach (ebenfalls laut Gabler):

1. *Jedes Unternehmen muss selbst definieren, was der Begriff Talent in seinem Kontext beinhaltet und bedeutet.*
2. *Die Bestimmung, was ein Talent ausmacht, ist entscheidender Ausgangspunkt für die Entwicklung einer Talent Management-Strategie.*
(2) Der Reifegrad des Talent Managements wächst mit dem Beitrag zur Umsetzung der Unternehmensstrategie: …
(3) Talent Management umfasst die fünf Bereiche Intelligence, Marketing, Entwicklung, Systeme & Prozesse und Akquisition & Assessment.

Interessant ist, dass das Wort Mensch oder Individuum in der ganzen Definition überhaupt nicht vorkommt. Aber ist Talent nicht die ganz besondere Begabung eines Menschen? Bedarf es nicht ganz individueller Entwicklungspläne für einzelne und nicht für ganze Zielgruppen? Geht es im Talentmanagement wirklich um Talente oder eher darum, wer dem Unternehmen am meisten nutzt?

Es sind jedoch längst nicht mehr nur börsennotierte Konzerne, die sich für ihre Leistungsträger engagieren. Laut einer Hewitt-Umfrage ist die Nachwuchsförderung auch für 62 Prozent der deutschen Mittelständler derzeit das Zukunftsthema Nummer eins (Rettig 2010).

1.6.3 Laufbahnplanung versus Karriereplanung

Vor allem in mittelständischen Unternehmen ist die Zahl von klassischen Führungspositionen begrenzt. Fach- und/oder Projektlaufbahnen bilden eine gute Ergänzung zu Führungslaufbahnen, um engagierten Mitarbeiterinnen und Mitarbeitern eine berufliche Perspektive zu bieten und das Risiko einer Abwanderung zu reduzieren.

Bei der Nachfolgeplanung geht es darum, sicherzustellen, dass wichtige Schlüsselfunktionen im Unternehmen rechtzeitig und anforderungsgerecht besetzt werden, wenn wichtige Fachkräfte das Unternehmen verlassen. Beide Maßnahmen können miteinander kombiniert werden. Dies hat den Vorteil, dass geeignete Kandidatinnen und Kandidaten schnell im Unternehmen gefunden werden können. Fach- und Projektlaufbahnen sind sowohl für Fachkräfte über 50 Jahren interessant als auch für Hochschulabsolventinnen und -absolventen attraktiv, die von Unternehmen zunehmend klare Entwicklungsperspektiven erwarten.

Eine besondere Herausforderung stellt die wachsende Tendenz zu befristeten Arbeitsverhältnissen, dar, die in der Zukunft noch steigen könnte. Klassische Karriereberatung bietet hier einen guten Weg Fach- und Führungskräfte an das Unternehmen zu binden, wenn auch nicht im ursprünglichen Sinne. Da es bei der Personalentwicklung um individuelle Förderung geht, um langfristige Entwicklung der Persönlichkeit unter Berücksichtigung der persönlichen Bedürfnisse, dann muss Personalentwicklung noch mehr leisten, z. B. Karriereplanung. Karriereplanung für den Einzelnen kann auch bedeuten, Mitarbeiter loszulassen, wenn sie einen neuen Entwicklungsschritt gehen wollen, der im Unternehmen nicht gegangen werden kann. Mit Unterstützung, durch Kontakte zu anderen Firmen, wo dieser Schritt möglich ist. Wenn sich die Lebenssituation des Mitarbeiters ändert, schätzt er möglicherweise den Weg zurück. Auf jeden Fall wird er sich eher bei einem Unternehmen umsehen, das ihn gefördert hat, als sich Unbekanntem zuzuwenden.

1.6.4 Frauenpower nutzen

Viele Unternehmen können durch die Besetzung von Schlüsselpositionen mit Frauen ihre Arbeitgeberattraktivität steigern und so dem Fachkräftemangel entgegenwirken. Familiengerechte Rahmenbedingungen, Förderung von „weiblichen Karrieren" sowie ein Kulturwandel können Frauen den Weg ins Unternehmen ebnen und an das Unternehmen binden. Die Vereinbarkeit von Familie und Beruf ist der ausschlaggebende Punkt für weibliche Talente um ihre Karriere anzugehen. Kinderbetreuungsangebote, Begleitung während der Elternzeit, Teilzeitbeschäftigungen, flexible Arbeitszeiten oder Home-Office können ihre Attraktivität als Arbeitgeber steigern. Es müssen auch nicht alle Möglichkeiten auf einmal angeboten werden, auch hier orientieren sich die geeigneten Maßnahmen an der Zielgruppe, die erreicht und angezogen werden soll.

1.7 Fazit

Der prognostizierte Fachkräftemangel sollte Unternehmen in Alarmstimmung versetzen und dazu führen, dass Personalmarketing, Personalentwicklung und Mitarbeiterbindung zu den wichtigsten Themen der heutigen Zeit werden. Die Praxis zeigt jedoch, dass dies noch im Anfangsstadium ist. Einzelne Maßnahmen werden angestoßen, aber wenige tatsächlich umgesetzt. Dabei steht der derzeitige oder künftige Mitarbeiter weder in seiner Lebenslage noch mit seinen Talenten im Mittelpunkt. Immer noch stehen die Bedürfnisse der Unternehmen im Vordergrund und die Anforderungen oder Erwartungen an Kandidaten steigen.

Es muss ein Umdenken stattfinden und nicht nur in Gedanken, sondern auch der Implementierung muss mehr Aufmerksamkeit geschenkt werden. Empfehlenswerte Schritte hin zu einer höheren Arbeitgeberattraktivität sind die Auseinandersetzung mit dem eigenen Unternehmen, die Definition der wichtigsten Zielgruppe und die sich daraus ableitenden Maßnahmen als Zeichen nach außen, aber auch nach innen.

> **Herauszuarbeiten ist**
>
> Wer sind wir?
>
> Wofür stehen wir?
>
> Welche Kultur herrscht bei uns hinsichtlich Führung, Umgang miteinander und Entwicklung des Einzelnen?
>
> Unternehmensgröße, Standort und Produkt- oder Dienstleistungspalette werden auf ihre Vorteile hin untersucht.
>
> Die nächsten Fragestellungen gelten der Zielgruppe, welche Menschen braucht es, um das Unternehmen auch in Zukunft wachsen zu lassen?
>
> Welche wirklichen Qualifikationen müssen Mitarbeiter haben, welche Eigenschaften sind für die Ausübung der Aufgaben erforderlich?
>
> Ist es möglich, bei den fachlichen Anforderungen zugunsten der sogenannten weichen Faktoren Abstriche zu machen? Was bewegt die Zielgruppe?
>
> In welchem Lebensabschnitt befinden sich die Kandidaten? Auf welchem Weg und mit welchen Angeboten gelingt es, sie für das Unternehmen zu interessieren?

Die gefundenen Antworten und die daraufhin gezielt ausgewählten Maßnahmen und Instrumente versetzen Unternehmen in die Lage, attraktiv auf Menschen zuzugehen und diese als Mitarbeiter zu gewinnen. Das ist keine schnelle Strategie, doch langfristig gesehen wird sie sich positiv und nachhaltig auswirken.

1.8 Über den Autor

Petra Barsch ist Diplomökonomin und seit 2006 freiberuflich als Trainerin und Beraterin für Personalbeschaffung und -marketing tätig. Davor hat sie Erfahrungen in der Personalarbeit in unterschiedlichen Branchen wie der Gastronomie, dem Gesundheitswesen und der Versicherungsbranche, vorwiegend im Filialumfeld, gesammelt.

Als Trainerin und Beraterin liegt das Hauptaugenmerk ihrer Tätigkeit in der passgenauen Formulierung der Anforderungen, in der zielgruppengerechten Ansprache sowie der guten Einstellungsvorbereitung, um Fehlbesetzungen zu minimieren, am besten zu vermeiden. Die genaue Kenntnis der eigenen Unternehmensstärke auf dem Arbeitsmarkt darzustellen, ist dabei eine wesentliche Voraussetzung, über die Sie sich im Beratungsprozess Klarheit verschaffen. Sie verbindet moderne Erkenntnisse der Personalarbeit mit Menschlichkeit und Empathie.

Weitere Infos unter www.petra-barsch.de

Literatur

Verwendete Literatur
DEBA (2006), Fassung vom 14. April 2007, www.employerbranding.org

dirInfo, Verbraucherinformation direkt. *Personalleasing: Vorteile + Nachteile für Unternehmen.* www.dir-info.de (Auszug)

JobScout24 (2011). *Arbeitsklima schlägt Gehalt: Mitarbeiterbindung funktioniert am besten über weiche Faktoren.* http://www.presseportal.de/pm/17672/2041277/arbeitsklima-schlaegt-gehalt-mitarbeiterbindung-funktioniert-am-besten-ueber-weiche-faktoren

Rettig, D. (2010). *Wie Arbeitgeber ihre Talente fördern, www.karriere.de - Das Portal von Handelsblatt und Wirtschaftswoche.* http://www.karriere.de/karriere/wie-arbeitgeber-ihre-talente-foerdern-10199/

trendence Young Professional Barometer 2013 (Auszug)

Weiterführende Literatur

Armutat, S. et al. (2009). *Lebensereignisorientiertes Personalmanagement. Eine Antwort auf die demografische Herausforderung.* Bielefeld: Bertelsmann, W.

Deller, J., Kern, S., Hausmann, E., & Diederichs, Y. (2008). *Personalmanagement im demografischen Wandel. Ein Handbuch für den Veränderungsprozess.* Heidelberg: Springer.

Eger, M., & Frosch, M. (2008). Maßgeschneidert zahlt sich aus. *Personalwirtschaft, 8*(Sonderheft Employer Branding), 15–17.

Ernst & Young (Hrsg.). (2011). *Talent Management im Mittelstand – mit innovativen Strategien gegen den Fachkräftemangel*

Jäger, W. (2008). Die Zukunft im Recruiting: Web 2.0. In C. Beck (Hrsg.), *Personalmarketing 2.0.* Köln: Hermann Luchterhand.

Jäger, W., & Lukasczyk, A. (Hrsg.). (2009). *Talent Management. Strategien, Umsetzung, Perspektiven. Personalwirtschaft Buch.* Köln: Hermann Luchterhand.

Jánzsky, S., & Abicht, L. (2013). *2025 – So arbeiten wir in der Zukunft.* Berlin: Goldegg.

Matthias Kaman (2014). „Trotz Zuwanderung altert Deutschland rapide", Die Welt, 08.01.2014

Knauß, F. (2013). *Talentmanagement ist nichts für Kennzahlenfetischisten.* Wirtschaftswoche Online

Knoblauch, J. (2010). *Die Personalfalle.* Frankfurt am Main: Campus Verlag.

Lau, V. (2013). *Schwarzbuch Personalentwicklung.* Stuttgart: Steinbeis-Edition.

Meifert, M. (2011). *Strategisches Talent-Management.* Freiburg: Haufe-Lexware.

Stickling, E. (2014). Trügerische Zufriedenheit. In *Personalwirtschaft. Sonderheft Recruiting Guide* (S. 6–10).

Stolz, W., & Wedel, A. (2009). *Employer Branding.* München: Oldenbourg Wissenschaftsverlag.

Trost, A. (2009). *Employer Branding.* Köln: Hermann Luchterhand.

Vogel, U. (2012). *profilingvalues.* München: profilingvalues GmbH.

Achtsam leben, klug entscheiden, mutig handeln! 2

Erfolgreich führen ohne auszubrennen

Ralf Gasche

Inhaltsverzeichnis

2.1	Zahlen, Daten, Fakten	24
2.2	„Zu erschöpft, um zu rennen, zu ängstlich, um auszuruhen"?	26
2.3	Achtsam leben: Erfolg folgt, wenn man sich folgt!	27
2.4	Klug entscheiden: Warum Entscheidungen Energie sparen	32
2.5	Mutig handeln: Kein Mut, kein Mädchen!	36
2.6	Ausblick	39
2.7	Zusammenfassung	40
2.8	Anhang: Checklisten	41
2.9	Über den Autor	47
Literatur		47

„Auf eigentümliche Weise ist die Vorstellung in die Welt gekommen, Manager – und insbesondere Top-Manager – müssten eine Kreuzung aus einem antiken Feldherrn, einem Nobelpreisträger für Physik und einem Fernseh-Showmaster sein", spottete Management-Guru Fredmund Malik schon vor 15 Jahren in seinem Buch „Führen, Leisten, Leben" (Malik 2001). Seither ist die Welt bestimmt nicht langsamer geworden, das Tagesgeschäft nicht weniger anstrengend. Wie können Sie als Führungskraft erfolgreich handeln und gesund bleiben, auch wenn Sie nicht Cäsar, Einstein und Thomas Gottschalk in einer Person sind? In diesem Beitrag geht es um Sie, darum, was Sie für sich tun können. Denn damit tun Sie gleichzeitig etwas für Ihre Mitarbeiter: Souveräne, „gute", Führung ist aktive Gesundheitsprävention im Unternehmen. Sollten Sie beim Titel-Stichwort „Achtsamkeit" an Befindlichkeitsromantik und Kuschelkurs denken, seien Sie gewarnt: Der vorgeschlagene Dreischritt von Achtsamkeit, klugen Entscheidungen und mutiger Umsetzung propagiert ein herausforderndes Modell der Selbstführung, das den empathischen Umgang mit sich

Ralf Gasche ✉
Haus Dürresbach, 53773 Hennef, Deutschland
e-mail: ralf@gasche.com

selbst und anderen und den wirtschaftlichen Erfolg des Unternehmens gleichermaßen ins Auge fasst. Der Lohn von Mut und Mühe: deutlich mehr Lebensqualität!

2.1 Zahlen, Daten, Fakten

Wenn Sie sich entschieden haben, diesen Beitrag zu lesen, sind Sie mit Ihrem Arbeitsalltag möglicherweise nicht glücklich, vielleicht nicht einmal leidlich zufrieden. Das individuelle Unbehagen wird gestützt durch eine Reihe von Studien, von denen die allermeisten sich allerdings mit der Mitarbeitergesundheit im Allgemeinen beschäftigen. Verdichtung der Arbeit, Leistungsdruck, Unsicherheit von Beschäftigungsverhältnissen, Beschleunigung von Prozessen, nicht zuletzt auch durch die neuen Medien, Auflösung der Grenzen zwischen Arbeit und Freizeit durch permanente Kommunikation via Smartphone und Laptop – all das fordert seinen Tribut. So melden die Krankenkassen seit vielen Jahren eine stetige Zunahme der psychischen Erkrankungen. Die Zahl der Menschen, die an Burn-out und anderen seelischen Störungen leiden, hat sich seit 1994 mehr als verdoppelt (Goebel 2011). Belief sich die Zahl der Burn-out-bedingten Krankheitstage 2004 noch auf 4,6 pro 1000 Mitglieder, waren es 2012 neunzehn Mal so viele, exakt 87,5. Psychische Erkrankungen insgesamt waren im selben Jahr erstmals die zweithäufigste Ursache von Arbeitsausfällen, mit rund 2200 Krankheitstagen pro 1000 Versicherter (BKK Gesundheitsreport 2013). Auch wenn man zugesteht, dass ein Teil des Anstiegs auf das Konto differenzierterer Diagnosen geht, ist dieser Zuwachs besorgniserregend und kostet die Unternehmen Jahr für Jahr Millionen.

2.1.1 Gesund führen braucht gesunde Führungskräfte

Führungskräfte geraten bei diesem Thema vor allem als Mitverantwortliche ins Blickfeld. Was können Führende tun, damit ihre Mitarbeiter gesünder bleiben? Zahlreiche Untersuchungen weisen positive Zusammenhänge zwischen Führung und Gesundheit von Mitarbeitern nach. Eine VW-Studie kam zu dem frappierenden Ergebnis, dass Führungskräfte ihren Krankenstand mitnehmen, das heißt in der neuen Abteilung pendelt sich die Anwesenheitsquote auf dem des vorigen Aufgabenbereichs ein. Eine GEVA-Studie berichtet, dass in Abteilungen mit hohen Fehlzeiten vier Fünftel der Mitarbeiter über mangelnde Anerkennung klagen und der Aussage zustimmen, „Unser Chef kann uns nicht motivieren." (Matyssek 2009). Chefs können offenbar krank machen, vor allem, wenn es an menschlicher Wertschätzung mangelt. Forschungsergebnissen zufolge wirken mitarbeiter- und mitwirkungsorientierte Führungsstile belastungs- und fehlzeitenreduzierend, während sachorientiertes und autoritäres Führen das Gegenteil bewirkt. Vorgesetzte sehen sich daher mit dem Anspruch konfrontiert, „gesund" zu führen. Das ist sicher berechtigt – nur tut man damit den zweiten Schritt vor dem ersten. Denn wie soll eine Führungskraft gesund führen, wenn sie selbst gestresst ist? Wem das Wasser bis zum Hals steht, dem fällt es schwer, anderen anerkennend und wertschätzend gegenüber zu treten. Wer gehetzt ist, strahlt kaum die Ruhe und Gelassenheit aus, die Mitarbeitern Zuversicht vermittelt. Und wer Mitarbeiter zu einem gesunden Lebensstil ermutigen will, bewirkt durch das eigene Vorbild sehr viel mehr als mit schönen Worten und Hochglanzbroschüren. Für gesunde Führung braucht es zuallererst gesunde Führungskräfte.

2.1.2 Mythos Managerkrankheit?

Wie es den Führungskräften selbst geht, ist erst in jüngster Vergangenheit verstärkt in den Fokus der Aufmerksamkeit gerückt. Wie ist es mit Ihnen: Fühlen Sie sich gesund? Über die Hälfte aller Führungskräfte beantwortet diese Frage mit Ja. 47 Prozent bezeichnen ihren Gesundheitszustand als „gut", 7 Prozent als „sehr gut", ergab die Befragung von knapp 2900 Betroffenen in den Jahren 2007 bis 2011. Das klingt positiv, bedeutet aber auch, dass es jedem Fünfzigsten nach eigener Aussage „sehr schlecht", jedem Zehnten „schlecht" und jedem Dritten nur „befriedigend" geht (Friedrich 2012). Interessant ist auch die Frage, wie „Gesundheit" definiert wird. Fragt man nach der Abwesenheit von Schmerzen, werden sicher mehr Menschen zustimmen als nach der ambitionierten Definition der Weltgesundheitsorganisation. Die WHO beschreibt Gesundheit in ihrer Gründungsverfassung von 1946 als „Zustand umfassenden physischen, geistigen und sozialen Wohlbefindens, der sich nicht nur durch die Abwesenheit von Krankheit oder Behinderung auszeichnet". So gesehen, ist Gesundheit ein Kontinuum mit vielen Schattierungen.

Sicher indes ist: Führungskräfte melden sich seltener krank als Mitarbeiter, nämlich im Schnitt 4,8 Tage pro Jahr (gegenüber 14,8 Arbeitsunfähigkeitstagen im Gesamtdurchschnitt), sie treiben mehr Sport und ihr Herzinfarktrisiko ist nur knapp halb so hoch wie in der Gesamtbevölkerung (Friedrich 2012). Aus dieser Warte ist die viel beschworene „Managerkrankheit" ein Mythos. Doch das ist nur die halbe Wahrheit: Auf etwa acht Tage im Jahr schätzt der Fehlzeiten-Report 2011 den „Präsentismus" in der Chefetage, also die Zeiten, in denen jemand trotz Krankheit am Arbeitsplatz erscheint. Gesundheits-Check-ups ergeben bei Führungskräften im Schnitt knapp sechs Befunde, mit Stoffwechselstörungen an der Spitze, aber auch Rückenbeschwerden, Bluthochdruck oder Übergewicht zählen zu den häufigen Diagnosen. Möglicherweise geht es vielen Führenden ja schlechter, als sie offiziell eingestehen mögen. Dazu könnten auch die langen Arbeitszeiten beitragen: 10 Prozent der männlichen Vorgesetzten arbeiten 60 und mehr Stunden pro Woche, ein gutes Viertel zwischen 50 und 60, weniger als 41 Stunden arbeiten nur 16 Prozent, ermittelte das DIW Berlin in seinem Führungskräfte-Monitor 2012. Die Arbeitszeiten der weiblichen Führungskräfte liegen etwas darunter, aber man muss kein Hellseher sein um anzunehmen, dass sie zusätzlich die Hauptlast der häuslichen Verpflichtungen tragen. Das Karrierenetzwerk e-follows.net mokierte sich anlässlich solcher Zahlen über „Extremjobber" und „Arbeitssklaven".

2.2 „Zu erschöpft, um zu rennen, zu ängstlich, um auszuruhen"?

Die Zahlen sind das eine, die persönliche Befindlichkeit ist das andere. „Zu erschöpft, um zu rennen, zu ängstlich, um auszuruhen", so beschreibt eine betroffene Führungskraft ihr Empfinden kurz vor ihrem Zusammenbruch (Goebel 2011). Immer mehr Leistungsträger arbeiten bis zum Kollaps. Gerade besonders leistungsstarke, verantwortungsbewusste und ehrgeizige Menschen sind besonders gefährdet, an einer Depression zu erkranken, insbesondere, wenn ein Hang zu Perfektionismus und ein hohes Kontrollbedürfnis hinzukommen. Und auch der Burn-out, der inzwischen salonfähig geworden ist, weil er als Indiz für hohes berufliches Engagement gewertet wird, ist nichts anderes als eine depressive Erschöpfung. Dabei ist seit langem bekannt, welche Folgen ein dauerhaft hoher Stresspegel hat. In stressig empfundenen Situationen wird der Körper in einen Alarmzustand versetzt; Hormone wie Cortisol, Adrenalin und Noradrenalin werden vermehrt ausgeschüttet, Blutzuckerspiegel und Blutdruck steigen, der Herzschlag beschleunigt sich. Kurzfristig ist das nützlich und sinnvoll, denn wir mobilisieren so in kritischen Situationen alle Kraftreserven. Hat der Organismus zwischen Stressmomenten nicht genügend Zeit zur Erholung oder bleibt das Stresslevel dauerhaft hoch, läuft unser Körper sozusagen anhaltend auf Hochtouren. Das Immunsystem wird dadurch geschwächt, wir nehmen jeden Infekt mit, und wir entwickeln weitere körperliche Symptome wie Verspannungen, Kopfschmerzen, Erschöpfung, Magen-Darm- oder Herz-Kreislauferkrankungen. Schlafstörungen, Nicht-Abschalten-Können und nachlassende Leistungsfähigkeit sind weitere Symptome. Nicht zufällig sprechen wir davon, dass uns Dinge „auf den Magen schlagen", „an die Nieren gehen" oder „Kopfzerbrechen machen". Eine Übersicht typischer stressbedingter Überforderungsreaktionen finden Sie am Schluss des Kapitels (Checkliste 1).

2.2.1 Nur überarbeitet oder schon „ausgebrannt"?

Die Übergänge zwischen momentaner Überarbeitung und drohendem Burn-out sind fließend. Sehr grob gesprochen: Reicht auch ein längerer Urlaub nicht mehr aus, um aufzutanken, und erscheint die eigene Situation zunehmend als ausweglos, so sind dies sehr ernsthafte Alarmsignale. Auch zunehmende Gereiztheit, Rückzugsgedanken und Grübeleien sollte man ernst nehmen. Es gibt im Internet verschiedene kostenfreie Tests, die ersten Aufschluss über die persönliche Gefährdung liefern, etwa unter www.sueddeutsche.de („Stress-Test: Wie nah sind Sie dem Burn-out?"), unter www.burnout-fachberatung.de („Burn-out-Test") oder unter www.burnout-kelkheim.de („Burn-out > kostenloser Burn-out-Test"). Und angesichts der inflationären Begriffsverwendung noch folgender, wenngleich drastischer Hinweis: Wer wirklich von einem Burn-out betroffen ist, fragt sich nicht mehr, ob: Er kann einfach nicht mehr.

Während in sozialen und pflegerischen Berufen schon länger über Burn-out geredet wurde, war das Thema für Führungskräfte lange Zeit tabu. Leistungsträger tun sich offenbar schwer damit, die eigenen Grenzen zu akzeptieren. Anfang Dezember 2008 berichtete die *Frankfurter Allgemeine Sonntagszeitung* unter der Überschrift „Cola, Koks und Ritalin" darüber, „Wie die Deutschen sich im Büro dopen". Die Chefärzte zahlreicher Suchtkliniken erzählten alle das Gleiche: Es sei die Elite, die ohne Bedenken zur Tablette greife: „Menschen, die unter hohem beruflichen Stress stehen. Unternehmer, Manager, Ärzte, Banker und Börsenmakler" (Nienhaus et al. 2008). Doch auf Dauer hilft „Büro-Doping" nicht weiter. Heute sagen nach einer Umfrage des Deutschen Führungskräfteverbands 76 Prozent der Befragten, die Zahl beruflich bedingter Burn-outs im eigenen Umfeld habe zugenommen (manager monitor – Umfragepanel des Deutschen Führungskräfteverbands Januar 2012). Betroffen sind übrigens weniger Top-Manager, sondern vorwiegend die untere und mittlere Führungsebene, so die DGFP-Studie 2011 (Friedrich 2012). Das *Manager Magazin* nahm diesen Befund im Mai 2012 zum Anlass, in einer Titelgeschichte der Frage nachzugehen, „Welche Konzerne ihre Mitarbeiter krank machen" und erstellte in diesem Zusammenhang „das erste deutsche Burn-out-Ranking". Doch reicht es wirklich, die Unternehmen anzuprangern? Mit dem Finger auf andere zu zeigen ist einfach, ändert jedoch nichts an der Misere. „Man muss sich klar machen: Den Stress bekommt man nicht weg", empfiehlt auch Hans-Peter Unger, Chefarzt einer Hamburger Klinik für Psychiatrie und Psychotherapie, in einer „Handlungshilfe für Führungskräfte" des BKK Bundesverbandes (2011). Wirklich hilfreich ist dagegen die Frage, was jeder Einzelne selbst tun kann, um es gar nicht erst so weit kommen zu lassen. Die beste Fürsorge ist Selbst-Fürsorge. Womit wir beim eigentlichen Thema dieses Beitrags wären.

2.3 Achtsam leben: Erfolg folgt, wenn man sich folgt!

Beispiel

Vor einiger Zeit coachte ich den Vertriebsvorstand eines internationalen Industrieunternehmens. Anlass war eine besondere berufliche Herausforderung, die ich im Hintergrund unterstützte: Der Vorgänger hatte einen Scherbenhaufen hinterlassen und eine arbeitsintensive Phase der Umstrukturierung und Neuaufstellung des Vertriebs erforderlich gemacht. Zu Beginn zeigte mir mein Klient den deutschen Standort. Die Unternehmensführung geriet zu einer Art Dauerlauf: Dynamisch durchmaß der Vertriebschef im Eiltempo Hallen und Büros, stetig grüßend und nickend. Gleichzeitig prasselten die Informationen nur so auf mich herein. Als wir schließlich wieder in seinem Büro angelangt waren, lautete eines seiner ersten Probleme: „Ich erfahre hier nichts. Die Leute reden nicht mit mir." Auf meinen Einwand, er sei ja auch recht schnell unterwegs, erntete ich Erstaunen: „Schnell? Ich bin doch nicht schnell!"

2.3.1 Wahrnehmen, was ist

Dem Vertriebschef war sein eigenes Verhalten nicht bewusst, und er hatte auch nicht mitbekommen, dass während unseres Rundgangs etliche Mitarbeiter auf sein durchaus freundliches „Tag, wie geht's?" gerade Atem holen, um zu einer Antwort anzusetzen. Doch bevor es dazu kommen konnte, waren wir schon ein paar Meter weiter. „Achtsamkeit" bedeutet zunächst einmal: wahrnehmen, was ist, bei sich wie bei anderen. Das hört sich simpel an. Doch wie ging es Ihnen beispielsweise heute Morgen, als die Haustür hinter Ihnen ins Schloss fiel? Welche Mitarbeiter waren schon da, als Sie eintrafen, und welchen Eindruck haben die Anwesenden auf Sie gemacht? Erstaunlich viele Menschen antworten darauf: „Weiß ich nicht. Keine Ahnung", Führungskräfte gern mal mit ungeduldigem Unterton: „Also wirklich, ich habe momentan Wichtigeres zu tun!"

Wer so reagiert, läuft Gefahr Warnsignale zu ignorieren, auch die des eigenen Körpers. Und der Körper meldet sich früh, wenn die eigene Lebensführung zu sehr stresst, lange vor dem Burn-out. Burn-out-Betroffene überhören die leisen ersten Signale und sie schrecken nicht einmal auf, wenn die Alarmglocken schon dröhnend läuten. Doch nur wer wahrnimmt, was ist, kann etwas verändern. Und wer nicht mitbekommt (oder nicht mitbekommen will), wie es ihm selber gerade geht, hat in der Regel auch keine Antennen für andere. Viele Führungskräfte registrieren meiner Erfahrung nach nur bruchstückhaft, was in ihren Abteilungen passiert, und wenn doch, dann allenfalls auf einer rationalen Ebene. Sie beobachten, dass Mitarbeiter A in letzter Zeit mehr Fehler macht als früher oder dass man Mitarbeiterin B neuerdings alles drei Mal sagen muss, erkennen aber weder, ob die Betroffenen überfordert, verärgert oder gesundheitlich angeschlagen sind noch, ob sie selbst zu diesem Verhalten beitragen oder ob der Auslöser anderswo liegen könnte.

2.3.2 Was heißt „Achtsamkeit"?

Ursprünglich stammt das Konzept der Achtsamkeit aus dem Buddhismus. In der Lehrrede „Über die Grundlagen der Achtsamkeit – Satipahāna Sutta" werden vier Bereiche genannt: die Achtsamkeit auf den Körper, auf eigene Gefühle/Empfindungen (Sind sie z. B. positiv, negativ, neutral?), auf den Geist (Bin ich konzentriert, abgelenkt, verwirrt?) sowie die Achtsamkeit auf äußere und innere Geistesobjekte. Anders als bei der Aufmerksamkeit, die die Wahrnehmung fokussiert und verengt, geht es bei Achtsamkeit um Offenheit für momentane Eindrücke und darum, diese zuzulassen und nicht wertend beiseite zu schieben. Achtsamkeit bedeutet daher auch den wohlwollenden Umgang mit sich selbst, der wiederum Grundlage dafür ist, gut für sich selbst zu sorgen und sich selbst mit all seinen Schwächen und Begrenzungen anzunehmen (vgl. Abb. 2.1).

Warum das Hinhorchen und Selbstbeobachten uns im Alltag weiterhilft, erklären Psychologen mit dem „Puffer", der sich durch den Akt der Reflexion zwischen Reiz und Reaktion schiebt: Wer erkennt, dass er momentan erschöpft ist, kann anders damit umgehen, und wer registriert, wie die Wut in ihm hochsteigt, ist eher in der Lage, seine Emotionen im Zaum zu halten. Wie oft haben Sie beispielsweise schon gesagt: „Ich möchte das momentan nicht entscheiden. Vertagen wir uns auf morgen, dann bekommen Sie mein Votum" oder „Ihre Argumente kann ich so nicht akzeptieren. Ich denke, es ist besser, wir brechen hier ab"? Die Beispiele illustrieren es: Es geht bei Achtsamkeit nicht

Abb. 2.1 Achtsamkeit, Quelle: Ralf Gasche

darum, sich in der eigenen Befindlichkeit zu suhlen, sondern darum, Verantwortung für sich und seine Lage zu übernehmen – und entsprechend zu handeln!

2.3.3 Maxime: Der Beste sein, der man an diesem Tag sein kann

Ein hilfreiches Konzept der Selbstführung beginnt mit der Maxime „Ich versuche, an jedem Tag der Beste zu sein, der ich an diesem Tag sein kann." Darin steckt einerseits die Nachsicht mit sich selbst, wenn es mal nicht optimal läuft, eben weil an diesem Tag nicht mehr möglich war. Darin steckt andererseits der Anspruch, das jeweils Machbare und Bestmögliche auch zu tun. Gelingt dies, gibt es keinen Anlass, mit sich zu hadern und später zu sagen, „Hätte ich nur...". Mehr ging zur fraglichen Zeit nicht, sonst hätte man es ja getan. Das erfordert wache Präsenz und verspricht gleichzeitig mehr Gelassenheit und Souveränität. Es ist der Ausweg aus dem unbefriedigenden Lavieren zwischen folgenlosen Vorsätzen („Eigentlich sollte ich...") und nutzloser Rückschau („Wenn ich nur damals...").

Mit Achtsamkeit übernehmen Sie die Verantwortung für sich und Ihre Situation und zwar zu hundert Prozent! Gern wird an dieser Stelle eingewandt, dass man selbst nicht für alles verantwortlich sein könne: Entscheidungen der Geschäftsführung, die Marktsituation, Unfälle und Katastrophen. Selbstverständlich haben Sie nicht alles selbst in der Hand, was Ihren Arbeitsalltag oder Ihr Leben insgesamt beeinflusst. Was Sie jedoch in der Hand haben, ist, wie Sie damit umgehen. Sie können nichts dafür, wenn etwa die Übernahme durch einen ausländischen Investor Klima und Arbeitsbedingungen im Unternehmen spürbar verändert. Doch dafür, welche Konsequenzen Sie daraus ziehen, ist nur einer verantwortlich: Sie selbst. Sie sind beispielsweise nicht angetreten, um unter enormem Zeit- und Kostendruck Abstriche an der Qualität zu machen und langgediente Fachkräfte zu entlassen? Dann handeln Sie: Erheben Sie Einspruch, entwickeln Sie ein alternatives Konzept, sehen Sie sich nach einer anderen Stelle um. Das halten Sie für nicht machbar, weil Sie ortsgebunden sind, das Haus nicht aufgeben wollen, die Kinder in der Schule sind und Partner oder Partnerin vor Ort arbeitet? Dann akzeptieren Sie die aktuellen Arbeitsumstände als kleineres von zwei Übeln. Voraussetzung für all das ist natürlich, erst einmal wahrzunehmen, dass die aktuelle Situation Ihnen zu schaffen macht und dass Ihre Magenbeschwerden möglicherweise nichts damit zu tun haben, was Sie am Vorabend gegessen haben. Und dazu braucht es – genau: Achtsamkeit.

2.3.4 Erfolg folgt, wenn man *sich* folgt!

Auf den ersten Blick ist Achtsamkeit also „nur" der bewusste Entschluss, wahrzunehmen, was mit einem selbst und um einen herum vorgeht, und somit präsent zu sein. Auf den zweiten Blick ist Achtsamkeit der reflektierte, eigenverantwortliche Umgang mit der Situation. Im Konzept der Achtsamkeit steckt also eine Lebenshaltung der Selbstbesinnung und des durchdachten Handelns. Menschen, denen es gelingt, diese Haltung einzunehmen, strahlen Souveränität und Sicherheit aus. Haltung, Stimme und Auftreten verändern sich. Sie sind nicht länger Getriebener der Umstände, sondern Herr über die Situation. Mitarbeiter spüren das und werden ihnen folgen. Erfolg folgt, wenn man *sich* folgt!

Viele Führungskräfte meinen, es sei entscheidend, was sie ihren Mitarbeitern sagen. Sie unterschätzen, dass Menschen intuitiv auf Körperhaltung, Mimik und Stimme reagieren und dass die nonverbale Botschaft im Zweifelsfall die stärkere ist. Der eilige Vertriebschef hatte oft betont, „Kommen Sie zu mir, wenn es Probleme gibt!" Das Tempo, mit dem er durch das Unternehmen pflügte, und die Ungeduld, mit der er seinen Mitarbeitern zuhörte, drückten etwas anderes aus und schreckten von Gesprächsversuchen ab. Es hat schon seinen Grund, dass es „Management by Walking around" heißt, nicht „Management by Running around". Das funktioniert auch anders herum: Wenn Sie mit Bedacht handeln und auch in herausfordernden Situationen überlegt und gelassen reagieren, dokumentiert das Ihren Führungsanspruch glaubwürdiger als jede autoritäre Geste. Ein Wolfsrudel folgt nicht dem hektischen Kläffer, sondern dem Leitwolf, der Stärke und Ruhe demonstriert.

Am Ende des Kapitels finden Sie ein Tool, das Sie bei der Reflexion Ihres Status quo unterstützt: einen Reflexionsbogen zu Ihrem aktuellen Gesundheitszustand (Checkliste 2).

Achtsamkeit ist eine Lebenshaltung, die man trainieren kann und muss. Es gibt eine Reihe von Übungen, die dabei helfen. Eine ganz einfache können Sie sofort ausprobieren.

So geht die kürzeste Entspannungsübung der Welt:

> **Achtsamkeitsübung: 3 Atemzüge**
> Ziehen Sie sich für ein paar Sekunden an einen ruhigen Ort zurück. Atmen Sie drei Mal langsam tief ein und aus und genießen Sie dabei, Ihren Atem zu spüren:
>
> Mit dem ersten Atemzug …
> schließe ich in Gedanken ab, was mich gerade beschäftigt hat – das Telefonat, die Akte, ein Gespräch.
>
> Der zweite Atemzug …
> ist nur für mich: Wie geht es mir? Wie fühle ich mich? Wie fühlt sich mein Körper an, meine Muskeln, mein Gesicht?
>
> Mit dem dritten Atemzug …
> bereite ich mich auf das vor, was ich gleich mache, was gleich kommen wird und stimme mich positiv darauf ein.

Mit dieser Übung gewinnen Sie einen wertvollen Moment des Innehaltens. Entscheidend sind dabei die Sekunden in der Mitte, in denen Sie bewusst wahrnehmen, wie es Ihnen augenblicklich geht.

Wer stark engagiert ist und verhindern will, dass er den Bogen überspannt, muss lernen, zu spüren, wie es ihm geht. Inzwischen belegen wissenschaftliche Studien den Nutzen der Meditation, doch bis in alle Führungsetagen hat sich dies noch nicht herumgesprochen. Einen Überblick über den therapeutischen Nutzen gibt Susanne Schäfer (2012). Bei der Frage nach den „bevorzugten Mitteln gegen Stress" nennen in einer Umfrage der Techniker Krankenkasse 72 Prozent der Führungskräfte Sport und 70 Prozent Gespräche mit der Familie, dem Partner oder Freunden, aber nur 15 Prozent „Entspannungstechniken wie Meditation, Yoga oder autogenes Training" (Friedrich 2012). Wer Manager über Marathonläufe schwadronieren hört oder selbst Mitglied eines Fitnessstudios ist, kann sich des Eindrucks kaum erwehren, dass hier der Leistungsdruck in die Freizeit mitgenommen wird. Wer läuft die besten Zeiten, stemmt die meisten Gewichte? Dazu passt, dass Fredmund Malik in seinem Bestseller „Führen, leisten, leben" zwar kurz streift, wie ihm selbst autogenes Training im Alltag hilft (Malik 2000). Ein ganzes Buch jedoch widmet er den Parallelen von Management und dem Extremsport Bergsteigen, unter dem Titel „Wenn Grenzen keine sind" (2014). Doch genau darum geht es, wenn Sie erfolgreich bleiben wollen, ohne auszubrennen: Grenzen zuzulassen! Und sogar noch einen Schritt weiter: Grenzen zu setzen!

2.4 Klug entscheiden: Warum Entscheidungen Energie sparen

Ein Fallbeispiel

Ein mittelständisches Maschinenbau-Unternehmen beklagt „Führungsprobleme" und organisiert daher für seine gesamte Führungsmannschaft ein Inhouse-Seminar. Ziemlich rasch diskutieren wir nicht mehr über gute Führung im Allgemeinen, sondern über die aktuelle Unternehmenssituation: Qualitätsmängel, Dienst nach Vorschrift, hoher Krankenstand, „geringe Motivation". Als Ursache kristallisiert sich ein verschachteltes Bonussystem heraus, dass von einer großen Zahl der Mitarbeiter als ungerecht empfunden wird, weil bestimmte Fertigungsbereiche mühelos profitieren, während andere trotz Mehrleistung fast leer ausgehen. Auf die Frage, warum man nicht ein neues, gerechteres Prämiensystem einführt, winken alle energisch ab: „Das ist historisch so gewachsen!" „Wenn wir da einmal anfangen, gibt das Diskussionen ohne Ende." „Die Auftragsbücher sind voll – dazu ist jetzt keine Zeit!"

Diese Vogel-Strauß-Politik kostet das Unternehmen Woche für Woche Tausende von Euros durch eine Besorgnis erregende Ausschussquote, durch Kundenbeschwerden bis hin zum Kundenverlust, durch Lohnfortzahlung im Falle von Krankmeldungen usw. Und sie kostet die Führungsmannschaft eine Menge Energie: täglicher Ärger, Diskussionen mit Mitarbeitern, Abmahnungen, Krisensitzungen. Ein neues Bonussystem zu entwickeln würde unter dem Strich ziemlich rasch Geld und Energie sparen, zu diesem Ergebnis kommen wir auch im Seminar und beschließen die Umsetzung. Nach den ersten Schritten in diese Richtung stellt sich heraus: Schon die Ankündigung und das Signal, dass die Führungsmannschaft das Problem ernst nimmt, verbessern Unternehmensklima und Arbeitsmoral erheblich.

2.4.1 Auch „Nicht handeln" kostet Energie

Dass „Nicht entscheiden" eine einfache Lösung bietet, ist pure Illusion. Denn auch nicht zu handeln kann sehr anstrengend sein, und zwar immer dann, wenn eine Entscheidung objektiv geboten ist (aus sachlichen Gründen wie im Unternehmensbeispiel) oder auch subjektiv ratsam wäre (weil der Einzelne mit der aktuellen Situation hadert). Wir alle kennen das Gefühl der Erleichterung, das sich einstellt, wenn wir uns nach einer längeren Phase des inneren Hin und Her zu einer Entscheidung durchgerungen haben. Handeln kostet Energie, aber auch Grübeln, Ignorieren, Beiseiteschieben, gute Miene zum bösen Spiel machen, Vertagen zehrt an uns. Unsicherheit und Unklarheit kosten Kraft, Klarheit gibt Kraft. Sich in wesentlichen Fragen der eigenen Arbeit und des eigenen Lebens klar darüber zu werden, wo man steht und was man wirklich will, verhilft einem daher zu innerer Ruhe, Souveränität und persönlicher Ausstrahlung. Das kostet erst einmal Zeit, doch es ist wie im Beispiel des Maschinenbau-Unternehmens: Die Mühe amortisiert sich rasch.

2.4.2 Bewusst entscheiden, systematisch Position beziehen

Beenden Sie das unentschlossene Hinnehmen und bloße Ertragen von Zuständen und gewinnen Sie für sich selbst Klarheit in wesentlichen Fragen Ihrer beruflichen Situation. Das sind Sie sich und Ihrer Gesundheit schuldig! Wesentliche Fragen sind unter anderem:

- Wie stehe ich zu der Branche, in der ich arbeite, und wie zu meinem Unternehmen?
- Wie stehe ich zu den Arbeitsprozessen und Abläufen im Unternehmen?
- Wie stehe ich zu unseren Produkten und/oder Dienstleistungen?
- Wie stehe ich zu unseren Kunden?
- Wie stehe ich zu meinem Aufgaben- und Verantwortungsbereich?
- Wie stehe ich zu meinen Perspektiven im Unternehmen?
- Wie stehe ich zu meinen Kollegen?
- Wie stehe ich zu meinem/meiner Vorgesetzten und zur Unternehmensführung insgesamt?
- Wie stehe ich zu unserer Führungskultur?
- Wie stehe ich zu meinen Mitarbeitern?
- Wie stehe ich zum Arbeitsanfall für meine Mitarbeiter/für mich?

Wer sich zum Spielball äußerer Einflüsse macht, läuft Gefahr, sich wie ein führerloses Schiff Wind und Wellen auszuliefern und nur noch zu reagieren, statt das Steuer in der Hand zu behalten. Gerade in Zeiten permanenter Veränderungen, Hektik und wechselnder Ansprüche von außen braucht es einen Anker, und dieser Anker kann nur in der eigenen Person liegen. Werden Sie sich klar darüber, wie Sie zu bestimmten Fragen stehen, und beziehen Sie Position, zunächst für sich selbst und dann auch nach außen. Wie also sehen Sie die angesprochenen Punkte? Was finden Sie gut, was schlecht – und warum? Handeln Sie entsprechend, äußern Sie Ihre Meinung, werden Sie aktiv, wenn Sie den Status quo inakzeptabel finden. Ich mache die Erfahrung, dass nicht wenige Führungskräfte nur noch versuchen, im Alltag „irgendwie durchzukommen". Das ist in Zeiten hoher Belastung verständlich. Übersehen wird dabei allerdings, dass auch das Lavieren, Ad-hoc-Entscheiden und Wegducken Kraft kostet und Stress verursacht. Entscheiden Sie selbst, wohin Ihre Energie fließen soll: in mutiges Handeln oder in unbefriedigendes „Sich irgendwie arrangieren".

Wer sich beruflichen Fragen stellt, gelangt sehr schnell auch zu allgemeinen Lebensfragen, etwa:

- Was ist Ihnen wirklich wichtig im Leben (beruflicher Erfolg, Familie, Freunde, Spiritualität, Hobbys ...)?
- Welche Werte zählen für Sie wirklich und sind nicht verhandelbar?
- Wie zufrieden sind Sie mit Ihrem aktuellen Leben?
- Wenn Sie momentan nicht glücklich sind: Was müsste sich für Sie ändern?

Nehmen Sie sich die Zeit, über solche (lebens)wichtigen Themen nachzudenken und daraus praktische Entscheidungen abzuleiten. Sich gelegentlich in die Vogelperspektive zu begeben und sich über Grundsätzliches klar zu werden, bewahrt Sie davor, irgendwann nur noch zu funktionieren. Lernen Sie, zu akzeptieren, was Sie momentan nicht ändern können oder wollen. Und ändern Sie, was Sie verändern können. Das ist keine Aufgabe, die man einmal erledigt und dann zu den Akten legt, sondern ein Lebensprojekt. Sie werden immer wieder in Situationen kommen, in denen sich Ihr Magen zusammenzieht oder Ihre Nackenhaare aufstellen. Wer seinen Entscheidungsmuskel gut trainiert hat, stellt sich dem Thema, nimmt es in den Fokus und gewinnt Klarheit für sich. Außerdem wird sich Ihre Position zu bestimmten Fragen im Laufe der Jahre verändern: Mit Ende vierzig denken Sie über manches wahrscheinlich anders als mit Ende zwanzig oder Mitte dreißig.

2.4.3 Kopf und Bauch einbeziehen

Für kluge Entscheidungen reicht es nicht aus, nur auf den Bauch zu hören, auch wenn der am Ende unser Handeln natürlich beeinflusst. Häufig ist unser Körper zwar ein verlässlicher Indikator dafür, dass Entscheidungsbedarf besteht: Wir bekommen Nackenschmerzen, schon bevor uns bewusst wird, dass wir uns wieder einmal zu viel aufhalsen, oder unser Magen verkrampft sich, ohne dass wir schon benennen könnten, warum uns bestimmte Entwicklungen Sorgen bereiten. Für die Entscheidungsfindung aber gilt: Besorgen Sie sich alle Informationen, die Sie brauchen, damit Sie kompetent agieren können. Das betrifft fachliche sowie branchenbezogene Kenntnisse und Führungswissen gleichermaßen. Je wacher Sie durch das (Arbeits-)Leben gehen und mitbekommen, was um Sie herum vorgeht, desto reflektierter können Sie entscheiden. Die Welt dreht sich weiter und sie dreht sich schnell. Wer nicht von Entwicklungen überrascht werden will, muss am Ball bleiben. Sehen Sie Networking nicht nur unter karrierestrategischen Gesichtspunkten: Der intensive Austausch mit Kollegen, Branchenangehörigen und auch Fachfremden ist die beste Gelegenheit, eigene Standpunkte zu reflektieren, zu erweitern und zu korrigieren. Ich bin immer wieder erstaunt, wie sich auf Veranstaltungen, Messen und Branchenevents zielsicher immer wieder die zusammenfinden, die sich ohnehin schon kennen, und über das reden, über das sie beim letzten Mal wahrscheinlich auch schon geredet haben. Dabei könnte der Austausch mit Menschen, die neue Erfahrungen einbringen, so viel lohnender sein.

2.4.4 Warum Sie kein Zeitproblem haben, sondern ein Entscheidungsproblem

Viele Führungskräfte fühlen sich überlastet und klagen darüber, von Termin zu Termin zu hetzen und viel Zeit in ausufernden Meetings zu verbringen. Verbreitet ist diese Klage vor allem auf den unteren und mittleren Managementebenen. Wenn ich Topmanager coache, geht es eher um übergeordnete strategische Fragen, nicht um Zeitprobleme. Warum ist das so? Die nahe liegende Erklärung: Ein Topmanager ist eher Herr seiner Zeit. Er bestimmt, wo es langgeht, und ist nicht wie das mittlere Management Druck von oben und unten ausgesetzt. Doch bei näherer Betrachtung hinkt diese Erklärung. Topmanager sind den Stakeholdern verpflichtet, stehen unter scharfer Beobachtung der Öffentlichkeit und werden für den Gesamterfolg des Unternehmens verantwortlich gemacht. Wurden Compliance-Regeln verletzt, stehen Umstrukturierungen an oder bröckelt der Aktienkurs, schaut man auf das Topmanagement. Auch hier gibt es Druck und Ansprüche verschiedener Instanzen.

Der entscheidende Unterschied (und möglicherweise einer der Gründe, der jemanden an die Unternehmensspitze führt) besteht darin, dass Topmanager sehr bewusst mit ihrer Zeit umgehen und entscheiden, worauf sie Zeit verwenden wollen und worauf nicht. Vielfach erlebe ich im Führungsalltag jedoch eine auf Dauer kräfte- und ressourcenzehrende Vermeidungsstrategie:

- Die wöchentliche XY-Sitzung ist „eigentlich" überflüssig – aber die Führungskraft bringt nicht den Mut auf, das anzusprechen oder sich aus diesem Kreis auszuklinken.
- Die Aufgabe müsste „eigentlich" ein Mitarbeiter erledigen – aber die Führungskraft steigt selbst ein, weil der das angeblich nicht kann (oder nicht so gut oder anders lösen würde).
- Der Kunde bringt „eigentlich" nichts als Ärger, permanente Sonderwünsche, Abstimmungsprobleme usw. – aber die Zusammenarbeit zu beenden, das wird nicht einmal in Betracht gezogen.
- Die strategische Arbeit kommt zu kurz, weil die eigene Tür Mitarbeitern immer offen steht – „eigentlich" bräuchte man jeden Tag mindestens eine Stunde Zeit für konzentrierte Arbeit.
- Das Projekt XY schleppt sich seit Monaten dahin, inzwischen ist klar, dass es nicht den erhofften Erfolg bringt. „Eigentlich" könnte man abbrechen, möchte sich aber mit diesem Vorschlag nicht die Finger verbrennen.

Jedes „Eigentlich" hängt wie ein Mühlstein an einem und macht den Alltag zäh und kräftezehrend. Überlegte, aber beherzte und nicht auf die lange Bank geschobene Entscheidungen könnten Entlastung bringen: weniger Meetings, konsequente Delegation (auch wenn das Ergebnis weniger perfekt ist), Einführung einer stillen Stunde pro Tag für Wichtiges, Beenden von unrentablen Geschäftsbeziehungen und Projekten. Welche Mühlsteine schleppen Sie mit sich herum? Und was hindert Sie, das Seil beherzt zu kappen und den Stein hinter sich zu lassen? Manchmal fehlt es einfach an Mut – womit wir beim nächsten Thema wären.

2.5 Mutig handeln: Kein Mut, kein Mädchen!

> **Beispiel**
>
> Der Geschäftsführer eines Familienunternehmens sitzt vor mir wie das sprichwörtliche Häufchen Elend. In sechster Generation fertigt das Unternehmen Fenster- und Türbeschläge. Schon bei der Geburt war klar, dass mein Gegenüber in die Fußstapfen seines Urururugroßvaters treten würde. Daran änderte auch nichts, dass er schon als Kind eher musisch begabt als handwerklich geschickt war und später lieber Philosophie als Betriebswirtschaft studiert hätte. Für „Stubenhocker" hatte sein Umfeld wenig Verständnis. Seit fünf Jahren trägt er nun die Verantwortung fürs Geschäft und leidet wie ein Hund. Dem Unternehmen bekommt das nicht gut: Die depressive Stimmung des Inhabers strahlt aus, geschäftliche Impulse fehlen, Geschäftskontakte bröckeln, weil der Geschäftsführer keinen Draht zu den eher hemdsärmeligen Partnern im B2B-Geschäft findet. Dennoch: Die „Kette zu unterbrechen" kam für ihn nie infrage: „Das habe ich mich schlicht nicht getraut."

„Kein Mut, kein Mädchen", so der Titel eines Solo-Albums von Spliff-Schlagzeuger Herwig Mitteregger in den Achtzigerjahren. Jeder kennt vermutlich die beschriebene Situation: Wer am Rand der Tanzfläche stehen bleibt und sich nicht traut, jemanden aufzufordern, bleibt allein. Glück ist eine Überwindungsprämie. Natürlich klaffen Welten zwischen dem kleinen mutigen Moment, jemanden zum Tanzen aufzufordern und dem großen Mut, den es braucht, aus über 150 Jahren Familientradition auszubrechen. Im Führungsalltag liegen die meisten „Mutproben" irgendwo dazwischen: im Meeting eine eigene Position beziehen, sich in internen Machtkämpfen behaupten, für die Interessen der eigenen Abteilung streiten, sich vor einen verdienten Mitarbeiter stellen. Schon größerer Mut ist gefragt, wenn es darum geht, die Konsequenzen aus einer subjektiv untragbaren Situation zu ziehen, sich nach einer neuen Position umzusehen, womöglich zu kündigen, obwohl noch kein neuer Job gefunden ist. Mut ist selten im Geschäftsleben. Für viele Menschen muss schon sehr viel geschehen, damit sie ihre Komfortzone verlassen, wie jeder weiß, der schon einmal einen Change-Prozess verantwortet hat.

2.5.1 Das gemütliche Elend der Komfortzone

Ich mag den Begriff „Komfortzone" eigentlich nicht. Er suggeriert, dass die meisten Menschen sich im Bereich des Gewohnten und Vertrauten wohl fühlen. Bei genauem Hinsehen ist dies aber nicht der Fall, im Gegenteil: Häufig gehen das Klammern an den Status quo und das Jammern darüber eine unheilige Allianz ein: Im Unternehmen abnicken und zu Hause über die Planung klagen. Wenn es darauf ankommt, den Mund halten und wo es risikolos (und folgenlos) ist, erklären, was die Geschäftsführung wieder alles verkehrt macht. Ich spreche daher lieber vom „gemütlichen Elend" als von der Komfortzone. Was auf den ersten Blick gemütlich aussieht, ist am Ende oft elendig, denn wir bleiben, wenn wir nicht unsere Grenzen herausfordern, weit hinter unseren Möglichkeiten zurück. Damit

Achtsamkeit und wache Reflexion Ihr Leben positiv verändern können, müssen Sie immer wieder ins Handeln kommen und Ihre Entscheidungen auch umsetzen. Dazu braucht es Mut. Darüber hinaus sind erfolgreiche Führungskräfte in meinem Verständnis notorische „Berufsstörer", die bequeme Sicherheiten regelmäßig infrage stellen und das Unternehmen in einer schnelllebigen Zeit auf Kurs halten und vorantreiben. Auch das verlangt immer wieder mutiges Handeln.

2.5.2 Was würden Sie tun, wenn Sie keine Angst hätten?

Mutig sein – das sagt sich leicht. Doch wie wird man mutig? Sehr pauschal gesagt: indem man sich seinen Ängsten stellt und sie beherzt überwindet. „Was würden Sie tun, wenn Sie keine Angst hätten?", ist eine der besten Coaching-Fragen überhaupt. Sie lenkt Aufmerksamkeit und Energie erst einmal weg von Bedenken und Selbstzweifeln und hin zu Möglichkeiten und Perspektiven. Was einmal ausgesprochen ist, gewinnt schon dadurch an Schubkraft. Natürlich stellen sich die Gegenargumente und „Ja, aber"-Einwände trotzdem wieder ein, aber auch mit ihnen kann man sich erst dann fundiert auseinander setzen, wenn sie offen auf dem Tisch liegen.

„Was würde ich tun, wenn ich keine Angst hätte?", verändert den Blickwinkel. Dasselbe passiert, wenn man das gewohnte „Das geht nicht, weil ..." ersetzt durch „Wie könnte es gehen?" oder „Unter welchen konkreten Voraussetzungen wäre es möglich?" Beide Fragen brechen verkrustete Denkmuster auf und weiten den Blick. Hilfreich ist außerdem die Frage, ob sich der große Wurf, vor dem man zurückschreckt, in handliche kleine Etappen zerlegen lässt. Stress und Ängste erzeugen Scheuklappen, wenn nicht gar einen extrem verengten Tunnelblick. Der Inhaber im Familienunternehmen kam beispielsweise überhaupt nicht auf die Idee, sich durch einen versierten Assistenten zu entlasten, um nicht länger all seine Energie in ein ungeliebtes Business zu investieren, oder einen branchenerfahrenen Geschäftsführer anzustellen, um sich stärker aus dem operativen Geschäft zurückziehen zu können. Zwischen „Weitermachen wie bisher" und „Alles hinwerfen" oder anderen Radikallösungen gibt es meistens Zwischenstufen. Das hat den Vorteil, dass man nicht gleich den einen, ganz großen Mut aufbringen muss, sondern mutige Einzelschritte gehen kann.

Jedes Erfolgserlebnis auf diesem Weg ist wichtig, denn es macht Mut für den nächsten Schritt. Jeder Erfolg macht Sie stärker, er potenziert sich, zahlt sich aus mit Zins und Zinseszins. Wer nichts wagt, bringt sich nicht nur um diese Erfahrung, sondern traut sich womöglich immer weniger zu, weil er allen Proben aufs Exempel ausweicht. Die meisten Menschen streben eine Führungsaufgabe an, weil sie gestalten wollen. Also gestalten Sie! Im eigenen Verantwortungsbereich bestehen oft mehr Freiräume, als viele Führungskräfte sich eingestehen mögen. Solange Ihr Handeln dem Unternehmen nützt, wird man Sie in der Regel nicht nur gewähren lassen, sondern Ihre Initiativen sogar aufgreifen. Ich kenne viele Unternehmen, in denen es so ist. Auch in meinem: Ich bezahle meine Mitarbeiter nicht dafür zu zögern und zu warten, sondern im Sinne unseres Unternehmens Entscheidungen zu treffen und mutig zu handeln.

2.5.3 Die Achterbahn des Lebens

Es wäre natürlich vermessen, so zu tun, als gäbe es keine Misserfolge, keine Fehlentscheidungen, keine emotionalen Tiefs, keine Ungerechtigkeiten und keine fatalen Umstände. Doch auch Krisen, Schmerz und Scheitern haben ihren Sinn. Sehr viele Menschen sagen im Rückblick über solche dunklen Lebensphasen: „Im Nachhinein war es das Beste, was mir passieren konnte" oder „Es war schlimm. Aber ich habe gelernt, das Leben geht weiter, selbst in so einer Situation. So schnell wirft mich seitdem nichts mehr um." Der Schriftsteller Max Frisch hat einmal gesagt: „Die Krise ist ein produktiver Zustand. Man muss ihr nur den Beigeschmack der Katastrophe nehmen." Das gelingt eher, wenn Sie Ihren Weg nicht mit der Erwartung gehen, das Leben dürfe nur Schönes für Sie bereithalten und müsse immer „easy going" sein. Das ist eine kindliche Wunschvorstellung. Alle erfolgreichen Menschen haben auch Rückschläge und Enttäuschungen erlebt, denken Sie an Steve Jobs und seinen Rauswurf bei Apple oder an Spitzensportler oder Politiker, für die der reflektierte Umgang mit Niederlagen geradezu Erfolgsvoraussetzung ist. Reinhold Messner hat mir einmal gesagt, dass die Menschen oft nur von seinen bestiegenen 14 Achttausendern sprechen, aber nicht von den 32 Anläufen, dies zu schaffen. Er sei aber am meisten an seinen Niederlagen gewachsen, nicht an seinen Erfolgen.

Ich verwende in Vorträgen und Seminaren daher gern das Bild der Achterbahn. Die Momente, in denen es im Leben in die Tiefe geht, haben ihren Sinn. Man braucht sie, um Schwung zu holen für den nächsten Aufstieg. Nach dem ersten Schock keimt in solchen Tiefphasen oft der Mut der Verzweiflung. Man entdeckt, was in einem steckt und was möglich ist. In die Tiefe zu gehen hat noch eine zweite übertragene Bedeutung: sich seinen Ängsten zu stellen. Wovor haben Sie Angst? Seinen Ängsten auf den Grund zu gehen ist eine schmerzhafte Erfahrung, aber bereits der erste Schritt der Angstbewältigung. Dabei möchte ich zwischen diffusen „Ängsten", die häufig in frühkindlichen Erfahrungen wurzeln und unserem Bewusstsein nur in Ansätzen zugänglich sind, und der „Furcht" vor bestimmten konkreten Ereignissen unterscheiden. Furcht im zweiten, konkreten Sinne haben Wolfgang Stegmann und Winfried Pause schon 1997 in ihrem Buch „Kostenfaktor Angst" untersucht. Danach fürchten sich mehr als zwei Drittel aller Menschen vor Arbeitsplatzverlust, Krankheit und Unfall, knapp 60 Prozent davor, Fehler zu machen und immerhin 50 Prozent vor dem Verlust von Wertschätzung und Anerkennung. Auch Führungskräfte haben Angst, wie die Anteile jener, die sich vor „Autoritätsverlust" fürchten (28 Prozent) und davor, „Mitarbeitern nicht gerecht zu werden" (rund 20 Prozent), zeigen. Alle Menschen haben Angst – das hat die Evolution so vorgesehen. Gäbe es keine Angst, wären wir vermutlich schon ausgestorben und müssten uns um Arbeitsplatzverlust oder Burn-out nicht mehr sorgen. Angst hat eine nützliche Warnfunktion. Heikel wird es, wenn Ängste uns überwältigen, wenn sie uns beherrschen statt wir sie. Wer sich seinen Ängsten stellen will, kann mit folgenden Fragen beginnen:

- Wie ticke ich?
- Wie bin ich erzogen worden?

- Welche Glaubenssätze hat mir meine Familie mitgegeben? Sind diese eine Hilfe oder inzwischen ein Hemmschuh?
- Welche Schlüsselerfahrungen, welche Vorbilder haben mich geprägt? Mit welchen Folgen?

Der Tiefenpsychologe Fritz Riemann postulierte ausgehend von den Grundbedürfnissen des Menschen die „Grundformen der Angst" (2013). Alle tragen das Bedürfnis nach Nähe in sich („Selbsthingabe"), aber auch das komplementäre Bedürfnis nach Distanz („Selbstwerdung"), ein Bedürfnis nach Dauer (Ordnung, Kontrolle), aber auch das Bedürfnis nach Wechsel (Spontaneität, Abwechslung). Aus den individuell vorherrschenden Bedürfnissen eines Menschen ergeben sich gleichzeitig seine Grundängste, etwa wenn ein sehr starkes Bedürfnis nach Dauer die Angst vor Veränderungen zur Folge hat, das Bedürfnis nach Distanz die Angst vor Nähe, das Bedürfnis nach Wechsel die Angst vor Festlegung und Endgültigkeit, und das Bedürfnis nach Nähe die Angst vor Unabhängigkeit und Selbstständigkeit. Im Riemann-Thomann-Modell werden diese Zusammenhänge als gekreuzte Koordinaten dargestellt. Es hilft, sich selbst und andere besser zu verstehen, wenn man sich der Erkenntnis öffnet, dass Menschen unterschiedlich ticken und jeder von uns Begrenzungen hat.

Wer seinen Ängsten auf den Grund geht, kann sie besser im Zaum halten. Für mutiges Handeln ist oft die „Quick & dirty-Lösung" die Beste: nicht zu lange nachgrübeln, sondern machen! Das bewährt sich jedenfalls bei allen Herausforderungen, in denen soziale Ängste eine Rolle spielen: eine Präsentation halten, eine Minderheitsposition vertreten, Ansprüche anmelden. Je länger man zögert und sich ausmalt, was alles schief laufen könnte, desto größer wird die Hürde, die zu überwinden ist. Wenn es um Sachentscheidungen geht, kann auch ein Worst-Case-Szenario helfen: Was könnte schlimmstenfalls passieren? Erweist sich auch der Negativfall als beherrschbar, fällt es leichter, ins Handeln zu kommen. Grundsätzlich gilt: Je größer der innere Antrieb, die Begierde, etwas erreichen zu wollen, desto eher überwinden wir unsere Ängste. Vorausgesetzt, wir kennen unsere Ziele – und vorausgesetzt, wir nehmen die erwachsene Lebenshaltung ein, dass einem die wichtigen Dinge im Leben leider nicht immer zufallen, sondern dass man manchmal kämpfen und sich selbst überwinden muss. Kein Mut, kein Mädchen!

2.6 Ausblick

Wer heute Führungsverantwortung trägt, muss die Zahlen und die ihm anvertrauten Menschen gleichermaßen im Blick haben. Ohne motivierte Mitarbeiter sind anspruchsvolle Ziele kaum zu erreichen, ohne wirtschaftlichen Erfolg sind Existenzen gefährdet. Nur eine Führungskraft, die ihre Aufgabe souverän und mit der nötigen Gelassenheit ausübt, kann diesen anspruchsvollen Spagat zwischen empathischem Umgang und wirtschaftlichem Weitblick auf Dauer bewältigen. Damit Ihnen das gelingt, sollten Sie gut für sich und Ihre Gesundheit sorgen. Gehen Sie mit sich um wie mit einem guten Freund! Ich selbst musste das mühsam lernen, nachdem mich meine zwei Jahrzehnte währende Karriere schließlich in die totale Erschöpfung geführt hatte. Sie vermuten richtig, der vorliegende Beitrag enthält die wesentlichen Elemente meiner Erfolgsstrategie, die mich wieder zurück in ein erfülltes und erfolgreiches Leben geführt hat. Lassen Sie es gar nicht erst so weit kommen – ein Burn-out ist eine wirksame, aber auch schmerzhafte Lernerfahrung, die man sich durchaus ersparen kann. Ich wünsche Ihnen jedenfalls von ganzem Herzen, dass es gelingt! „Achtsam leben, klug entscheiden, mutig handeln" bedeutet: wach und selbstbestimmt durchs Leben zu gehen, Rückgrat zu beweisen und gelegentlich über den eigenen Schatten zu springen. Das ist oft anstrengend und ungemütlich, aber glauben Sie mir, es lohnt sich. Denn es geht um nicht weniger als um Ihre Gesundheit, Ihr Lebensglück, Ihren Führungserfolg und natürlich um die Gesundheit und den Erfolg der Menschen, die Ihnen anvertraut sind. Sie sind Vorbild!

2.7 Zusammenfassung

Beim Thema „Gesund führen" geht es üblicherweise darum, welches Führungsverhalten der Gesundheit der Mitarbeiter dient. These dieses Beitrags ist: Nur gesunde (ausgeglichene, souveräne) Führungskräfte können die zu Recht geforderte Führungsqualität leisten. Gesundes Führen braucht gesunde Führungskräfte!

Vor allem in der unteren und mittleren Führungsebene ist Burn-out ein Thema. Lange Arbeitszeiten, Beschleunigung aller Prozesse, Wettbewerbsdruck und Rundumverfügbarkeit durch die modernen Kommunikationsmittel fordern ihren Tribut.

Eine empfehlenswerte Präventionsstrategie ist die selbstverantwortliche Lebensgestaltung nach dem Dreischritt Achtsamkeit – Entscheidungsfreude – mutiges Handeln.

Achtsam leben heißt zunächst: Wahrnehmen, was ist. Das bedeutet auch, Warnsignale für Stress und Überforderung zu erkennen, angemessen darauf zu reagieren und Grenzen zu akzeptieren. Wer jeden Tag der Beste ist, der er an diesem Tag sein kann, hat keinen Grund, mit sich zu hadern.

Klug entscheiden bedeutet: Alle wesentlichen Fragen seiner beruflichen Situation zu durchdenken und bewusst Position zu beziehen, für sich und nach außen. Wer sich dieser Aufgabe stellt, gewinnt Klarheit für sich, Souveränität im Handeln und Profil nach außen. Häufig raubt das „Nicht handeln" mehr Energie und Zeit als durchdachte, aber beherzte Entscheidungen!

Mutig handeln bedeutet: Sich seinen Ängsten zu stellen und sie zu besiegen. Unsere „Komfortzone" ist häufig alles andere als komfortabel, sondern ein Ort fruchtlosen Jammerns und Haderns, ein „gemütliches Elend". Sich einer Herausforderung in kleinen Schritten zu nähern hilft, ebenso „Quick & dirty"-Strategien oder die Überwindung von Denkblockaden nach der Maxime: Was würde ich tun, wenn ich keine Angst hätte?

2.8 Anhang: Checklisten

2.8.1 Checkliste 1: Überforderungsreaktionen

Bei überdosiertem und lang andauerndem Stress verändern sich unsere Stressreaktionen. Wenn Sie über einen längeren Zeitraum (einige Wochen) mehrere der folgenden Symptome an sich beobachten, sollten Sie handeln!

(1) Emotionale Überforderungsreaktionen:
- Interessenlosigkeit, Langeweile, Antriebslosigkeit,
- Innerer Druck,
- Unsicherheit,
- Einsamkeit,
- Resignation,
- Selbstvorwürfe,
- Angstgefühle (Panik),
- Freudlosigkeit, Unzufriedenheit,
- Aggressionsbereitschaft,
- Gereiztheit, Unausgeglichenheit,
- Neid, Eifersucht,
- Übertriebenes Kontrollbedürfnis,
- Wut und Ärger (z. B. über sich selbst),
- Starke Überempfindlichkeit bei sonst normalen Sinneswahrnehmungen,
- Ständige Traurigkeit und/oder häufiges Weinen (bereits bei „kleinen" Anlässen),
- Depressionen,
- Schnelles Sprechen, County Rederausch,
- Geringes Selbstwertgefühl,
- Stark veränderte Rücksichtnahme gegenüber anderen (Anstieg oder Reduktion),
- Übertriebenes Handeln.

(2) Kognitive Überforderungsreaktionen:
- Denkblockaden,
- Tagträume,
- Konzentrationsstörungen,
- Gedächtnisstörungen, massive Vergesslichkeit,
- Leistungsstörungen,
- Scheuklappeneffekt,
- Rigidität,
- Realitätsflucht,
- Wahrnehmungsverschiebungen,
- Albträume,
- Schlafstörungen (häufiges nächtliches Aufwachen, Einschlaf-Schwierigkeiten),
- Verlängerte Reaktionszeiten,
- Wortfindungsschwierigkeiten,

- Übertriebenes Beschäftigen mit möglichen negativen Folgen (negative Gedanken, Hilflosigkeitsgedanken),
- Entscheidungen schwer treffen können.

(3) Muskuläre Überforderungsreaktionen:
- Allgemeine Verspanntheit,
- Krampfneigung (Muskelkrämpfe),
- Rückenschmerzen und -verspannungen,
- Kopfschmerzen, Nackenverspannung,
- Schmerzen (Brust, Arme, Beine, Gelenke),
- Unkontrollierbare Zuckungen, Tics (z. B. Augenzucken),
- Unfähigkeit zu entspannen,
- Leichte Ermüdbarkeit,
- Rast- und Ruhelosigkeit.

(4) Vegetativ-hormonelle Überforderungsreaktionen:
- Herz-Kreislauf-Beschwerden,
- Herzrasen, Herzstolpern,
- Hoher (labiler) Blutdruck,
- Erhöhung des Infarktrisikos,
- Störungen des Magen-Darmtraktes wie Durchfall, Verstopfung, Magendruck, Reizmagen, Reizdarm, Sodbrennen, Darm- und Magengeschwüre,
- Veränderung des Blutzuckerspiegels,
- Chronische Müdigkeit,
- Anfälligkeit für Infektionen,
- Zyklusstörungen bei der Frau,
- Sexuelle Funktionsstörungen (reduzierte sexuelle Erregbarkeit),
- Hautveränderungen (Juckreiz, Allergien, Herpes, Hautirritationen),
- Übermäßiges Schwitzen (Hände und Füße sind unangenehm warm oder kalt),
- Schwindelanfälle,
- Atembeschwerden (schnelles Atmen, Luftnot),
- Migräne,
- Nervosität (Nägelkauen, Zähneknirschen, Schluckbeschwerden),
- Restless-Legs-Syndrom (nervöse, unruhige Beine),
- Schnelle und massive Veränderung des Gewichts (auch Appetitlosigkeit oder Heißhunger),
- Kaufrausch,
- Gesteigerter Drogenkonsum (Nikotin, Kaffee, schwarzer Tee, Alkohol usw.),
- Steigende Anwendung von Schmerz-, Schlaf- und Beruhigungsmitteln.

2.8.2 Checkliste 2: Reflexion des eigenen Gesundheitszustands

Dieser Gesundheitscheck bündelt gängige Fragen, wie Sie sie auf den Seiten vieler Krankenkassen oder ärztlichen Anamnese-Bögen finden.

2 Achtsam leben, klug entscheiden, mutig handeln!

Allgemeines

Wie würden Sie Ihren allgemeinen Gesundheitszustand beschreiben?
❑ ausgezeichnet   ❑ sehr gut   ❑ gut   ❑ weniger gut   ❑ schlecht

Im Vergleich zum letzten Jahr ist Ihr derzeitiger Gesundheitszustand …
❑ viel besser   ❑ etwas besser   ❑ ähnlich   ❑ etwas schlechter   ❑ viel schlechter

Gibt es jemanden, in Ihrem Umfeld, an den Sie sich mit Problemen wenden können?
❑ Ja   ❑ Nein

Fühlen Sie sich von Ihrem sozialen Umfeld mit Ihren Problemen verstanden?
❑ Ja   ❑ Nein

Erhalten Sie in Ihrem sozialen Umfeld im Alltag generell Unterstützung?
❑ Ja   ❑ Nein

Ernährung

Wie groß sind Sie?   _____ cm

Wie viel wiegen Sie?   _____ kg

Wie häufig nehmen Sie folgende Mahlzeiten zu sich?

	täglich	mehrmals pro Woche	seltener	nie
Frühstück				
Mittagessen				
Abendessen				
Zwischenmahlzeiten				

Wie oft essen Sie folgende Lebensmittel?

	mehrmals täglich	täglich	2-3 mal die Woche	wöchentlich	seltener	nie
Gemüse oder Salate						
Obst						
Süßigkeiten oder						

Kuchen							
Wurst bzw. Fleisch, Cola oder Limo							
Müsli							
Pommes, Würstchen oder Hamburger							

Wie viel nicht koffeinhaltige Getränke nehmen Sie täglich etwa zu sich? (keine Cola, kein Kaffee oder schwarzer Tee - und ohne Alkohol)

❏ 0,5 Liter   ❏ 1 Liter   ❏ 1,5 Liter   ❏ 2 Liter   ❏ 2,5 Liter oder mehr

Was möchten Sie verändern?   Ich möchte gerne gesünder essen.
❏ Ja   ❏ Nein

Mein Normalgewicht halten.
❏ Ja   ❏ Nein

Abnehmen.
❏ Ja   ❏ Nein

Wie wichtig ist es für Sie, Ihr Essverhalten zu ändern?
❏ überhaupt nicht wichtig   ❏ wichtig   ❏ sehr wichtig

Wie zuversichtlich sind Sie, dass Sie Ihr Essverhalten ändern werden?
❏ überhaupt nicht zuversichtlich   ❏ zuversichtlich   ❏ sehr zuversichtlich
❏ Ich möchte nichts verändern.

Bewegung

Wie oft bewegen Sie sich mindestens 30 Minuten am Stück (zügiges Spazierengehen, Joggen, Fahrrad fahren, Schwimmen)?
❏ 3-7 Mal pro Woche   ❏ 1-2 Mal pro Woche   ❏ seltener

Wie oft in der Woche machen Sie Gymnastik oder trainieren Ihre Muskeln?
❏ 2-7 Mal pro Woche   ❏ 1 Mal pro Woche   ❏ seltener

Wie oft üben Sie Spielsportarten (Fußball, Squash, Badminton) aus?
❏ 2-7 Mal pro Woche   ❏ 1 Mal pro Woche   ❏ seltener

Was möchten Sie verändern?   Ich möchte mich im Alltag mehr bewegen.

❏ Ja   ❏ Nein

Regelmäßig Sport treiben.

❏ Ja   ❏ Nein

Wie wichtig ist es für Sie, Ihr Bewegungsverhalten zu ändern?
❏ überhaupt nicht wichtig   ❏ wichtig   ❏ sehr wichtig

Wie zuversichtlich sind Sie, dass Sie Ihr Bewegungsverhalten ändern?
❏ überhaupt nicht zuversichtlich   ❏ zuversichtlich   ❏ sehr zuversichtlich
❏ Ich möchte nichts verändern.

Rauchen

Ich bin …
❏ Raucher   ❏ Ex-Raucher   ❏ Nichtraucher

Wenn Sie Nichtraucher oder Ex-Raucher sind, gehen Sie bitte direkt zum Abschnitt „Arbeitszufriedenheit".

Wenn Sie Raucher sind, rauchen Sie täglich?
❏ Ja   ❏ Nein

Wie viele Zigaretten rauchen Sie pro Tag?   ____ Stück

Haben Sie schon einmal ernsthaft versucht, das Rauchen aufzugeben?
❏ Ja   ❏ Nein

Was möchten Sie verändern?   Ich möchte nicht mehr rauchen.

❏ Ja   ❏ Nein

Weniger rauchen.

❏ Ja   ❏ Nein

Wie wichtig ist es für Sie, Ihr Rauchverhalten zu ändern?
❏ überhaupt nicht wichtig   ❏ wichtig   ❏ sehr wichtig

Wie zuversichtlich sind Sie, dass Sie Ihr Rauchverhalten ändern?

❏ überhaupt nicht zuversichtlich   ❏ zuversichtlich   ❏ sehr zuversichtlich

❏ Ich möchte nichts verändern.

Arbeitszufriedenheit

Im Großen und Ganzen bin ich...	sehr zufrieden	zufrieden	unzufrieden	sehr unzufrieden
... mit meiner Arbeitsumgebung (physische Arbeitsbedingungen wie Lärmpegel, Licht, Sitzen, PC-Arbeit)				
... mit meinen Einflussmöglichkeiten (Gestaltungsfreiräume, Offenheit für Neuerungen, Eigenverantwortung usw.)				
... mit der Würdigung meiner Arbeit (Rückendeckung durch die Geschäftsführung, Zusammenarbeit mit Führungskollegen usw.)				
... mit meinem Arbeitsumfang (Termindruck, Dienstreisen, Notwendigkeit der Wochenend- und Abendarbeit usw.)				
... mit meinen Arbeitsinhalten (Verantwortungsbereich, Führungsspanne usw.)				
... mit meinem arbeitsbedingten Gesundheitszustand (Verspannungen, Rücken- oder Kopfschmerzen, Stress, Erschöpfung, Nervosität usw.)				

Bei welchem der angesprochenen Themen ist Ihnen eine Veränderung am wichtigsten?

_____

Wie zuversichtlich sind Sie, dass hier Veränderungen möglich sind?

❏ überhaupt nicht zuversichtlich   ❏ zuversichtlich   ❏ sehr zuversichtlich

❏ Ich möchte nichts verändern

2.9 Über den Autor

Ralf Gasche ist Führungsexperte sowie Inhaber der Firmen Ralf Gasche Coaching und Ralf Gasche Akademie. Der Diplom-Verwaltungswirt (Schwerpunkte: Kriminalistik, Kriminologie, Psychologie) blickt auf mehr als 36 Jahre Führungserfahrung zurück: 23 Jahre Führungs- und Einsatzerfahrung als Terrorismusfahnder in Bundespolizei (u. a. Bundeskanzleramt), BKA und BMI sowie 13 Jahre Ausbildung von Führungskräften. Parallel zu seinen eigenen Unternehmen leitete er eine Coach-Agentur und war Dozent in Coach- und Professional-Coach-Ausbildungen.

Heute berät Ralf Gasche Unternehmen und ihre Führungskräfte. Seine hohe Professionalität basiert auf tausenden Coaching-Stunden, hunderten Vorträgen und zehntausenden Seminarstunden für Unternehmen – immer zu den Themen: „Wie funktioniert Führung? Wie funktionieren Menschen?" Er begeistert und inspiriert mit seinen „Excellent Leadership" Vorträgen auf Firmenveranstaltungen und großen Bühnen und ist Lehrbeauftragter an verschiedenen Hochschulen. Zu seinen Kunden zählen viele DAX- und börsennotierte Unternehmen, erfolgreiche Mittelständler und Bundesministerien.

Weitere Infos unter www.gasche.com und www.ralfgasche.com

Literatur

Verwendete Literatur

BKK Bundesverband (2011). *Kein Stress mit dem Stress. Eine Handlungshilfe für Führungskräfte*. Berlin: BKK Dachverband e. V.

BKK Gesundheitsreport (2013). *Gesundheit in Bewegung*. Berlin: BKK Dachverband e. V..

Friedrich, T. (2012). *Wie gesund sind Deutschlands Führungskräfte?* Königswinter: Skolamed. im Internet unter www.health-on-top.de/userdoks/handouts/2012_semfo_friedrich.pdf

Goebel, L. (2011). Burnout bei Führungskräften: Die doppelte Belastung. Frankfurter Allgemeine Zeitung vom 27.09.2011 (im Internet unter www.faz.net).

Malik, F. (2000). *Führen, Leisten, Leben. Wirksames Management für eine neue Zeit*. München: Heyne.

Matyssek, A. K. (2009). *Gesund führen – sich und andere!* Norderstedt: Books on Demand.

Nienhaus, L., Weiguny, B., Sievers, A. (2008). Cola, Koks und Ritalin: Wie die Deutschen sich im Büro dopen. Frankfurter Allgemeine Zeitung vom 09.12.2008 (im Internet unter www.faz.net).

Riemann, F. (2013). *Grundformen der Angst* (41. Aufl.). München: Ernst Reinhardt.

Schäfer, S. (2012). Therapeutischer Nutzen: Achtsam ist heilsam. ZEIT Wissen, *01*, S. 98. im Internet unter www.zeit.de

Weiterführende Literatur

Werle, K. (2012). *Wachsende Opferzahl: Burnout ist Folge schlechter Führung*. Manager Magazin online (Erstellt: 29.05.2012)

Prävention – 007 statt 08|15

3

Suzanne Grieger-Langer

Inhaltsverzeichnis

3.1	Tricksen schadet – allen!	50
3.2	Vorsorgen, um nicht das Nachsehen zu haben	51
3.3	Bambi auf Krawall bürsten	51
3.4	Join-Up	53
3.5	Abchecken	54
3.6	Ausnutzen	54
3.7	Abhauen	55
3.8	Analyse	55
3.9	Versenkung	55
3.10	Zugriff	56
3.11	Fair play	56
3.12	(Selbst-)Schutz	56
3.13	Immunität: Information statt Illusion	57
3.14	Erkennen Sie Ihre empfindlichen und schwachen Punkte	57
3.15	Soziales Netzwerk	59
3.16	Autonomie	60
3.17	Kluge Entscheidungen	60
3.18	Die Gretchenfrage: Warum?	61
3.19	Macht statt Ohnmacht	62
3.20	Persönlichkeit und Macht	63
3.21	Die 7 Säulen der Macht	63
3.22	Über den Autor	67

In diesem Teil des Buches geht es um Menschen und Macht. Darum, wie man der Ohnmacht und den falschen Menschen entgeht. Und darum, wie Sie zu Ihrer eigenen Macht finden und sich mit den richtigen Menschen umgeben.

Suzanne Grieger-Langer ✉
Halligstraße 33, 33729 Bielefeld, Deutschland
e-mail: info@grieger-langer.de

© Springer Fachmedien Wiesbaden 2015
P. Buchenau (Hrsg.), *Chefsache Prävention II*, DOI 10.1007/978-3-658-03614-0_3

Warum aber kann ich Ihnen dazu etwas schreiben? Fangen wir also mit mir an: Normalerweise sehen Sie mich nicht. Ich bin Profiler. Ich arbeite im Verborgenen. Und Sie werden mich auch nicht bemerken, wenn ich an Ihnen dran bin. Um genau zu sein: Bin ich erst einmal auf eine Zielperson angesetzt, gibt es kein Entrinnen mehr. Im letzten Jahrtausend brauchte es noch Tage bis zum Zugriff auf die wichtigsten Daten – heute sind es nur noch Sekunden. Ich liebe das Internet. Und die Menschen?

Um es vorweg zu nehmen: Ich glaube an das Gute im Menschen. Und ... ich sehe es wenig entwickelt. Und da sind wir auch schon: Ich schreibe über Menschen und Macht, weil ich immer dann gerufen werde, wenn es mit der Macht schief gelaufen ist. Wenn sich jemand unrechtmäßig bemächtigt hat.

Warum ich gerufen werde? Ich bin Profiler und während ein Esoteriker hinter jedem Busch ein Engelchen vermutet, prüfe ich jeden Busch, ob sich nicht ein Verbrecher dahinter verbirgt. Mein Job ist es, wie bei Aschenputtel, die Guten ins Unternehmen zu bringen und die Schlechten auszusortieren. Denn Blender und Betrüger verursachen einen gewaltigen Schaden – am Menschen, am Unternehmen, an der Wirtschaft. Und je mehr Schaden sie anrichten, desto mehr schwächen sie die Opfer – ob Person, Organisation oder Nation.

3.1 Tricksen schadet – allen!

Kriminalität – von der Trickserei über den Betrug zur Straftat – hat für jede Gesellschaft gravierende und weitreichende Folgen. Fast jede Straftat hat zur Folge, dass Schäden entstehen und Menschen in direkter und indirekter Weise zum Opfer werden.

Wenn man als Autofahrer in den USA vorsorglich kleine Geldscheine in der Hosentasche hat, um sich an der Ampel besser freizukaufen als einen Lackkratzer zu riskieren. Wenn man dort in den großen Städten nachts nicht gefahrfrei zu Fuß unterwegs sein kann. Wenn man mangels Ortskenntnisse zweimal falsch abgebogen von der ersten Welt unversehens in der dritten Welt landet, dann bewirkt das eine innere Habacht-Haltung, die von Misstrauen und Ablehnung geprägt ist.

Wenn man in Europa als einfacher Bürger für die Exzesse größenwahnsinniger Broker aufkommen muss. Wenn man von einem Täuscher um seine Ersparnisse gebracht wird. Wenn man sich ausspioniert fühlt, dann destabilisiert das nicht nur den direkt Betroffenen, sondern die gesamte Gesellschaft.

Wenn in Indien Gruppenvergewaltigungen nicht geahndet werden. Wenn in Südafrika statistisch jede zweite Frau mindesten einmal in ihrem Leben Opfer eines Sexualdeliktes wird, dann prägt dieser Umstand das Klima einer ganzen Gesellschaft.

Nie ist nur das direkte Opfer alleine betroffen. Die Straftat erfasst das Umfeld des Opfers über Angehörige und Freunde und damit weite Bereiche der Gesellschaft. Wie ein Kiesel, der in einen Teich geworfen wurde, breiten sich die Wellen der Erschütterung bis zum Rand aus.

Opfer zu werden ist ein einschneidendes Ereignis. Plötzlich ist man der Willkür anderer ausgesetzt, Statist im eigenen Leben geworden. Man fühlt sich ohnmächtig, verletzlich, allein, hilflos. Manche Menschen brauchen Wochen oder Monate, andere Jahre, um emotional wieder auf die Beine zu kommen. Das hat nichts damit zu tun, wie stark man vorher war. Das hat allein damit zu tun, wie stark die Täuschung, der Betrug, die Gewalt war.

Die meisten Menschen teilen ihr Leben nach einem solchen Erlebnis neu ein: in das Leben vor der Tat und das Leben nach der Tat, dazwischen ist der Abgrund.

Eine Straftat ist für das Opfer eine destruktive und meist traumatisierende Erfahrung. Sie kann zu langfristigen Schäden beim Einzelnen und hohen gesellschaftlichen Folgekosten für alle führen. Generell gilt der Grundsatz:

> Eine Gesellschaft mit weniger Opfern ist eine gesündere, leistungsfähigere und erfolgreiche Gesellschaft (Prof. Dr. Frank Urbaniok).

3.2 Vorsorgen, um nicht das Nachsehen zu haben

In diesem Buch geht es um Prävention, aber mal Hand aufs Herz – ist es nicht so, dass man erst an Prävention denkt, wenn es schon passiert und damit längst viel zu spät ist? An dieser Stelle fällt mir immer mein Weihnachtsfilm ein. Ja, im Ernst. Haben Sie auch einen Weihnachtsfilm? Ich frage Sie: Gehören Sie der Fraktion „Der kleine Lord" an oder ist es vielleicht „Aschenbrödel"... Welchen Film sehen Sie traditionell an Weihnachten? Wir gucken „Stirb langsam" – jedes Jahr, mehrfach... ich kann schon mitsprechen – alle fünf Folgen!

Was das jetzt soll? Ich merke schon, Sie können eben nicht mitsprechen, also werde ich zitieren: „Die gleiche Scheiße passiert dem gleichen Mann zum zweiten Mal..." flucht Bruce Willis als John McClane in „Stirb langsam 2" und kriecht in das Rohr, um seinen Feinden ordentlich eins überzuziehen. Und während Bruce Willis flucht und kämpft, räkeln wir uns wohlig auf dem Sofa in der Gewissheit, dass der Gute gewinnt.

Im echten Leben ist das leider anders. Klar, es sind die Netten, die aufs Kreuz gelegt werden. Und heimlich würden die den Idioten auch ordentlich eins drüber ziehen, so wie Bruce Willis. Aber machen die das auch?

In den kommenden Zeilen geht es darum, wie Trickser und Tyrannen Ihre gute Erziehung ausnutzen, um Sie schachmatt zu setzen, wie Sie das erkennen können und mit welchen ethischen Maßnahmen Sie unethische Menschen in den Griff bekommen. Folgen Sie mir, ich bin Ihr Scout durch unzivilisiertes Gebiet.

3.3 Bambi auf Krawall bürsten

Warum wehren sich die Guten eigentlich so selten? Tja, hier kommt ein Naturgesetz im Umgang mit Tricksern an den Tag: Trickser arbeiten mit Ihren Tugenden und Ihrer guten Erziehung. Um genau zu sein, verlassen sich Trickser darauf, dass Sie Ihre gute Erziehung nicht aufgeben, nur um den Trickser dingfest zu machen. Ganz ehrlich. Ist es nicht so, dass wir gern mal einem fiesen Typen ordentlich eins draufgeben wollen? Aber dann kommt im Kopf der Elternfunk dazwischen und wir finden, dass wir uns nicht auf dieses Niveau herab begeben wollen. Hm. Da ist ein Denkfehler!

Kommen Sie mit mir auf eine kleine Reise: Wir zwei verreisen. Für ein paar Tage geht es nach... irgendwo in Asien. Wie wäre es mit China? Wissen Sie, was das bedeutet? Nein, nicht politisch, sondern ganz praktisch: Wir zwei sind dort Analphabeten. Wir verstehen nichts und niemanden. Können kein Schild entziffern. Und nun? Wir werden wohl versuchen, uns verständlich zu machen. Dabei stellen wir schnell fest, dass das mit Deutsch und Englisch – den Sprachen, die wir sprechen – nicht gelingt. Klar, man lächelt uns nett an, aber wir bekommen nicht, was wir wollen. Und nun? Begreifen wir, dass wir deren Sprache sprechen müssen? Liegt doch auf der Hand, oder? Also werden wir uns mit unserer Übersetzer-App und Händen und Füßen lächerlich machen, aber Essen und Hotel organisieren. Na, also. Geht doch!

Wenn es aber um den Umgang mit fiesen Typen geht, da werden wir weniger pragmatisch. Typischerweise wird Bambi in seiner Blümchensprache mit dem Biest reden. Bambi redet dann meistens vom Verstehen und vom Vertragen. Das versteht das Biest aber entweder gar nicht oder als weicheiiges Gejammer, also als nicht beachtenswert. Wenn sich Bambi also nachhaltig verständlich machen will, dann wird das wohl nur in der Sprache des Biestes gehen. Logisch? Logisch! Und doch, wird Bambi typischerweise jetzt sagen, dass es sich nicht auf dieses niedere Niveau herab begeben möchte. Und überhaupt, wohin wird die Gesellschaft abgleiten, wenn sich jeder so benimmt?

Nun mal ehrlich, das ist ein blöder Versuch, sich in der Unterlegenheitsposition überlegen fühlen zu wollen. Gewonnen ist für das Bambi damit nichts. Für das Biest aber alles, frei nach dem Motto: Dreist gewinnt!

Als Übersetzerin der Sprache von Biestern, Tricksern und Tyrannen möchte ich Sie das wichtigste Überlebenswort lehren. Es lautet: Nein! und ist von keinen weiteren phonetischen Klängen begleitet, sprich: Nein! und dann die Klappe halten. Das ist der beste Weg eine Situation zu stoppen, in der Sie sich verfranzt haben.

Wie aber navigieren Sie sicher durch unzivilisiertes Gebiet? Sie brauchen eine Landkarte für die Typen der Trickser und deren Taten. Trickser sind gar nicht so leicht zu durchschauen. Es gibt sie in alle Farben, Formen und mit allerlei Fähigkeiten. Zur Grobsortierung reicht allerdings die einfache Unterscheidung in Amateure und Profis.

Der Amateur wird verhältnismäßig trampelig und aggressiv vorgehen. Er will unbedingt beweisen, dass er ein Raubtier ist. Doch anstatt sich auf sanften Sohlen anzuschleichen, wird er laut brüllend auf sich aufmerksam machen, nach dem narzisstischen Motto: „Siehst du mich? Siehst du mich wirklich?" Dieser Typ ist mehr damit beschäftigt, sich als Beutejäger zu präsentieren, als echte Beute zu machen. Das bedeutet: Punktabzug für den Grobmotoriker! Und für Sie: entspannen Sie sich! Der bellt nur, der beißt nicht.

Ein kleines Beispiel aus dem echten Leben: Nicht selten fragen mich Frauen in Führungspositionen, wie sie souverän auf sexistische Anspielungen reagieren sollten. Sie fühlen sich überfordert. Wollen nicht als Sensibelchen dastehen und fragen sich: was sagen? – Regel Nummer 1: Es geht in erster Linie darum, was Ihr Körper spricht, nicht was Ihr Mund spricht. Die Körpersprache entscheidet in solchen Situationen – also gelebte Souveränität. Dazu gilt es zuerst einmal einen klaren Kopf zu behalten und sich an eine wichtige Erkenntnis zu erinnern. Schopenhauer wusste schon; wenn jemand ad rem (in der Sache) nicht weiter weiß, dann zielt er ad hominem (auf die Person), wird also beleidigend. Wenn ich mich an diese Erkenntnis erinnere, dann weiß ich, dass ich Oberwasser habe. Ich muss also gar nicht reagieren – verbal. Ein wissendes Lächeln reicht. Wenn das nicht Ihr Ding ist, dann dürfen Sie gern auch mitleidig seufzen. Oder sind Sie der Augenverdrehertyp? Auch erlaubt.

Nun aber zu den echten Profis, den Berufs-Tricksern. Diese sind nett und damit brandgefährlich. Diese Trickser werden sich nicht als das Raubtier präsentieren, das sie sind. Sie haben eine ganz andere Masche der Manipulation bis zur Meisterschaft gebracht: das Fluchttier-Flüstern!

Ein Meistermanipulator wird Sie behandeln wie ein Fluchttier und mit dem Join-Up arbeiten.

3.4 Join-Up

So wie es ein Pferdeflüsterer mit einem „schwierigen" Pferd macht, arbeitet der Trickser mit seinem Opfer. Er zielt darauf ab, dem Opfer seine Wachsamkeit und seine Ängste zu nehmen. Es wird also eine Vertrauensbasis geschaffen. Dann geht es in die nächste Etappe: Das Opfer soll den Trickser als „Leittier" anerkennen. Dabei wird das Opfer für erwünschtes Verhalten subtil belohnt und für unerwünschtes Verhalten subtil bestraft. All das geschieht, ohne dass das Opfer dies bewusst wahrnimmt. Und damit geschieht es scheinbar gewaltfrei.

Die eigentliche Kommunikation geschieht nicht verbal, sondern nonverbal mittels Gesten und subtilen Andeutungen. Dies ist die Ebene der Kommunikation, um die es eigentlich geht, dies ist die Ebene der Kommunikation, die trägt. Und darüber liegt – wie ein Deckmäntelchen – die offene verbale Kommunikation. Doch das gesprochene Wort lenkt lediglich ab vom Subtext, kaschiert die eigentliche Bedeutung und verwirrt die Wahrnehmung des Opfers.

Das Opfer fühlt sich in einer solchen perversen Kommunikationssituation oft genug überlegen, denn der Trickser signalisiert durch Augenkontakt, Mimik, Gesten und subtile Andeutungen: „Ich bin einverstanden, wenn du dich gegen mich entscheidest. Geh ruhig. Geh weg, nicht nur ein bisschen, geh ganz." So wird das Opfer vor die Wahl gestellt, recht früh „Nein" zu sagen, bevor irgendetwas Unangenehmes geschehen ist, bevor Gewalt stattgefunden hat, bevor er den anderen tatsächlich kennen gelernt hat. Dieses „Nein" ist vollkommen und beinhaltet keine zweite Chance. Und genau da hakt die Neugierde ein, und dummerweise auch unsere gute Erziehung. Wer weist schon jemandem die Tür, der sich noch gar nicht danebenbenommen hat? Und wie kann jemand so selbstsicher sein? Ist da nicht vielleicht etwas ganz Besonderes an dem dran?

Das will der Gesprächspartner näher ergründen: Er kreist den Trickser fragend immer näher ein und glaubt somit das Gespräch und die Situation zu steuern. Doch es ist das Opfer, das den Kontakt sucht. Das Opfer will herankommen. Das Opfer wird aktiv. Und der Trickser verändert seine Taktik: Er dreht leicht ab, signalisiert, dass Beziehung möglich ist, wenn man sich an seine Spielregeln hält (sich also unterwirft). Dies alles geschieht subtil in geradezu homöopathischer Dosierung. Bleibt der Gesprächspartner weiter dran, geht er auf den Trickser weiter zu, akzeptiert er ihn als Alpha und fügt sich seinen Bedingungen. Und der Trickser belohnt mit Zuwendung.

Das ist der Moment des Join-Up – die Symbiose hat geklickt, die emotionalen Fesseln sind eingerastet!

Und damit haben wir dem Trickser Tür und Tor geöffnet und es wird zu seinen Taten kommen. Die sind bei Tricksern schnell zusammengefasst, denn alle Trickser arbeiten in drei pragmatischen Schritten: abchecken, ausnutzen, abhauen.

3.5 Abchecken

Ein Trickser pirscht sich im Verborgenen an, wie eine Raubkatze. Das Opfer ist schon lange entdeckt und abgecheckt, bevor es den Trickser wahrnimmt. Und nicht selten ist es für die Beute dann auch schon zu spät. Mit raubtierhaftem Instinkt werden die Schwachstellen des Opfers aufgespürt.

Der Trickser wartet und bewirkt, dass das Opfer müde wird. Erst dann erfolgt der eigentliche Angriff.

Ein direkteres Vorgehen würde Opfern und Beobachtern ermöglichen, die wahre Absicht zu erkennen. Die indirekten Techniken aber destabilisieren und verleiten das Opfer zu glauben, dass das, was sich da tatsächlich abspielt, nicht sein kann und unwirklich ist. Denn die Aggression (der Beutezug) geschieht ohne großes Aufsehen. Worauf es dem Trickser ankommt, ist die Verwirrung des Opfers. Ein verwirrtes Beutetier ist ein unkoordiniertes Beutetier, ist ein desorientiertes Beutetier – ist leichte Beute!

3.6 Ausnutzen

In dieser zweiten Phasen, der Hauptphase, wird das Opfer emotional angefixt. Es wird neugierig gemacht und derart mit Nettigkeiten eingedeckt, dass es sich in diesen Trickser vollkommen verliebt. Was da passiert? – So, wie eine Mücke beim Stich betäubt, betäubt der Trickser Wachsamkeit und gesunden Menschenverstand mit Liebenswürdigkeiten. Sobald das Opfer nicht mehr es selbst ist, erfolgt sein Zugriff. Und er wird so viel aus seinem Opfer herausholen, wie herauszuholen ist: Zeit, Geld, Wissen, Karriere, Status … Die Liste ist unendlich.

3.7 Abhauen

Wenn das ausgelaugte Opfer nicht mehr „rentabel" genug ist, entledigt der Trickser sich seiner ohne die geringste Gemütsbewegung. Er wird es fallen lassen wie eine heiße Kartoffel. Oft wird den Opfern von Tricksern erst jetzt klar, was wirklich geschah.

Und warum? – Nur für den Kick, für den Augenblick! Das Ziel des Tricksers ist es, zur Macht zu gelangen und sich dann dort zu halten – egal mit welchen Mitteln. Es sollen Unfähigkeiten verschleiert, Status erhalten und Erfolge gesichert werden. Und dazu wird sich der Trickser alle möglichen Opfer als „Bauern" gefügig machen und jeden potenziellen Kritiker ausschalten.

Kennen Sie den Spruch: „Es sind immer zwei beteiligt."? Ich mag diesen Spruch nicht, es klingt so, als wäre das Opfer mit Schuld oder mitverantwortlich dafür, was ihm angetan wurde. Das ist nicht der Fall. Und es ist auch nicht der Fall, dass nur naive oder unaufmerksame Personen von Tricksern ausgenutzt werden. Bedenken Sie, dass ein Trickser von einem klugen und potenten Opfer weit mehr profitiert. Und auch wenn Sie sich im Nachhinein wundern: „Wie konnte mir das denn nur passieren? Wie konnte ich denn nur so auf den Typ hereinfallen?" Dann seien Sie mit sich selbst fair und halten Sie sich zugute, dass Sie wahrscheinlich nicht auf der Schule der Boshaftigkeiten gelernt haben.

Und was jetzt? Mit gleicher Münze heimzahlen? Nein! Mit gleicher Wucht stoppen! Hier sind wir wieder bei meinem Weihnachtsfilm und John McLain. Es geht darum, dass diesen Tricksern das Handwerk gelegt wird. Das braucht schon mal beherztes Eingreifen und dazu benötigen Sie auch drei pragmatische Schritte: Analyse, Versenkung, Zugriff.

3.8 Analyse

Evaluation vor Intervention! Analysieren Sie genau, was da vor sich geht, bevor Sie Ihre Intervention planen. Vorsicht vor dem Phänomen „Lucky Luke", sprich schneller zu reagieren, als Sie denken können. Glauben Sie nichts ungeprüft. Bleiben Sie wach und kritisch, achten Sie auf Brüche in der Silhouette.

3.9 Versenkung

Sie versenken nicht gleich den Trickser, sondern sich in sich und Ihre Fähigkeiten. Das Prinzip heißt: mind like water. Sie kommen aus solchen Verrücktheiten nur mit einem klaren Kopf heraus. Das bedeutet, Sie müssen wieder zu Ihrer Mitte finden und bei sich bleiben. Damit entziehen Sie sich dem emotionalen Zugriff des Tricksers.

3.10 Zugriff

Wenn Sie gut vorbereitet sind und wieder gut zu sich selbst gefunden haben, dann zerren Sie die Untaten einfach nur ans Licht, mehr braucht es nicht. Den Rest erledigt die Gesellschaft.

Und dann? Dann ist es Zeit für die Rache. Mein Rat: Die beste Rache, die Sie gegen einen Trickser anwenden können ist, ein volles, freudvolles und von Freunden umgebenes Leben zu leben!

3.11 Fair play

Sie wollen, dass man fair mit Ihnen und untereinander umgeht?

Der erste Schritt besteht darin zu erkennen, dass Win-win nur Theorie ist, wenn der andere nicht mitmacht. Manchmal will der andere einfach nur gewinnen – gegen Sie. Dann helfen nur noch Klarheit und Konsequenz. In solchen Fällen muss rasch und nachdrücklich gehandelt werden. Abwarten hat erfahrungsgemäß wenig Sinn, sondern führt nur zur Verschärfung der Situation, die in der Regel zulasten des Opfers geht. Was ist konkret zu tun?

Fair play gelingt Ihnen mit den 3 K der Führung. Das sind nicht Kinder, Kirche, Küche, sondern Klarheit, Kompetenz und Konsequenz!

Und diese drei K beziehen sich auf Ihren Selbstschutz!

3.12 (Selbst-)Schutz

Um die Macht über sich selbst wieder zurückzuerlangen, müssen Sie sich Ihr eigenständiges Denken bewahren oder schnellstens wiedererlangen. Das bedeutet: Raus aus der Situation (mindestens geistig, bestmöglich auch körperlich), raus aus dem Bezugsrahmen des Tricksers und wieder rein in den gesunden Menschenverstand. Es ist sehr wichtig, dass Sie die Käseglocke abstreifen und wieder den Kontakt zur Außenwelt herstellen. Finden Sie zu Ihrer Heimatbasis zurück.

Um den Prozess mitzugestalten, ist es wichtig, ihn zu verlangsamen. Also: Bremse rein, Tempo raus! Grenzen Sie sich ab und schaffen Sie nach sorgfältiger Überlegung Tatsachen (statt Fragen zu stellen).

Sollten Sie noch unsicher sein, dann beherzigen Sie bitte, dass man/frau Trickser nicht automatisch erkennen kann. Denn in den oberen Ligen kann man nur erfolgreich tricksen, wenn man nicht aussieht wie ein Trickser. Es ist nur logisch, dass man oft erst zu spät (wenn es nämlich schon passiert ist) merkt, dass man gelinkt wurde. Je mehr Sie also glauben, Trickser durchschauen zu können, desto weniger werden Sie auf Amateure reinfallen (na, herzlichen Glückwunsch), umso mehr aber werden die Profis unter den Tricksern

Gefallen daran finden, es Ihnen zu zeigen (na, Prost Mahlzeit). Also: Niemand ist gegen Trickser gefeit. Es ist nicht Ihre Schande, wenn Sie auf einen Trickser hereinfallen.

▶ **Tipp** Je stärker der Trickser verbal ist, desto wichtiger ist es, dass Sie sich seinem verbalen Zugriff entziehen und selbst möglichst wenig sagen.

3.13 Immunität: Information statt Illusion

Eine für das Überleben (und auch für das gute Leben) entscheidende Fähigkeit ist, Freund von Feind unterscheiden zu können.Einen unsichtbaren Feind kann man nicht bekämpfen, einem unsichtbaren Muster ist man ausgeliefert. Besser man sieht, auch wenn die Erkenntnis nicht angenehm ist.

Information – echte Information – ist Ihr Heilmittel gegen Unsicherheit und Fehlentscheidungen. Natürlich ist es sinnvoll, sich über Trickser zu informieren: ihre Motive, Machtgelüste und Manipulationsmuster. Doch bitte verweilen Sie nicht zu lange beim Trickser. Es geht darum, dass Sie zu sich zurück finden, statt außer sich zu sein. Darum ist der beste Schutz, dass Sie sich selbst verstehen, statt den Trickser.

Ich gebe zu, dass dies ein geradezu ketzerischer Gedanke ist. Als Profiler werde ich immer wieder aufgefordert: „Nennen Sie mir all meine Stärken. Meine Schwächen will ich gar nicht wissen." Und genau das ist der Fehler. Eine Ihrer Stärken sollte sein, dass Sie nüchterne Klarheit über Ihre Schwächen und Schwachpunkte haben, denn dann wissen Sie, wo man Sie manipulieren kann.

Ein Trickser manipuliert Sie an Ihren Abhängigkeiten, Anfälligkeiten und Schwächen. Er ist nicht auf Ihr Selbstbild aus, sondern auf Ihr Wunschbild von sich selbst, um Ihnen das zu spiegeln: „Spieglein, Spieglein an der Wand, wer ist der größte Trottel im Land?" Der Trickser drückt Ihre wunden Punkte, um Sie zu lenken, und lockt Sie mit Ihren eigenen Idealisierungen ins Niemandsland.

Stellen Sie sich Ihren Problemen, sonst werden diese Sie stellen – in Person eines Tricksers!

3.14 Erkennen Sie Ihre empfindlichen und schwachen Punkte

Empfindliche und schwache Punkte sind ja an sich schon unangenehm. Zusätzlich können sie Ihnen dadurch gefährlich werden, dass sie bei Ihnen (wie bei jedem) automatisch eine emotionale Reaktion auslösen.

Sobald der Trickser einen empfindlichen Punkt „drückt" oder bedient, wird Ihre Aufmerksamkeit von wichtig(er)en Dingen abgelenkt. Es ist das Prinzip Lockvogel (der Lüge). Und da es rein emotional und wie automatisch abläuft, sind Sie verhältnismäßig chancenlos, wenn Sie sich Ihrer empfindlichen Punkte nicht bewusst sind.

Ein Trickser konzentriert sich darauf, Ihre empfindlichen Punkte herauszufinden. Dann testet er, wie und wie gut er diese für seine Zwecke nutzbar machen kann. Um es auf den Punkt zu bringen: Der Trickser ermittelt den Schaltplan zu Ihrer Psyche. Ihre empfindlichen Punkte sind die Knöpfe auf der Fernbedienung. Und indem er diese Knöpfe drückt (Ihre empfindlichen Punkte antippt), macht er sich die Reflexhaftigkeit Ihrer Reaktion zunutze. Er versetzt Sie in Stimmungen, verführt Sie zu Entscheidungen und verleitet Sie zu Handlungen – um seine Interessen zu verwirklichen und seine Pläne voranzutreiben.

So viel wie möglich über Ihre empfindlichen Punkte herauszufinden ist eine der wichtigsten Verteidigungsmaßnahmen gegen Trickser und deren Versuch Sie gewissenlos auszunutzen. Natürlich ist es viel einfacher, sich dieser Punkte bewusst zu werden, als sie unter Kontrolle zu bekommen. Doch der erste Schritt ist eine Aufstellung der Parade Ihrer Hemmschuhe.

Als Anhaltspunkte hier die häufigsten Fehler/Mängel/Ängste, wie auch immer Sie sie nennen wollen:

- Was ist an Ihnen verkehrt? Aus Ihren fixen Verkehrtheitsideen schlägt der Trickser Kapital. Er wird Ihnen suggerieren, dass er Sie so akzeptiert, wie Sie sind, mitsamt allen Fehlern, die Sie zu haben glauben. Was für eine beruhigende Botschaft!?! Sie ist die Grundlage für die psychopathische Bindung. Wollen Sie sich erfolgreich gegen psychopathische Manipulation wehren, müssen Sie ein realistisches Bild von Ihren Fehlern haben! Und!!! Sie müssen sich damit anfreunden. Stehen Sie zu sich – wenn die Natur Sie so geschaffen hat, dann wird es schon seine Richtigkeit mit Ihnen haben.
- Was vermissen Sie in Ihrem Leben? Wenn wir uns nach Dingen sehnen, an denen es uns (scheinbar) mangelt, sind wir manipulierbar. Wir strecken unsere „hungrigen Ärmchen" dem entgegen, der sie uns anbietet. Damit sind wir verwundbar: psychisch, mental, geistig, emotional und auch körperlich. Je mehr Mangel Sie (glauben zu) leiden, desto leichtere Beute sind Sie für einen Trickser! Achtung Das Versprechen, Ihnen das zu geben, wonach Sie sich sehnen – ohne die Absicht, das jemals zu tun – ist eine verbreitete Technik, die auch bei Schneeballsystemen benutzt wird.
- Wovor haben Sie Angst? Vertraulichkeit, Einsamkeit, dem Alter … Finden Sie es heraus. Und dann finden Sie heraus, wie verwundbar Sie durch diese Ängste sind, und entwickeln Sie Abwehrstrategien und einen Verteidigungsplan. Sprich: Der einzige Weg hinaus, ist hindurch. Stellen Sie sich Ihren Ängsten. Sie werden feststellen, dass das alles halb so wild ist.

Informieren Sie sich über Ihren potenziellen Nutzen für Trickser Sich zurückzulehnen und zu glauben: „Ich bin nur eine kleine Leuchte im Universum, mir passiert nichts" ist naiv. Für einen findigen Meister-Manipulator hat jede Person irgendeinen Nutzen. Welcher kann dies bei Ihnen sein? Was macht Sie als „Wirt" attraktiv für einen Schmarotzer? Das Nutznießen der Trickser rangiert von einem kostenlosen Mittagessen bis hin zur Weltherrschaft. Prüfen Sie also Ihren potenziellen Nutzen für einen Trickser:

- Sind Sie ein Entscheider? Sind Sie derjenige, der Entscheidungen trifft? Muss man an Ihnen vorbei? Sind bestimmte Dinge ohne Sie bzw. ohne Ihre Zustimmung nicht möglich?
- Sind Sie an der Macht? Verfügen Sie über Macht? Können Sie Dinge und Karrieren bewirken?
- Sind Sie ein Schmuckstück? Sind Sie jemand mit Status? Von Adel? Schön, oder sonst wie attraktiv? Ein VIP? Kann man sich mit Ihnen schmücken?
- Sind Sie ein Informationsknotenpunkt? Kennen Sie Gott und die Welt? Verfügen Sie über ein weitgefächertes soziales Netzwerk, das für einen Trickser interessant sein kann? Sind Sie in der IT-Abteilung, im Sekretariat, ...? Gehen über Ihren Tisch, durch Ihre Hände viele interessante Informationen, ...?

Denken Sie dabei nicht in Ihrem Wertesystem, sondern versuchen Sie in der rein auf Status und Nutzen ausgerichteten Denkweise des Tricksers zu analysieren.

Überprüfen Sie Ihr Arsenal an Selbstbeschwichtigungsmechanismen Das geht vorbei ... Ist nur eine Phase ... kann ja mal vorkommen ... Sie können das schon mal verstehen ... Sie sind ja selbst auch nicht immer einfach ... Cosi fan tutte? Das macht doch jeder? – Ich denke nicht so!

Prüfen Sie, wie Sie sich selbst Ihre Intuition und Ihren gesunden Menschenverstand ausreden und dann hören Sie sofort damit auf. Ihre Energie investieren Sie viel besser in echte Lösungen für Ihr Leben: Wer kann wie helfen? Wer ist wirklich auf meiner Seite? Wer versteht, was da passiert? Wer kann mir guten Rat geben? Wer gibt mir Rückenstärkung? Wer bietet mir Deckung? ...

3.15 Soziales Netzwerk

Beziehungen schaden nur dem, der sie nicht hat!

Sie brauchen Kontakte, Kontakte, Kontakte. Ihre Kontakte sind Ihr Vitamin B. Schaffen Sie sich ein weit verzweigtes, großes soziales Netzwerk. Es schützt Sie als Auffangnetz vor dem freien Fall in die Hände des Tricksers. Ihr soziales Netzwerk ist Schutz, Vergleichsmaßstab zur Selbsteinschätzung und Einschätzung des Verhaltens anderer (besonders der Trickser), menschlicher und fachlicher Rat und Beistand. Hören Sie auf Ihre Freunde!

In vielen Ratgebern wird Ihnen empfohlen, die Probleme innerhalb eines Kontaktes oder einer Beziehung anzusprechen. Dies ist grundsätzlich richtig, wenn Sie es mit verantwortungsvollen Menschen zu tun haben. Trickser, vor allem dann, wenn diese in den oberen Härtegraden spielen, sind zu beherrschend, zu pervers, um eine offene, echte Kommunikation zu riskieren. Probleme sprechen Sie daher in erster Linie mit Ihren echten Freunden und Beratern an. Trickser sind selten relevante Kommunikationspartner. Sofern ein Trickser einen hohen Härtegrad spielt, wird nicht mehr kommuniziert – denn seine

Kommunikation dient zur Desinformation. Alles, was Sie mit einem solchen Trickser tun, ist, ihn vor Tatsachen und Konsequenzen zu stellen, aber erst, wenn Sie Ihre „Schäflein im Trockenen" haben. Sie sollen dem Trickser weder zuspielen noch ihn warnen, sondern sich selbst schützen!

3.16 Autonomie

Bewahren Sie sich Ihre Unabhängigkeit oder stellen Sie sie schnellstmöglich wieder her.

In jeder Beziehung gilt es, unbedingt auf Autonomie zu bestehen: monetär, sozial und emotional. Ihre Autonomie wird es Tricksern erheblich erschweren, mit ihren Manipulationen zu punkten. Und echte, ehrliche Beziehungspartner werden Ihre Autonomie sehr attraktiv finden, denn sie wissen, dass Sie dann nicht aus Abhängigkeit an Beziehung interessiert sind, sondern aus echtem Interesse an der Person.

Zur Autonomie gehört in jedem Fall auch unabhängiges Denken. Bewahren Sie sich Ihren gesunden Menschenverstand, bleiben Sie wach und begegnen Sie Schmeicheleien mit gesunder Skepsis, seien Sie vor Rührseligkeiten auf der Hut. Stellen Sie Autorität infrage und bauen Sie Alternativen frühzeitig auf – bevor Sie sie brauchen und damit Sie sie nicht brauchen.

3.17 Kluge Entscheidungen

Für kluge Entscheidungen gibt es Grundsätze:

- Keine Entscheidungen unter Druck (ob zeitlicher, emotionaler oder sonstiger Druck). Solange Sie nicht am offenen Herzen operieren, haben Ihre Entscheidungen immer die Zeit, die Sie brauchen, um erst einmal wieder einen klaren Kopf zu bekommen, sich innerlich zu distanzieren, evtl. bei Freunden Tipps einzuholen und sich in Ruhe darüber klar zu werden, was Sie eigentlich wollen.
- Keine einsamen Entscheidungen. Besonders dann nicht, wenn diese Entscheidungen von großer Tragweite sind, beispielsweise größere finanzielle Entscheidungen, durch die Sie sich (und sei es nur für einen kurzen Zeitraum) abhängig machen, größere Wechsel (Arbeitsplatz, Lebensumgebung ...).
- Meilensteine abstecken. Klären Sie, was Sie für sich und Ihr Leben wollen. Denn setzen Sie Meilensteine: Was ist mein Optimum (mein Traum) und was ist mein Minimum (ab hier wird beziehungsbezogen das Singleleben attraktiv, ab hier wird berufsbezogen Hartz IV attraktiv ...). Und zwischen diesen beiden Meilensteinen setzen Sie einen sehr wichtigen dritten Meilenstein, Ihren Turn-away-Punkt. Hier beginnt die Knautschzone (vom Turn-away bis zum Minimum), für den (Un-)Fall, dass Sie es mit einem Trickser zu tun haben und etwas Zeit und Luft brauchen, um sich angemessen zu wehren. Reagieren Sie nämlich erst beim Minimum, wird der Trickser Sie zu sehr

schwächen können. Haben Sie nie ein Minimum festgelegt, werden Sie gar nicht merken, wie sehr Ihnen der Trickser Ihr Territorium abgräbt.
- Klarheit in Absprachen.Die beste Prophylaxe gegen Manipulationen und Machtspiele sind klare Absprachen und Verträge, Konsequenz in der Einhaltung und offene Kommunikation, sprich: Transparenz.

▶ **Tipp** Entscheidungstipp für alle Bambis mit Sprachfehler, die nicht „Nein!" sagen können, das 11. Gebot: keine Entscheidungen oder Zusagen unter 24 Stunden und unter zwei Sparringpartnern!

3.18 Die Gretchenfrage: Warum?

Warum? Warum? Warum? Das ist die große Frage, auf der jedes Opfer unendlich herumkaut. Und doch bringt diese Frage den Trickser weiter als das Opfer, denn solange das Opfer noch rätselt warum, wieso und weshalb, kann der Trickser weiter ausbeuten.

Es ist gar nicht gut, wenn Sie sich und Ihr Handeln davon abhängig machen, den Trickser zu verstehen. Manche Trickser sind so pervers, dass es da nichts zu verstehen gibt.

Ein Tipp: Sie müssen nicht warten, bis Sie sich die Psyche des Tricksers oder die eigene vollends erschlossen haben, um diesem Treiben Einhalt zu gebieten. Machen Sie es einfach schon. Sagen Sie „Stopp!" Und verlegen Sie die Selbstschau auf einen späteren (entspannteren) Zeitpunkt. Meist ist das dann auch gar nicht mehr nötig.

Stellen wir die große Warum-Frage doch einfach mal um: Warum lassen Sie das eigentlich mit sich machen? So kommen wir weiter! Sie fragen ab jetzt bitte nicht mehr: „Warum macht er/sie/es das?" Stellen Sie sich vor den Spiegel und fragen Sie sich: „Warum lasse ich das eigentlich immer noch mit mir machen?" Hier liegt die Antwort, hier liegt die Lösung – bei Ihnen.

Sie wissen immer noch nicht so recht? Also gut, Ihre letzte Chance auf Einsicht für heute:

Hand aufs Herz, haben Sie ein Kind? Wenn nicht, macht es nichts, stellen Sie es sich einfach vor. Stellen Sie sich vor, Sie sind Vater oder Mutter eines wirklich liebenswerten und furchtbar süßen kleinen Kindes. Sohn oder Tochter. Suchen Sie es sich aus.

Nun frage ich Sie: Würden Sie es zulassen, dass jemand Ihren kleinen Schatz so behandelt, wie Sie sich behandeln lassen? Nein?! Natürlich nicht?

Dann verstehe ich nicht, warum Sie für sich selbst nicht ebenso viel Liebe und Verantwortung aufbringen wie für Ihr Kind.

Nun, wie wäre es? Wollen Sie jetzt endlich damit anfangen?

Gut! Erster Schritt: das System verstehen. Zweiter Schritt: raus aus dem System!

Den Trickser zu verstehen ist dabei nicht wichtig. Wichtig ist zu verstehen, wann Ihnen jemand nicht guttut.

3.19 Macht statt Ohnmacht

Um der geschmeidigen Silhouette der Täter und Trickser auf die Schliche zu kommen, braucht es Substanz Ihrerseits: die 7 Säulen der Macht. Diese sieben Säulen befähigen Sie, die Spreu vom Weizen zu trennen, Blender zu entlarven und selbst immun gegen Manipulation zu sein.

Vorab Versöhnliches zum Machtgebrauch: Macht ist *das* Thema der Menschheit. Egal, welche Kultur, egal welche Branche, egal welches Geschlecht, egal welches Alter – alle wollen Macht! Die wenigsten geben es offen zu. Die wenigsten wissen, wie Macht geht. Und genau diese wenigen sind es, die uns für wahre Macht drohen zu verderben. Warum?

Weil wir selten wahre Macht erleben, sondern meistens Möchte-Macht, verstehen wir Macht allzu oft als etwas Negatives. Für die meisten Menschen bedeutet Macht in erster Linie Ausbeutung und mächtig sein wird gleich gesetzt mit gemein sein. Ein Großteil der Bevölkerung hat schlicht eine ganze Menge unangenehmer Erfahrungen mit sogenannten Machtmenschen gesammelt: da werden Menschen ausgenutzt, es wird über Leichen gegangen und es ginge einzig und allein um Macht. Doch was hier beschrieben wird ist keinesfalls Macht. Hier wird Ohnmacht beschrieben, die vorgibt stark zu sein. Und das ist es, was wir tagtäglich erleben – in den Medien, im Büro, zuhause – eine sich stark präsentierende Ohnmacht. Sie ist so allgegenwärtig, dass wir glauben, sie sei die Macht. Ein positives Bild von Macht ist nicht mehr vorhanden oder über viele unangenehme Begegnungen mit Ausbeutern auf der Strecke geblieben. Mehr und mehr gewöhnen wir uns an eine aggressiv verkleidete Ohnmacht, die im Karneval der Politik und Wirtschaft das Parkett beherrscht.

Dieser billige Abklatsch wahrer Macht ist die Kontrollmacht. Sie ist schon auf den ersten Blick daran zu erkennen, dass sie linear ist. Kontrollmacht ist einer Leiter ähnlich, auf der einzelne Sprossen zu vergeben sind. Hier kann man nur oben sein, wenn ein anderer dafür unten ist. Je höher jemand kommt, desto tiefer muss ein anderer dafür sinken. In dieser Hackordnung ist so manchem jedes Mittel recht. Über Leistung, Beziehungen oder Manipulationen kämpft man sich nach oben und tritt dabei gern anderen auf die Füße. Notfalls erklimmt man seine Karriereleiter auf Kosten anderer. Wichtig scheint nur noch nach oben zu kommen, als sei die Luft dort besser. Das Oben des einen ist zwangsläufig das Unten des anderen. Die scheinbare Macht der einen Person ergibt sich aus der Ohnmacht des anderen. Die Frage ist nur, wer momentan am längeren Hebel sitzt. Dies ist nicht Macht, dies ist Kontrolle. Kontrollmacht jedoch ist das Spiegelbild der Ohnmacht und kommt einem Nullsummenspiel gleich: Meine Macht ist deine Ohnmacht – unter dem Strich dieser Rechnung bleibt nichts.

Der Sinn von Macht ist es aber, etwas zu bewirken und zu ermöglichen. Wenn aber Macht in einem Nullsummenspiel keinen Gewinn bringt, ist sie pervertiert. Sie reduziert das multidimensionale Potenzial von Menschen auf eine eindimensionale Leiter. Der Ausweg aus dem Dilemma der Kontrollmacht ist wieder in die Breite zu denken. Weg vom linearen „Entweder – Oder", geht es nicht darum, entweder er oder ich, sondern wir beide können unseren Platz finden ohne uns gegenseitig im Weg zu stehen.

Mit dem Phänomen der Macht verhält es sich wie mit der Sonne. Wenn wir uns zu zweit in die Sonne setzen, wird sie nicht weniger, im Gegenteil, wir können uns gemeinsam daran erfreuen. Steht einer von uns aber vor dem anderen, wird es für die Person im Hintergrund bisweilen düster. Ein einfacher Schritt zur Seite bewirkt schon aus dem Schatten heraus zu treten und das volle Potenzial ist wieder verfügbar. Die daraus entstehende Verschiedenartigkeit der Menschen wird der Gesellschaft zusätzlichen Gewinn bringen.

3.20 Persönlichkeit und Macht

Zurück zu Ihnen: Ob Ihr Handeln effektiv ist, hängt entscheidend davon ab, wie Sie Ihre Person ins Spiel bringt. Ob Ihre Beziehungen freudvoll sind, hängt entscheidend davon ab, wie Sie Ihr persönliches Potenzial einbringen.

Und damit stellt sich die entscheidende Frage: Sind Sie Person oder Persönlichkeit?

Als Person wird mensch geboren, zu einer Persönlichkeit muss mensch sich entwickeln – quasi reifen anhand von Erfahrungen.

Woran eine Persönlichkeit zu erkennen ist? Sie zeichnet sich durch einen Charme und eine natürliche Offenheit aus, die auch bei unbefangenen Kindern zu beobachten ist. Dazu gesellen sich moralische Qualitäten wie Mut, Ernsthaftigkeit, Redlichkeit und Zuverlässigkeit. Ein solcher Mensch zeichnet sich durch eine positive Ausstrahlung und ein hohes soziales Verantwortungsgefühl aus. Nach den Maßstäben der humanistischen Psychologie ist dies mit einer reifen, integrierten Person gleichzusetzen.

3.21 Die 7 Säulen der Macht

Ihre Persönlichkeit ruht auf sieben Säulen. Sie bilden Ihr Fundament.

Sind Ihre sieben Säulen nicht (mehr) im Gleichgewicht, ist es nur eine Frage der Zeit und der äußeren Einflüsse, bis sich das Gebäude Ihrer Persönlichkeit erschüttert – eine Schieflage entsteht. Nicht selten versucht man dann über Kampf und Konkurrenz alles wieder ins rechte Lot zu bringen. Wir wollen Unterlegenheit und Ohnmacht vermeiden, doch genau das wollen andere auch. Und je größer die Schieflage, desto größer der Kampf um Kontrolle: wer landet oben, wer quält sich unten?

Die beste Art, diesen Kampf (mit sich selbst und anderen) zu gewinnen, besteht darin, ihn gar nicht erst aufzunehmen, sich nicht darauf einzulassen, sondern einen positiven Weg zu beschreiten:

Echte Macht bedeutet, sein ureigenstes Entwicklungspotenzial zu nutzen – alle sieben Säulen zu entwickeln, um produktive Veränderung zu schaffen. Dann fördert positive Macht Autonomie und Gerechtigkeit.

Die 7 Säulen der Macht bemächtigen Sie in zwei Richtungen:

1. die eigene Macht und Stärke zu entwickeln und
2. missbräuchlicher Macht durch andere widerstehen zu können.

Die Fähigkeit zu „produktivem Ungehorsam" ist die Voraussetzung, um missbräuchlicher Macht durch andere zu widerstehen. Dieser produktive Ungehorsam wird möglich durch das Erleben eigener Machtquellen und durch Vertrauen in sich selbst, wie auch in die Umwelt. Als Agent in eigener Sache statten Sie sich mit den 7 Säulen der Macht mit einer individuellen Sicherheitsarchitektur aus, um sich vor den Gehirnflüsterern zu schützen. Sind Sie dabei? Dann gehen wir gemeinsam durch die 7 Säulen der Macht.

Macht kommt vom gotischen „magan" und bedeutet nichts anderes als das Vermögen, etwas bewirken zu können. Macht an sich ist neutral. Doch die Person, die über Macht verfügt, ist nicht neutral. Macht ist (nur) so gut, wie die Hand, in der sie liegt. Wann immer es also ein Problem mit der Macht gibt, ist das Problem nicht die Macht an sich, sondern immer die Person, die die Macht hat.

Macht kann nicht verliehen oder gekauft werden. Macht muss entwickelt werden. Sie ergibt sich aus den inneren 7 Säulen der Macht: Standfestigkeit, Leidenschaft, Selbst-Kontrolle, Liebe, Kommunikation, Wissen und Ethik. Zusammen verhelfen sie zu mehr: Gelassenheit, Souveränität, Charisma etc., das worauf es Ihnen im Leben und in der Karriere ankommt. Die 7 Säulen der Macht machen aus Führungskräften Führungspersönlichkeiten!

Macht ist sexy – unisexy! Bei Mann und Frau gilt es gleichermaßen alle 7 Säulen der Macht zu entwickeln. Allerdings stehen die Machtpotenziale unter verschiedenen Vorzeichen: die weiblich dominierten sind angeboren und müssen von Blockaden befreit werden, die männlich dominierten müssen aktiv geschaffen und weiter ausgebaut werden. Ein spannendes Abenteuer!

Die 7 Säulen der Macht sind

- Standfestigkeit: Unerschütterlichkeit in schwierig(st)en Situationen.
- Leidenschaft: Lust auf Leistung (bei sich selbst und Ihren Mitarbeitern/Mitmenschen).
- Selbst-Kontrolle: Sich selbst im Griff haben, um Personen und Situationen zu entschärfen.
- Liebe: Wertschätzendes Management als Voraussetzung für Spitzenleistungen. Wertschätzendes Miteinander als Voraussetzung für gute Beziehungen, respektvolle Kultur und eine stabile Gesellschaft.
- Kommunikation: Überzeugungskraft in der Zivilisation (was nützt es gut zu sein, wenn es keiner weiß?).
- Wissen: Was Sie und Ihr Umfeld weiterbringt verlangt Transferintelligenz (statt Wissensriese und Handlungszwerg).
- Ethik: Mit Werten in Führung gehen! Sie sind Ihr Schutzschild gegen Manipulation und Korruption im Verdrängungswettbewerb.

Willkommen zu den 7 Säulen der Macht!

Das Fundament Ihrer Persönlichkeit ruht auf diesen sieben Säulen. Sind sie/Sie nicht im Gleichgewicht, wird das Gebäude der Psyche erschüttert. Eine Schieflage entsteht. Und viele versuchen dann, über Tricks und Kontrollmanöver alles wieder ins rechte Lot zu bringen. Je größer die Schieflage, desto größer der Kampf um Kontrolle. Der Boden bebt, und so manche Persönlichkeit wird erschüttert, so manches Image zerbricht, so mancher Mensch geht unter.

Echte Macht bedeutet, sein ureigenstes Potenzial zu nutzen – alle 7 Säulen der Macht zu entwickeln, um produktive Veränderung zu schaffen. Das fördert positive Macht, Ihr persönliches Wachstum und das Ihres Umfeldes.

Die erste Säule der Macht ist die Säule der Standfestigkeit. In der Standfestigkeit entwickeln Sie das Vermögen, mit beiden Beinen auf dem Boden der Tatsachen zu stehen, und das auf allen drei Ebenen: geistig, emotional und körperlich. Standfestigkeit bedeutet, fest und sicher auf den eigenen Füßen zu stehen. Sie sind sich Ihres Standortes, Ihrer Fähigkeiten und vor allem Ihres Wertes sicher und lassen sich nicht in einen Minderstatus drängen.

Im nächsten Schritt, in der zweiten Säule, kommen Sie in Bewegung. Sie entwickeln die Fähigkeit, mit den eigenen Standpunkten flexibel umzugehen, ohne sich dabei zu widersprechen oder Ihre Position zu verlieren. Das ist das Machtpotenzial der Säule der Leidenschaft. Leidenschaft ist nur förderlich, wenn Ihre Standfestigkeit stabil entwickelt ist. Sind Sie noch schwankend, wird die Leidenschaft keine Erweiterung Ihrer Möglichkeiten sein, sondern lediglich für Unruhe sorgen. Sie bewegen sich, ohne zu wissen, woher Sie kommen, wohin Sie wollen, wofür Sie stehen. Wenn Sie nicht wissen, von wo Sie losgehen und wo Sie ankommen, verirren Sie sich bald im Wald der Möglichkeiten! Sie werden zum Spielball anderer, die ihre Tricks an Ihnen ausagieren. Ist Ihre Standfestigkeit aber stabil entwickelt, so kann Sie nichts mehr beleben als die Macht der Leidenschaft. Sie ist Ihr Mo(tiva)tor.

Mit der Leidenschaft haben Sie Schwung entwickelt, mit der dritten Säule, der Säule der Selbst-Kontrolle, werden Sie diese Bewegung koordinieren. Selbst-Kontrolle: körperliche und seelische, gibt Ihnen Macht über sich selbst. Sie ist besonders dann wichtig, wenn sie in Form von Selbstdisziplin Ängste und Wünsche reguliert. Lebenswichtig kann sie dann werden, wenn die Ereignisse um Sie herum eskalieren und Ihre Existenz bedrohen. Sowohl Ihre potenziell grenzenlose Entwicklungsfähigkeit als auch Ihre selbst auferlegten Beschränkungen ergeben sich hier. Nur wenn Sie Ihre Ängste und Machtansprüche überwinden, können Sie anderen Menschen ihre freie Entfaltung lassen.

Zuerst sind Sie einfach nur da (Standfestigkeit), dann kommen Sie in Bewegung (Leidenschaft), und in der dritten Säule kontrollieren Sie diese Bewegung (Selbst-Kontrolle). Diese ersten drei Säulen dienen dazu, sich innerpsychisch darauf vorzubereiten, mit dem Umfeld in Kontakt zu treten. Erst wenn Sie es vermögen, sich selbst zu beherrschen, wenden Sie sich Ihrem Umfeld zu. In der vierten Säule, der Säule der Liebe, befinden Sie sich an der Schnittstelle nach außen. Nun profitieren Sie von Ihrer inneren Entwicklung. Mit Wertschätzung und Wohlwollen sind Sie im Kontakt. Das beinhaltet die Liebe zu Ihrer Individualität (Sie akzeptieren sich mit Ihren Ecken und Kanten, Vorzügen und Fehlern), zur Loyalität (Loyalität fällt leicht, wenn Sie Ihre gesunde Rolle im Leben Ihrer Mitmenschen erkennen) und zur Wahrheitstreue (ohne Aufrichtigkeit kann Liebe zu sich selbst und zu anderen nicht gedeihen). Nur wenn Sie sich selbst akzeptieren, können Sie Ihren Mitmenschen entspannt und wohlwollend begegnen.

Ist bis hierhin alles gut etabliert, möchten Sie nun von anderen lernen. Sie möchten sich mitteilen über die Dinge, die Sie bewegen (Leidenschaft), für die Sie stehen (Standfestigkeit), die Sie hemmen (Selbst-Kontrolle) und vorantreiben (Liebe).

In der fünften Säule der Macht, der Säule der Kommunikation, teilen Sie Ihre Haltung mit anderen. Sie sind nun wortwörtlich interaktiv, tauschen sich aus und entwickeln sich weiter. Diese Säule sensibilisiert Sie und öffnet Ihre Sinne. Sie erfahren die Umwelt und lernen die Menschen kennen. Stärken Sie Ihre Intuition und spüren Sie, mit wem Sie es zu tun haben. Lassen Sie auch die anderen daran teilhaben, wer und was Sie sind. Das ist Kommunikation.

Wissen ist Macht, die sechste Säule der Macht! Wenn Sie die richtigen Informationen haben, können Sie Ereignisse in Gang bringen oder aber verhindern. Ihr Wissen führt Sie durch den Dschungel des Lebens. Laut Faustregel sind 85 % allen Fehlverhaltens mangelnde Information! Wissen ist nicht einfach nur Information – es tritt in viererlei Gestalt auf: Wissenschaft (sammelt Informationen methodisch und sortiert sie in Fachbereiche; einzelne Themen werden mit der wissenschaftlichen Kamera abgelichtet und in Alben sorgfältig verwahrt – zum Nachschlagen bereit), Intuition (das sogenannte Bauchgefühl ist ein wirksamer Leitfaden auf dem Weg zur Wahrheit; man begreift den Lauf der Dinge und hat untrügliche Vermutungen), Weisheit (entsteht durch das Lernen aus Erfahrungen, den eigenen oder denen anderer; so kann man anhand vergangener Ereignisse treffsichere Prognosen über die Zukunft machen) und visionäres Wissen (Visionen zeigen Ihnen Ihren ganz persönlichen Weg im Leben). Stehen alle vier Formen des Wissens gleichberechtigt nebeneinander, werden Bewusstes und Unbewusstes in einer fruchtbaren Wechselwirkung zusammen arbeiten. Sie werden unbewusste Wahrnehmungen effektiv umsetzen können und kein verdrängter Persönlichkeitsaspekt torpediert Ihre Handlungen. Dies ist das Geheimnis des „zur rechten Zeit das Richtige tun".

Ihr Wissen nicht kontrollierend, sondern fördernd einzusetzen ist eine Frage der Ethik. In dieser siebten Säule geht es darum, dass Sie sich in Ihrem Alltag sprichwörtlich anständig verhalten. Was nun anständig oder angemessen ist, ergibt sich aus der Verantwortung, die Sie gegenüber Ihrem Umfeld haben. Ethik stellt Ihnen einen Maßstab für Ihr tägliches Handeln zur Verfügung. Sie gibt Ihnen Halt in unsicheren Zeiten, in Krisen und unvorhersehbaren Situationen. Sie stabilisiert Sie ähnlich wie die Standfestigkeit. So können Sie den Dingen Ihren Lauf lassen, ohne sich aufzuregen oder über Gebühr einzumischen. Die Säule der Ethik verschafft Ihnen Ruhe inmitten erschütternder Ereignisse. Sie sehen klar, was um Sie herum vorgeht, ohne von anderen manipuliert zu werden. Sie erreichen mit dieser Qualität von Macht eine Immunität gegen Hackordnungen und Intrigen. Ethik ist Ihr Schutzschild gegen Manipulationen und Machtspiele.

Die Säule der Ethik wird als letzte Säule entwickelt. Es wäre schön, Ethik als erste Qualität aufzubauen, doch ohne Standfestigkeit neigt man sich schnell wie ein Wetterfähnchen und ohne Leidenschaft fehlt die Kraft, Ethik über Hürden hinweg aufrechtzuerhalten. Es kann auch nicht darum gehen, sich nur nach moralischen Maßstäben zu verhalten, ohne die Anforderungen der Situation (Selbst-Kontrolle) und die Bedürfnisse der Menschen (Liebe) im Blick zu haben. Zudem muss viel Wissen etabliert sein, um eine eigene Ethik zu formulieren und dann auch intuitiv angemessen einzusetzen (Kommunikation).

Die Selbstachtung, die Sie sich mit Ihren sieben Säulen aufbauen, führt zur persönlichen Autonomie und kann Ihnen nie entrissen werden.

3.22 Über den Autor

Suzanne Grieger Langer ist Profiler – Wirtschaftsprofiler. Die Erkennung von persönlichen Potenzialen als auch von Betrug sind ihr tägliches Geschäft. Sie ist die Frontfrau der Grieger-Langer Gruppe und seit 1993 Jahren erfolgreiche Unternehmerin. Als Spezialistin für die Stärkung von Persönlichkeiten instruiert sie seit über zwanzig Jahren weltweit Nachrichtendienstler wie auch Entscheider der Wirtschaft und Wissenschaft. Mit ihrem internationalen Team von Profilern ist sie in der Lage Charakterprofile auf dem Niveau des psychogenetischen Codes zu erstellen. Die von ihr entwickelte Formula Infiltration® gilt als Meilenstein der Betrugserkennung. Mit dieser Kompetenzbreite und -tiefe ist sie Europas führende Profilingexpertin.

Suzanne Grieger-Langer ist Lehrbeauftragte der bekanntesten Wirtschaftshochschulen Europas (Frankfurt School of Finance and Management, Wirtschaftsuniversität Wien, Universität Bern) und entwickelte u. a. den Studiengang „Certified Profiler" für die Frankfurt School of Finance and Management. Ihre Kunden rekrutieren sich aus dem who is who der Branchen, von Einzelpersonen bis zu internationalen Konzernen. In ihren Büchern warnt sie vor Manipulationsmechanismen (Die Tricks der Trickser) und plädiert für einen verantwortungsvollen Umgang mit Macht (Die 7 Säulen der Macht).

Weitere Infos unter www.grieger-langer.de

Die 7 Todsünden erfolgreicher Veränderung

Viele Firmen sind schon Geschichte, wissen es aber noch nicht!

Roman Kmenta

Inhaltsverzeichnis

4.1 Die (R)Evolution der Unternehmen 70
4.2 Wie Sie heute schon erkennen können, dass es Ihre Firma morgen nicht mehr gibt! . . . 77
4.3 Über den Autor 91

Präventiv tätig sein kann bzw. sollte man als Führungskraft bzw. Unternehmer in verschiedensten Bereichen. Einer der wesentlichsten, wenn nicht der wesentlichste Bereich von Prävention ist es sicher, heute dafür zu sorgen, dass das Unternehmen auch morgen und übermorgen erfolgreich wirtschaftet oder zumindest noch existiert.

„Panta rhei – alles fließt" erkannte schon der altgriechische Philosoph Heraklit. Daran hat sich in den letzten 2.500 Jahren nichts geändert – außer, dass heute „alles sehr viel schneller fließt". Gerade im wirtschaftlichen Bereich folgen die Technologiesprünge in immer kürzeren Abständen Schlag auf Schlag. Während das Radio noch 38 Jahre benötigte um 50 Millionen Menschen zu erreichen, schaffte das die Social-Media-Plattform Google+ in nur sechs Monaten. Facebook gelang es in nur neun Jahren nach Gründung ein weltumspannendes Imperium mit mehr als einer Milliarde Nutzer aufzubauen.

Diese Innovationen und geänderten technologischen Rahmenbedingungen erzwingen natürlich enorme gesellschaftliche Veränderungen, die auch in den einzelnen Firmen deutlich spür- und sichtbar sind. In vielen Unternehmen ist heutzutage quasi jeder Mitarbeiter via Smartphone permanent online und potenziell mit der ganzen Welt verbunden. Das hat enorme Auswirkungen auf die Art wie wir führen, verkaufen, Marketing machen und ganz generell kommunizieren.

Die Beschleunigung geht natürlich in jede Richtung. So wie es Projekte, Produkte und Unternehmen gibt, die sprichwörtlich über Nacht zum Highflyer werden, kann es mit eben

---

Roman Kmenta ✉
Forstnerstraße 1, 2540 Bad Vöslau, Österreich
e-mail: rk@romankmenta.com

derselben Geschwindigkeit in die Gegenrichtung gehen. Stabile Machtpositionen, auf denen man sich auch Jahre ausruhen konnte, wie es sie vor wenigen Jahrzehnten noch gab, gibt es heute nicht mehr. All diejenigen, die das nicht wissen, sind bereits ausgestorben oder möglicherweise gerade dabei.

Prävention bedeutet in dem Zusammenhang daher beständige Bewegung, Veränderung und Entwicklung. Stillstand ist keine Option zur Erhaltung des Status quo wie viele meinen, sondern de facto Rückschritt, weil sich die Umwelt inzwischen weiter entwickelt hat.

4.1 Die (R)Evolution der Unternehmen

Was Veränderung und Entwicklung angeht, befinden sich Unternehmen auf fünf unterschiedlichen Evolutionsstufen: Zombies – Preisspieler – Optimierer – Regelbrecher – Gamechanger. Je höher die Evolutionsstufe, desto stärker sind die Veränderungskraft und die Kreativität eines Unternehmens ausgeprägt. Es handelt sich dabei um ein flexibles System. Manche Organisationen befinden sich zur Gänze auf einer der Stufen, andere wiederum befinden sich mit unterschiedlichen Bereichen oder Abteilungen auf verschiedenen Stufen. So kann es sein, dass von einer Firma alle fünf evolutionären Stufen gleichzeitig besetzt sind. Das unternehmerische Erfolgspotenzial ist auf den untersten Stufen sehr niedrig und steigt im Laufe der Evolution exponentiell an. Die damit verbundenen wirtschaftlichen Risiken verhalten sich anders. Sie sind zu Beginn sehr hoch, nehmen dann ab, um in den oberen Bereichen wieder anzusteigen (vgl. Abb. 4.1).

Dabei handelt es sich auch um ein Modell, in dem nicht nur evolutionärer Fortschritt, sondern auch Rückschritt nicht nur möglich, sondern sogar an der Tagesordnung und somit normal sind, vor allem wenn man sich auf Stufe 4 oder 5 befindet. Manche Firmen

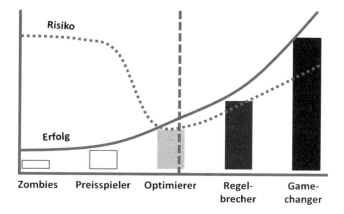

Abb. 4.1 Die Evolution der Unternehmen, Quelle: Eigendarstellung

bleiben aber auch ein Firmenleben lang auf Stufe 1, 2 oder 3. Es bedarf permanenter Veränderung und Energieeinsatz, sich immer wieder aus der Komfortzone hinauszubewegen und die nächst höhere Stufe zu erklimmen. „Panta rhei"... wie bereits erwähnt.

Verantwortungsbewusste Führungskräfte und Leader wissen das und treiben ihre Organisation als Präventivmaßnahme ständig zu neuen Anstrengungen und Veränderungen, um in Bewegung zu bleiben. Wie bei der Wanderung der Lachse stromaufwärts gilt es oft gegen den Strom zu schwimmen und manchmal müssen höhere Stufen überwunden werden, um ans Ziel zu kommen.

Stufe 1: Die Zombies Die erste und zugleich niedrigste Evolutionsstufe sind die „Zombies", wie ich sie „liebevoll" nenne. Das sind die Unternehmen, die eigentlich tot sind, es aber möglicherweise noch gar nicht wissen. Ein Gehirn (oder auch mehrere) ist in der Firma physisch zwar vorhanden, es wird aber geschäftlich nicht genutzt, zumindest nicht, um darüber nachzudenken, wie das Geschäft möglicherweise besser funktionieren könnte. Zombies denken nicht über neue Produkte oder Dienstleistungen nach, es wird 1:1 das gemacht, was branchenüblich ist zu dem Preis, der branchenüblich ist. Interessanterweise denken Zombies nicht einmal darüber nach, den Preis als Hebel für mehr Geschäftserfolg einzusetzen. Diese Gedanken gibt es erst in der nächsten Evolutionsstufe. Zombies denken auch nicht über Qualitätssteigerung, Werbung, Marketing, Expansion, Mitarbeiterführung und -qualifikation, Produktionssteigerung oder Verbesserungsprozesse jeder Art nach. Das folgt erst in der übernächsten Evolutionsstufe. Zombies existieren einfach. Sie agieren nicht, sie reagieren nur, wenn überhaupt. Sie bewegen sich, meist aber sehr langsam. Es kann aber genauso gut sein, dass sich Zombies über Jahre oder sogar Jahrzehnte gar nicht bewegen. Fallweise finden sich auch heute noch z. B. kleine Friseurläden, die noch immer so aussehen wie in den Siebzigern. Die meisten sind aber schon Geschichte.

Es kann sich dabei um „One Man/Woman Shows" handeln, aber auch – wenn auch viel seltener – um Großkonzerne. Zombies sind nur auf eine Sache fokussiert: Unmittelbare Bedürfnisbefriedigung, um die Existenz (nicht das (Über)-Leben) hier und heute zu sichern. An das Morgen wird kein Gedanke verschwendet. Geld, das eingenommen wird, wird typischerweise komplett entnommen bzw. ausgegeben. So etwas wie Investitionen in längerfristige Projekte, um die Firma wachsen und gedeihen zu lassen, gibt es in der Gedankenwelt der Zombies nicht. Dabei kann man das alles den Zombies nicht einmal zum Vorwurf machen. Sie wissen nicht, dass man über all das nachdenken und dann aktiv werden könnte.

Zombies sind weit verbreitet. Ich würde meinen, dass Zombies sogar den Großteil der Unternehmen und Selbstständigen (da sind Zombies extrem oft anzutreffen) repräsentieren.

Stufe 2: Die Preisspieler Die nächste Stufe in der Unternehmensevolution sind die sogenannten „Preisspieler". Der Hauptunterschied zu den Zombies ist der, dass die Preisspieler wissen, dass man darüber nachdenken kann, wie es geschäftlich besser laufen könnte und das auch – wenngleich in sehr beschränktem Ausmaß – tun. Preisspieler bewegen sich zielgerichtet und wissen, dass sie Aktivitäten setzen müssen, um mittelfristig ihre geschäftliche Existenz zu sichern.

Wenn der Umsatz einer Firma schlecht ist und es darum geht, diese Situation zu verbessern, was ist das erste – und oft auch einzige – Instrument, das der Mehrheit der Unternehmen, Unternehmer, Selbstständigen und vor allem auch Verkäufer dazu einfällt? Richtig: Wir sind zu teuer und daher müssen wir Rabatt geben. Werbung zu machen – wie man vielleicht auch vermuten könnte – ist durchaus auch oben auf der Liste, aber, speziell bei Kleinunternehmen, weit weniger verbreitet. Warum? Weil Werbung Geld kostet. Rabatte und Preisreduktionen kosten zwar auch Geld, aber man sieht es nicht, oder zumindest nicht gleich. Im Gegenteil, oft scheint es so, dass Rabatte Geld bringen, weil ja die Umsätze steigen. Dass aber am Ende kein Deckungsbeitrag bzw. Gewinn übrig bleibt, wird vielen erst später und oft erst dann bewusst, wenn es bereits zu spät ist.

Die Preisspieler handeln also nach dem Motto: „Der Firma geht es schlecht! Lasst uns die Preise senken!" Die betriebswirtschaftlichen Kenntnisse reichen oft nicht so weit, um den – eigentlich gar nicht so komplexen Zusammenhang – zwischen Preisen, Umsätzen und Gewinnen zu verstehen. Manchmal ist es aber auch massive Überschätzung der Preiselastizität. Wenn ein Produkt, eine Dienstleistung oder eine Firma Schrott ist und man senkt die Preise, hat man am Ende eben billigen Schrott, ohne dass die verkauften Stückzahlen im notwendigen Ausmaß steigen. Und man vergesse dabei die Wechselwirkung in die andere Richtung nicht. Schon Wilhelm Busch schrieb: „Bei genauerer Betrachtung steigt mit dem Preis auch oft die Achtung!" Ein hoher Preis kann auch die wahrgenommene Qualität eines Produktes erhöhen.

Das heißt nicht, dass der Preis, im Besonderen der niedrige Preis, als Instrument zum geschäftlichen Erfolg außer Acht gelassen werden darf. Keineswegs. Ganz im Gegenteil. Der Preis zählt nach wie vor zu den wichtigsten betriebswirtschaftlichen Gestaltungshebeln. Er sollte als Instrument allerdings mit Hirn und Verstand eingesetzt werden.

Es gibt eine ganze Reihe von Unternehmen und Produkten, die sich über den günstigen Preis positionieren und sehr erfolgreich damit sind. Bei genauerer Betrachtung stecken allerdings bei denen, die das über längere Zeit erfolgreich (und das bedeutet ertragreich) machen, viel mehr als nur ein billiger Preis oder ein hoher Rabatt dahinter. Aldi (Hofer in Österreich) z. B. hat das ganze Unternehmen auf niedrige Preise ausgerichtet. Schlanke Kostenstrukturen, ein sehr schmales Sortiment (ca. ein Zwanzigstel eines normalen Supermarktes) in Kombination mit sehr hohen Stückzahlen im Einkauf und damit verbunden niedrigsten Einkaufspreisen, lassen eine Niedrigpreisstrategie zur Goldgrube werden. Warum? Weil der Preis für den betriebswirtschaftlichen Erfolg letztlich nicht wichtig ist, sondern die Spanne bzw. der Deckungsbeitrag und der ist bei Aldi offenbar exzellent. So gesehen ist Aldi kein Preisspieler, sondern ein Regelbrecher (Stufe 4 in der Evolution) – aber dazu später mehr.

Ein klassischer Preisspieler war z. B. Praktiker. Die „25 % Rabatt auf alles-Aktionen" haben dem dann ohnehin schon angeschlagenen Unternehmen letztlich das Genick gebrochen. Begonnen hat die Misere natürlich schon viel früher. Bei einem so großen Sortiment eines normalen Baumarktes ist diese aggressive Preisstrategie spannenmäßig schwer durchzuhalten. Die Einschränkung „… auf alles ohne Stecker" könnte man noch als kreativen Akt bewerten. Letztendlich hat das zumindest für Unterhaltung und Presse gesorgt. Gerüchte kursieren, dass eine Menge Bohrmaschinen, Leuchten, Kreissägen etc. ohne Stecker verkauft wurden.

Preisspielern fehlt es also nicht grundsätzlich am Willen, sich zu verbessern und zu entwickeln, sondern an der Kreativität, sich dazu Strategien zu bedienen, die über „lasst es uns billiger machen" hinausgehen.

Stufe 3: Die Optimierer Einen deutlichen Schritt vorwärts in der Evolution machen die Optimierer. Diese Unternehmen sind darauf fokussiert die Dinge besser zu machen – Produkte, Prozesse, Kommunikation, Menschen, Teams, Führung. Manchmal sind sie geradezu durchdrungen von dem Gedanken und regelrecht manisch versessen auf Optimierung. Der Unterschied zu den Preisspielern ist der, dass in allen Bereichen und Kategorien darüber nachgedacht wird.

Modelle, die dabei verwendet werden, sind das aus Japan stammende Kaizen, was so viel bedeutet wie „Veränderung zum Besseren" und SIX Sigma, die amerikanische Variante davon, die 1970 von Motorola entwickelt wurde. Diese Modelle durchdringen das gesamte Unternehmen. Produktion, Buchhaltung, Vertrieb – keine Abteilung bleibt davon unberührt. Optimierer arbeiten typischerweise auch sehr intensiv mit Mitarbeiterbefragungen, Kundenumfragen und Markt- und Meinungsforschung aller Art, um jedes noch so kleine Quäntchen an Verbesserungspotenzial zu nutzen.

Und das funktioniert auch. Sehr gut sogar. Auch über lange Zeiträume hinweg. Viele große Firmen (und so gut wie keine kleinen) haben sich dieser Denkweise des Optimierens verschrieben. Sie erreichen damit stetige, oft aber auch nur inkrementelle Verbesserungen. Man schöpft das aus, was im Bereich des Möglichen ist. Man versucht die Fehlerquote gegen Null zu reduzieren, wissend dass man sich der Null aber nur unendlich annähern, diese aber quasi nie erreichen kann. Über diese Grenze hinauszugehen ist damit per Definition nicht möglich.

Optimierer bewegen sich also innerhalb eines definierten Rahmens und holen heraus, was geht. Wirkliche Neuerungen sind von dieser Strategie kaum zu erwarten, denn wirkliche Neuerungen bedeuten bisherige Grenzen zu überschreiten. Grenzen, die man sich selbst definiert hat, Grenzen, die die Branche definiert und manchmal auch Grenzen, die von der Biologie oder Physik vorgegeben scheinen. Die Veränderungskraft und -fähigkeiten sind schwach und sehr einseitig ausgeprägt.

Optimierer können durchaus beständig erfolgreich werden bzw. auch bleiben. Richtige Highflyer – wie z. B. Apple in seinen besten Zeiten – mit Sex Appeal und magnetische Anziehungskraft auf die Massen – entstehen aus dieser Denkweise nicht, weil sie sich „In the Box" abspielt und nicht „Outside the Box". Es handelt sich um eine Evolution der kleinen Schritte, nicht aber um Revolutionen, die das Antlitz der (Firmen)Welt prägen und für immer verändern. Dazu bedarf es zumindest der nächsten Evolutionsstufe.

Stufe 4: Die Regelbrecher Regelbrecher haben im Vergleich zu reinen Optimierern enorme Veränderungskraft. Sie stellen infrage. Vieles, manchmal alles. Sie gehen (ganz) neue Wege und sind bereit, die damit verbundenen Mühen und das damit verbundene höhere Risiko auf sich zu nehmen. Regelbrecher kümmern sich wenig darum „was man tut" und „wie man es tut" und wenn, dann einzig aus dem Grund es anders zu machen oder sogar das genaue Gegenteil vom Üblichen zu tun.

Wenn das allerdings der einzige Antrieb ist – anders sein zu wollen – ist das eine sehr gefährliche Strategie, da sie zwar Aufmerksamkeit erregen kann, aber oft keinen Erfolg produziert. Erfolgreiche Regelbrecher sind „nutzbringend" anders. Sie verbessern Produkte, Prozesse und Situationen für Kunden, Mitarbeiter oder die Umwelt oft in dramatischer Art und Weise. Diese Art der Verbesserung erfolgt dann oft in spontanen Sprüngen und nicht wie bei den Optimierern in konsequenten Schritt(ch)en. Daher kann man ab dieser Stufe auch von Revolution sprechen.

Ein Klassiker unter den Regelbrechern im wirtschaftlichen Bereich ist Nespresso. Dabei hat Nespresso, um sein Geschäftsmodell so extrem erfolgreich zu machen, gleich mehrere Regeln gebrochen. Früher wurde Kaffee üblicherweise ausschließlich in Paketgrößen zwischen 250 und 1.000 Gramm verkauft. Gerieben oder auch als ganze Bohnen. Ich kann mich gut erinnern, dass meine Großeltern eine handbetriebene Kaffeemühle hatten. Dann hat man damit entweder Filterkaffee gemacht, oder aber mit den damals sehr verbreiteten klassischen in der Mitte zusammenschraubbaren taillierten Kaffeekannen Espresso zubereitet (übrigens immer noch eine der besten Möglichkeiten ordentlichen und ordentlich starken Kaffee zuzubereiten). Man hatte typischerweise eine Sorte Kaffee zu Hause.

Nespresso hat den Kaffeemarkt revolutioniert, indem man drei grundlegende Regelbrüche – der jeder für sich genommen nicht von Nespresso erfunden wurde – begangen hat. Erstens wurden die Portionen, in denen es Kaffee zu kaufen gibt, auf Mikromengen von ein paar wenigen Gramm verkleinert. Das hat preispsychologisch den Vorteil, dass man pro Portion zwar immer noch weit unter 50 Cent bleibt – was in unserer Wahrnehmung nicht viel Geld ist – gleichzeitig so aber ein aufaddierter Kilopreis von 60 bis 65 € entsteht. In Paketen wird das Kilo Kaffee von anderen Herstellern aber nach wie vor um Preise um die 10 € pro Kilo (und das ist schon kein ganz schlechter) verkauft. Das bedeutet, man hat es mit dieser einfachen Strategie geschafft, dass die Konsumenten den sechsfachen Preis pro Kilo Kaffee bezahlen – und das mit Vergnügen.

Der zweite Regelbruch von Nespresso ist das „Ready-to-use"-Konzept. Kein Mahlen, kein Abfüllen, kein Kochen und keine Reinigung danach. Einfach Kapsel rein, Knöpfchen drücken und schon gibt es sehr guten, frischen Kaffee. Menschen sind grundsätzlich bequem und da kommt uns so ein Konzept sehr entgegen.

Der dritte wesentliche Regelbruch ist die Sortenvielfalt von Nespresso. Statt einfach nur Kaffee wie früher, hat jeder Konsument immer die Auswahl zwischen Ristretto, Volluto und zwanzig weiteren Sorten und das dank der Verpackung in Kapseln immer mit vollem Aroma – wenn das keine Revolution ist. Die witzigen Werbespots mit George Clooney und John Malkovich haben sicher auch zur Erfolgsstory beigetragen. Die Basis aber waren die kreativen Regelbrüche.

Regelbrecher und Regelbrüche erkennt man meist auch daran, dass sie mehr oder weniger rasch Nachahmer auf den Plan rufen, wie es bei Nespresso inzwischen zu Hauf der Fall ist. So gesehen bedeutet das aber, dass die Idee eine gute und man auf dem richtigen Weg ist. Im Unterschied zu der höchsten Evolutionsstufe – den Gamechangern – aber spielen Regelbrecher immer noch dasselbe Spiel. Nespresso verkauft letztlich immer noch Kaffee.

Stufe 5: Die Gamechanger Gamechanger brechen keine Regeln, sie erfinden gleich ein neues Spiel, das auch auf einem neuen Spielfeld gespielt wird. Regelbrecher erfinden ganz neue Produktkategorien und Branchen. Henry Ford war so einer. Er hat das Automobil zwar nicht erfunden, aber war derjenige, der für seine massive Verbreitung sorgte. Ihm wird der Ausspruch zugeschrieben: „Wenn ich die Menschen gefragt hätte, was sie wollen, hätten sie gesagt schnellere Pferde!" Das illustriert sehr deutlich, dass spätestens auf dieser Stufe Markt- und Meinungsforschung kein taugliches Mittel mehr sind, um Entwicklungen voranzutreiben. Vielmehr geht es darum sich mit kreativem Denken in komplettes Neuland vorzuwagen. Und dort kann einem niemand sagen, wo es lang geht. Das muss man selbst herausfinden. Das hat auch Dietrich Mateschitz mit Red Bull gemacht. Wahrscheinlich hätte er seinerzeit auf die Frage, ob man denn einen Energydrink kaufen würde, nur verständnislose Blicke geerntet.

Das Risiko einen kompletten geschäftlichen Bauchfleck zu landen, ist als Gamechanger natürlich sehr viel höher als als Optimierer. Und bei weitem nicht alle neuen Spiele, die erfunden werden, funktionieren. Manche schaffen es nicht einmal vom Start wegzukommen. Aber wenn es funktioniert, ist das Potenzial für Umsätze und Gewinne enorm, zumal es auf einem neuen Spielfeld anfangs keine Konkurrenz im herkömmlichen Sinne gibt und der Marktanteil daher gleich vom Start weg 100 % beträgt.

Auch in der Außenwirkung hat man als Gamechanger enorme Vorteile. Etwas Neues, ganz Anderes ist naturgemäß sehr viel interessanter, als die hundertste verbesserte Version von etwas Altbekanntem.

Die große Herausforderung auf dieser Evolutionsstufe ist allerdings die, dass es eben keine wirklichen Regeln und Konzepte gibt (wie z. B. Six Sigma bei den Optimierern), nach denen man neue Spiele am laufenden Band erfinden könnte, wenngleich es Techniken gibt, die den kreativen, unternehmerischen Geist anregen. Es bedarf nicht nur einfallsreicher Köpfe, sondern auch starker Persönlichkeiten, die den Gegenwind aushalten, der einem Gamechanger fast automatisch entgegen bläst. Umgekehrt betrachtet kann es ein schlechtes Zeichen sein, wenn ein komplett neues Spiel auf Anhieb allen gefällt und es keine erbitterten Gegenstimmen gibt. Fast alle wirklich großen Ideen hatten solche nämlich anfangs.

4.1.1 Zwei Schritte nach vorne und einen zurück

Wie erwähnt ist die Entwicklung in diesem Evolutionssystem allerdings keine, die nur in eine Richtung erfolgt, sondern kann nach oben und nach unten gehen. Gerade auf den Stufen der Regelbrecher und Gamechanger ist eine Rückwärtsentwicklung quasi vorprogrammiert. Ganz nach dem Motto „Zwei Schritte nach vorne, einen zurück". Was heute ein erfolgreicher Regelbruch ist, wird meist kopiert und wird – manchmal recht rasch – zum neuen Standard einer Branche. Das Nespresso-Geschäftsmodell z. B. ist heutzutage kein Regelbruch mehr. Es gibt bereits etliche Mitbewerber, die ähnliches anbieten. Nespresso ist somit auf die Stufe des Optimierers zurückgefallen. Das bedeutet, wenn man sich nicht ständig vorwärts bewegt, holt der Rest der Branche auf und zieht gegebenenfalls auch an einem vorbei.

Um diesem enormen Druck standzuhalten und das ständig steigende Tempo der Entwicklungen als Organisation mitgehen zu können und sich immer wieder von einer Evolutionsstufe auf die nächste zu entwickeln, braucht es viel Veränderungskraft in einem Unternehmen. Als Präventivmaßnahme gegen den Untergang muss die beständige Veränderung zum Teil des genetischen Codes einer Firma werden.

Man könnte meinen, es gibt Firmen, die Systeme, Regeln und Prozesse installiert haben, um die beständige Veränderung zu gewährleisten. Das mag auf den ersten Blick durchaus so sein. Doch im Grunde entspringen diese, sowie auch die permanent benötigte Veränderungskraft, den Köpfen der Mitarbeiter und vor allem natürlich denen der Führungskräfte. Es sind schließlich die Menschen, die die Systeme schaffen und betreiben. Die Denkweisen spiegeln sich in Verhaltensweisen wieder und zeigen sich als konkrete Handlungen.

Und Menschen haben endliche Ressourcen. Nach größeren Anstrengungen brauchen wir Ruhephasen, Individuen wie Organisationen. Wir müssen vollzogene Veränderungen verdauen und neue Routinen daraus entwickeln. Und Routinen sind in weiten Bereichen lebenserhaltend. Ohne sie könnte weder eine Firma noch ein Mensch existieren. Nur irgendwann kommt der Punkt, an dem die Routine zum Selbstzweck geworden ist und man aufhört sich zu bewegen bzw. daran zu denken, dass man sich bewegen könnte. Und das ist der Punkt, an dem es gefährlich wird, der Punkt an dem der Mitbewerb ein Unternehmen rechts und links zu überholen beginnt. Und weil niemand in den Rückspiegel geschaut hat, merkt man das oft erst, wenn es zu spät ist.

„How you do anything you do everything!" Doch zum Glück gibt es Frühwarnsignale. Frühwarnsignale waren ja schon immer ein Thema in der Betriebswirtschaft, meist hat man sich jedoch dabei vor allem auf Zahlen und Daten konzentriert. Doch es gibt Signale, die subtiler sind, aber dem scharfen Beobachter auffallen können, lange bevor die Bilanz in die roten Zahlen rutscht. Das hat den Vorteil, dass es noch mehr Möglichkeiten gibt präventiv Einfluss zu nehmen und den Kurs zu ändern. Diese Frühwarnsignale beziehen sich auf die Menschen, die eine Organisation ausmachen. Es sind Signale, die manchmal anhand nur ganz kleiner Indizien deutlich machen, wie die Menschen dort denken. Und daraus lassen sich Prognosen über die zukünftige Entwicklung eines Unternehmens ableiten. Denn gemäß dem Grundsatz „How you do anything you do everything!" lassen sich aus den Verhaltensweisen in sehr kleinen, manchmal auch sehr persönlichen und privaten Dingen erstaunliche Rückschlüsse auf die großen Entscheidungen und Projekte in einem Unternehmen ziehen.

4.1.2 Frühwarnsignale zur rechtzeitigen Prävention

Und menschliches Verhalten funktioniert naturgemäß nicht nach mathematischen Gesetzen. Dabei kann 1 + 1 = 2 manchmal der Fall sein, oft aber auch nicht. Aber als Indiz für mögliche Probleme – und sei es auch nur in Anfangsstadien – sind die folgenden Signale, die ich die sieben Todsünden erfolgreicher Veränderung nenne – vortrefflich geeignet. Sie sind einfach zu beobachten (wenn man sie kennt) und zeigen sich potenziell lange bevor es tatsächlich wirtschaftliche Probleme gibt und die Veränderungskraft auf ein Niveau gesunken ist, das das Überleben der Organisation nicht mehr gewährleistet. Dabei kann an der Oberfläche betrachtet noch alles bestens aussehen, aber die Ruhe kommt ja bekanntlich vor dem Sturm.

▶ **Tipp** Bevor Sie weiterlesen empfehle ich den kurzen Selbsttest „Die 7 Todsünden erfolgreicher Veränderung" zu machen.
(gratis Download unter http://romankmenta.com/produkte/)

4.2 Wie Sie heute schon erkennen können, dass es Ihre Firma morgen nicht mehr gibt!

4.2.1 Das 4-Zonen System

Wir führen unser Leben in vier Zonen: Die Komfortzone, die Todeszone, die Panikzone und die Stretchzone (vgl. Abb. 4.2). Typischerweise sind wir je nach Lebensbereich und Situation in unterschiedlichen Zonen – z. B. beruflich in der Panikzone und privat in der Komfortzone. Manche Aufenthalte sind im Zeitablauf stabiler, andere wechseln oft und rasch. Alle Kombinationen sind möglich und denkbar. Definitiv gibt es aber Zonen, die für Erfolg und Wachstum produktiver sind als andere. Aber was steckt im Einzelnen hinter den vier Zonen?

Abb. 4.2 Das 4-Zonen-System, Quelle: Eigendarstellung

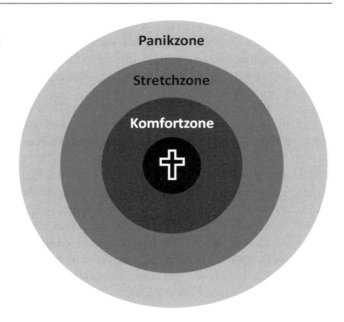

4.2.1.1 Die Komfortzone

Die allermeisten Menschen halten sich den Großteil ihrer Zeit in der „Komfortzone" auf. Das ist der Bereich unseres Lebens, in dem wir uns wohlfühlen, uns auskennen und in dem es sicher ist (oder zumindest erscheint). Dort können wir uns erholen, abschalten, Ressourcen tanken und auch an uns und unseren Fähigkeiten ein wenig feilen, diese ein wenig verbessern. Was es dort nicht gibt, sind wirklich neue (Lern)Erfahrungen, Überraschungen jeder Art, Momente, an die wir uns ein Leben lang erinnern, starke Emotionen und das pulsierende und prickelnde Gefühl wirklich und wahrhaftig zu leben. Wirkliche Veränderung findet daher definitiv nicht in der Komfortzone statt.

4.2.1.2 Die Todeszone

Die Todeszone speist sich aus der Komfortzone, aus massiv übertriebener Routine. Der dritte Aufenthalt im selben Urlaubshotel mag noch Komfortzone sein. Wenn man seinen Urlaub zum 15. Mal im selben Hotel, im selben Zimmer, in derselben Woche des Jahres verbringt, dann ist die Wahrscheinlichkeit sehr hoch, dass das etwas ist, was sich in der Todeszone abspielt. Manchmal nehmen solche Aktivitäten auch etwas beinahe Zwanghaftes an – „das muss so sein und nicht anders". In der Komfortzone hat man noch die (relativ) freie Wahl sich dort aufzuhalten, oder nicht (wenngleich wir sehr gerne in die Komfortzone, sozusagen als Standard-Aufenthaltsbereich, fallen). In der Todeszone ist es mehr ein Feststecken. Man weiß keinen Weg hinaus, weil man für alle Alternativen (scheinbar) sehr große Hindernisse überwinden muss und jede Bewegung in irgendeine Richtung (scheinbar) starke negative Konsequenzen hat. Daher bleibt man, wo man ist – in der Todeszone. Und das oft lange, jahrelang. Manchmal auch ein Leben lang.

Ein typisches Beispiel dafür sind auch Mitarbeiter, die innerlich gekündigt haben. Der Anteil dieser – so Studien – ist hoch und beläuft sich in Mitteleuropa auf ca. 20 %, Tendenz steigend. Solche Mitarbeiter sind körperlich anwesend, geistig aber nicht mehr. Warum gehen sie nicht weg und setzen die innerliche Kündigung tatsächlich um? Das kann verschiedene Gründe haben. Viele würden Abfertigungsansprüche verlieren, oder haben Angst keinen adäquaten anderen Job zu finden, manche sind aber einfach nur zu inaktiv, um etwas zu verändern. Oft wird die Situation aber auch von dem Gedanken getragen: Lieber das bekannte Übel, als das Unbekannte, das außerhalb der Todeszone lauert.

Im Zeitverlauf wächst die Todeszone immer mehr und frisst die Komfortzone von innen her auf, wenn man keine geeigneten Gegenmaßnahmen unternimmt, um die Komfortzone zu erweitern. Im schlimmsten Fall bleibt von der Komfortzone irgendwann gar nichts mehr übrig.

4.2.1.3 Die Panikzone

Wenn man sich lange und viel in der Komfortzone bzw. sogar Todeszone aufhält, ist die Panikzone sehr nahe, weil die Todeszone groß und die Komfortzone zu einem schmalen Ring geschrumpft ist. Die Panikzone ist auch physisch gut messbar. Puls und Blutdruck steigen, oft wird Adrenalin ausgeschüttet, der Hautwiderstand steigt. In die Panikzone fallen wir immer dann, wenn eine Situation oder Aufgabe unsere Fähigkeiten bei Weitem übersteigt. Dabei geht es nicht um unsere tatsächlichen Fähigkeiten, sondern ausschließlich um die, die wir uns selbst zutrauen. Das bedeutet, ob wir in die Panikzone stürzen oder nicht, wird ausschließlich davon bestimmt, wie wir uns selbst im Verhältnis zu der Aufgabe oder Situation sehen.

Ich kenne z. B. Menschen, die seit Jahrzehnten den Führerschein besitzen und auch regelmäßig fahren, aber immer nur bestimmte Strecken, sich also fahrtechnisch tief in der Todeszone befinden. Um so jemanden in die Panikzone zu katapultieren, würde es schon ausreichen ihn z. B. einmal in eine Großstadt fahren zu lassen, in der er noch nicht war. Manchmal reicht sogar eine Umleitung auf der gewohnten Strecke.

In der Panikzone spürt man definitiv, dass man lebt, wenn auch nicht auf die angenehm prickelnde, sondern oft auf die unangenehm schmerzhafte Art und Weise. In der Panikzone kann Neues erfahren und gelernt werden. Das Motto dafür lautet allerdings: „Lerne schwimmen und zwar schnell, oder geh unter!"

4.2.1.4 Die Stretchzone

Die Lösung aus dem scheinbaren Debakel liegt in der Stretchzone. Da ist (oder scheint) es zwar unangenehmer, gefährlicher, mühevoller, anstrengender, fehleranfälliger, peinlicher und generell unsicherer als in der Komfortzone, aber eben nicht so sehr wie in der Panikzone. Es ist ein Bereich der Überforderung, allerdings in einem Maß, das wir noch für bewältigbar halten. Stretching ist sinngemäß das Verlassen der Komfortzone. Immer wieder. In allen Bereichen des Arbeitens bzw. des Lebens generell oder zumindest dort, wo Weiterentwicklung erfolgen soll. Erfolg und Entwicklung sind ohne Stretching, ohne Verlassen der Komfortzone, undenkbar.

Es ist genauso wie beim Muskeltraining. Wenn der Bizeps wachsen soll, dann muss man ihn überfordern. Nicht so sehr, dass man sich verletzt – das wäre Training in der Panikzone – aber doch so sehr, dass man danach einen Muskelkater hat. Ohne Überanstrengung kein Wachstum – weder bei Muskeln noch sonst wo. Und natürlich auch nicht in Firmen und Organisationen.

Dabei bedeutet – und das ist wichtig – Stretching nicht unbedingt mehr zu tun. Stretching bedeutet vor allem, etwas anderes zu tun als bisher. Es gibt z. B. viele Workaholics, für die es massives Stretching nahe der Panikzone wäre, einen Tag, oder auch nur eine Stunde nichts zu tun, gar nichts, überhaupt nichts. Was Stretching ist und was nicht, lässt sich so gesehen nicht allgemein gültig definieren. Es ist eine sehr individuelle Angelegenheit.

▶ **Tipp** Mehr zum 4-Zonen Konzept finden Sie in meinem Buch „Der Stretchfaktor" (Roman Kmenta/Regina Pikart). Eine gratis Leseprobe können Sie unter http://romankmenta.com/produkte/ downloaden.

4.2.2 Todsünde Nr. 1 – Alle bleiben in der Komfortzone. Immer!

Die magnetische Anziehungskraft der Komfortzone
Ohne dass Stretching aktiv betrieben wird, tendieren wir quasi automatisch zur Komfortzone. Sie hat eine fast magnetische Anziehungskraft. Wenn wir keine konkreten Pläne für etwas anderes haben, dann verbringen wir den Samstagabend eben auf dem Sofa. Wenn wir keine konkreten Maßnahmen für die Firma haben, dann machen wir einfach „Business as usual".

Und das ist nicht grundsätzlich schlecht. Menschen brauchen ihre Zeit in der Komfortzone. Organisationen ebenso. Das Problem ist nicht, dass die Mitarbeiter einer Organisation in der Komfortzone sind. Es ist dann ein Problem, wenn es zu viele zu oft sind. Es ist ein Riesenproblem, das sämtliche Alarmglocken schrillen lassen muss, wenn das die Führungskräfte bzw. Unternehmer betrifft. Denn wenn der Chef ein „Komfortzonen-Junkie" ist, dann kann man sich von den Mitarbeitern nichts anderes erwarten, zumal es sich ja um den „Default-Zustand" handelt.

Eine solche Kultur der „Komfortzonen-Junkies" erstreckt sich rasch auf alle Bereiche. Das neue Produkt ist niemals eine Innovation, sondern eher eine Kopie des alten, die Verkäufer betreuen immer nur die altbekannten Stammkunden, wagen sich aber nicht einmal in Sichtweite eines potenziellen neuen Kunden. Die Führungskräfte treiben keine grundlegenden Reorganisationen voran, sondern basteln nur ein wenig mit Optimierungen des Bestehenden herum. Eine solche Organisation agiert in einem sehr schmalen Komfortbereich bzw. in weiten Bereichen bereits in der Todeszone. Selbst eine kleine Änderung der Rahmenbedingungen kann sie im nächsten Moment in die Panikzone werfen oder sogar komplett auslöschen.

Allen voran sind die Führungskräfte die Menschen in einem Unternehmen, die die Mitarbeiter, die gesamte Organisation fordern müssen. Beständig. Bisweilen bis an die Grenze zur Panikzone. Individuell abgestimmt. Aber auch so, dass die Komfortzone nicht zu kurz kommt. Das Wechselspiel zwischen Stretching und Erholung in der Komfortzone ist entscheidend für den Erfolg einer Firma.

> **Präventionstipp 1**
> Analysieren sie sich selbst als Führungskraft. Was sind Ihre Komfortmuster? In welchem Bereich befinden Sie sich in welcher Zone? (Eine zusätzliche Hilfe dafür kann der persönliche Stretchtest sein. Diesen können Sie gratis unter www.romankmenta.com/produkte herunterladen.) Definieren Sie für sich selbst konkrete Stretching-Maßnahmen in den Bereichen, in denen Sie sich weiter entwickeln wollen.

> **Präventionstipp 2**
> Analysieren Sie Ihre Mitarbeiter und deren Verhaltensmuster, was Stretching angeht. Stellen Sie, was den jeweiligen Job und Mitarbeiter angeht, fest, wo sich die individuelle Komfortzonen befinden. Überlegen Sie sich dann Aufgaben für die einzelnen Mitarbeiter, die diese aus der Komfortzone in die Stretchzone führen und delegieren Sie diese.

> **Präventionstipp 3**
> Führen Sie diese Analyse auch für Ihre Organisation durch. Unterteilen Sie diese in unterschiedliche Bereiche. Das können die ohnehin definierten Bereiche wie Marketing, Finanzen etc. sein, oder aber auch ganz andere. Spannend wäre es dabei sicher, die Mitarbeiter aus den Bereichen in das Konzept einzuweihen und diese Analyse gemeinsam durchzuführen. Definieren Sie dann darauf aufbauend konkrete Maßnahmen, die Sie Ihren Zielen näherbringen. Sie werden feststellen, dass solche Maßnahmen automatisch außerhalb der Komfortzone sind.

Das Stretching-Modell ist eines, das universell anwendbar ist. Sie werden daher bei den nächsten sechs Todsünden Teile davon wiedererkennen bzw. Querverweise darauf finden.

4.2.3 Todsünde Nr. 2 – Alle sind eine Kopie des Chefs

Es ist eine biologisch/psychologische Tatsache, dass uns Menschen tendenziell sympathisch sind, die uns in der ein oder anderen Art und Weise ähnlich sind. Diese Ähnlichkeit kann einen bestimmten Punkt betreffen – z. B. ein Fan desselben Fußballvereins zu sein – oder auch mehrere Punkte. Oft startet es mit einem Faktor und bedingt durch selektive Wahrnehmung sehen wir dann immer mehr Ähnlichkeiten. Bei frisch Verliebten ist das in extremen Ausmaßen so. Sympathie wird durch Ähnlichkeit (aber auch durch Attraktivität, Vertrautheit und Komplimente) verstärkt. Dabei läuft dieser Prozess natürlich hochgradig unbewusst, ohne dass wir darüber nachdenken würden, ab.

Diesem Mechanismus können sich natürlich auch Führungskräfte nicht entziehen. Vor allem in größeren Firmen bemüht man sich die Personalauswahl aufgrund von Fähigkeiten und Qualifikationen durchzuführen. Es kommen vielfältigste Test- und Analyseverfahren zum Einsatz. Allerdings zeigen Untersuchungen zu dem Thema, dass es einen einzigen Faktor gibt, der positiv mit der Entscheidung für einen Kandidaten korreliert: die Sympathie. Und ob jemand sympathisch ist oder nicht, entscheidet sich – auch das ist oftmals untersucht, aber auch aus eigener Erfahrung nachvollziehbar – innerhalb der ersten Sekunden nach dem Kennenlernen. Es wurden und werden Leute eingestellt, weil Sie dasselbe Hobby haben wie der Chef, denselben Stil sich zu kleiden oder an derselben Uni studiert haben. Natürlich wird nach außen hin die Entscheidung für einen Kandidaten oder eine Kandidatin mit vernünftigen Kriterien untermauert. Und nicht nur nach außen hin. Die Entscheider und Führungskräfte glauben meist auch tatsächlich, sie hätten ihre Wahl aufgrund dieser vernünftigen Kriterien getroffen.

„Ich habe ein Jahr gebraucht, bis mein Assistent so denkt wie ich!" So betrachtet ist es kein Wunder, dass viele Teams und Belegschaften sehr homogen sind, wenn sie von ein und derselben Person eingestellt wurden. Vor Jahren hat der Geschäftsführer eines großen Einkaufsverbandes im Vertrauen zu mir über seinen Assistenten gesagt: „Ich habe ein ganzes Jahr gebraucht, bis Herr X so denkt wie ich!" Offenbar ist es tief in den Köpfen mancher Führungskräfte verankert, dass die Mitarbeiter so zu denken haben wie der Chef. Leider ist das nur unter bestimmten Voraussetzungen gut für das Unternehmen. Erstens, wenn der Chef im Sinne der Firma weiß, was er tut und mehrheitlich gute Entscheidungen trifft und zweitens, wenn die Rahmenbedingungen nicht allzu schwierig sind.

Erschwerend kommt noch hinzu, dass es weit verbreitet ist zwar ähnliche, aber schlechtere Mitarbeiter auszuwählen. Dadurch reduziert sich die Gefahr, dass ein Mitarbeiter am Stuhl des Chefs sägen und diesen vom Thron stoßen könnte. Natürlich mit fatalen Auswirkungen für die Leistungsfähigkeit des gesamten Teams. Das mag ja auch noch funktionieren, wenn es sich um eine ansonsten geradezu geniale Führungskraft handelt.

Wenn der Chef allerdings schlecht ist in seinem Job und die Mitarbeiter Klone von ihm sind, nur eben schlechtere Kopien, dann ist das eine sehr ungünstige Ausgangssituation, vor allem wenn die Zeiten schwieriger werden. In solchen Zeiten funktioniert eben das, was bisher funktioniert hat, nicht mehr und auf geänderte Rahmenbedingungen muss man mit geänderten Strategien reagieren. Nur woher sollen diese kommen? Aus der Armee der Klonkrieger? Auch evolutionär betrachtet – wie es Humangenetiker Markus Hengstschläger in seinem Buch „Die Durchschnittsfalle" klar darlegt – ist es ein Fakt, dass sich Populationen mit vielfältigem Genmaterial evolutionär viel eher durchsetzen.

> **Präventionstipp 4**
> Hinterfragen Sie daher bei der Zusammenstellung Ihres Teams Ihre wahren Entscheidungskriterien sehr genau und achten Sie auf Vielfalt. Es müssen Ihnen nicht alle sympathisch sein oder zumindest nur soweit, dass Sie mit Ihnen arbeiten können. Und denken Sie daran, dass exzellente Führungskräfte Mitarbeiter haben, die in vielerlei Hinsicht noch besser sind als sie selbst.

4.2.4 Todsünde Nr. 3 – Entscheidungen werden harmonisch getroffen

Tagtäglich werden in Unternehmen Entscheidungen getroffen. Kleine und große, Einzelentscheidungen und solche, die von einer Gruppe – z. B. den Mitgliedern der Geschäftsleitung oder einem Projektteam – getroffen werden. Und jede dieser Entscheidungen wird üblicherweise einstimmig oder mehrheitlich getroffen. Das trifft im Übrigen nicht nur auf Gruppenentscheidungen zu, sondern auch auf Einzelentscheidungen, die mit bzw. auch ohne äußere (wenn man Menschen im Umfeld um ihre Meinung dazu fragt) oder innere Gegenstimmen gefällt werden können.

Üblicherweise ist man in Unternehmen recht zufrieden, wenn eine Entscheidung von einer Gruppe rasch und ohne große Diskussionen abgesegnet wird. Alle sind einstimmig dafür bzw. dagegen. Das spart Zeit, gibt ein gutes, harmonisches Gefühl und stärkt den Zusammenhalt in der Gruppe. Aber ist das auch gut für das Unternehmen?

Nichts gegen Harmonie und Konfliktfreiheit grundsätzlich. Das ist ja auch viel angenehmer. In Firmen kann aber zu viel davon kontraproduktiv sein. Und es ist schon klar, dass bei den vielen Entscheidungen, die tagtäglich zu treffen sind, nicht alles kontrovers diskutiert und Für und Wider in endlosen Gesprächen abgewogen werden kann. So kann ein Unternehmen natürlich nicht operativ funktionieren.

Wenn es um neue Ideen, wichtige Projekte oder entscheidende Strategien geht, dann zeigt sich meist, dass es ein umgekehrt proportionales Verhältnis zwischen Potenzial der Idee und Konsens dazu gibt. Was bedeutet das? Wirklich neue Ideen, solche also, die das Potenzial haben ein Unternehmen, eine Branche oder sogar die Welt zu verändern, müssen Regeln brechen und den bisher firmen- bzw. branchenüblichen Bereich verlassen. Wenn diese das nicht tun, dann ist ihr Potenzial oft überschaubar. Gleichzeitig sind das auch jene Ideen, die polarisieren, die Menschen, die damit konfrontiert werden in zwei Lager teilen – in überzeugte Befürworter und feurige Gegner. Und umso neuer und andersartiger die Idee ist, umso mehr sie den Bereich des firmen- bzw. branchenüblichen verlässt, desto weiter liegen die beiden Lager auseinander und desto intensiver werden solche Auseinandersetzungen geführt.

Ideen, die innerhalb des üblichen Bezugsrahmens, der Komfortzone, eines Unternehmens liegen, sind weniger umstritten, weil die Unsicherheit gering ist. In diesem Bereich lassen sich die Erfolgswahrscheinlichkeiten mit betriebswirtschaftlichen Methoden gut, oft sogar sehr genau berechnen und vorhersagen. Wenn es z. B. um die Anschaffung einer neuen Maschine geht, um die Produktivität zu steigern, dann sind die Auswirkungen sehr gut kalkulierbar. Gleichzeitig wird die neue Maschine in den meisten Fällen keine Revolution im Unternehmen oder der Branche verursachen. Entscheidungen auf der dritten Unternehmens-Evolutionsstufe – den Optimierern – sind oft in diesem Bereich zu treffen.

So gesehen kann die Intensität der Diskussion und die Polarisierungskraft einer Idee als Maßstab, als Indikator für ihr Erfolgspotenzial gesehen werden. Das bedeutet, dass gerade stark umstrittene und heiß diskutierte Ideen die wirklich spannenden sein können.

Wenn man also feststellt, dass Entscheidungen immer ohne große Diskussionen einstimmig getroffen werden und Vorschläge Allen gefallen oder von Allen abgelehnt werden heißt es „Achtung". Das sind Indizien dafür, dass entweder alle gleich ticken (siehe Todsünde Nr. 2) oder keiner es wagt sich hinauszulehnen, aus Angst von der Mehrheit geächtet oder gleich einen Kopf kürzer gemacht zu werden. Beides ist nicht förderlich, was den Erfolg einer Firma angeht. Der eine oder andere Meinungsunterschied oder gar „Konflikt" – konstruktiv ausgetragen – kann sehr förderlich sein und manchmal wahre Wunder bewirken. GE-Managerlegende Jack Welch hat Vorschläge, die ohne kontroverse Diskussionen im Team angenommen wurden, grundsätzlich abgelehnt.

> **Präventionstipp 5**
> Beobachten und analysieren Sie, wie Entscheidungen, vor allem Entscheidungen mit relativ unsicheren Auswirkungen getroffen werden. Wenn diese allzu harmonisch ablaufen, blockieren Sie diese. Fordern Sie Ihre Mitarbeiter bzw. Ihr Team auf, bewusst Schwachstellen daran zu suchen. Wenn sich das nicht von selbst ergibt, teilen Sie das Team in zwei Gruppen auf – die Befürworter und die Gegner. Fordern Sie diese dann auf, das Thema kontrovers zu diskutieren und zu versuchen den anderen von ihrer jeweiligen Sicht der Dinge zu überzeugen. So haben Sie die Chance neue Schwach- oder Pluspunkte an dem Konzept bzw. auch ganz andere Betrachtungsweisen zu entdecken.

4.2.5 Todsünde Nr. 4 – Keine Kritik oder gar kein Feedback

Wie stellen wir fest, ob wir das, was wir machen auch so machen, dass wir damit möglichst erfolgreich sind bzw. sein können? Manche sagen, dass sie das selbst wissen bzw. spüren, andere orientieren sich an den konkreten Ergebnissen in Form von Zahlen oder Fakten. Aber die möglicherweise wichtigste Quelle dafür – auch wenn es manche vielleicht gar nicht so wahrnehmen – ist die Rückmeldung, die wir auf unser Verhalten von anderen erhalten. Das ist gerade im beruflichen Kontext besonders relevant. Eine solche Rückmeldung – auch Feedback genannt – eröffnet uns Sichtweisen auf unser Verhalten, die uns sonst verborgen bleiben, weil andere Menschen dasselbe oft sogar ganz anders wahrnehmen bzw. empfinden.

Und dieser Unterschied zwischen Selbst- und Fremdbild ist gut, denn aus diesem Unterschied können wir lernen und daran wachsen – wenn wir ihn kennen. Das bedeutet nicht, dass das, was andere Menschen denken oder sagen, für uns relevanter sein muss als unsere eigene Sichtweise. Wenn wir aber Feedback erhalten, können wir selbst die Relevanz für uns beurteilen und etwas daraus machen bzw. etwas verändern oder eben nicht.

Wenn man Firmen betrachtet, so ist die Feedbackkultur oft nicht sehr ausgeprägt. Das will heißen, dass entweder gar keines gegeben wird und sich jeder nur seinen Teil denkt oder nur generalisiert oberflächlich Positives, oder aber auch fast ausschließlich niederschmetterndes Feedback gegeben wird.

Variante 1: Gar kein Feedback Wenn gar kein Feedback gegeben wird, dann beginnen die Mitarbeiter – zu Recht – Vermutungen anzustellen was sich der andere, bzw. der Chef wohl so denkt. Zu recht deshalb, weil andere Menschen und deren Aussagen oder Handlungen natürlich immer einen Eindruck bei uns hinterlassen und wir uns unweigerlich dazu Gedanken machen, seien es auch nur ganz kurze. Und die Gefahr, dass man mit dieser Art von „Gedankenleserei" (… der Chef meint wahrscheinlich, dass ich …) weit daneben liegen kann (in jeder Richtung) ist klarerweise groß. So entstehen leicht falsche Eindrücke und Gerüchte, die jeglicher Grundlage entbehren.

Manche Führungskräfte agieren auch nach dem Prinzip: „Nicht geschimpft ist genug gelobt!" und halten sich daher mit Feedback zurück, ganz nach dem Motto: „Wenn etwas nicht passt, werde ich es schon sagen."

Variante 2: Generalisiert oberflächliches Feedback „Das war super!" Diese Art von Rückmeldung – die ich als generalisiert oberflächlich bezeichne – hört man oft. Sie klingt positiv und derjenige, der sie erhält, freut sich vielleicht darüber. Was aber lernen wir aus so einem Feedback? (Fast) nichts! Die relevanten Punkte: Was wurde gut gemacht und wo kann man etwas anders bzw. besser machen? – bleiben dabei unbeantwortet. Bei genauerer und kritischer Betrachtung könnte man diese Art von Feedback sogar als Beleidigung auslegen, denn wenn der Feedbackgeber sich wirklich mit der Person bzw. dem Verhalten beschäftigt hätte, dann könnte er konkreteres Feedback geben. „Das war super!" ist schnell mal dahin gesagt.

Variante 3: Ausschließlich niederschmetterndes Feedback Aus dieser Art von überdeutlichem, überkritischem Feedback kann der Feedbacknehmer schon etwas lernen, wenn er es entemotionalisiert betrachtet, es nicht zu persönlich nimmt und es in eine konstruktive Anregung übersetzt. Steve Jobs z. B. war die Art von Führungskraft, die ihr Feedback vor allem so formuliert hat. Aber immerhin – gerade wie das Beispiel Apple und Steve Jobs zeigt – kann so ein Feedback Mitarbeiter und Organisationen zumindest bewegen, massiv sogar. Wenngleich es natürlich bessere Varianten gibt dieses Feedback zu verpacken. Denn je besser die Verpackung, desto leichter können es die Menschen nehmen.

Mitarbeiterumfragen als Indikator Mehr und mehr Firmen machen Mitarbeiterumfragen. Man will ja schließlich wissen, was die Mitarbeiter denken. Ob man das auf diese Art und Weise wirklich herausfindet, bleibt fraglich. Was einem allerdings zu denken geben sollte, sind zwei Ergebnisse daraus – eine schlechte Rücklaufquote und/oder keine kritischen Anregungen.

Erstere kann verschiedenes bedeuten: Niemand antwortet, weil „sich ohnehin nichts ändert" oder weil er sich seine Meinung trotz zugesicherter Anonymität nicht zu sagen traut, aber auch nicht lügen möchte. Beides lässt auf mangelnde Veränderungskraft schließen. Wenn die Fragebögen vor Lob für die Firma nur so strotzen oder sich die Antworten aufs Notwendigste beschränken und niemand einen Vorschlag hat, was zu verändern wäre, zeugt das entweder von kollektiver Ideenlosigkeit, Angst vor Konsequenzen oder nahezu himmlischer Megaharmonie – alles auf Kosten der Veränderungskraft.

Menschen benötigen Rückmeldung, um sich zu entwickeln und zu wachsen, zumindest tun wir uns leichter damit. Daher sind Unternehmen, in denen kein (konstruktiv) kritisches Feedback gegeben wird, hochgradig gefährdet, denn in einem solchen Umfeld ist Veränderung, Weiterentwicklung und Wachstum naturgemäß sehr schwierig. Stattdessen regiert Stillstand und Stillstand bedeutet wirtschaftlich betrachtet meist Rückschritt, weil viele andere inzwischen eben nicht stillstehen.

> **Präventionstipp 6**
> Achten Sie sorgfältig darauf, ob und in welcher Form Feedback gegeben wird und welche Art von Feedback es ist. Spitzen Sie die Ohren, wenn Sie kein oder ausschließlich positives Feedback hören. Geben Sie selbst kritisches Feedback an Mitarbeiter in einer annehmbaren Form und fordern sie auch solches ein.

4.2.6 Todsünde Nr. 5 – Alles läuft sehr gut und …

„Nichts ist schwerer zu ertragen als eine Reihe von guten Tagen!" wusste bereits Goethe. Und es stimmt schon, dass uns zu viel Glück recht schnell suspekt vorkommen kann. Wir trauen der Sache nicht so recht. Zu Recht? Möglicherweise beruht dieses Misstrauen ja auf früheren, vielleicht sehr viel früheren Erfahrungen?! Auf eigenen Erfahrungen oder auf Erfahrungen anderer, von denen wir gehört haben.

Wie verhalten wir uns denn, wenn alles gut, vielleicht sogar sehr gut oder geradezu fantastisch läuft? Erfolg ist ja bekanntlich ein ganz schlechter Lehrmeister. In Zeiten des Erfolgs besteht die Tendenz weniger kritisch zu hinterfragen und ein wenig – wohlverdiente – Überheblichkeit einfließen zu lassen. Wir tendieren dazu langsamer zu werden, fauler vielleicht, großzügiger, wenn es um das Verstreichenlassen zusätzlicher Möglichkeiten geht. Wir haben es ohnehin schon geschafft. Was brauchen wir noch mehr? Wir werden möglicherweise nachlässig und lassen die Geschäfte schleifen. Auf dem hohen

Niveau funktioniert es ja auch so, eine Zeit lang. Und wir sind zufrieden mit dem Status quo.

Was dabei dann oft – menschlich nachvollziehbar – übersehen wird ist, dass selbst wenn das Ziel wäre, dass der Erfolg auf dem Level bleibt (was ja für die meisten Unternehmen nicht reicht), Veränderungen dringend notwendig sind, weil sich alles andere ja ständig verändert. Das Produkt, das heute ein Highflyer ist, kann in manchen Branchen schon in nur sechs Monaten zum Ladenhüter mutieren. Nokia z. B. war vor gar nicht so langer Zeit noch der marktdominierende Konzern im Mobiltelefonbereich. Und heute? Die Handysparte wurde 2013 kurz vor dem Bankrott an Microsoft verkauft.

Das bedeutet natürlich nicht, dass es schlecht ist, wenn alles bestens läuft. Ganz und gar nicht. Das wäre ja geradezu paradox. Natürlich ist es gut, wenn alles bestens läuft. Gefährlich ist nur, dass wir in die beschriebene Zufriedenheitsfalle tappen, mit all ihren Auswirkungen. Die Regel lautet also: Wenn alles gut läuft, ist Freude und Zufriedenheit angesagt, aber ohne den Fuß länger als unbedingt notwendig vom Gaspedal zu nehmen. Im Gegenteil. Nachdem die Zufriedenheitsfalle ja auch auf die Mitbewerber lauert, kann man, wenn man dieser entrinnt, den Konkurrenten Kunden und Marktanteile abspenstig machen.

> **Präventionstipp 7**
> Seien Sie auf der Hut, wenn es gut läuft. Lassen Sie nicht locker. Beobachten Sie dabei nicht nur Ihr eigenes Verhalten, sondern auch jenes Ihrer Mitarbeiter. Gönnen Sie ihnen und sich selbst die nötigen Pausen und nehmen Sie sich Zeit zum Feiern, wenn etwas geschafft wurde. Feiern Sie allerdings nicht zu lange, sondern bleiben Sie auf Kurs.

4.2.7 Todsünde Nr. 6 – „Faule Äpfel" bleiben im Korb

Wie schnell weiß ein neuer Verkaufsmitarbeiter, ob er mit dem neuen Arbeitsplatz die richtige Wahl getroffen hat? Studien sagen nach ca. einer Woche. Wie lange braucht sein Chef, um zu erkennen, ob er den richtigen Mitarbeiter ausgewählt hat? Der braucht ca. sechs Monate. Wie lange brauchen aber beide, um dieses Wissen in die Tat umzusetzen? Im Schnitt zwei Jahre und oft sehr viel länger. Fakt ist, dass Führungskräfte oft viel zu lange warten, bis sie sich von einem Mitarbeiter trennen und das obwohl sie überzeugt sind, dass dieser nicht auf diesen Arbeitsplatz passt. Und ich spreche hier nicht von durch mangelndes Wissen bedingten „Unpässlichkeiten", die durch Ausbildung relativ leicht behoben werden können.

Warum ein Mitarbeiter nicht wieder geht, kann verschiedene Gründe haben. Die Veränderungsbereitschaft nimmt verständlicherweise mit zunehmendem Alter und längerer Betriebszugehörigkeit ab. Der Mitarbeiter trifft die Entscheidung das Unternehmen zu verlassen nicht, da er oft zu viel zu verlieren hat. Menschen, die dann bereits mehrere oder viele Jahre in dieser Situation verharren, sitzen oft im sprichwörtlichen „goldenen Käfig" und die Gitterstäbe sind hohe Abfindungsansprüche oder ein über die Jahre schön angewachsenes Grundgehalt, das sie verlieren würden. Dazu können Zweifel oder sogar Angst kommen, nirgendwo anders mehr einen adäquaten Job zu finden. Und dann bleibt man, ganz nach dem Motto: Die zehn Jahre bis zur Rente halte ich auch noch durch. Aber auch jüngere Mitarbeiter bleiben oft viel zu lange in einem ungeliebten Job. Manchmal auch einfach, weil der Fokus ohnehin auf dem Privatleben liegt und der Job nur ein Mittel zum Geldverdienen ist. Wer sagt, dass das Spaß machen muss, bzw. dass man dabei erfolgreich sein muss? Und woanders wäre es auch nicht anders. Also bleibt man.

Seitens der Führungskräfte sind die Gründe dafür auch vielfältig. Man möchte kein Unmensch sein, denn sich von jemandem zu trennen, ist fast immer eine unangenehme Sache, bei der die Führungskraft leicht als „der Böse" gesehen werden kann bzw. sich selbst als solchen sieht. Und wenn man sich von einem Mitarbeiter trennt, dann muss die Stelle im Normalfall ja auch nachbesetzt werden und das ist manchmal nicht einfach, kostet Geld und vor allem viel Zeit und Mühe. Der muss dann ja auch erst mal wieder eingeschult werden. Dann schon lieber den jetzigen Mitarbeiter behalten, auch wenn er nicht gut ist in seinem Job. Was dabei oft vergessen und fast nie berechnet wird sind die Kosten, die der nicht passende Mitarbeiter verursacht, wenn er bleibt. Entgangene Mehrumsätze z. B., wenn ein besser geeigneter Verkäufer an dieser Stelle wäre.

Viele Führungskräfte tun sich eine Trennung oft deshalb nicht an, weil sie ohnehin nur einen Zwischenstopp auf der Karriereleiter einlegen und in einem Jahr wieder weiterklettern. Um den Problemfall (= Mitarbeiter) soll sich dann der Nachfolger kümmern. Der wird vererbt, oft über mehrere Generationen von Chefs. Bis sich dann doch jemand den Mut fasst und sich trennt. Und dann ist es oft viel unangenehmer und teurer für beide Seiten, als es zehn Jahre früher gewesen wäre.

Diese Mitarbeiter – um das klarzustellen – sind keine schlechten Mitarbeiter, sie sind nur im falschen Job und daher oft unzufrieden und unglücklich. Und in diesem Zustand tendieren sie dazu andere anzustecken, so wie faule Äpfel andere im Korb anstecken. Ein einziger solcher Mitarbeiter kann ein ganzes Team oder eine ganze Abteilung in Unruhe versetzen und durcheinander würfeln. Und nichts gegen Unruhe, nur diese Art von Unruhe ist meist keine kreative bzw. produktive.

> **Präventionstipp 8**
> Achten Sie auf „faule Äpfel", möglicherweise auch solche, die sie geerbt haben. Evaluieren Sie die Möglichkeiten und trennen Sie sich von diesen, fair für beide Seiten, korrekt und vor allem rasch. Sie werden sich danach leichter fühlen und auch der Mitarbeiter hat die Möglichkeit sich eine Stelle zu suchen, zu der seine Qualitäten besser passen.

4.2.8 Todsünde Nr. 7 – Nur Zuckerbrot statt Peitsche

Was treibt Menschen an? Was bringt sie dazu, sich Ziele zu setzen und aktiv zu werden, um diese zu erreichen? Was bewegt Menschen dazu, die Komfortzone zu verlassen und die Mühsale, Risiken und Unsicherheiten der Stretchzone auf sich zu nehmen? Motivationspsychologisch betrachtet gibt es zwei Gründe aus denen sich Menschen verändern: Weil sie entweder etwas Unangenehmes vermeiden oder etwas Angenehmes erreichen wollen. So nehmen Menschen z. B. ab, weil sie vermeiden wollen, dass sie von anderen wegen ihrer Figur schief angeschaut werden oder auch, um dann mit einer schlanken Figur bewundernde Blicke auf sich zu ziehen. Das ist natürlich nur einer von beinahe unzähligen Gründen, die jemand haben kann, sein Gewicht zu reduzieren. Er zeigt aber deutlich, dass es zwei Seiten dieser Medaille gibt.

In Unternehmen gelten diese Grundregeln natürlich ganz genauso, wenngleich es um andere Themen und Ziele geht. Den Führungskräften wird ja seit jeher die Aufgabe der Mitarbeitermotivation zugeschrieben. Mal davon abgesehen, dass das gar nicht nötig wäre, wenn es Chefs und Organisationen schaffen würden, die hoffentlich hohe Startmotivation, mit der jeder Mitarbeiter einen neuen Job antritt, aufrecht zu erhalten, stellt sich auch die Frage: Kann man überhaupt jemand anderen motivieren oder ist jegliche Motivation Eigenmotivation?

Wenn man diese Frage im Kern betrachtet, dann ist Motivation natürlich immer Eigenmotivation, da ja jeder Mensch immer – bewusst oder unbewusst – selbst entscheidet, wie er die „Motivations-Reize", die von anderen an ihn herangetragen werden, interpretiert und ob er etwas daraus macht bzw. was. Was Chefs aber sehr wohl können und auch sollen, ist, die Umwelt und die Kommunikation so zu gestalten, dass sich Mitarbeiter möglichst leicht tun, sich selbst zu motivieren. Ich nenne dieses Verhalten der Führungskraft: Motivationsreize setzen. Dafür, und damit sind wir wieder beim Start, gibt es zwei Instrumente (mit unzähligen Varianten): Zuckerbrot und Peitsche, Belohnung und Bestrafung, Lob und Kritik.

Beide Instrumente werden in Unternehmen eingesetzt. Das Zuckerbrot scheint aber das sozial anerkanntere und beliebtere Tool zu sein, wenngleich auch hier Stimmen laut werden, die sich mehr davon wünschen. Die „Peitsche" (natürlich metaphorisch gesehen) als primäres Tool zur Mitarbeitermotivation zu befürworten – das passt gar nicht in unsere Zeit und wäre ethisch und moralisch höchst bedenklich. Da sieht man Bilder des despotischen Chefs vor dem inneren Auge aufsteigen, der die Mitarbeiter mit Androhung negativer Konsequenzen zu unmenschlichen Leistungen antreibt. Aber mal ganz abgesehen davon, was beliebt und unbeliebt ist, ist die Frage vielmehr: Welches der beiden Instrumente ist denn das wirksamere? Denn Ziel eines Unternehmens ist es in den seltensten Fällen einen Beliebtheitswettbewerb zu gewinnen, sondern im Normalfall Gewinn zu erzielen.

Menschen sind – oh Wunder – unterschiedlich. Wir reagieren ganz verschieden auf Motivationsanreize, die uns vom Umfeld geboten werden. Was den einen zu Höchstleistungen inspiriert, lässt die andere gleich von Beginn an dicht machen und sich keinen Zentimeter mehr bewegen. Das hängt damit zusammen, dass wir alle eine bestimmte Grundausrichtung haben: Die einen sprechen motivatorisch mehr auf die Peitsche an, die anderen mehr auf das Zuckerbrot. Man sagt auch die ersteren sind „weg von" orientiert (sie bewegen sich vor allem, um Negatives zu vermeiden), die zweiteren sind „hin zu" orientiert (sie bewegen sich, um Positives zu erreichen).

Auch psychologische Studien zeigen immer wieder, dass wir auf Strafe stärker reagieren als auf – in Aussicht gestellte – Belohnungen. „Klingt komisch, ist aber so." Was z. B. den Motivator Geld angeht, so wurde oft getestet, dass wir auf Verlust doppelt so stark reagieren, wie auf potenziellen Gewinn. Das bedeutet, dass der Motivationsreiz, der von einem möglichen € 100 Gewinn ausgeht gleich hoch ist, wie der, der von € 50 Verlust ausgeht. Wir können leichter auf etwas verzichten, was wir nicht haben, als dass wir etwas wieder hergeben müssen, das wir bereits besitzen. Dieser Effekt wird auch Verlustangst genannt und lässt Rückschlüsse auf die motivatorische Grundausrichtung zu. Oft ist es auch so, dass die „Peitsche" das wirksamere Instrument ist, um aus dem Stillstand in die Bewegung zu kommen und das Zuckerbrot hilfreich ist, um in Bewegung zu bleiben.

Idealerweise werden Motivationsreize individuell gesetzt. D.h. dass einem Mitarbeiter der stärker „hin zu" orientiert ist z. B. eine Prämie in Aussicht gestellt wird, währenddessen ein stärker „weg von" orientierten Mitarbeiter darauf hingewiesen wird, dass er die Prämie, die er im vorigen Jahr erhalten hat, dieses Jahr nicht mehr bekommen würde, wenn er das geforderte Ziel nicht erreicht. Das Beispiel macht auch deutlich, dass es für beide Grundausrichtungen ein und derselbe Motivationsreiz sein kann, nur eben anders kommuniziert bzw. „verpackt". In beiden Fällen gibt es eine Prämie für Zielerreichung.

Der individuell abgestimmte Mix aus beiden könnte die perfekte Lösung sein. Wenn es aber in einer Organisation ausschließlich „Motivation by Zuckerbrot" für die Mitarbeiter gibt, kann das mit schwacher Veränderungskultur einhergehen, da ein großer, wenn nicht der wirksamere Teil der Motivationsanreize nicht genutzt wird. Wenn man sich Unternehmen in der Praxis betrachtet, dann findet man natürlich alle Varianten – zu wenig und zu viel Zuckerbrot, wie auch zu wenig und zu viel Peitsche. Das ändert sich auch oft im Zeitablauf, abhängig von der Wirtschaftslage und den handelnden Personen. Und natürlich ist ein zu wenig oder zu viel schlecht. Wenn die Peitsche zu stark regiert, gibt es sehr wahrscheinlich Unruhe im Unternehmen. Das fällt sehr wahrscheinlich (unangenehm) auf und ist kaum zu übersehen. Regiert aber ausschließlich das Zuckerbrot, dann ist das viel gefährlicher, weil sich normalerweise niemand dran stößt. Warum auch? Das ist ein sehr angenehmer, netter und harmonischer Zustand, voll in der Komfortzone. Und genau aus dem Grund heißt es hier Achtung, denn dieser Zustand kann der Wolf im Schafspelz sein.

Präventionstipp 9
Analysieren Sie, welche Motivationsreize von Ihnen selbst bzw. von anderen Führungskräften in Ihrem Unternehmen gesetzt werden. Wenn Sie feststellen, dass es an Ausgewogenheit fehlt und hauptsächlich „hin zu" und kaum bzw. gar nicht „weg von" motiviert wird, unternehmen Sie geeignete Schritte, um das zu verändern.

Zusammengefasst kann man sagen, dass es entscheidend ist, die Veränderungskraft einer Organisation beständig zu fördern und zu vergrößern. Diese Kraft ist nötig, um sich in der unternehmerischen Evolution Stufe für Stufe nach oben zu bewegen bzw. dem Zurückfallen auf niedrigere Evolutionsstufen entgegen zu wirken. Wie in anderen Bereichen des Lebens auch, passiert das hier durch Training. Training, das Mitarbeiter, Teams und das ganze Unternehmen aus der Komfortzone in die Stretchzone hinausführt, etwas überfordert und so die Kraft erhöht und die Flexibilität durch Erweiterung der Handlungsalternativen steigert – auch Stretching genannt. Das ist nicht immer angenehm und wird von Mitarbeitern und Führungskräften oft nicht geschätzt. Um aber ein langfristiges Überleben bzw. Wachstum der Organisation zu gewährleisten, ist es unabdingbar.

4.3 Über den Autor

Roman Kmenta Preisstratege und Psychomathematiker® Roman Kmenta ist als Keynote Speaker, Unternehmer, Experte und Autor seit mehr als 20 Jahren international in Verkauf, Marketing und Führung erfolgreich tätig. Als Unternehmer hat er in mehreren europäischen Ländern vier erfolgreiche Startups durchgeführt. Als Verkäufer und Marketingexperte war er in sieben Ländern und dreizehn Branchen selbst tätig. Als Experte hat er im letzten Jahrzehnt mit über 100 der Top Unternehmen in Deutschland, der Schweiz und Österreich wie z. B. KIA Motors, Samsung oder Amgen gearbeitet. Als Autor verfasste er „Der Stretchfaktor" (Signum 2007) und den Verkaufsbuch Bestseller „Die letzten Geheimnisse im Verkauf" (Signum 2010). Als Keynote Speaker begeistert er Verkäufer, Führungskräfte und Unternehmer.

Weitere Infos unter www.romankmenta.com

Nachhaltige Prävention beginnt im Kopf

Josua Kohberg

Inhaltsverzeichnis

5.1 Über den Autor 112
Weiterführende Literatur 113

Nachhaltige Prävention – zwei Modewörter, mag der eine oder andere Leser nun denken. Doch diese Wörter verfolgen in ihrer Aussage tatsächlich einen tiefen Sinn. Starten wir mit dem Wort nachhaltig. Was genau ist nachhaltig? Als Lernstratege würde ich sagen – alles, was wir in Form eines automatischen Verhaltensmusters in unserem Leben umsetzen. Wer abnehmen möchte und eine Woche lang die Hollywood-Crash-Diät macht, hat sicher keine nachhaltige Veränderung in seinem Leben vorgenommen. Das weiß jedes Kind – und doch machen Millionen Menschen genau den gleichen Unsinn. Jahr für Jahr, immer wieder. Wer dagegen nach 12 Monaten Verhaltenstraining jeden Morgen ganz automatisch aufsteht und seinen Tag mit Sport beginnt, genießt eine nachhaltige Änderung seines Lebensstils. Spannend dabei – abnehmen ist hierbei vollkommen zweitrangig, da es sowieso und von ganz alleine geschieht.

Nachhaltig setzen wir also nur das um, was wir aus Gewohnheit tun. Wer aus Gewohnheit auf seine Gesundheit achtet, tut das nachhaltig. Wer auf seine Gesundheit achtet, weil ihn die Schmerzen zum Arzt treiben, steht ganz am Anfang. Er wird einen längeren Weg vor sich haben, bis er dann nachhaltig eine Veränderung in seinem Leben integriert hat. Nachhaltig ist klar – nachhaltig ist der einzige Weg, eine wirkliche Veränderung im Leben zu erzielen. Nachhaltig bedeutet – wir müssen etwas immer und immer und immer wieder *tun*. Und das wird nur dann passieren, wenn wir das *Tun* als Gewohnheit in unserem Leben installiert haben.

Josua Kohberg ✉
KOSYS Vertriebs GmbH, Cortendorfer Straße 37, 96450 Coburg, Deutschland
e-mail: josua@kohberg.de

© Springer Fachmedien Wiesbaden 2015
P. Buchenau (Hrsg.), *Chefsache Prävention II*, DOI 10.1007/978-3-658-03614-0_5

Und da sind wir dann schon bei dem zweiten Modewort – Prävention. Beliebt und seit dem Aufkommen der Burn-out-Geschädigten in aller Munde. Doch was genau ist denn nun Prävention? Als Lernstratege führe ich hier die Definition der Pädagogik ins Feld. Auf Wikipedia ist folgendes nachzulesen: „Prävention bezeichnet methodische, vorbeugende Maßnahmen und Frühförderungen … ein Programm aus gebündelten Teilaufgaben … Maßnahmen, welche Störungen der Leistungsentwicklung verhindern oder mindern sollen … "

Beim Lernen ist das einfach nachvollziehbar. Und in der Gesundheit auch, würde ich mal ganz locker behaupten. Prävention ist eine Maßnahme, welche Störungen *verhindern* oder mindern soll. Idealerweise *verhindern*, so zumindest der Wunsch bei vielen von uns. Wer will schon freiwillig in den Krankenstand? Wer will schon freiwillig Schmerzen oder Einschränkungen erleiden? Wer will schon freiwillig von der Leistungsspitze zurückfallen?

Und doch erleben das erschreckend viele Menschen. Eine Studie der Techniker Krankenkasse hat die aktuellen Zustände vor kurzem mit Zahlen unterlegt. Acht von zehn Deutschen empfinden ihr Leben als stressig, jeder Dritte steht unter Dauerdruck. Bereits jeder Fünfte leidet unter gesundheitlichen Stressfolgen – von Schlafstörungen bis zum Herzinfarkt, wie die Studie der TK ergab. Fast identische Zahlen werden in Österreich, Schweiz und anderen europäischen Ländern präsentiert.

Hier reden wir also nicht mehr von Prävention. Denn Prävention würde ja bedeuten, vorbeugend aktiv zu werden. Das Problem hierbei – wir Menschen sind Meister im Ignorieren von aktuellen Zuständen. Wir wissen, dass wir mit unserem Job völlig daneben liegen. Und Monat für Monat reden wir uns ein, dass wir ja das Geld benötigen. Wir wissen, dass wir 20 Kilo abnehmen müssen. Und jeden Abend verschieben wir den Vorsatz auf den nächsten Tag, nächste Woche, nächsten Monat, nächsten Sommer.

Wir wissen, dass wir völlig gestresst sind. Und doch ändern wir nichts, denn es ist ja normal. Es wäre sogar ziemlich daneben, ein lockeres Leben zu führen, denn dann würden wir ja nicht mehr in die Herde passen. Zur Herde kommen wir im Nachgang noch einmal, jetzt bleiben wir noch beim Thema Stress. Denn jeder von uns weiß zwischenzeitlich, dass Stress der Gesundheitskiller Nummer 1 ist! Und genau deshalb werden wir uns dieses Thema jetzt etwas genauer anschauen. Wie können wir mit Stress im Sinne der nachhaltigen Prävention umgehen? Sorry, ich will nicht nerven, aber ich wiederhole die Definition an dieser Stelle noch einmal.

▶ **Nachhaltig** – Stress ade aus Gewohnheit!
Prävention – Stressfaktoren bereits vermeiden *bevor* Stress auftritt!

Stressfaktor Nummer eins ist tatsächlich der Job, doch auch finanzielle Sorgen führen laut der Untersuchung vermehrt zu psychischen Belastungen. Hauptgründe sind Hetze und Termindruck. Zudem leiden viele darunter, durch moderne Kommunikationsmittel rund um die Uhr erreichbar zu sein. Ein Drittel der Befragten fühle sich stark erschöpft oder gar ausgebrannt.

Besonders beunruhigend ist dabei, dass die Zahl der Burn-out-Krankschreibungen innerhalb der letzten fünf Jahre um 17 Prozent angestiegen ist. Noch gestresster als Berufstätige fühlen sich der TK-Studie zufolge Hausfrauen und -männer. 95 Prozent von ihnen klagten über Stress, vier von zehn seien in körperlichem und psychischem Daueralarm mit Pulsrasen und Magendrücken – damit stünden Hausfrauen und -männer sogar stärker unter Strom als Führungskräfte. Am stärksten belastend wirkten dabei die Kindererziehung und die Sorge um die familiären Finanzen. Zudem stellen gerade Frauen der Untersuchung zufolge eigenen Interessen zurück. Laut der Studie leiden Menschen unter Dauerdruck im Vergleich zu weniger Gestressten mehr als doppelt so oft unter einer Herz-Kreislauf-Erkrankung, der häufigsten Todesursache in Deutschland.

Im Deutschen Ärzteblatt vom 15. Mai 2009 wird deutlich darauf hingewiesen, dass Rücken- und Kopfschmerzen, Infekte, psychische Probleme und Schlafstörungen umso häufiger auftreten, je größer die Stressbelastung ist.

Doch was genau ist denn Stress? Was steckt hinter dem zwischenzeitlich berühmt-berüchtigten Burn-out-Syndrom? Wenn wir das Thema von der Wurzel her betrachten, stoßen wir auf einen Jahrtausende alten Konflikt. Wir bezeichnen uns selbst als Homo sapiens. Homo – der Mensch – hält sich für wissend – sapiens. Wir halten uns nicht nur für die Krone der Schöpfung, wir halten uns auch für weise. Wir führen als Argument an, dass wir schließlich als einziges Lebewesen in der Lage sind, Situationen kritisch und analytisch zu durchdenken, wir können uns selbst mit einer gewissen Distanz beurteilen und Entscheidungen aufgrund von harten Fakten treffen.

Was wir dabei meist völlig übersehen – wir tragen nicht nur ein hochintelligentes „Denkhirn" in unserem Schädel herum, wir haben auch einen uralten Hirnstamm, der heute immer noch mit klassischen Höhlenmensch-Reaktionen auf die Reize und Gefahren des Atomzeitalters reagiert.

Das Phänomen Stress ist tatsächlich eine der größten Herausforderungen für den Homo sapiens geworden. Wenn wir unsere technologischen Fortschritte betrachten, müssen wir erkennen, dass wir das Problem „Stress" immer weiter ausdehnen. Je fortschrittlicher, desto mehr Stress.

Der Umkehrschluss – wenn wir die Bedürfnisse unseres Gehirns befriedigen, leiden wir unter weniger Stress. Völker, die sehr naturbezogen leben, leider deutlich weniger unter Stressbelastung. Der moderne Mensch, der vor lauter Popmusik, Fernsehkonsum und Atomexplosionen weder die Stimme der Natur noch seine eigene innere Stimme wahrnimmt, ist gefährdet. Und er gefährdet auch seine Umwelt, denn durch die Verschmutzung der Innenwelt neigt er dazu, die Außenwelt zu verschmutzen. Und zwar auf allen Ebenen – geistig, seelisch und körperlich.

In den alten Hinduschriften gibt es eine sehr schöne Geschichte. Zwei Menschen gehen im Wald spazieren. Der eine „kennt Gott" – er benutzt also sein Denkhirn. Der andere „liebt Gott" – und lebt sehr naturverbunden. Plötzlich taucht ein Tiger auf. Der, der Gott liebt, will fliehen. Der andere sagt „Warte, ich kenne Gott! Ich weiß, dass er uns beschützen wird!". Der andere erwidert darauf: „Zwar kenne ich Gott nicht so gut wie Du, aber ich liebe ihn. Deswegen möchte ich es ihm leichter machen, mir zu helfen."

Auch wir stehen heute jeden Tag vor ähnlichen Entscheidungen. Wollen wir den Dingen ihren Lauf lassen? Wollen wir blind darauf vertrauen, dass es schon irgendwie weitergehen wird? Legen wir unser Leben in die Hände des berühmten Schicksals, in die Hände von Partner, Politikern oder vielleicht auch in die Hände Gottes? Oder sind bereit und bemüht uns selbst zu helfen? Hans Selye, der Vater der Stressforschung, meint, dass der Mensch eine einzige höchste Pflicht hat. Er beschreibt es etwas theoretisch, und trotzdem möchte ich ihn gerne zitieren. Er sagt: „Jeder Mensch sollte das eigene ICH gemäß seinem inneren Vermögen soweit wie möglich zum Ausdruck bringen und damit ein Gefühl von selbstbewusster Sicherheit erlangen. Um das zu erreichen, müssen wir unser eigenes, optimales Stressniveau ermitteln und ausweiten!"

Das Ganze noch mal in einfachen Worten. Das höchste Ziel eines Menschen ist die Verwirklichung des eigenen *Ich*. Wir sind als Homo sapiens mit der Möglichkeit des bewussten Denkens ausgestattet. Damit können wir unsere Persönlichkeit ausdrücken – wir sind in der Lage, ein einzigartiges und individuelles Selbstbildnis zu entwickeln. Je mehr wir „*wir selbst*" sind, wir also uns selbst leben, desto *selbst-sicherer* werden wir. Je *selbst-sicherer* wir sind, desto weniger Stress empfinden wir. Die gute Nachricht für alle Arbeitsliebhaber – wenn wir *selbst-sicherer* sind, können wir sogar noch mehr, besser und effizienter arbeiten. Und wir empfinden trotzdem weniger Stress. Und vermutlich werden wir auf der Basis unserer *Selbst-Sicherheit* herausfinden, dass es noch viele wundervolle Dinge neben unserer Arbeit gibt. Zum Beispiel unsere Partnerschaften, Familien, Hobbys, Sport, Bewegung, Genuss und so weiter.

Und um es gleich vorweg zu nehmen – niemand von uns geht stressfrei durch sein Leben. Mit „Stress ade" wenden wir uns vor allem dem negativen Stress, dem sogenannten Distress zu. Der positive Stress – Eustress genannt – ist eine unserer treibenden Kräfte. Den wollen wir uns natürlich bewahren, denn er spornt uns zu Höchstleistungen an. Er lässt uns hungrig und verrückt bleiben. Denn nur wer hungrig und verrückt ist, hat genügend Biss, Interesse und Lust, Höchstleistungen zu vollbringen. Dann verbinden wir die Fähigkeiten von Stamm- und Denkhirn auf eine geniale Art und Weise. Das Stammhirn will befriedigt werden, wenn es den Hunger spürt. Ein einfaches Bild – ein Hund, der gerade zehn Knackwürste verspeist hat, interessiert sich nicht mehr für die elfte Wurst. Die materielle Übersättigung unserer Gesellschaft ist einer der Hauptfaktoren für Stress. Wem die gebratenen Knackwürste bildhaft und tatsächlich ins Maul fliegen, der ist wohl nie mehr richtig hungrig. Das Stammhirn hat keinen wirklichen Reiz mehr. Wenn wir dagegen hungrig sind, werden wir automatisch auch verrückt. Was meine ich damit? Nun, wir ver-rücken uns aus der klassischen Mitte, wir beginnen Dinge „anders" zu tun. Wir denken, werden kreativ, suchen Lösungen und benutzen unser Denkhirn. Eine tolle Symbiose. Hungrig und verrückt aktiviert Stamm- und Denkhirn. Es macht uns zum Menschen.

Und es kommt noch eine Runde spannender. Nur wenn wir uns selbst leben, werden wir zu einem wertvollen Bestandteil unserer menschlichen Gesellschaft. Wir haben nämlich nicht nur unser eigenes Glück in der Hand, sondern wir bestimmen auch über den Stresslevel der Menschen, die uns umgeben. Eltern bestimmen den Distress-Level ihrer Kinder. Lehrer bestimmen, ob Kinder freudig oder gestresst lernen, Chefs bestimmen, ob ihre Mitarbeiter tiefe Befriedigung oder Magengeschwüre entwickeln und Partner bestimmen die Zufriedenheit und das Glück des anderen.

Wir tragen also nicht nur die Verantwortung für uns selbst, wir tragen auch die Verantwortung all jenen gegenüber, mit denen wir täglich zu tun haben.

Wir können natürlich jederzeit die Vogel-Strauß-Politik wählen und den Kopf in den Sand stecken. Oder wir übernehmen freudig und offen unsere Pflichten und Verantwortungen. Wenn wir diesen Weg wählen, dann haben wir eine echte Chance, uns selbst zu leben, *selbst sicher* zu sein und unser Potenzial voll auszuschöpfen.

Diese Erkenntnis möchte ich hier noch mal zusammenfassen. Wir haben nicht ein Gehirn, wir haben mehrere Hirnareale. Unser Reptiliengehirn reagiert hauptsächlich auf zwei Themenbereiche – *sein* oder *nicht sein*.

Wenn unser Überlegen, die eigene Sicherheit oder die Arterhaltung gefährdet werden, steht unser Organismus komplett unter Stress. Und jetzt kommt die Krux an der ganzen Geschichte. Wer sich nicht selbst lebt, ist ständig unsicher. Und was meldet unser Reptiliengehirn bei Unsicherheit? Genau – Gefahr von *Nicht sein*. Und damit sind wir im Stress.

Damit wir das noch tiefer verstehen, möchte ich an dieser Stelle auf die Basisbedürfnisse unsere Reptiliengehirns eingehen. Zum einen besteht ein dauerhafter Hunger nach Stimulierung. Wir benötigen einen dauerhaften Strom von Reizen, um uns orientieren zu können. Sind wir nicht mehr in der Lage, uns zu orientieren, reagiert das Reptiliengehirn sofort. Und zwar mit Kampf-, Flucht- oder Stressreaktion. Das Gleiche passiert bei einer Überhäufung mit Reizen. Wir fassen also zusammen – zu wenige Reize führen zu Orientierungslosigkeit, zu viele Reize ebenfalls. Und Orientierungslosigkeit führt immer zu Distress. Das erklärt, warum so viele Menschen schlechte Gefühle in Bezug auf Veränderungen haben. Denn Veränderung bedeutet meist eine Neuorientierung, im ersten Schritt also Orientierungslosigkeit.

Dann kommt schon das zweite Basisbedürfnis – der Hunger nach Lust. Unser gesamtes System ist andauernd auf der Suche nach Lust. Gefühle der Lust sind z. B. angenehmes Wohlbefinden, Zufriedenheit, Glück, positive Er- oder Aufregung, Freude, sexuelle Lust, Ekstase und so weiter. Gefühle der Unlust nennen wir z. B. Angst, Unsicherheit, Hemmungen, Scham, Schuldgefühle, Wut, Zorn, negative Aggressionen, Panik, Schmerz, Trauer, Unwohlsein und so weiter. Unsere Lust- und Unlustareale sind untrennbar mit Atmung, Herzschlag und anderen Überlebensmechanismen gekoppelt. Damit sind Lernerlebnisse möglich, die das Überleben unserer Art garantieren.

Ein einfaches Beispiel – stell Dir vor, Du setzt Dich nackt in Brennnesseln. Das würde massive Unlustgefühle in Dir wecken und Du würdest so schnell wie möglich raus hüpfen. Dein Reptiliengehirn schaltet viel schneller, als Du denken kannst. Und zweites weißt Du für die Zukunft, dass Brennnesseln brennen – und Du wirst ganz automatisch einen Bogen um Brennnesseln machen.

Genau das gleiche passiert bei Erlebnissen, die Lust erzeugen. Blöderweise geht dieser Automatismus häufig zu weit – das nennen wir dann Suchtverhalten.

Das dritte Basisbedürfnis ist der Hunger nach Berührung. Seit Jahrzehnten ist bekannt, dass Berührung tatsächlich einen Überlebenswert besitzt. Und wir erziehen uns selbst und unsere Kindern immer noch häufig daran vorbei. Berührungen sind genauso wichtig wie unsere Nahrungsaufnahme. Ein häufiger Faktor für Distress ist tatsächlich Berührungsmangel.

Wir können jetzt also in die Definition von Stress einsteigen. Schädlicher Distress und lebensnotwendiger Eustress sind zwei völlig unterschiedliche Arten von Stress, sodass wir also auch zwei Definitionen benötigen.

▶ **Distress** Die Nichtbefriedigung vitaler Bedürfnisse bzw. die Stimulierung von Unlustarealen in unserem limbischen System

▶ **Eustress** Die Befriedigung vitaler Bedürfnisse bzw. die Stimulierung der Lustareale in unserem limbischen System

Das limbische System ist eine Funktionseinheit unseres Gehirns, die der Verarbeitung von Emotionen dient und das Entstehen von Triebverhalten maßgeblich steuert. Unsere angeborenen Triebe – wie z. B. Nahrungsaufnahme, Arterhaltung, Sicherheit usw. – werden durch erlernte Triebe erweitert.

Damit empfindet jeder von uns auch andere Di- und Eustress-Arten. Was für den einen die pure Lust ist, kann für den anderen als extremer Distress und lebensbedrohlich wahrgenommen werden. Als Beispiel mag eine Sportart wie Fallschirmspringen dienen. Für den einen der höchste Lustgewinn, für den anderen eine Aktion, die nur von lebensmüden Wahnsinnigen durchgezogen wird. In beiden Fällen sprechen wir von einem erlernten Verhalten.

So, jetzt hast Du eine ganze Menge neues Wissen – doch was machst Du denn jetzt genau damit, um Stress abzubauen? Die einfachste Antwort wäre an dieser Stelle – beginne, Dich selbst zu leben. Die wirksamsten Methoden sind die einfachen. Ich sage nicht, dass es bequem ist – ich sage nur, dass es einfach ist. O.K. – ich gebe zu, wenn Du gerade in einem extremen Stress festhängst, hilft Dir diese Aussage wirklich wenig. Es gibt zwei Wege, aus Stressmustern auszusteigen. Ich rate Dir dazu, beiden Wege gleichzeitig zu gehen, denn dann bekommst Du das optimale Ergebnis.

Der erste Weg – Du entspannst auf körperlicher Ebene. Hier gibt es sehr viele verschiedene Möglichkeiten. Von Urlaub über autogenes Training bis zu sportlichen Aktivitäten ist sehr viel möglich. Ich habe Ende der neunziger Jahre eine Methode entwickelt, die sehr einfach ist und auch noch Deine Zeitressourcen schont. Ich bin in meinen Recherchen zum Thema Lernen darauf gestoßen, dass wir Menschen über die Haut Ultraschall hören können. Diese Methode habe ich in erster Linie entwickelt, um nebenbei ganz einfach Lerninhalte aufzunehmen, ohne dass die Ohren belegt sind. Zum Beispiel ist es möglich, ganz nebenbei eine neue Sprache zu lernen. Ein weiteres Highlight – wir können mit dem System auch neue Verhaltensmuster „lernen", ein sehr spannender Ansatz im Bereich der Gesundheitsprävention.

Doch ganz unabhängig vom Lernthema bin ich schon während der Entwicklung auf faszinierende „Nebeneffekte" gestoßen. Zum Beispiel hat sich bei vielen meiner Kunden plötzlich der zu hohe Blutdruck gesenkt, Tinnitus-Geräusche wurden weniger oder verschwanden komplett und die Menschen fühlten sich rundherum einfach wohler. Nachdem ich die Methode durch eine Vielzahl von Ärzten auf die körperliche Wirksamkeit prüfen ließ, hat sich herausgestellt, dass eine grundlegende körperliche Entspannung innerhalb von 10 bis 12 Minuten eintritt.

Diese Entwicklung hat in den letzten 15 Jahren zum heutigen neoos® geführt. Eine genial einfache Methode, um körperlich unmittelbar und sofort zu entspannen, und zwar ohne jede bewusste Übung. Ganz einfach und ohne jeden Zeitaufwand. Gerade für Menschen, die beruflich und privat eingespannt sind, eine hervorragende Möglichkeit, um die ersten Schritte im Bereich nachhaltiger Prävention zu gehen. Wenn Du hierzu mehr Infos möchtest, besuche einfach die Website meines Unternehmens unter www.kosys.de. Durch die Reduzierung von Distress hat der neoos® schon tausenden von Anwendern geholfen, wieder besser und tiefer zu schlafen, gesünder zu leben und einfach wieder sehr viel mehr Lebensqualität zu genießen.

Und wie oben erwähnt – es gibt noch hunderte anderer Möglichkeiten, körperlich zu entspannen. Von Urlaub über Yoga bis hin zu Jakobscher Muskelentspannung und Meditationen. Probier' einfach aus, was Dir zusagt. Und alle Möglichkeiten haben eines gemeinsam. Sie machen nur dann Sinn, wenn Du mit hoher Regelmäßigkeit – also Tag für Tag – mit diesen Möglichkeiten arbeitest.

Der zweite Weg – Du durchleuchtest Dein Leben und nutzt alle Chancen, die Dir Dein Leben als Homo sapiens so bietet. Du bist ein bewusstes Wesen – und Du kannst neben dem Reptiliengehirn auf weitere Hirnreale zugreifen, die Dir fantastische Entwicklungsmöglichkeiten bieten.

Ich möchte Dir dazu ein Mental Training anbieten. Denn als führender Lernstratege ist genau das mein Spezialgebiet. Mentales Training wird sehr häufig mit Sport in Verbindung gebracht. Zu Recht, denn dort geht es um Höchstleistungen. Doch wenn ich mir das Leben der meisten von uns anschaue, geht es auch im „ganz normalen Alltag" nur noch um Höchstleistungen. Mit diesem Druck umgehen, das ist die Zielsetzung des Mental Trainings, das ich Dir anbieten möchte. Das Training heißt „Stress ade", und Du kannst es als Leser dieses Buches auf meiner Website sehr günstig bestellen. Den Link findest Du am Ende des Kapitels.

Zu dem Mental Training gehört ein Arbeitsheft, und darin findest Du die unten stehende Abbildung. In dem Arbeitsheft des Mental Trainings gehen wir einige Schritte weiter, die wichtigsten Infos findest Du natürlich schon hier im Buch.

Du hast vielleicht schon einmal von der Maslow'schen Bedürfnispyramide gehört. Der Psychologe Maslow hat diese Pyramide schon 1943 veröffentlicht. Ich habe die beste Definition bei Vera F. Birkenbihl gefunden, die sich mit diesen Themen sehr tiefgreifend auseinandergesetzt hat. Du findest in der Abb. 5.1 eine genaue Übersicht über den Aufbau dieser Pyramide.

Wenn Du Dir das Mental Training holst, hast Du die Möglichkeit, Dir diese Abbildung auszudrucken.

Abb. 5.1 Bedürfnispyramide nach Abraham Harold Maslow, Quelle: eigene Darstellung

Du kannst dort dann sehr genau einzeichnen, auf welchen Stufen Du Distress oder Eustress hast.

Stufe eins sichert tierisches und menschliches Überleben. Es geht um Sein oder Nichtsein, die Befriedigung unseres Trieblebens. Nahrung, Ausscheidung, Sauerstoff, Schlaf, die Stimulierung von Lust- und Unlust und Streicheleinheiten.

Stufe zwei und drei stehen für unser Menschsein. Sicherheit und Geborgenheit stehen hier genauso wie die Erfüllung sozialer Bedürfnisse. Maslow fasst die dritte Stufe auch unter dem Wort „Liebe" zusammen – denn wir können diese Bedürfnisse nur durch die Liebe unserer Mitmenschen befriedigen.

Auf der vierten Stufe geht es um Leistung und Anerkennung. Status, Macht und Geltung spielen hier eine große Rolle. Das sind die sogenannten *Ich*-Bedürfnisse. Auf Stufe vier – Bewusstsein – „tun" wir vieles einfach nur deshalb, weil wir Anerkennung dafür bekommen. Denn – der Organismus tut nichts ohne Grund.

Die fünfte Stufe wird häufig als spirituelle Ebene oder die Ebene der Selbstverwirklichung definiert. Hier geht es darum, ein „guter Mensch" zu sein, also unseren höheren Ziele und Bedürfnisse zu verwirklichen. Es handelt sich hierbei um eine echte Hierarchie. Jede der Stufen kann nur erklommen werden, wenn die Stufe davor bereits gemeistert ist.

Von Prof. Lüscher habe ich vor Jahren gelernt, dass die Psyche des Menschen regulativ angelegt ist. Regulativ heißt ganz einfach – habe ich von etwas zu viel, werde ich auf der anderen Seite zu wenig haben. Habe ich auf einer Seite zu wenig, werde ich auf der anderen Seite zu viel haben. Mangelt es einem Menschen zum Beispiel an innerer Sicherheit, kann er diesen Mangel durch übertriebene Ansprüche auf der vierten Bewusstseinsstufe ausgleichen. Äußere Wahrzeichen wie Kleidung, Autos, Häuser usw. dienen dazu, die innere Unsicherheit auszugleichen, da Anerkennung von außen für die Wahrzeichen in unserem Leben eintrifft. Der Witz – diese Anerkennung von außen können wir jederzeit verlieren, und allein der Gedanke daran setzt uns unter Distress.

Was hier wichtig zu verstehen ist – das Denkhirn, das uns zum Homo sapiens macht – hat keine eigenen Bedürfnisse. Es kann aber zur Bedürfnisbefriedigung unserer Reptiliengehirn-Bedürfnisse beitragen. Reine intellektuelle Übungen wie bildhaftes Nachdenken können uns sofort gute oder auch schlechte Gefühle machen. Wir sind also tatsächlich in der Lage, über bewusste Arbeit unsere Di- und Eustress-Bereiche zu durchleuchten und zu regulieren.

Dieser zweite Weg dauert ein bisschen. Ehrlich gesagt wirst Du ihn sogar solange gehen, bist die Kiste zuklappt. Also bis zum Ende Deines Lebens wirst Du immer und immer wieder Verhaltensmuster hinterfragen und Dich weiter entwickeln. Und das Ganze mit einem wirklich einfachen Ziel – Du bist jeden Tag der beste Mensch, der Du sein kannst. Das bringt Dir viel Eustress – und reduziert Deinen Distress. Wenn Du Dir auf diesem Weg eine kontinuierliche Begleitung wünscht, empfehle ich Dir meine zahlreichen Mental Trainings. Du beschäftigst Dich in diesen Trainings immer wieder mit neuen Themen, besuchst vielleicht hin und wieder Seminare und tauschst Dich mit Personen aus, die aktiv an der fünften Bewusstseins-Ebene arbeiten. Menschen, die aktiv und immer wieder die eigenen Verhaltensmuster hinterfragen, werden Dich natürlich darin unterstützten, das gleiche zu tun. Denn auch das ist eine der Pyramidensstufen. Doch bevor wir jetzt noch tiefer in die Verhaltensmuster einsteigen, möchte ich Dir zum Thema nachhaltige Prävention noch ein wunderschönes, irisches Gedicht mit auf den Weg geben. Ein Gedicht, das Dein Leben vielleicht unter einem anderen Blickwinkel erscheinen lässt.

Nimm Dir Zeit
  Nimm dir die Zeit, um zu arbeiten,
  es ist der Preis des Erfolges.
  Nimm dir Zeit, um nachzudenken,
  es ist die Quelle der Kraft.
  Nimm dir Zeit um zu spielen,
  es ist das Geheimnis der Jugend.
  Nimm dir Zeit, um zu lesen,
  es ist die Grundlage des Wissens.
  Nimm dir Zeit, um freundlich zu sein,
  es ist das Tor zum Glücklich Sein.
  Nimm dir Zeit um zu träumen,
  es ist der Weg zu den Sternen.
  Nimm dir Zeit, um zu lieben,
  es ist die wahre Lebensfreude.
  Nimm dir Zeit, um froh zu sein,
  es ist die Musik der Seele.
  Nimm dir Zeit um zu genießen,
  es ist die Belohnung deines Tuns.

Dieses Gedicht hat mich vor Jahren sehr berührt – und seitdem begleitet es mich. Warum? Nun, mir wurde klar, dass wir immer und immer wieder übersehen, uns für wichtige Dinge Zeit zu nehmen. Wenn wir uns zum Beispiel keine Zeit für unsere Beziehungen nehmen, werden diese Beziehungen schnell zu Ende gehen. Nehmen wir uns keine Zeit für unseren Körper, werden wir Beschwerden bekommen. Nehmen wir uns keine Zeit für unseren Geist, werden wir den Anschluss im Leben verlieren.

Als führender Lernstratege spreche ich in jedem meiner Vorträge über das Thema „Verhaltensmuster". Wenn Du Dich fragst, was hat Lernen mit Verhaltensmustern zu tun, so ist die Antwort sehr einfach. Wir lernen alles auf die gleiche Art. Und zwar total simpel, nämlich durch Wiederholungsrate. Wenn jemand gesund ist, hat er einfach mit hoher Wiederholungsrate Dinge getan, die zu seiner Gesundheit beigetragen haben. Ist jemand krank, hat er mit hoher Wiederholungsrate Dinge getan, die zu seiner Krankheit beigetragen haben. Ist ein Unternehmen wirtschaftlich erfolgreich, hat es (natürlich die Führungsebene, die Mitarbeiter usw.) mit hoher Wiederholungsrate Dinge getan, die zu wirtschaftlichem Erfolg geführt haben.

Ja, es ist wirklich so simpel. Jeder Mensch, jede Gruppe, jedes Unternehmen, jedes Land – alles hat tief verwurzelte Verhaltensmuster. Als Lernstratege beantworte ich die Frage, wie förderliche Verhaltensmuster gestärkt werden und wie hinderliche Verhaltensmuster verändert werden. Bleiben wir in unserem Kontext der nachhaltigen Prävention bei dem Einzelsystem „Mensch" – bei Dir.

Alle Gewohnheiten verfestigen sich mit der Zeit und werden zu Verhaltensmustern. Es ist unwichtig, ob Du diese Verhaltensmuster als „gut" oder „schlecht" bezeichnest. Interessanterweise nehmen wir viele unserer Verhaltensmuster noch nicht einmal auf der bewussten Ebene wahr. Um Verhaltensmuster wirklich zu verstehen, müssen wir zuerst betrachten, wie ein Verhaltensmuster überhaupt entsteht. Als Menschen besitzen wir die Fähigkeit, sehr spontan zu handeln und gewohnte Dinge auf eine völlig neue und andere Art zu verändern oder neu zu gestalten. Diese Fähigkeit wird allerdings durch eine angeborene Trägheit eingeschränkt. Wenn wir dieser Trägheit einen Namen geben wollen, dann heißt sie „Verhaltensmuster". Woher stammen Verhaltensmuster, und warum machen Sie uns so unflexibel? Das liegt daran, dass unsere Verhaltensmuster in unseren tiefsten mentalen, körperlichen und psychischen Strukturen verankert sind. Ja, Du hast richtig gehört. Ein Verhaltensmuster ist eine Angewohnheit, die Du über einen bestimmten Zeitraum gelebt hast. Erst wenn Gewohnheiten zu Selbstläufern werden, sprechen wir von Verhaltensmustern. Und ein Verhaltensmuster ist vollkommen automatisiert – Du brauchst Dich nicht mehr darum zu kümmern, es läuft einfach als Muster.

Das hat zum einen natürlich unglaublich große Vorteile. Doch wo große Vorteile sind, finden sich selbstverständlich auch große Nachteile. Zuerst zu den Vorteilen. Wenn Du aus Gewohnheit erfolgreich, glücklich und eifrig bist, ist das ein Vorteil. Wenn Du aus Gewohnheit ein Verlierer, unglücklich und faul bist, ist das ein Nachteil. Wenn Du aus Gewohnheit Sport treibst und gesunde Nahrung zu Dir nimmst, ist das ein Vorteil. Wen Du aus Gewohnheit auf dem Sofa herumhängst, Chips und Bier in Dich hineinschiebst, ist das ein Nachteil. Dummerweise suchen wir uns die meisten unserer Verhaltensmuster gar nicht bewusst aus, deshalb spricht der Volksmund auch von Glückspilzen oder Pechvögeln.

Hinter den Erfolgen des Glückspilzes steckt genauso ein Verhaltensmuster wie hinter den Schicksalsschläge des Pechvogels. Auch der erfolgreiche Profisportler, der übergewichtige Raucher, der Drogenabhängige und der erfolgreiche, durchtrainierte und gesunde Unternehmer verfügen über Verhaltensmuster. Alles, was wir erleben, hängt mehr oder weniger mit unseren Verhaltensmustern zusammen. Jedes Gefühl, ob wir krank oder gesund sind, ob wir glücklich oder unglücklich sind.

Daher ist es so enorm wichtig, die Entstehung von Verhaltensmustern zu durchdringen. Denn wenn ein Verhaltensmuster auf mentaler, körperlicher und psychischer Ebene „festsitzt", erklärt sich auch die Schwierigkeit, die beim Verändern von Verhaltensmustern auf uns zukommt.

Die Entstehung von Verhaltensmustern findet sich in der Art und Weise, wie wir als Kinder lernen und wie wir uns der Umgebung oder Umwelt anpassen. Es geht hierbei schlicht um unser Überleben. Wenn wir die Entwicklung eines kleinen Kindes beobachten, stellen wir schnell fest, dass ein Überleben nur durch Anpassung möglich wird. Aus diesem Bedarf der Anpassung entsteht auch direkt die Neigung, feste Verhaltensmuster auszubilden.

Als Babys und Kleinkinder haben wir die Welt durch einen einfachen Vorgang verstehen gelernt – wir haben Muster erkannt und zu geordnet. Durch das Erkennen von Mustern wurde uns klar, wie die Welt funktioniert. Aus dieser Klarheit heraus entstanden dann unsere Verhaltensmuster. Muster haben also eine elementare Bedeutung für unser Überleben.

Wir haben die Muster von Hunger und Essen erlebt. Wir haben die Muster von Tag und Nacht erlebt. Wir haben die Muster von Wachsein und Schlafen erlebt. Wir haben unsere Eltern intuitiv beobachtet und nachgeahmt. Der Zeitplan unserer Eltern wurde zu unserem Zeitplan. Die Geräusche unserer Eltern haben unsere Verhaltensmuster geprägt. So haben wir „Sprache" gelernt, ganz ohne Vokabelpauken, ohne Grammatik – einfach locker nebenbei.

Stell Dir vor, ein Kind ist der alleinige Mittelpunkt des Universums für seine Eltern. Das Kind braucht nur einmal schief gucken, und sofort hüpft die Mutter um das Kind herum und betüdelt es. Dieses Kind wird damit vielleicht zu einem verzogenen und unhöflichen Menschen. Vollkommen egoistisch, denn es ist daran gewöhnt, dass nur die eigenen Belange interessieren. Wenn irgendwas nicht funktioniert, Mama wird's schon richten. Ein Verhaltensmuster, dass diesem Menschen im späteren Leben vermutlich große Schwierigkeiten bereiten wird – und doch kommst dieser Mensch nicht mehr von seinem beinharten Egoismus runter. Es geht immer nur um ihn, alle müssen hüpfen, wenn er etwas möchte. Bei der Mutter funktioniert das noch, doch irgendwann kommen Freunde, ein Lehrer, ein Chef, ein Lebenspartner usw.

Dieser Mensch eckt mit seinem Verhaltensmuster überall an – Probleme ohne Ende. Und doch verändert er sein Verhalten nicht. Ein anderes Kind wächst unter mehreren Geschwistern auf. Es lernt zu teilen. Wenn es seine Eltern beobachtet, kann es ein Muster von ausgeglichener Liebe und Respekt beobachten. Aus der Erfahrung mit den Geschwistern übernimmt es das Muster der Teamfähigkeit. Das Kind installiert ein weiteres Muster – zuerst auf die Bedürfnisse der anderen zu schauen, denn das sorgt für ein ruhiges Leben.

Dieser Mensch installiert vielleicht Muster, die ihn sozial sehr kompatibel machen. Doch immer, wenn es um seine eigenen Wünsche und Bedürfnisse geht, erfährt er keine Erfüllung. Er bekommt nie das, was er sich wirklich wünscht. Warum verändert dieser Mensch sein Verhaltensmuster nicht? Es geht wie bei dem ersten Kind ganz einfach um eine Überlebensstrategie. Wir alle bauen als Kind eine Überlebensstrategie auf. Und ganz ehrlich – wer möchte schon eine Überlebensstrategie aufgeben? Wissen wir denn, ob wir mit einem veränderten Verhalten auch weiterhin überleben? Keine Ahnung, oder? Aber mit dem bisherigen Verhaltensmuster fühlen wir uns sicher. Schließlich haben wir bis hierher ja auch überlebt.

Klingt Dir das zu weit hergeholt? Dann möchte ich Dir noch ein paar Zahlen nennen, die die Funktionalität der Verhaltensmuster noch transparenter machen. Du denkst täglich etwa 60.000 Gedanken, und davon kannst Du am Abend eines Tages gerade mal noch 500 Gedanken bewusst aufrufen. Der Rest ist vollkommen unbewusst, den größten Teil nimmst Du noch nicht einmal wahr, während Du ihn denkst.

Wir haben die Geräusche unserer Eltern an ihrem Klang wieder erkannt. Wir lernten irgendwann den komplexen Zusammenhang von Klang und Bedeutung, und durch die Wiederholung der Muster haben wir sprechen gelernt. Das ist übrigens auch der Grund, warum das Erlernen von neuen Sprachen mit dem neoos® so effektiv ist. Du hörst immer wieder Klang und Bedeutung mit hoher Wiederholungsrate – und damit durchdringst Du das Muster der neuen Sprache, das ist alles.

Und selbstverständlich hören wir mit ein oder zwei Jahren nicht auf, Funktionsmuster und Gewohnheiten zu entwickeln. Es geht ganz fröhlich weiter – irgendwann lernen wir, uns die Hände vor dem Essen zu waschen, die Zähne zu putzen, auf eine bestimmte Art zu sprechen, zu essen usw.

All diese Alltagsmuster sind kein Grund zu Besorgnis, auch wenn es sich um Muster handelt. Es lohnt sich auf jeden Fall, solche Muster einmal anzuschauen. Denn sobald wir etwas bewusst etwas anders machen, haben wir schnell ein komisches Gefühl und kommen aus dem üblichen „Tritt". Eine klare Bestätigung für die Macht der Gewohnheit, für die Macht der Verhaltensmuster.

Das Problem sind Gewohnheiten und Verhaltensmuster, die wir als störend oder negativ empfinden. Jedes Suchtverhalten begründet sich auf einem Verhaltensmuster. Nehmen wir z. B. einen Alkoholiker. Er hört auf zu trinken, fängt wieder an, hört wieder auf und wird wieder rückfällig. Einige Zeit später ist er sich sicher, sein Alkoholproblem endgültig gelöst zu haben, er hat über ein Jahr keinen Tropfen Alkohol angerührt. Doch kurz darauf lässt seine Wachsamkeit nach und er wird wieder rückfällig.

Dieser Mensch hat das Gesetz der Verhaltensmuster kennen gelernt. Dieses Gesetz ist dem Newtonschen Trägheitsgesetz ganz ähnlich. Dieses besagt: „Ein Gegenstand im Zustand der Ruhe bleibt im allgemeinen im Zustand der Ruhe, und ein Gegenstand in Bewegung bleibt im allgemeinen in Bewegung, solange keine Kräfte von außen auf ihn einwirken!"

Auf unsere Verhaltensmuster übertragen reicht es also nicht, wenn wir uns selbst sagen „diesmal wird aber alles ganz anders" oder „noch mal tue ich das nicht."

Mark Twain hat es so schön auf den Punkt gebracht, indem er sagte: „Das Rauchen aufzugeben ist das einfachste der Welt. Ich habe es schon hundertmal getan."

Verhaltensmuster laufen nach ihrer Installation meist vollkommen unbewusst ab. Du denkst noch nicht einmal mehr darüber nach, was Du tust, Du tust es einfach.

Frag' mal einen Raucher oder Trinker, ob er sein Verhalten bewusst steuert. Er wird auf diese Frage ziemlich irritiert reagieren. Viele Süchtige merken noch nicht einmal, dass sie gerade ihrer Sucht nachgeben. Ein Kettenraucher kann Dir am Abend des Tages im Normalfall nicht sagen, wie viele Zigaretten er geraucht hat.

Übrigens läuft genau dieses Spiel auch in den Bereichen Stress und Krankheit. Die meisten gestressten Menschen haben nur eine „Verstandes"-Erklärung bereit, wenn sie nach ihren Stressfaktoren gefragt werden. Sie antworten dann mit „ich muss eben so viel arbeiten", „ich muss nun mal das Geld ranschaffen", „ich kann auch nichts dafür, dass mir der Chef immer mehr und mehr aufbürdet" und so weiter und so weiter. Was so gut wie nie hinterfragt wird – wie kommt es denn zu all diesen „äußerlichen" Erscheinungsbildern? Warum genau muss ich so viel arbeiten? Warum muss ich so viel Geld heranschaffen? Warum bekomme ich immer noch mehr Arbeit aufgebürdet? Es handelt sich in der Regel immer um versteckte Verhaltensmuster, die Jahre oder Jahrzehntelang in unserem Leben bestehen. Je länger wir ein Verhaltensmuster leben, desto öfter haben wir es wiederholt. Je öfter wir es wiederholen, desto stärker und unbewusster leben wir das Verhaltensmuster.

Ein einfaches Beispiel. Wie oft überlegst Du, dass Du jetzt im Moment atmen musst? Vermutlich nur sehr selten. Und das ist gut so. Atmen ist ein völlig automatisiertes und unbewusstes Verhaltensmuster. Du musst kein bisschen bewusste Energie aufwenden, um weiter zu atmen.

Jetzt kommt natürlich die spannende Frage – wie lässt sich ein Verhaltensmuster ändern, wenn ich es als störend oder negativ empfinde?

Es sind mehrere Schritte notwendig. Zum einen musst Du Dir bewusst werden, um was für ein Verhaltensmuster es sich handelt. Das Muster kann zum Beispiel darin bestehen, dass Du immer wieder mit etwas anfängst und aufhörst. Sollte es Dir zum Beispiel immer misslingen, ein bestimmtes Ziel zu erreichen, handelt sich vermutlich auch um ein Muster.

Stell' Dir bitte folgende Fragen, um Dir wirklich bewusst zu werden, woher das Muster stammt. Wann hat sich das Muster gebildet? Verfolge die Entwicklung des Musters von seinen Anfängen bis zum heutigen Tag. Wenn nötig, schau' Dir die Muster Deiner Eltern an. Vielleicht hast Du das Muster schon von einem Elternteil kopiert. Hast Du z. B. das Gefühl, alles alleine machen zu müssen? Und kommt dieses Gefühl als Muster immer und immer wieder an die Oberfläche? Dann kann dieses Muster evtl. kopiert sein. Vielleicht war Deine Mutter allein erziehend und hat dadurch tatsächlich alles alleine machen müssen. Dann ist jetzt notwendig, Bewusstsein in dieses Muster zu bringen. Wo glaubst Du, alles alleine machen zu müssen? Mit welchen Emotionen hast Du zu kämpfen, wenn das Muster anläuft? Wie hat sich das Muster in den letzten Jahren entwickelt oder verändert?

Sobald Du den Faden erkennst, der sich durch das Verhaltensmuster in Deinem Leben ergibt, hast Du etwas in der Hand – und Du weißt vielleicht auch schon, wo Du den Hebel ansetzen musst.

Jetzt stellst Du Dir die Frage, was Du anders machst, wenn das Muster hochkommt. Ich möchte Dir auch hierzu ein Beispiel geben. Iris hat bereits mehrere Male stark zu- und wieder abgenommen. Sie hatte Angst, wieder zuzunehmen. Der therapeutische Rat Ihrer Freundin war sehr einfach. Wenn das Muster wieder hochkommt, sollte Sie etwas völlig anderes tun als sonst, um das Muster zu durchbrechen. Gewohnheiten und Muster sind in der Regel stärker als bewusste Vorsätze, also brauchte Iris etwas richtig Krasses, um das Muster zu durchbrechen. Iris stellte beim Durchleuchten des Musters fest, dass Sie das zweite Mal sehr stark zugenommen hatte, nachdem sich ihr Partner von ihr getrennt hatte. Etwas später hatte sie dann wieder über 50 kg abgenommen. Drei Jahre später verlor sie ihre Arbeit – und nahm wieder massiv zu. Der dritte Durchlauf dieser Art kam dann wieder durch eine Trennung. Interessanterweise war das zugrunde liegende Muster Schuld. Und zwar aufgrund des Todes ihrer Mutter. Sie hatte sich furchtbar mit ihrer Mutter gestritten und konnte sich nicht mehr im Guten von ihr verabschieden. Das war der Startschuss für die ersten 50 Kilo Übergewicht. Die Kündigung und die Trennung haben die gleichen Gefühle hervorgerufen. Iris fühlte sich schuldig und abscheulich.

Mit dieser Abscheu gegenüber sich selbst begann sie übermäßig zu essen. Ihre Therapeutin und Freundin Marianne fragte sie nach dieser Bewusstwerdung des Musters: „Was ist die längste Strecke, die Du je gegangen bist?". Iris meinte „Circa 5 km". Marianne riet ihr: „Wenn Du Dich das nächste Mal so lausig fühlst, dass Du anfängst Dich vollzustopfen, hörst Du sofort damit auf, ziehst Deine Laufschuhe an, verlässt das Haus und gehst zehn Kilometer zu Fuß!"

Iris war irritiert über die Einfachheit des Vorschlages, versprach aber, sich daran zu halten. Und sie hat mit diesem einfachen Vorschlag acht Monate später ihr Verhaltensmuster durchbrochen. Sie hat die Macht der Gewohnheit eingesehen und dann damit gebrochen. Es erfordert Bewusstsein. Deshalb hier noch mal die Schritte für die Veränderung eines Musters.

Erstens – Du wirst Dir bewusst, welche Verhaltensmuster Dein Leben beherrschen. Zweitens – du legst fest, welche Muster Du verändern möchtest. Drittens – Du entscheidest Dich für eine völlig überzogene und vielleicht sogar absurde Reaktion, wenn das Muster in Deinem Leben auftaucht. Je verrückter und abgefahrener, desto besser.

Um Dich in diesem Prozess zu unterstützen, bietet Dir der neoos® ebenfalls eine hervorragende Unterstützung. Denn mithilfe des neoos® kannst Dein Unterbewusstsein regelrecht trainieren. Du kannst es darauf trainieren, Muster und Gewohnheiten sofort erkennbar zu machen, Du kannst es trainieren, Muster einfach und leicht zu verändern und noch vieles mehr. Die Voraussetzung ist immer eine bewusste Entscheidung zur Veränderung.

Sei Dir einfach bewusst, dass Dein Unterbewusstsein instinktiv nach dem handelt, was Du irgendwann einmal als Muster angelegt hast. Wenn es Dir vor 35 Jahren geholfen hat, Dich allein zu fühlen, ist das nicht unbedingt das perfekte Muster in Deinem aktuellen Leben.

Wenn es Dir vor 10 Jahren geholfen hat, 50 Kilo zu zunehmen und so die Trauer um Deine Mutter zu überwinden, ist das Muster heute vielleicht nicht mehr optimal geeignet. Wenn es Deinen Eltern geholfen hat, materiell arm zu sein, heißt das nicht, dass auch Du dieses Muster leben musst.

Durchleuchte Dein Leben – finde heraus, welche Muster Du heute lebst und welche Muster Dich nicht wirklich weiterbringen. Wenn Du das herausfindest, tue etwas Außergewöhnliches, wenn das Muster in Deinem Leben wieder einmal zu laufen beginnt. Es sind wirklich drei einfache Schritte.

> Erstens – bringe Bewusstsein in Deine Muster.
> Zweitens – entscheide Dich, welche Muster Du verändern wirst.
> Drittens – lege eine überzogene Aktion fest, falls das Muster auftaucht, das Du verändern wirst.

Die Veränderung ist möglich – wenn Du es wirklich willst. Werde Dir Deiner selbst bewusst. Ändere Deine Muster und werde glücklicher und erfolgreicher. Die Königsklasse – Du legst in Deinem Leben Verhaltensmuster für Glück, Erfolg und Gesundheit an.

Mit der Veränderung und Anpassung von Verhaltensmustern endet die Abhängigkeit. Viele von uns haben häufig das Gefühl, von äußeren Umständen abhängig zu sein. Und genau hier ist die Veränderung von Mustern die Chance Deines Lebens. Steuere Deine Realität immer mehr selbst – und erreiche damit genau das, was Du wirklich, wirklich, wirklich willst. Du kannst tatsächlich erfolgreich *sein* – es ist sogar Dein Geburtsrecht, erfolgreich zu sein.

Der erste Aspekt, denn es zu verstehen gilt – Deine Wahl wird Wirklichkeit. Wenn Du etwas wählst, bekommst Du es. Das musst Du Dir mal auf der Zunge zergehen lassen – alles, was Du wählst, bekommst Du.

Jetzt wirfst Du vielleicht ein – wenn das soooo einfach wäre, dann hätte doch jeder alles, was er sich wünscht. Und genau das ist die Krux an der Sache. Es geht nicht darum, was Du Dir wünschst. Das wäre tatsächlich sehr einfach, dann würden alle esoterischen Ratgeber funktionieren. Dann bräuchtest Du einfach nur beim Universum Gesundheit bestellen, und flutsch, schon wäre die Gesundheit da. Der Vorgang ist schon ein klein wenig komplexer. Und die wirklich unangenehme Nachricht – es ist leider absolut unbequem. Es hat etwas mit Aktivität, mit Veränderung, mit Erkenntnis, mit Ehrlichkeit uns selbst gegenüber zu tun.

Es geht also nicht um das, was Du Dir wünschst. *Es geht darum, was du wählst.* Und wählen kannst Du nur durch einen einzigen Vorgang. Du musst Bewusstsein und Unterbewusstsein in Einklang bringen.

Andere Bezeichnungen für Bewusstsein und Unterbewusstsein könnten auch Denken und Fühlen sein. Denken ist Dein Bewusstsein – mit Deinen Gedanken kannst Du eine Absicht erzeugen. Diese Absicht bezeichnen wir als innere Absicht. Mit dieser inneren Absicht kannst Du Dir zum Beispiel vorstellen, wie dein Traumhaus aussieht, wie der perfekte Job und die optimale Partnerschaft aussehen.

Diese innere Absicht sorgt aber nicht dafür, dass Du Dein Traumhaus, den perfekten Job oder die optimale Partnerschaft auch in der Realität bekommst. Vielleicht kennst Du das sogar – Du wünschst Dir etwas, denkst lange darüber nach und trotzdem bekommst Du es nicht.

Hier kommt der zweite Teil ins Spiel – Dein Unterbewusstsein, Deine Gefühle. Deine Gefühle steuern Deine äußere Absicht. Und die äußere Absicht ist dafür zuständig, was Du in der materiellen Realität wirklich bekommst. Und nur wenn innere und äußere Absicht übereinstimmen – in Einklang sind – bekommst Du das, was Du wirklich willst.

Das klassische Beispiel – Du wünscht Dir, reich zu sein. Auf der anderen Seite fühlst Du Dich arm. Denken und Fühlen gehen in unterschiedliche Richtungen, Du bist nicht in Einklang. Doch wie kriegst Du diesen Einklang auf die Reihe?

Denn der Vorgang klingt ja zuerst einmal sehr kompliziert – ist er aber gar nicht. Ich möchte es Dir an einem Beispiel verdeutlichen. Wenn Du heute zu einem Kiosk läufst, um eine Zeitung zu kaufen, tust Du das meistens im Einklang von Bewusstsein und Unterbewusstsein. Du hast darüber nachgedacht, welche Zeitung Du lesen möchtest. Daraufhin versetzt Du Dich in Bewegung und läufst zum Kiosk. Wenn Du dort ankommst, kaufst Du die Zeitung.

Wir nennen diesen Vorgang *sein – tun – haben*. Dein ganzes Leben besteht aus diesen drei Aspekten. Sobald Du weißt, was Du *sein* möchtest, kannst Du entsprechend handeln, also *tun*. Wenn Du getan hast, wirst Du *haben*.

Der Prozess ist einfach und uns allen bekannt. In den kleinen Dingen – wie z. B. dem Kaufen einer Zeitung am Kiosk – ist es auch einfach durchführbar. Nehmen wir ein anderes Beispiel. Du gehst einer Arbeit nach, die für Dich unbefriedigend ist, die Bezahlung ist schlecht und Du bist voller Frust, wenn Du abends nach Hause kommst. Du müsstest einfach nur überlegen, was Deinem *Sein* entspricht. Danach bewirbst Du Dich bei Arbeitgebern, die Du als Wunscharbeitgeber festgelegt hast, und im Anschluss hast Du die neue Stelle. Warum ist es hier meistens nicht so einfach, wie bei dem Kauf der Zeitung? Aus einem einfachen Grund – diese Entscheidung ist für Dich sehr viel wichtiger, als eine Zeitung am Kiosk zu kaufen. Der Schlüssel liegt zu einem großen Teil in der „Wichtigkeit", die Du einer Sache gibst. Nehmen wir an, Du kommst zum Kiosk und die Zeitung, die Du kaufen wolltest, ist nicht mehr da. Was passiert? Nichts. Es gibt noch ein Dutzend ähnliche Zeitungen, die Wichtigkeit ist also relativ gering.

Bei der Jobsuche sieht das schon ganz anders aus. Auch wenn Dir der alte Job schlechte Gefühle macht, bist Du vielleicht aufgrund der gefühlten Sicherheit geneigt, bei dem Job zu bleiben. Das ist übrigens ein spannendes Phänomen. Für das Gefühl der Sicherheit sind Menschen bereit, viele schlechte Gefühle für eine lange Zeit zu ertragen. Oft bietet also schon die Frage „soll ich oder soll ich nicht" das Potenzial für einen Überschuss an Gefühlen.

Wenn dann die Entscheidung gefallen ist und die ersten Absagen kommen, bietet auch das wieder das Potenzial für einen Überschuss an schlechten Gefühle. Und jetzt kommt die wichtigste Aussage dieses Trainings. Je wichtiger Du etwas nimmst, desto mehr Potenzial bietet sich für einen Gefühlsüberschuss.

Erinnere Dich doch bitte an die Zeitung – ob Du sie nun bekommst oder nicht, spielt keine große Rolle in Deinem Leben. Die Wichtigkeit, die Du dieser Zeitung gibst, ist eher gering. Trotzdem gehst Du nach der Entscheidung los, Du kommst ins Handeln und unternimmst etwas, um die Zeitung zu erhalten.

Auch wenn es auf den ersten Blick ungewöhnlich erscheinen mag – selbst wenn bei einem großen und wichtigen Ziel Deines Lebens solltest Du die Wichtigkeit so niedrig wie möglich halten. Um auf das Beispiel mit dem neuen Job zurückzukommen. Wenn Du schon bei der Bewerbung die Möglichkeit einplanst, nicht genommen zu werden, bleibt die Wichtigkeit weiter unten.

Das Problem ist das Überschusspotenzial, welches Du erzeugst, wenn Du etwas unbedingt haben möchtest. Immer dann, wenn etwas enorm wichtig ist, besteht die Gefahr, dass Dir die Sache komplett aus dem Ruder läuft. Das kennst Du sicher aus Deinem eigenen Leben, und es gibt eine Vielzahl von Beispielen für dieses Prinzip.

Das Kind, das unbedingt den Lutscher bekommen möchte und die Eltern solange nervt, bis es statt einem Lutscher nur noch Ärger bekommt. Oder der Mann, der unbedingt eine Partnerin kennen lernen möchte. Das macht er so übersteigert, dass keine einzige Frau auf ihn reagiert. Derjenige, der unbedingt eine bestimmt Summe Geld pro Monat verdienen muss, schafft es einfach nicht, die Summe aufzutreiben. Und dabei ist es egal, ob er 500, 5.000 oder 50.000 Euro braucht.

Aus dem Sport kennen wir das Thema auch. Ein junger Sportler startet durch und räumt in der ersten Saison ab, was geht. In der nächsten Saison möchte er das wiederholen und setzt sich dabei so unter Druck, dass gar nichts mehr geht. In der ersten Saison war er noch wegen dem Spaß unterwegs, er war in seinem Element. In der zweiten Saison hat er statt dem Spaß die Wichtigkeit nach oben gesetzt. Jetzt geht es um Werbeverträge, um Ansehen usw.

Das Ziel ist immer noch das gleiche wie im Vorjahr – doch das Antriebsmuster hat gewechselt. Der Spaß und die Freude haben gewechselt in eine enorme Wichtigkeit. Dieser Anstieg der Wichtigkeit sorgt für ein Überschusspotenzial, dass wie das Erreichen des Ziels fast unmöglich macht. Das Überschusspotenzial wirkt wie eine Stauung.

Sobald eine Stauung entsteht, richtet sich der komplette Fokus auf den Engpass. Die entspannte, konzentrierte und freudige Atmosphäre ist erledigt, denn der Fluss ist in seinem natürlich Laufe gestört. Hervorragende Ergebnisse können jetzt nicht mehr erzielt werden.

Wenn Dir etwas extrem wichtig ist, erzeugst Du dadurch häufig ein Überschusspotenzial an Gefühlen. Das wiederum verursacht dann die Stauung in Deinem „Fluss". Und sobald der „Fluss" gestaut ist, wird es immer problematischer, das gewünschte Ziel zu erreichen. Die innere Absicht will das Ziel unbedingt erreichen, für die äußere Absicht – gesteuert von Deinen Gefühlen – entfernt sich das Ziel immer weiter.

Bekommst Du z. B. auf einige Bewerbungen Absagen, verursacht das eine Menge an Gefühlen. Ist es sogar noch so, dass Du den neuen Job dringend brauchst, weil Du Deine alte Anstellung verloren hast, wird es immer enger und enger. Das Gefühl, dass hierbei entsteht, kennst Du vielleicht auch als „Verkrampfung", eine andere Ausdrucksform für „Stau" oder „Überschusspotenzial".

Um solche Gefühle zu verändern, solltest Du bewusst gegen das „scheinbare" Drehbuch Deines Lebens verstoßen. Wenn Du in einer beängstigenden Situation festsitzt, veränderst Du die „Wichtigkeit". Hierfür kannst Du eine einfache Übung nutzen – die „Was-wäre-wenn-Liste". Diese Liste findest Du im Download-Bereich zu diesem Buch als PDF-Datei.

Mit dieser Liste ist es möglich, die Wichtigkeit fast jeder aktuellen Situation drastisch zu reduzieren. Indem Du die Wichtigkeit reduzierst, stellst Du den Fluss wieder her. Sobald der Fluss wieder hergestellt ist, wird das, was Du wirklich willst, wesentlich einfacher zu erreichen sein.

Um wirklich erfolgreich sein zu können, ist es notwendig, Deine Realität zu gestalten. Dafür gibt es eine einfache Formel. Deine Träume, Visionen und Ziele abzüglich Deiner Zweifel, Ängste und Sorgen sind die Realität Deines Lebens. Die Wichtigkeit einer Sache wird oft auch durch die Menschen um uns herum mitbestimmt. Zu den Menschen um Dich herum möchte ich Dir gleich noch eine wichtige Erkenntnis mit auf den Weg geben. Es gibt in unserem Leben nur zwei Sorten von Menschen. Mit der ersten Sorte Menschen pflegst Du eine Beziehung, in der Du eine klare Verpflichtung eingegangen hast, Dich emotional, materiell und geistig einzubringen. Zu dieser Sorte Menschen zählt meistens Dein engster Familienkreis – im Normalfall Dein Lebenspartner und Deine Kinder. Vielleicht auch Deine Eltern, wenn Sie schon sehr alt sind und auf Deine Hilfe und Unterstützung angewiesen sind.

Die zweite Sorte Menschen stehen vielleicht auch in einer Beziehung zu Dir, müssen aber nicht direkt von Dir versorgt werden. Hier kannst Du Dir aussuchen, ob Du Dich mit Ihnen abgibst oder nicht. Oft fühlen wir uns in Beziehungen sehr abhängig. Wenn dieses Gefühl auftaucht, weißt Du ab jetzt sofort, dass Du eine zu hohe Wichtigkeit in die Beziehung investierst. Die Wichtigkeit entsteht meist aus den Bereichen Zweifel, Ängste und Sorgen. Ich möchte Dir das Ganze an einem Beispiel deutlich machen.

Ich habe einen guten Freund, der jahrelang in seinem Lehrberuf gearbeitet hat. Er meinte, in diesem Job bleiben zu müssen, weil er ja darin ausgebildet war und jetzt schon einige Jahre Berufserfahrung gesammelt hatte. Seiner Meinung nach war es die einzige Möglichkeit, sicher Geld zu verdienen. Die Wichtigkeit wurde also durch den Zweifel aufrechterhalten, dass er in einem anderen Job zu wenig Geld verdienen würde. Auf der anderen Seite war er von dem bestehenden Job völlig entnervt und hat immer zu wenig Geld verdient, um wirklich gut leben zu können. Er war in dem Job auch nicht wirklich gut, denn er wollte ihn ja auch gar nicht wirklich machen.

Eines Tages kam ein Bekannter auf ihn zu und bat ihn für vier Wochen um seine Hilfe. Er sollte in einem Projekt mitarbeiten, und zwar genau in dem Job, den er schon immer machen wollte. Er nahm vier Wochen Urlaub, um seinem Bekannten auszuhelfen. Und innerhalb der vier Wochen hatte er sich in seiner Begeisterung so eingearbeitet, dass er den Beruf wechselte. Heute ist er einer der erfolgreichsten seiner Branche, er hat ein eigenes Unternehmen mit vier Niederlassungen – und das nach nur acht Jahren. Er hat sein Einkommen massiv erhöht, und das obwohl er als Branchenfremder eingestiegen ist.

Wie war das möglich? Ganz einfach – er konnte über das Tun die Wichtigkeit verändern. In dem ersten Job hat er sich nicht selbst gedient. Er hat aus Angst und Sicherheitsdenken an dem gelernten Beruf festgehalten, denn dort hat er ja seinen Lebensunterhalt „bestritten". Übrigens – ich habe ihn seit Jahren nicht mehr sagen hören, dass er seinen Lebensunterhalt „bestreitet".

Wenn Du das tust, was Du wirklich, wirklich, wirklich willst, kannst Du einfach aufhören, für Dein Glück zu kämpfen. Du kannst Dir eine Variante aussuchen, die Dir gefällt. Und plötzlich musst Du auch niemanden mehr verändern. Denn kannst und wirst niemals jemanden verändern. Verändere einfach die Wichtigkeit, die Du den Dingen zuordnest.

Die große Herausforderung, die jetzt auf Dich wartet – Du musst herausfinden, was Du wirklich möchtest. Und ich meine damit nicht, was Du wirklich willst. Ich meine damit, was Du wirklich, wirklich, wirklich willst. Dann hörst Du auf, aktiv etwas nicht zu wollen. Der Hammer ist nämlich, dass Du genau das, was Du aktiv nicht willst, bisher in Deinem Leben erlebt hast, richtig? Wenn Du Geldmangel vermeiden willst, bekommst Du ihn. Wenn Du das Single-Leben vermeiden möchtest, wirst Du als Single herumhüpfen. Wenn Du Stress bei der Arbeit vermeiden möchtest, wirst Du unter Stress arbeiten. Wenn Du Krankheit vermeiden möchtest, legst Du den Fokus auf Krankheiten und wirst häufig(er) krank sein.

Also, was willst Du wirklich, wirklich, wirklich? Das ist die erste Frage Deines Lebens! Wenn Du sie beantwortest, wirst Du immer weniger aktiv vermeiden wollen. Du wirst Erfolg haben, Du wirst automatisch auch reich sein. Erfolgreich! Denn wenn Du reich bist an Freude, reich an Stimmung, reich an Ideen und Visionen, reich an guten Gefühlen, dann wirst automatisch reich an materiellen Dingen. Das ist eine einfache und logische Folge.

Wenn Du herausgefunden hast, was Du wirklich, wirklich, wirklich willst, dann mache Dich auf den Weg zum Kiosk Deines Lebens. Du kennst sicher den Ausspruch „der Weg ist das Ziel!". Das kannst Du wirklich ernst nehmen. Wenn Du schon von Anfang an einkalkulierst, dass Du zwar weißt, was Du wirklich, wirklich, wirklich willst aber dann doch eine andere Zeitung bekommst, bist Du völlig locker unterwegs. Vertraue dem Weg Deines Lebens. Das ist am einfachsten, wenn Du bedingungslos liebst. Dann bist Du in der Lage, Deine Beziehungen ohne lästige Abhängigkeiten zu pflegen. Du bist in der Lage, Dir selbst und allen anderen immer und immer wieder zu verzeihen.

Und Du kannst auf diesem Weg auch die Überbewertungen vermeiden. Denn immer dann, wenn Du etwas überbewertest, wirst Du die Überbewertung irgendwann erkennen. Das ist dann der Moment, wo Du enttäuscht bist. Die Täuschung ist aufgehoben – Du bist ent-täuscht!

Du hast tatsächlich die Wahl – lächelst Du oder bist Du betrübt? Bist Du locker oder gestresst? Bist Du krank oder gesund? Bist Du unglücklich oder glücklich? Ich möchte Dich zu einer der faszinierendsten menschlichen Erfahrungen ermutigen. Finde heraus, wofür Du lebst. Du wirst ganz nebenbei entspannt, gesund, glücklich und erfolgreich sein. Auf diese Art zu leben ist Dein Geburtsrecht. Alles andere ist unter Deinen Möglichkeiten.

Vielleicht sehen wir uns ja einmal persönlich bei einem meiner Vorträge. Die aktuellen Termine findest Du auf meiner Website www.josuakohberg.com.

Und ich habe noch eine Überraschung für Dich vorbereitet. Unter http://praevention.josuakohberg.com findest Du eine Auswahl an Downloads und Angeboten zu diesem Kapitel. Damit kannst Du die eben gelesenen Inhalte vertiefen und weiter trainieren.

5.1 Über den Autor

Josua Kohberg – Europas führender Lernstratege – ist motivierender Redner bei Mitarbeiter- und Kundenveranstaltungen, Kick-Offs, Kongressen, Events oder Tagungen. Er zeigt einfach und direkt, wie Wissen, Verhaltensmuster und Zielorientierung gelernt und sofort praktisch umgesetzt werden.

Niveauvolles Edutainment, tiefgreifende Erkenntnisse und sehr viel Spaß erwartet Sie in seinen Vorträgen. Denn hier trifft Neurowissenschaft auf Humor. Seine mitreißenden Auftritte begeistern genauso wie seine vielfältigen, direkten und sofort umsetzbaren Impulse.

Er ist zutiefst davon überzeugt, dass Menschen sich nur dann verändern, wenn sie sich auch verändern WOLLEN. Und Unternehmen werden immer dann besser, wenn deren Mitarbeiter besser werden. Genau deshalb steht der MENSCH immer im Mittelpunkt der Forschungen von Josua Kohberg.

Er macht sich stark für mehr Glück, mehr Erfolg, mehr Reichtum und Gesundheit im Leben seiner Zuhörer. Und in einem Punkt können Sie sich sicher sein – so viel Energie und Ruhe hatten Sie noch nie auf Ihrer Bühne stehen.

Weitere Infos unter www.josuakohberg.com

Weiterführende Literatur

BKK Bundesverband (2011). *Kein Stress mit dem Stress. Eine Handlungshilfe für Führungskräfte*. Berlin: BKK Dachverband e. V..

BKK Gesundheitsreport (2013). *Gesundheit in Bewegung*. Berlin: BKK Dachverband e. V..

Friedrich, T. (2012). *Wie gesund sind Deutschlands Führungskräfte?* Königswinter: Skolamed. im Internet unter www.health-on-top.de/userdoks/handouts/2012_semfo_friedrich.pdf

Goebel, L. (2011). Burnout bei Führungskräften: Die doppelte Belastung. *Frankfurter Allgemeine Zeitung* vom 27.09.2011 (im Internet unter www.faz.net).

Malik, F. (2001). *Führen, Leisten, Leben. Wirksames Management für eine neue Zeit*. München: Heyne.

Matyssek, A. K. (2009). *Gesund führen – sich und andere!* Norderstedt: Books on Demand.

Nienhaus, L., Weiguny, B., Sievers, A. (2008). Cola, Koks und Ritalin: Wie die Deutschen sich im Büro dopen. *Frankfurter Allgemeine Zeitung* vom 09.12.2008 (im Internet unter www.faz.net).

Riemann, F. (2013). *Grundformen der Angst* (41. Aufl.). München: Ernst Reinhardt.

Schäfer, S. (2012). Therapeutischer Nutzen: Achtsam ist heilsam. *ZEIT Wissen, 01*. im Internet unter http://www.zeit.de/zeit-wissen/2012/01/Meditation-auf-Rezept

Werle, K. (2012). *Wachsende Opferzahl: Burnout ist Folge schlechter Führung*. Manager Magazin online (Erstellt: 29.05.2012)

Methode statt Geheimnis – Erfahrungen eines Steuerberaters

6

Richard Lechner

Inhaltsverzeichnis

6.1	Auch Finanzbeamte sehen fern	115
6.2	Halten Sie das Flugzeug in der Luft!	117
6.3	Theorie und Praxis des deutschen Finanzsystems	120
6.4	Steuerberater sind ständig blau	123
6.5	Da sitzt ja noch jemand!	125
6.6	Das persönliche Umfeld	128
6.7	An die eigene Nase gefasst …	130
6.8	Es liegt an Ihnen!	131
6.9	Über den Autor	133

6.1 Auch Finanzbeamte sehen fern

Auf dem Fernsehsender VOX läuft die Sendung Shopping Queen. Für diese Sendung können sich bundesweit verschiedene Frauen bewerben und müssen dann in der Sendung mit einem Betrag von 500,– Euro einen Styling-Wettbewerb gewinnen. Für den genannten Betrag dürfen sie Kleidung, Accessoires und Schuhe einkaufen und sich schminken und frisieren lassen. Unregelmäßig zeigt VOX auch Promi Shopping Queen. Das Konzept bleibt das gleiche, nur die Damen, die um den Titel der Shopping Queen streiten, sind aus Film, Funk und Fernsehen bekannt. So auch Verena Kerth. Die Münchner Radiomoderatorin zeigte in der Sendung ihren reich gefüllten Kleiderschrank und geriet ins Visier des Finanzamtes.

Richard Lechner ✉
Haydstraße 2, 85354 Freising, Deutschland
e-mail: rl@richardlechner.com

© Springer Fachmedien Wiesbaden 2015
P. Buchenau (Hrsg.), *Chefsache Prävention II*, DOI 10.1007/978-3-658-03614-0_6

Verena Kerths Kleiderschrank dürfte der Traum für jede Frau sein: Prada, Chanel, Dolce&Gabana. Eine Schuhanzahl, die den Verstand jedes Mannes bei Weitem übersteigt. Alles „von Olli". Die Radiomoderatorin war von 2003 bis 2008 mit Oliver Kahn liiert. In dieser Zeit machte er ihr anscheinend zahlreiche Geschenke, die die Ausmaße des Kerth'schen Kleiderschrankes drastisch änderten.

Was die wenigsten wissen – anscheinend auch Frau Kerth nicht: Auch Geschenke können steuerlich relevant werden. Der Freibetrag beläuft sich für Nicht-Familienmitglieder auf 20.000,– Euro. Ist der Betrag höher, ist jeder über den Freibetrag hinaus geschenkte Euro mit 30 bis 50 Prozent zu versteuern. Dieser Freibetrag gilt übrigens nicht nur für ein, sondern gleich für zehn Jahre.

Der für Frau Kerth zuständige Finanzbeamte muss anscheinend mit großem Interesse die Sendung verfolgt haben. Mit einer Aufzeichnung, Stift, Papier und einem Modekatalog bewaffnet, identifizierte er offenbar in akribischer Kleinarbeit die einzelnen Kleidungsstücke und konnte ihnen einen Wert zuordnen. Einen Wert, der so hoch ist, dass Frau Kerth nun eine Steuerschuld in fünfstelliger Höhe nachzahlen muss.

6.1.1 Wie ist Prävention möglich?

Ich bin seit 25 Jahren im Steuerrecht tätig und Frau Kerths Fall ist – leider – kein Einzelfall. Man kann ihr keinen Vorwurf machen: Das deutsche Steuerrecht ist kompliziert und oft undurchschaubar. Was alles zu welchen Steuersätzen besteuert werden kann, ist für viele Laien schwer durchschaubar.

Nur zur Veranschaulichung: Die Durchfallquoten bei der Steuerberaterprüfung liegen regelmäßig bei 50 Prozent. Und dabei streichen schon vor Prüfungsbeginn 20 Prozent der Aspiranten die Segel und ziehen ihre Prüfungsanmeldung zurück.

Das heißt im Klartext: Selbst die Menschen, die sich mit dem deutschen Steuerrecht tagein, tagaus beschäftigen, scheitern. Nicht aufgrund von Dumm- oder Faulheit – im Gegenteil –, sondern einfach aufgrund der wirklich unendlichen Komplexität.

Genau an dieser Komplexität habe ich auch viele Unternehmer scheitern sehen. Die Führung eines Unternehmens ist alles andere als einfach. Zahlreiche Pflichten in den unterschiedlichsten Bereichen lasten auf den Schultern des Unternehmers, denen er allen gerecht werden muss. Platz für Fehler gibt es kaum bis gar nicht – das ist den wenigsten bewusst. Und welche Fehler überhaupt möglich sind, schon gleich zweimal nicht.

Das Scheitern scheint vielfältig zu sein: Mit der Attitüde „Das bekomme ich schon hin" hat jemand ein Restaurant über- und sich mit der Buchhaltung vernommen. Der elterliche Schuhmacherbetrieb steht kurz vor dem Aus, da der Sohn, der das Geschäft übernommen hat, an wichtigen Bilanzierungsregeln vorbeiagiert hat. Der Traum vom eigenen Café scheitert – da wichtige Umsatzdaten verschludert werden und das Finanzamt genau weiß, wo es nachschauen muss, um an die Daten dann doch zu kommen. Eine hohe Nachzahlungsforderung flattert der Unternehmerin ins Haus, die ihr ökonomisch das Genick bricht. Diese Menschen sind förmlich in der letzten Minute in meiner Kanzlei aufgeschlagen. Ich würde jetzt gerne stolz behaupten: Ich konnte alle retten. Beim Großteil führte einiges Verhandlungsgeschick mit dem Finanzamt und Zulieferern zu einer Wende. Beim Rest war aber nur noch die Abwicklung des Betriebs möglich.

6.1.2 Kenne Deine Feinde

Ich habe nach meiner Bestellung zum Steuerberater erst für eine der größten, international führenden Wirtschaftsprüfungsgesellschaften gearbeitet und bin seit über zehn Jahren mit meiner Kanzlei selbstständig. In dieser Zeit sind mir immer wieder verschiedene Muster begegnet, die Mandanten vom Erfolg abhielten oder diesen sogar gefährdeten. Dabei gibt es auch Muster, die weit über das Steuerliche hinausgehen.

Genau hier setzt Prävention an: Diese Muster lassen sich erkennen und vorbeugend abstellen. Prävention heißt dabei für den Steuerberater: Kenne alle Akteure und Situationen, mit denen Du in Folge Deiner Tätigkeit konfrontiert werden wirst. Und: Kenne den Schaden, den sie anrichten können.

Die Grundlage dafür ist das Cockpit-Controlling.

6.2 Halten Sie das Flugzeug in der Luft!

Die Metapher des Cockpit-Controllings als eine Denkweise, um unternehmerische Prozesse zu steuern, ist weithin bekannt. Mir kommt es dabei auf zwei wichtige Aspekte an:

Einerseits die Idee des Cockpits. Und andererseits die Idee des Controllings.

Die Parallele zwischen Unternehmensführer und Piloten ist eindeutig. Piloten lesen Anzeigen, reagieren auf Signale, stehen mit der Außenwelt – dem Tower – immer in Verbindung. Nach innen geben sie Befehle: Mehr Schub. Fahrwerk einfahren. Landeklappen raus. Ihre Entscheidungen haben Wirkung auf das Flugzeug und die darin sitzenden Passagiere. Es hebt ab. Es landet. Es fliegt.

Die Piloten sind dabei nie „vor Ort". Sie betätigen nicht händisch die Hydraulik, um das Fahrwerk auszufahren. Sie ziehen nicht an irgendwelchen Seilen, um die Seitenruder zu betätigen. Sie schütten kein Kerosin in den Antrieb des Flugzeugs, um dieses in der Luft zu halten.

Piloten agieren vollkommen abstrakt. Sie drücken einen Knopf – und das Flugzeug reagiert. Sie betätigen einen Hebel – und das Flugzeug reagiert. Sie geben eine Anweisung – und der Co-Pilot führt sie aus.

Genau dieses Verständnis sollten Sie als Chef von ihrem Unternehmen haben. Ihre Mitarbeiter liefern Ihnen Fakten und Daten, die sich aus dem Geschäftsbetrieb ergeben. Das können Aktenvermerke, Memos oder auch ein Vier-Augen-Gespräch sein. Mittels Jahresabschlüssen, T-Konten, Cash-Flow-Rechnungen, Rohgewinnaufschlagsätzen und allen anderen Techniken des Rechnungswesens behalten Sie die monetäre Seite im Blick. All diese Rückmeldungen sind Ihre „Anzeigen", mit denen Sie den Kurs bestimmen. Das Handeln selbst sollten Sie immer der Maschine überlassen.

6.2.1 Im Sinkflug

2005 rief mich aufgebracht Dietmar Bernke an. Er ist 53 und hatte zwei Jahre zuvor eine IT-Firma aufgemacht. Die Firma war gut gestartet, doch nach einem halben Jahr war das Startkapital verbraucht und Herr Bernke musste immer weiter eigenes, erspartes Geld zuschießen. Seine Altersvorsorge schwand auf diese Weise langsam, aber kontinuierlich dahin. Herr Bernke hatte zwar noch etwas Kapital, um die Insolvenz abzuwenden, aber viel Zeit blieb ihm nicht mehr.

Er bat mich, die Buchhaltung zu überprüfen und Einsparungsmöglichkeiten zu finden. Da die drohende Insolvenz einen neutralen Blick seinerseits auf sein Unternehmen unmöglich machte, brauchte er externe Beratung.

Ich begab mich also in die Geschäftsräume der Firma. Die nette Dame, die die Buchhaltung erledigte, wies mir einen Arbeitsplatz zu und ich begann, alle Bücher zu sichten. Da Herr Bernke ein Großraumbüro angemietet hatte, bekam ich den Betriebsablauf nahezu ungefiltert mit.

Ein Gespräch mit einem möglichen Kunden unterbrach er, um dem Grafiker genau vorzuschreiben, wie dieser eine Website zu gestalten hatte. Dem Programmierer redete er beim Aufbau seines Codes drein, um das Coden dann genervt selbst zu übernehmen. Er ließ erst wieder den Programmierer weiterarbeiten, als der Grafiker sich nicht in der Lage zeigte, Herrn Bernkes Wünsche umzusetzen. Die Buchhalterin hatte Probleme mit einer Rechnung, sodass Herr Bernke die Rechnung gleich selbst in das System der Firma buchte. Der Programmierer tüftelte währenddessen etwa eine Stunde an Bernkes Code – erfolglos. Er konfrontierte seinen Chef mit der Tatsache, dass das, was dieser gemacht hatte, einfach nicht funktionierte. Der Streit eskalierte lautstark. Ich wies die beiden darauf hin, dass ich unter diesen Umständen meiner Arbeit schwer nachkommen könnte – es sei denn, schlechte Ergebnisse von meiner Seite wären gewünscht. Der Programmierer meinte nur, er hätte eh die Schnauze voll und ginge jetzt nach Hause.

Als ich gegen Abend mit der Prüfung der Bücher fertig war, setzte ich Herrn Bernke die Sachlage auseinander. Doch er war nicht so recht bei der Sache. Nebenbei versuchte er den Code, der zum Zerwürfnis zwischen ihm und seinem Programmierer gesorgt hatte, neu aufzusetzen und arbeitete immer, wenn der Code kompiliert wurde, an der grafischen Gestaltung einer Website. Mir wurde das zu bunt.

„Das Problem ist nicht Ihr Unternehmen. Das Problem sind Sie!" Meine Worte klatschten Herrn Bernke förmlich an den Kopf.

Dietmar Bernke hatte die oberste Regel des Cockpit-Controlling missachtet: Er hatte das Handeln nicht der Maschine überlassen. Die Kundenakquise – und damit eine Steigerung des Umsatzes und das Überleben des Unternehmens – war unter den Tisch gefallen, da er an allen Fronten mitmischte: Er programmierte, machte die Buchhaltung und kümmerte sich auch noch um grafische Feinheiten. Er bestimmte nicht den Kurs, indem er sagte, was geändert werden sollte, sondern ließ sich von seinen Mitarbeitern den Kurs vorgeben. Dafür hatte er die Mitarbeiter nicht angeheuert, die in ihren Bereichen deutlich qualifizierter waren, als er es je sein würde. Auf diese Weise war klar, dass sich Herr

Bernke nicht mehr um die Verwaltung seiner Firma kümmern konnte und das Geschäft ins Trudeln kam.

Gerade in kleinen bis mittelständischen Unternehmen begegnet man diesem Typ Unternehmer oft. Aufgrund der flachen Hierarchiestrukturen und des persönlichen Verhältnisses unter den Angestellten ist es ihnen möglich überall mitzumischen. Was dann oft zur Unternehmenspleite führt, da niemand mehr ein klares Ziel vor Augen hat.

Unternehmer haben sich auf ihre Kernkompetenz zu beschränken – das von ihnen geführte Unternehmen zu managen. Von ihren Mitarbeiter erhalten sie Zahlen, Daten und Fakten, auf die sie mit Weisungen reagieren, die ihre Mitarbeiter auszuführen haben. Damit das korrekt funktioniert, müssen aber die Instrumente – sprich: die Buchhaltung – stimmen und geeicht sein.

6.2.2 Wie Sie Ihre Instrumente eichen

Der Begriff Controlling umfasst nicht nur den Bereich der Buchhaltung, sondern auch die Versorgung und Unterstützung der Unternehmensführung mit entscheidungsrelevanten, für diesen Zweck aufbereiteten Daten. Um zu überprüfen, ob die vorliegenden Zahlen auch stimmen und sich schlüssig aus dem Geschäftsbetrieb ergeben, benutzt man unterschiedliche Quotenrechnungen, die verschiedenste Bereiche der Bilanz miteinander in ein Verhältnis setzen.

Der Rohgewinnaufschlagsatz ist eine solche Quote. Dafür teilt man den Rohgewinn eines Unternehmens durch dessen Wareneinsatz. Dadurch lässt sich feststellen, ob ein Unternehmen über den Wareneinsatz hinaus gut genug wirtschaftet, um auch weitere anfallende Kosten, wie Betriebs- und Personalkosten zu erwirtschaften. Der Rohgewinnaufschlagsatz lügt nie: Für jede Branche gibt es verschiedene Quoten, die nahezu überall gleich sind. Natürlich kommt es hin und wieder zu Abweichungen, betragen diese aber mehr als eine bestimmte Prozentzahl, kann man damit rechnen, dass etwas nicht stimmt.

Man kann damit etwa Steuerhinterziehern oder auch Dieben auf die Spur kommen. 2008 eröffnete in München ein griechisches Restaurant, dessen steuerliche Beratung ich übernahm. Bei der laufenden, monatlichen Überprüfung der Bilanz entdeckte ich, dass der Rohgewinnaufschlagsatz bei 100 Prozent lag. Nichts Ungewöhnliches für ein Restaurant, das erst eröffnet hatte. Nachdem aber der Rohgewinnaufschlagsatz die kommenden Monate so niedrig blieb und nicht auf die in der Branche üblichen 280 Prozent stieg, beraumte ich ein Gespräch mit dem Besitzer an. Der war wenig überrascht. Er benutzte einen sogenannten Blindkellner. Sämtliche seiner Kellner registrierten die Bestellungen nicht auf einem ihnen zugeteilten Konto, sondern auf dem Konto eines weiteren Kellners, den es in Fleisch und Blut gar nicht gab. Am Ende des Abends wurden alle Bestellungen auf diesem Konto storniert. Das Restaurant hatte nun also nach Kassenschluss offiziell fast keinen Umsatz gemacht. Die Tageseinnahmen erschienen in keiner Weise in der Tagesbilanz.

Der Wirt kam sich bei dieser Methode sehr schlau vor, bis ich ihm das mit dem Rohgewinnaufschlagsatz erklärte und dass nicht nur ich das wüsste, sondern auch das Finanzamt. Bei den Summen, die der Besitzer am Fiskus vorbeischummeln wollte, konnte man nicht mehr von Versehen sprechen – das erfüllte den Straftatbestand der Steuerhinterziehung bis in den letzten Winkel des Paragrafen, wenn er so weitermachen würde. Nach gutem Zureden entschloss er sich zu einer Selbstanzeige – eine Steuerprüfung würde ihm mit Sicherheit ökonomisch das Genick brechen und seine Angestellten, die auf die eine oder andere Weise zur Familie gehörten, auf die Straße setzen.

Mit dem Rohgewinnaufschlagsatz kommt man aber auch Dieben auf die Spur. 2010 eröffnete in München ein Sushi-Lokal in der gehobenen Preisklasse, für das meine Kanzlei die Buchhaltung übernahm. Der Rohgewinnaufschlagsatz lag in den ersten Monaten bei 200 Prozent und sank im Laufe der Zeit auf 150 Prozent. Hier lag etwas im Argen: Der Rohgewinnaufschlagssatz musste laut Kalkulation bei 300 Prozent liegen und das Lokal war mittags und abends komplett ausgebucht – und das auf Wochen im Voraus. Gemeinsam mit dem Betreiber begann ich, nach Einsparungsmöglichkeiten zu suchen. Der Warenkauf machte zwar einen großen Teil der Kosten aus – doch so etwas ist nur logisch bei einem Restaurant dieser Qualität. Wir fanden keine Schraube, an der wir drehen konnten, ohne nicht die Qualität zu verschlechtern. Als letzte Möglichkeit blieb nur Diebstahl übrig.

So war es dann auch. Nach wenigen Tagen fanden wir den Übeltäter: Einer der Angestellten klaute Thunfisch und Lachs und verkaufte diesen billig an die Konkurrenz. Der Angestellte wurde fristlos entlassen und das Sushi-Lokal begann ordentlich Geld für seinen Besitzer abzuwerfen.

Das Cockpit-Controlling und seine richtige Ausübung sind essenziell für das Überleben eines Unternehmens. Es ist auch wichtig im Hinblick auf eine anstehende Steuerprüfung. Denn Finanzbeamte wissen genau, wo sie zu schauen haben und wie sie Zünglein an der Waage zu spielen haben.

6.3 Theorie und Praxis des deutschen Finanzsystems

6.3.1 Die Theorie

Das Prinzip, das dem deutschen Finanzsystem zugrunde liegt, ist fantastisch. Oberstes Prinzip ist die Steuergerechtigkeit. Steuergerechtigkeit bedeutet: Jeder Einzelne von uns wird gemäß seinen finanziellen Möglichkeiten besteuert. Wer viel verdient, kann mehr entbehren und so die weniger Begüterten unterstützen. Das ist das Grundprinzip unserer sozialen Marktwirtschaft.

Wären da nicht die Finanzbeamten.

6.3.2 Die Praxis

2012 stand bei einem meiner Mandanten eine Betriebsprüfung an. Anton Waldbacher betreibt eine gutgehende Werbeagentur. Er hat zahlreiche, wirklich illustre Kunden: BMW, MTU, TUI, C&A – er meint immer spaßhaft „das ganze Alphabet". Für ein derart gut etabliertes Unternehmen kann man nur mit langfristiger und gezielter Kundenakquise den Grundstein legen. Dies geschieht zum Teil über Geschäftsessen, die natürlich nicht im Lokal zur goldenen Möwe stattfinden – sondern im Garden Salon des Bayerischen Hofs, der Käfer-Schänke oder im Borchardt in Berlin.

Der Betriebsprüfer und ich kamen gleichzeitig in Herrn Waldbachers Firma an und fuhren mit dem Aufzug nach oben. Fraternisierung mit dem Feind war in Kriegszeiten unter Todesstrafe gestellt – das muss anscheinend immer noch für Betriebsprüfer gelten. Jegliche Versuche meinerseits etwas Small Talk zu betreiben, ließ er einsilbig abtropfen.

Am Empfang meldete ich uns an. Während wir auf den Chef der Buchhaltung warteten, standen wir vor dem Empfangstresen. Der Betriebsprüfer strich über das Mahagoni, schüttelte den Kopf und murmelte irgendetwas von „Regenwald".

Der Chef der Buchhaltung holte uns ab und führte uns in ein Besprechungszimmer. Die Fensterfront zeigte den Blick auf München. Ein Anblick, der mich jedes Mal begeistert. Der Betriebsprüfer meinte nur: „Mit ihren Zahlen können Sie mich schon eher beeindrucken".

Eine Sekretärin bracht einige Ordner und einen Laptop mit Zugang zum Buchhaltungssystem. Wir klärten zu dritt kurz einige Fragen, bis wir ihn allein ließen. Ich hatte noch etwas mit Herrn Waldbacher zu besprechen und so verließ ich das Besprechungszimmer mit der Sekretärin. Ich sah noch, wie der Betriebsprüfer seine Strickjacke ablegte, zwei Wasserflaschen aus seiner Tasche holte und sich den Büchern zuwandte.

Nach einer guten Stunde etwa kehrte ich zurück und irgendetwas in dem Betriebsprüfer hatte zu brodeln begonnen. Denn das erste, was ich von ihm hörte, als ich den Raum betrat: „Ihr Mandant kauft auch nicht gerade bei Aldi und Lidl ein!". Der Betriebsprüfer hatte sich anscheinend als erstes die Bewirtungsbelege vorgenommen und Quittungen von Restaurants entdeckt, die außerhalb der finanziellen Möglichkeiten vieler Menschen lagen.

Der restliche Besuch des Betriebsprüfers lief ähnlich ab. Konnte er keinen Fehler in der Buchhaltung entdecken, monierte er die exzessive Verschwendung in Reinform, die ja auf Kosten des Steuerzahlers gehe. Argumenten, die solch hohe Ausgaben plausibel machten, verschloss er sich vollkommen. Dass diese Ausgaben höhere Steuereinnahmen durch den Staat erst ermöglichten, war ihm auch nicht klar zu machen. Wir konnten dann – auch dank des besonnenen Abteilungsleiters der Betriebsprüfung – die Streitfälle gütlich klären. Doch Besuche von Betriebsprüfern, die genau so verlaufen, sind nicht selten.

Was dahinter steckt, kann ich nur vermuten. Neid ist bei manchen sicher ein Grund. Finanzbeamte sind hochqualifizierte Arbeitskräfte, die ihre Fertigkeiten in einem dualen Studium erwerben. Die dreijährige Ausbildung ist kein Zuckerschlecken. Am Ende sind sie dann dem Trott einer Beamtenkarriere ausgeliefert und sehen, wie die ähnlich qualifizierten Steuerberater sie überholen – geldmäßig und was den Lebensstandard betrifft.

Auch sehen – und das gilt nicht nur Finanzbeamte – viele nicht, was hinter dem Erfolg vieler Menschen steckt. Herr Waldbacher schläft nur sechs Stunden am Tag, um sein Unternehmen zu leiten und dem Vertrauen und der Verantwortung gerecht zu werden, die ihm seine zahlreichen Mitarbeiter entgegen bringen. Dass – und das mag etwas paradox klingen – erst die Aufrechterhaltung eines gewissen Wohlstands zu deutlich mehr Umsatz und Steuereinnahmen führt, erschließt sich den wenigsten. Denn oft wird nicht nur das Produkt eines Unternehmens oder dessen Dienstleistung eingekauft – sondern oftmals auch dessen Ambiente.

Eigentlich kann einem die Voreingenommenheit eines Finanzbeamten egal sein. Doch die Einstellung des Finanzbeamten gegenüber dem Steuerpflichtigen hat klare Auswirkungen darauf, wie er vom Finanzamt behandelt wird. Das Steuerrecht ermöglicht eine ganze Reihe Ermessensspielräume seitens aller Beteiligten. Diese können – je nachdem, wer da gerade geprüft wurde – bei identischen Tatbeständen unterschiedlich ausfallen. Das liegt allein im Ermessen des Finanzbeamten.

6.3.3 Erste Hilfe gegen Finanzbeamte

Wenn Sie es schaffen, durch eine gewinnende Art einen Finanzbeamten nicht gegen sich aufzubringen, haben Sie also schon viel gewonnen. Darüber hinaus haben Sie in einem gewissen Rahmen Möglichkeiten, die Betriebsprüfung zu gestalten. Voraussetzung ist, dass ihre Aufzeichnungen komplett, korrekt, in der richtigen zeitlichen Reihenfolge geordnet, dem Finanzbeamten vorgelegt werden. Wenn ein Finanzbeamter nicht lange ordnen und suchen muss, wird er Ihnen deutlich gewogener sein.

Weiterhin können Sie entscheiden, wo die Betriebsprüfung stattfindet. Oftmals bietet sich eine Prüfung in der Kanzlei des Steuerberaters an. Der Finanzbeamte kennt die Umgebung, da Sie wahrscheinlich nicht der Einzige sind, den er in diesen Räumen prüft. Wird die Prüfung in Ihren Geschäftsräumen durchgeführt, stellen Sie dem Betriebsprüfer einen separaten Arbeitsplatz zur Verfügung. So kann er ungestört arbeiten und bekommt auch vom laufenden Betrieb nichts mit, was er bei schlechter Auslegung gegen Sie verwenden könnte. Logischerweise müssen Sie dem Prüfer auch die zu prüfenden Unterlagen vorlegen. Wie diese auszusehen haben, habe ich im letzten Absatz beschrieben.

Die Taktik hinter all dem ist, den Betriebsprüfer mit einer gewissen Fehlerlosigkeit einzulullen. Finanzbeamte prüfen oft wochenlang alleine komplette Betriebe. Das bedeutet, sie sitzen mehrere Wochen in einem Zimmer und rechnen vor sich hin mit wenig bis gar keinem Kontakt zur Außenwelt. Je weniger Fehler in ihrer Buchhaltung sind, desto eher verleiten Sie manche Betriebsprüfer dazu, schludriger zu arbeiten. Sie schließen von der bisherigen Korrektheit Ihrer Unterlagen auf den Rest.

Sollten jetzt aber in Ihrer Buchhaltung wirklich Fehler aufgetaucht sein und diese vom Prüfer zu Ihren Ungunsten ausgelegt werden, so ist hier die einzig oft wirklich gangbare Lösung, in Zusammenarbeit mit einem Steuerberater eine Entscheidung zu treffen: Lohnt es sich, den Zorn des Finanzamtes heraufzubeschwören und Einspruch gegen einen Beschluss einzulegen – ja, vielleicht sogar vor Gericht zu ziehen – oder klein beizugeben und die Forderungen widerstandslos zu begleichen.

Doch hier sei gewarnt: Ihr Steuerberater muss nicht unbedingt auf Ihrer Seite sein.

6.4 Steuerberater sind ständig blau

Eine meiner Mandantinnen wurde vor einigen Jahren auf eine Fortbildung geschickt. Sie arbeitet für BMW im Verkauf. Entscheidend für einen gelungenen Kaufabschluss ist, das Gegenüber treffend einschätzen zu können – also: Wie habe ich mein Verkaufsangebot zu verpacken, sodass der Kunde zuschlägt? Dabei geht es nicht darum, den Käufer über den Tisch zu ziehen, sondern ihm eine gelungene Entscheidung zu ermöglichen.

Sie hat mir dafür das sogenannte Farbmodell präsentiert – für mich bis dato vollkommen neu: Rot steht dabei für Machertypen, die ihre Entscheidungen alleine treffen und diese dann umsetzen.

Der grüne Typ tendiert zum Gegenteil: Die Entscheidung will wohl überlegt sein und sie geschieht nur nach Beratung. Erst wenn alle wichtigen Daten zusammengetragen, alle Details recherchiert sind und sie sich mit einer Person ihres Vertrauens beraten haben, dann kaufen sie.

Der gelbe Typ pfeift auf Fakten. Für ihn steht nicht der Kosten-/Nutzen-Faktor im Vordergrund, sondern die Emotion führt zur Kaufentscheidung: Schnittige Linien? PS? Fahrspaß? Gekauft.

Der blaue Typ ist eine Mischung aus grün und rot: Er entscheidet allein, aber erst, nachdem er sorgsam alle Fakten gesichtet hat. Dabei wählt er die beste Alternative vor einem vollkommen emotionslosen Hintergrund.

Steuerberater sind blaue Typen.

Das ist an und für sich wichtig für diesen Job. Grundlage des Steuerberaterhandwerks sind Gesetze, Vorschriften und Richtlinien. Diese müssen präzise erfüllt werden. Auch haben Steuerberater eine Verantwortung: Ihre Mandanten vertrauen ihnen das Herzstück ihres Unternehmens an – die Buchhaltung. Steuerberater unterstützen darüber hinaus wichtige Entscheidungen oder machen diese durch Beratungstätigkeit erst möglich. Genaues Arbeiten ist dafür oberste Voraussetzung.

Menschen mit einer blauen Typologie sind also ideal geeignet für den Beruf des Steuerberaters?

Nein.

6.4.1 Das leiseste Frühstück meines Lebens

2003 war ich auf einer Fortbildung für Steuerberater. Die Societas Europaea – besser bekannt als Europäische Aktiengesellschaft – sollte in den nächsten Jahren eingeführt werden. Die Fortbildung lief über eine Woche in einem schönen Hotel mitten in Deutschland. Das komplette Hotel war ausgebucht und wurde von Steuerberatern bevölkert.

Im Frühstückssaal eines Hotels geht es normalerweise zu wie im Taubenschlag. Leute kommen und gehen. Kinder laufen herum. Man tauscht sich aus über die Pläne für den heutigen Tag oder über das, was man am Vortag erlebt oder gesehen hat.

In diesem Frühstückssaal war es nahezu mucksmäuschenstill. Die Gespräche zu Beginn der Woche beschränkten sich auf „Könnten Sie mir bitte den Zucker geben?" oder „Kann ich doch noch die Marmelade haben?". Dazwischen hörte man vereinzeltes Klirren, wenn ein Messer auf einen Teller gelegt wurde. Frühstück, Mittagessen und Abendessen der ersten beiden Tage verliefen in gedämpfter Atmosphäre. Erst im Laufe der Woche wurden die Gespräche mehr und meine Kollegen tauten auf.

Man muss ein gutes Maß an Introversion mitbringen, um im Beruf des Steuerberaters glücklich zu werden. Aber zu viel davon kann schädlich für den Mandanten sein. So wenig, wie die Steuerberater beim Frühstück den Mund aufbrachten, so wenig geschieht dies dann auch im Sinne ihrer Mandanten.

Vor einigen Jahren übernahm ich ein Mandat, das aufgrund einer Empfehlung zustande kam. Edgar Wallried suchte einen neuen Steuerberater, da er mit seinem alten nicht mehr zufrieden war. Er hatte seit acht Monaten ein offenes Steuerverfahren und brauchte die Gewissheit, dass dieses endlich abgeschlossen ist, um zu wissen in welchem Maße er weiter in sein Unternehmen investieren konnte oder auch musste. Da er im Bereich Social Media Consulting tätig ist, sind Investitionszyklen kurz, da sich die technischen Möglichkeiten in Windeseile ändern können. Binnen eines Monats brachte ich das Verfahren zu Ende. Die Androhung einer Untätigkeitsklage beflügelte die Motivation des Finanzbeamten immens, sich endlich um das anhängige Verfahren zu können. Ich machte mir beim dortigen Finanzamt zwar keine Freunde, aber das Verfahren kam zu einem Ende – zum Vorteil meines Mandanten. Er konnte rechtzeitig investieren und einen entscheidenden Kunden für sich gewinnen.

6.4.2 Ab in den Ring

Als ich diese Geschichte bei der Steuerberaterfortbildung erzählte, klappten reihenweise Kinnladen nach unten. „Das kannst Du doch nicht machen!" - „Mit denen musst Du doch noch öfters zusammenarbeiten." – „Das Verhältnis zum Finanzamt ist für immer belastet!". Diese Aussagen sind nicht die Aussagen einiger weniger, sondern stehen stellvertretend für eine ganze Branche. Da Steuerberater ständig mit dem Finanzamt zu tun haben, sind sie darauf aus, zu diesem in einem möglichst unbelasteten Verhältnis zu stehen.

Meine Argumentation läuft anders: Wenn mein Mandant gegenüber dem Finanzamt tätig wird, wirft das kein gutes Licht auf ihn. Bei der nächsten Betriebsprüfung wird besonders genau nachgeschaut werden. Mache ich das und trete in Aktion, ziehe ich erstens den Unmut auf mich und mein Mandant bleibt davon frei. Im Finanzamt heißt es dann: „Der ist ja ganz nett, aber sein Steuerberater..." Und zweitens: Das ist mein Job. Mein Mandant bezahlt mich mit seinem hart erarbeiteten Geld, um für ihn das bestmögliche steuerliche Ergebnis zu erzielen. Wenn es hart auf hart kommt, muss ich für ihn in den Ring steigen, kämpfen und gewinnen. Das ist mein Verständnis vom Beruf des Steuerberaters.

6.4.3 Den Steuerberater fürs Leben finden

Eine berechtigte Frage ist natürlich: Wie finde ich so einen Steuerberater? Empfehlungen von Leuten, die dieselbe Art Unternehmen betreiben wie Sie, könnten ein erster Anhaltspunkt sein. Eine weitere Möglichkeit ist auch, sich die Kontaktdaten von Mandanten geben zu lassen und diese nach dem Engagement ihres Steuerberaters zu befragen. Wie erledigt er seine Arbeit? Wie verhalten sich die Kanzleiangestellten ihm gegenüber? Wie vertritt er seine Mandanten gegenüber dem Finanzamt? Spielt er Duckmäuser, argumentiert er sachlich oder haut er auch mal auf den Tisch, wenn es sein muss? Sie werden aber nie drumherum kommen, sich mit verschiedenen Steuerberatern zu treffen.

Denn Sympathie spielt in so einem engen Verhältnis immer eine große Rolle. Wenn Sie aber schon mal in der Kanzlei sitzen, können Sie sich erkundigen, wer diese gegründet hat. Sollten Sie demjenigen nicht gegenüber sitzen, können Sie diesen Kandidaten schon fast wieder vergessen. Der allgemein übliche Weg ist: Steuerberater kaufen sich bei bereits existierenden Kanzleien ein. Dafür muss man nicht viel mitbringen, außer Geld und den Willen, in den ersten Jahren einiges an Arbeit zu erledigen. Um eine Kanzlei zu gründen, einen Mandantenstamm aufzubauen und ein Unternehmen mit einigen Angestellten auch am Laufen zu halten, braucht es doch eine gehörige Portion Durchsetzungsfähigkeit. Die der Steuerberater dann auch nicht gegenüber dem Finanzamt missen werden lässt.

In meinen bisherigen Ausführungen habe ich nur die direkt am steuerlichen Prozess Beteiligten dargestellt. Doch um Steuern zu zahlen, braucht man logischerweise auch Einnahmen. Diese bekommt man – auch kein Geheimnis – durch den Aufbau und die Nutzung von Geschäftsbeziehungen.

Viele dieser Beziehungen sind nicht unbedingt auf das Wohl des Gegenübers gerichtet. Ich möchte dabei einen Aspekt präsentieren, der nicht vielen bewusst ist.

6.5 Da sitzt ja noch jemand!

Der logische Schritt an dieser Stelle wäre, auf mögliche Gefahren im Umgang mit Geschäftspartnern hinzuweisen. Aber: Das ist nichts Neues. Geschäftsbeziehungen dienen dazu, für beide Seiten eine Win-Win-Situation herbeizuführen. Das ist der Idealfall.

Dass daraus eine Win-Loss-Situation wird, wenn einer der beiden Geschäftspartner versucht, den anderen zu übervorteilen, ist klar. Und so etwas ist ja auch irgendwie im wirtschaftlichen Prozess verankert: Jeder Unternehmer versucht entweder den Umsatz zu maximieren oder die Kosten zu minimieren. Die hier auftretenden Gefahren sind für die Beteiligten deutlich sichtbar. Die Gefahr droht von einer komplett anderen Seite des

Tisches. Viele Geschäftsprozesse sind ohne die Hinzuziehung von Dritten nicht mehr möglich. In Zeiten der Globalisierung und der Internationalisierung von Geschäftsbeziehungen werden Übersetzer immer wichtiger. Sie leisten dabei nicht nur die Übertragung von Inhalten in eine andere Sprache. Sie erbringen auch eine Vermittlungsfunktion zwischen unterschiedlichen Kulturen.

Makler sorgen für das passende Zusammentreffen von Angebot und Nachfrage. Damit leisten sie eine wichtige Funktion, indem sie Geschäftsabschlüsse vorbereiten und ermöglichen.

Consultingfirmen und ihre Berater ermöglichen durch ihren Blick von außen eine objektive Einschätzung von Strukturen und Verfahrensweisen, deren Optimierung zu monetären Vorteilen führen kann. Gutachter stellen marktspezifische Kenntnisse zur Verfügung. Sie bereiten damit eine Grundlage für Investitionsentscheidungen oder liefern die Grundlage für die Einordnung rechtlicher Auseinandersetzungen. Im Idealfall nehmen die Genannten eine neutrale Position ein. Im Idealfall.

6.5.1 In guten, wie in schlechten Tagen?

Vor einigen Jahren ließ sich ein Ehepaar unter meinen Mandanten scheiden. Die beiden hatten vor einigen Jahren zusammen eine Firma gegründet, zum Erfolg geführt und sich darüber auseinandergelebt. Beide hatten eine Zugewinngemeinschaft bei der Heirat vereinbart und so war die Scheidung eine haarige Angelegenheit. Die Firma sollte erhalten werden, der restliche Besitz aber möglichst gerecht geteilt werden.

Meine Mandanten waren beide studierte Betriebswirtschaftler und so kämpften sie um jeden Cent. Die Ehefrau hatte eine eigene, mögliche Karriere auf Managementebene aufgegeben, um ihren Mann bei der Gründung der Firma zu unterstützen. Diesen Verzicht und die über die Jahre ausgeübte Arbeit im Unternehmen wollte sie jetzt in barer Münze ausbezahlt wissen. Der Plan der beiden war, das gemeinsame Vermögen schätzen zu lassen und dann eine wertmäßige Hälftelung des Vermögens vorzunehmen.

Für verschiedene Teile des gemeinsamen Vermögens hatten sie verschiedene Gutachter beauftragt, um eine Schätzung zu veranlassen. So auch für die gemeinsame Stadtwohnung. Die Ehefrau akzeptierte den Schätzpreis – ich wurde aber stutzig. Als Steuerberater bin ich kein Immobilienexperte, aber durch die Immobilienkäufe meiner Mandanten kann ich annähernd realistisch einschätzen, was eine Immobilie wert ist – und der Preis, den der Gutachter genannt hatte, war bei weitem zu niedrig. Ein guter Bekannter von mir arbeitet ebenfalls als Immobiliengutachter und so lud ich ihn zum Essen ein. Der anschließende Spaziergang führte uns vor die Wohnung meiner Mandanten. Den Schätzpreis bezifferte er 60.000 Euro höher als sein Kollege.

Ich konfrontierte die Ehefrau mit der Wahrheit und die beschloss, sich zu wehren. Sie ließ die Schätzungen, die das Ehepaar bisher vornehmen hatte lassen, noch einmal von Gutachtern wiederholen, die nun sie ausgewählt hatte. Ihrem Mann hatte sie bei der Bestellung der ersten Gutachter blind vertraut – war die Trennung der beiden doch bisher im

Guten verlaufen und im gegenseitigen Einverständnis beschlossen worden. Wie sich herausstellte, fielen die Schätzungen für die Vermögensanteile der Ehefrau unvorteilhaft hoch und für den Ehemann vorteilhaft niedrig aus. Nach der Scheidung würde er den wertmäßig größeren Teil des gemeinsam erwirtschafteten Vermögens erhalten.

Wie sich später herausstellte, hatte der Ehemann mit den Gutachtern diverse Deals ausgeheckt, um seine Ehefrau zu übervorteilen. Die Gutachter kannte er entweder über Bekannte oder hatte mit ihnen studiert. Sie hatten kein Problem damit, ihre eigentlich neutrale Position zu verlassen und Gutachten im Sinne des Auftraggebers abzugeben.

Dass ein Gutachter Partei ergreift, ist vielleicht noch bis zu einem gewissen Grad nachvollziehbar – geht es doch um eine Menge Geld. Aber bei einem Übersetzer rechnet man damit nicht wirklich.

6.5.2 Insidergeschäfte

Bei einem Flug nach Shanghai lernte ich einen Geschäftsmann kennen. Wir verstanden uns ziemlich gut und trafen uns mehrmals in Shanghai wieder. Ich bin sehr offen für kulinarische Experimente und er freute sich darüber, einem Landsmann endlich die Restaurants zu zeigen, die er über die Jahre entdeckt hatte.

An so einem Abend erzählte er mir, während wir auf die Hauptspeise warteten, eine faszinierende Geschichte. Die Firma, für die er tätig ist, tätigte regelmäßig Geschäfte mit einem chinesischen Unternehmen. Dieses hatte in der jüngsten Vergangenheit einen großen Abnehmer verloren und stand nun kurz vor der Pleite. Der Aktienkurs war daraufhin vollkommen in den Keller gegangen. Die Führung des Unternehmens hatte der Firma meines Gegenübers angeboten, als Hauptaktionär bei einer gleichzeitigen Kapitalerhöhung der Aktiengesellschaft zur Deckung der Schulden einzusteigen. Das deutsche Unternehmen witterte ein gutes Geschäft und setzte sich an den Verhandlungstisch. Mit dabei war natürlich ein Übersetzer. Während der Verhandlungen begann der Preis der Aktie wieder zu steigen. Zwar nicht groß – der Kursanstieg war im 10-Cent-Bereich – aber doch deutlich. Dies war möglich, da die Aktie im Grund kaum noch gehandelt wurde. Kaufte jetzt ein Marktteilnehmer eine größere Zahl Aktien, was bei dem geringen Kurswert kein Problem war, wirkte sich das sofort auf den Kurs der Aktie aus. Nach drei Wochen waren die Verhandlungen zu Ende. Der Preis hatte sich inzwischen von ursprünglich umgerechnet 30 Cent auf 70 Cent mehr als verdoppelt. Das deutsche Übernehmen war zwar wenig begeistert ob des Preisanstiegs, übernahm das Unternehmen letztlich aber immer noch mit Gewinn.

Beide Seiten waren natürlich daran interessiert, die Gründe für den Kursanstieg herauszufinden. Die Verhandlungen waren im Grunde vollkommen geheim gehalten worden. Alle Parteien hatten entsprechende Verschwiegenheitsklauseln zu unterschreiben.

Wie sich herausstellte, hatte der Übersetzer seine Position genutzt. Da er ja von der anstehenden Übernahme wusste und davon ausgehen konnte, dass der Preis der Aktie bei einer erfolgreichen Übernahme deutlich steigen würde, hatte er über die drei Wochen verteilt Aktien des Unternehmens gekauft, das Gegenstand der Verhandlungen war. Als die Übernahme öffentlich wurde, hatte er die Aktien mit einem ordentlichen Gewinn verkauft. Ein klassisches Insidergeschäft.

Schaden durch einen vermeintlich neutralen Dritten abzuwehren ist schwer, lässt sich dessen doppeltes Spiel – wenn überhaupt – erst hinterher aufdecken. Doch so etwas lässt sich mit zwei Mitteln verhindern.

Erstens: Vertrauen Sie niemandem, den Sie nicht kennen. Lassen Sie sich von Geschäftspartnern niemanden vorsetzen, mit dem Sie bis dato nicht zusammengearbeitet haben oder von dem Sie nicht Gutes über Dritte, denen Sie vertrauen, in Erfahrung bringen konnten. Oftmals hilft eine Recherche über Xing, ähnliche Plattformen oder bei vertrauenswürdigen Businesspartnern, um vermeintlich neutrale Dritte zu entlarven.

Zweitens: Führen Sie eine Kosten-Nutzen-Analyse für alle Beteiligten durch. Zur guten Vorbereitung eines Meetings gehört es, sich über die eigenen Motive und die Motive eines möglichen Geschäftspartners klar zu werden. Schließen Sie in diese Analysen den vermeintlich neutralen Dritten ein: Welche Erkenntnisse gewinnt er durch seine Beteiligung am Geschäftsprozess, die er zu Ihrem Nachteil nutzen kann? Kann er eine Entscheidung zu Ihrem Nachteil beeinflussen? Welche Möglichkeiten der Beeinflussung gibt es?

Wenn Sie diesen Fragenkatalog beantworten können, sind Sie vor größeren Überraschungen gefeit.

Man rechnet ja nicht unbedingt damit, dass eine Person, die von beiden Parteien bezahlt wird, eine neutrale Position einzunehmen, anfängt eine eigene Agenda zu entwickeln und ihre Position zum eigenen Vorteil nutzt. So etwas – und das führt mich gleich zum nächsten Thema – erwartet man auch nicht von den Menschen, die man um sich herum hat.

6.6 Das persönliche Umfeld

6.6.1 Schlechte Freunde

Eine meiner Mandantinnen wohnt in Berlin. Sie ist schon lange in Rente und war davor Professorin für Mediävistik – deutsche Literatur und Kultur des Mittelalters. E-Mails an mich beginnt sie gern in Mittelhochdeutsch. Ich schreibe ihr dann auf Bairisch zurück.

Diese Mandantin rief mich eines Tages an, um mich nach meiner Meinung zu Schiffsbeteiligungen zu fragen. Diese seien doch ein tolles Steuersparmodell. Ein Freund hatte sie auf eine Schiffsbeteiligungsgesellschaft aufmerksam gemacht. Meine Antwort in solchen Fällen ist immer dieselbe: Es ist vollkommen egal, ob eine Anlage Steuern spart, sich gut verzinst oder eine immense Wertsteigerung verspricht – ich muss in erster Linie von ihr überzeugt sein. Sie muss mich begeistern. Wenn Sie so wollen: Sie müssen sie richtig geil finden! Alles andere macht keinen Sinn.

Aber ja, schob ich hinterher. Eine Schiffsbeteiligung ist ein sehr gutes Steuersparmodell. Die Gefahr besteht natürlich, dass das Schiff untergeht. Dann ist die Schiffsbeteiligung natürlich weg. Meine Mandantin lachte, meinte „Das ist doch nicht die Titanic", legte auf und zeichnete die Schiffsbeteiligung.

Die erhoffte Steuerersparnis stellte sich ein. Nach einiger Zeit sprach sie der Freund wieder an. Es gäbe noch mehr Schiffsanteile. Ob sie denn nicht Interesse hätte oder zumindest jemanden wüsste.

Meine Mandantin hatte kein Geld über, um weitere Anteile zu zeichnen, erzählte aber in ihrem Bekanntenkreis davon. Eine Freundin von ihr zeigte sich begeistert und zeichnete auch Anteile. Einige Tage später kam unerwartet der Freund meiner Mandantin vorbei. Er hatte einen Umschlag mit einer beträchtlichen Menge Geld dabei. Wie er erzählte, hatte er von der Schiffsgesellschaft eine Art Vermittlungsgebühr erhalten und wollte diese nun mit meiner Mandantin teilen.

Wie sie im Gespräch herausfand, hatte der Freund auch eine Provision erhalten, als sie Anteile gezeichnet hatte. Gegen Geschäfte auf Provisionsbasis ist grundsätzlich nichts einzuwenden. Diese Art von Geschäften ist gänzlich legal. Dass der Freund meiner Mandantin seine Vermittlungstätigkeit aber nicht offengelegt hatte, steht auf einem anderen Blatt. Meiner Erfahrung nach ist so etwas auch ein gutes Anzeichen dafür, dass man am besten so schnell wie möglich aus einem Geschäft aussteigt. Doch zu spät. Eine Woche später sank das Schiff. Das Sonar war nicht genau genug justiert worden und der Kapitän manövrierte es in einer Fahrrinne derart ungeschickt, dass der Rumpf auf seiner gesamten Länge aufgeschlitzt wurde. Alle Passagiere konnten ohne größere Verletzungen gerettet werden, aber das Schiff war verloren.

Meine Mandantin hatte durch die Schiffsbeteiligung genügend Steuern gespart, sodass sie den Verlust verschmerzen konnte. Aber bei ihrer Freundin war ein ordentlicher Teil der Altersvorsorge zunichte gemacht worden.

Doch nicht nur Freunde können einem finanziell schaden, manchmal ist das auch die bessere Hälfte, die mehr am Geld als an der Liebe interessiert ist.

6.6.2 Ehemänner: Hohe Rendite bei bester Verzinsung

„Dann musst Du Dir halt einen nehmen, der schon reich ist". Ich konnte mir vorstellen, wie meiner Freundin bei diesen Worten die Kinnlade herunterfiel. Sie hatte sich mit zwei ihrer Freundinnen, Marie und Luisa, zum Brunchen getroffen um einfach mal wieder zu ratschen. Marie hatte vor kurzem Alexander geheiratet, einen frischgebackenen Steuerberater, der gerade dabei war, sich etwas aufzubauen. Er hatte sich in eine bestehende Kanzlei eingekauft und würde nach ein paar Jahren ganz ordentlich verdienen. Marie hatte geschildert, wie hart das ist und dass sie beide die nächsten Jahre doch die ein oder andere Einschränkung hinnehmen müssten. Luisas Rat, sich nach einer reicheren Partie umzusehen, befolgte Marie zum Glück nicht – er wirft aber einen schonungslosen Blick auf die Art und Weise, wie einige Frauen ihre Männer sehen. Nämlich als hochverzinsliche Wertanlage.

Doch die höhere Gewichtung von Geld im Gegensatz zur Liebe kann auch manchmal zu unglücklichen Lebensläufen führen.

Amelie Wagner ist eine patente Frau. Die Tochter eines Apothekers hatte es in den vergangenen Jahren erfolgreich geschafft, eine kleine Apothekenkette im Münchner Raum aufzuziehen. Wäre sie dem Rat ihrer Schwester Veronika gefolgt, wäre das nichts geworden.

Amelie und Veronika waren vor einigen Jahren knapp über 30 – ein Alter, in dem es für Frauen schwer wird, einen Mann für den Rest des Lebens zu finden. Kein Wunder: Männer, die in dem Alter übrig sind, sind das meistens nicht umsonst. Veronika machte deshalb eines Tages Amelie auf den Apotheker aus der Nachbargemeinde aufmerksam. Da sei doch was da. Er hätte drei Apotheken, vier Häuser – eines davon in der Münchner Innenstadt – und er könne Amelie versorgen. Diese lehnte dankend ab. Der besagte Apotheker war 45 und hat in etwa das Charisma einer Grabplatte, spricht mit leiser Stimme und zeigt auch sonst wenig Selbstbewusstsein. Die drei Apotheken besaß er nur, da sein Vater ein reicher Industrieller war, der seinen Sohn ordentlich mit Geld gepampert hatte.

Veronika wollte diesen Kelch nicht an sich vorübergehen lassen – und angelte sich den Apotheker. Wahrscheinlich auch aus Torschlusspanik. Sie ist jetzt extrem unglücklich verheiratet und hat zwei Kinder und einen Porsche. Die Zahl der Apotheken ist inzwischen auf fünf gestiegen, aber das macht es nicht besser. Aufgrund von Erbstreitigkeiten und irgendwelchen Schenkungsfristen droht dem Apotheker der Verlust einer Apotheke.

Um potenzielle, geldgierige Ehefrauen abzuwimmeln, gibt es ein probates Mittel, das auch bei geldgierigen Freunden und Verwandten funktioniert: Tun Sie so, als seien Sie arm. Verkaufen Sie den Porsche, meiden Sie teure Restaurants, gehen Sie zum Billigfriseur. Einen Grund finden Sie immer: Abgesprungene Kunden, eine Fehlkalkulation beim Hausbau, eine wirtschaftliche Flaute. Schnell wird klar, ob die Menschen an Ihrer Seite an Ihrem Geld oder an Ihnen als Mensch interessiert sind.

Und wenn Sie schon dabei sind, Teile Ihres Lebens zu überprüfen, überprüfen Sie doch auch gleich mal Ihre Leidenschaft für Ihr Business. Die kann Sie nämlich ruinieren.

6.7   An die eigene Nase gefasst …

Ich habe in meiner Zeit bei einer der größten Wirtschaftsprüfungsgesellschaften Deutschlands immer wieder mitbekommen, wie manche Mandanten einfach zu hoffnungslosen Fällen wurden. Das lag nicht an der Gesellschaft, in der ich und meine Kollegen arbeiteten, sondern an den Mandanten selbst. Ich könnte viele Themenbereiche aufgreifen, mit denen Mandanten ihren Geschäftsbetrieb optimieren können. Ich picke mir den wichtigsten heraus: Leidenschaft.

Business-Ratgeber, die von einem Unternehmer Leidenschaft für sein Handeln fordern, gibt es zuhauf. Die größte Gefahr für einen Unternehmer ist es aber, mit zu viel Leidenschaft unterwegs zu sein.

Leidenschaft wird so gerne zu einem Fass ohne Boden. Um mehr im Business zu erreichen, muss man einfach leidenschaftlich sein – so die landläufige Meinung. Die Konsequenz daraus: Wenn es also nicht so gut läuft, muss man einfach nur noch leidenschaftlicher werden. Logische Folge daraus: Steht man kurz vor der Pleite, steigert man die Leidenschaft für das eigene Unternehmen einfach ins Unendliche. Die Schlussfolgerung ist: Ist man dann letztendlich pleite, war man einfach nicht leidenschaftlich genug.

Hinter dem zu stehen, was man beruflich macht, ist durchaus sinnvoll. Wenn mir manche Mandanten von ihren Plänen erzählen, muss ich sie aber manchmal ausbremsen. Gerade Künstler oder Leute, die ein neues Geschäft aufgemacht haben, sind gerne bereit in Vorleistung zu gehen. Sie lieben das, was sie tun und würden es auch machen, wenn sie kein Geld dafür bekämen. Viele arbeiten dann tatsächlich ohne dafür einen Cent Geld zu sehen. Aber man muss Grenzen ziehen.

Natürlich habe ich dabei ein gewisses Eigeninteresse: Nur wenn meine Mandanten Geld für ihre Arbeit bekommen, komme ich an mein Geld für meine Dienstleistung. Ich bekomme mein Geld aber auch, um als Berater meinen Mandanten zur Seite zu stehen. Und ich habe einfach zu viele Menschen an ihrer Leidenschaft aus den oben genannten Gründen scheitern sehen.

Mein wichtigster Rat ist deshalb: Eine Dienstleistung hat einen Wert. Oft braucht es Zeit und es ist einiges an Geld zu investieren, um diese entstehen zu lassen. Auch muss man oft kostenlos zeigen, was man kann, um sich am Markt zu etablieren. Genau dafür ist es in Ordnung in Vorleistung zu gehen. Aber dann ist Schluss. Ein Unternehmen macht keinen Sinn, wenn es seinen Besitzer und seine Leidenschaft nicht ernähren kann.

Deswegen erinnere ich meine Mandanten daran, dass Leidenschaft zwar eine gute Voraussetzung ist, aber kein Muss. Ein Muss ist es, ab einem bestimmten Punkt im Laufe der Geschäftstätigkeit die Wertigkeit eines Produkts oder einer Dienstleistung zu kommunizieren und eine entsprechende Gegenleistung dafür zu erhalten.

Ich stelle die in diesem Kapitel skizzierte Akteursanalyse in meinen Vorträgen vor. Meist spreche ich länger und ausführlicher und kann bei den Geschichten, die ich hier angerissen habe, mehr in die Tiefe gehen. Zudem kann ich in meinen Vorträgen Geschichten präsentieren, die deutlich krasser sind, als das, was Sie bisher gelesen haben. Danach spricht mich eigentlich immer jemand mit einem etwas panischen Blick an und meint: Das lohnt sich ja gar nicht ein Unternehmen aufzumachen und erfolgreich zu sein. Da kann ja so viel schieflaufen.

6.8 Es liegt an Ihnen!

Der Schock ist verständlich. In nahezu jedem Lebensbereich ist mit Fallstricken zu rechnen. Ich antworte dann immer: Sie sind der Grund, wieso es diese Bereiche alle gibt. Zunächst ernte ich verständnislose Blicke, dann hellt sich die Miene meines Gegenübers auf.

Ob Sie mit Ihrem Unternehmen Erfolg haben oder nicht, hängt ganz einfach zu großen Teilen von Ihnen ab. Natürlich brauchen Sie eine gute Geschäftsidee, aber wenn ich mir ansehe, wie viel Geld mit wirklich unsinnigen Produkten verdient wird oder wie viele kleine Cafés jedes Jahr eröffnet werden, die sich halten können, obwohl die Konkurrenz in derselben Straße zwei Häuser weiter ist – dann muss die Geschäftsidee wirklich nicht so brillant sein.

Es scheitert dann eher an den Faktoren, die ich Ihnen vorgestellt habe. Das Cockpit-Controlling wird nicht sauber durchgeführt, was einen Finanzbeamten dazu veranlasst, einen saftigen Steuerbescheid rauszuschicken, bei dem der Steuerberater die Frist zum Einspruch versäumt. Zu allem Überdruss haben Sie sich auch noch die falsche Frau oder den falschen Mann angelacht, die Ihnen das Geld aus der Tasche ziehen. Klingt, wie als würde da jemand vom Schicksal verfolgt.

Trotzdem haben Sie es in der Hand, ob Sie an diesen Akteuren scheitern. Sie haben die Freiheit, Mitarbeiter, Businesspartner oder Ihr persönliches Umfeld zu gestalten und auszuwählen.

Ein probates Mittel, um nicht in die diversen Fallen zu tappen, die Sie auf Ihrem Weg finden, ist – so blöd es klingt – nachdenken und hinterfragen. Analysieren Sie, bevor Sie überhaupt loslegen, welche Bereiche Ihr Handeln betrifft und mit wem und was Sie es da zu tun haben. Es gibt einen weit verzweigten Ratgebermarkt für nahezu jedes Gebiet. Dort erhalten Sie erste Informationen. Wer weiß, dass er mit dem deutschen Steuersystem in all seiner Unklarheit konfrontiert werden wird, muss entweder selbst zum Gesetz greifen und sich schlau machen oder sich einen Spezialisten auf diesem Gebiet suchen, der den Weg durch den Dschungel kennt.

Die Mandanten, die wirklich erfolgreich sind, zeichnen sich dadurch aus, dass Sie Komplexitäten von vornherein erkennen. Und wenn sie diese nicht erkennen, wissen sie, wann sie fragen müssen, um dem Misserfolg zuvorzukommen. Genau darum geht es: Das ist Prävention in ihrer reinsten Form.

In diesem Sinne: Sie kennen die Akteure. Sie wissen, welche Fallstricke auf Sie warten und was passieren kann. Werden Sie aktiv!

6.9 Über den Autor

Richard Lechner hat den Beruf des Steuerberaters von der Pike auf gelernt. An eine Lehre als Fachgehilfe in steuer- und wirtschaftsberatenden Berufen schloss er während seiner Zeit bei einer größeren Steuer- und Wirtschaftsberatungsgesellschaft eine Ausbildung zum Geprüften Bilanzbuchhalter (IHK) sowie Steuerfachwirt (Steuerberaterkammer) ab. Mit dieser Erfahrung wechselte er zu Deloitte & Touche – Landestreuhand Weihenstephan in die Revisionsabteilung, um auch die Wirtschaftsprüfungspraxis zu erhalten. Mit Abschluss des Steuerberaterexamens wurde er Abteilungsleiter der Steuerabteilung für nationale und internationale Mandate. Mit dieser Menge an Erfahrung gründete er 2002 eine eigene Steuerkanzlei und ist seitdem als Steuerberater und Business-Experte selbstständig tätig. Zwei weitere Steuerberatungspartnerschaftsgesellschaften wurden seither durch ihn gegründet.

Richard Lechner gibt seine Erfahrungen aus mehr als 25 Jahren Steuerrecht als Referent an der TU München und in Vorträgen vor Unternehmern, Machern und Entscheidern weiter. Der gefragte Experte weiß in seinen Vorträgen steuerlich und ökonomisch komplexe Themen verständlich aufzubereiten, zeigt, wie man das eigene Business effizient beschleunigt, und sorgte so schon vielerorts für gehörige und auch unterhaltsame Aha-Effekte.

Weitere Infos unter www.steuerberater-lechner.de

7

Wer einen guten Ruf hat, ist besser vor Wettbewerbern und negativen Folgen geschützt

Jürgen Linsenmaier

Inhaltsverzeichnis

7.1	Reputation versus Image	136
7.2	Es sind vor allem die kleinen Dinge, die Sie schützen	137
7.3	Die Grundlagen einer exzellenten Reputation	141
7.4	Reputation als Turbo für Ihr Unternehmen	144
7.5	Effektives Marketing für eine exzellente Reputation	147
7.6	Über den Autor	151

Praktisch jeder kennt ihn. Den berühmten Elchtest, der die A-Klasse von Mercedes fast zum Kippen brachte. Auslieferungsstopp. Enormer Reputationsschaden bei Daimler.

Aber von Beginn an. Der Elchtest steht für ein spezielles Fahrmanöver, der das Ausweichen vor einem plötzlich auf der Straße auftretenden Hindernis simuliert. Im Oktober 1997 kippte ein Fahrzeug vom Typ „A-Klasse" der Daimler AG bei einem Test in Schweden auf sein Dach. Dieser Autotest fand drei Tage nach der Markteinführung der A-Klasse am 18. Oktober 1997 statt. Die Bilder des umgekippten A-Klasse Modells gingen um die ganze Welt. Der Super-Gau war eingetreten.

Was folgte: Die A-Klasse wurde trotzdem ein voller Erfolg und der kleine Elch über die Jahre hinweg zu einer Art Maskottchen – ob als Aufkleber am Heck oder als Stofftier am Rückspiegel. Der kleine Elch schaffte es sogar noch 2012 in die offizielle Präsentation der neuen A-Klasse auf dem Genfer Autosalon 2012. Im Rücken von Daimler-Chef Dieter Zetsche schaute ein Comic-Elch auf einer Video-Wand aus dem Wald. Genial. Der Elch wird zum Kultobjekt und Markenbotschafter. Ich erinnere mich noch genau daran. Jeder wollte seine A-Klasse mit einem Elch auf dem Rücksitz ausgeliefert haben. Ob jung oder alt. Jeder wollte damals so einen Elch ergattern.

Jürgen Linsenmaier ✉
Oberer Marktplatz 2, 73614 Schondorf, Deutschland
e-mail: vortrag@juergen-linsenmaier.de

© Springer Fachmedien Wiesbaden 2015
P. Buchenau (Hrsg.), *Chefsache Prävention II*, DOI 10.1007/978-3-658-03614-0_7

Dass die eingetretene Katastrophe zu einem enormen Erfolg wurde, war das Ergebnis von zwei wichtigen Aspekten: Dem bestehenden exzellenten Ruf und dem damals perfekten Krisenmanagement von Daimler.

Wie wurde das erreicht? Intern wurde bereits einige Tage nach dem Test, am 26. Oktober 1997, eine kleine, aber schlagkräftige Task Force gebildet, die sich intensiv um mögliche Maßnahmen zur Beseitigung der Probleme kümmerte.

Ein schwieriges, aber perfektes Krisenmanagement begann. Die Auslieferung von hunderttausenden von vorbestellten Fahrzeugen wurde ausgesetzt. Mit der Wiederbelieferung Anfang 1998 lautete die Botschaft des Markenbotschafters Boris Becker: „Stark ist, wer keine Fehler macht. Stärker, wer aus seinen Fehlern lernt". Und: „Ich habe aus meinen Rückschlägen oft mehr gelernt als aus meinen Erfolgen – die A-Klasse ist wieder da".

Zu Beginn dieser Krise hatte die Daimler AG einen exzellenten Ruf in Punkten wie Qualität, Zuverlässigkeit, Sicherheit und Fahrtechnik. Und genau dieser gute Ruf war der zweite äußerst wichtige Aspekt, der Daimler rettete. Ein Guthaben-Reputations-Konto sozusagen, auf das lange Jahre konsequent einbezahlt wurde. Ein Guthaben bei Kunden und bei der Presse. In der gesamten Öffentlichkeit. Klar wartete die Öffentlichkeit und die Presse darauf, wie Daimler reagieren würde. Aber aufgrund des positiv gefüllten Reputationskontos mit einer positiven Grundeinstellung Daimler gegenüber. Das Reputationskonto war gefüllt und rettete Daimler, in Kombination mit dem perfekten Krisenmanagement, vor dem Absturz.

Wer einen guten Ruf hat, ist besser vor Wettbewerbern und negativen Folgen geschützt. Genau das zeigt dieses Beispiel, welches einen großen Konzern vor nicht abschätzbaren Umsatzeinbußen geschützt hat.

7.1 Reputation versus Image

Lassen Sie uns an der Stelle den Unterschied zwischen Reputation und Image eines Unternehmens klären. Leider wird in den meisten Unternehmen dieser Unterschied nicht wahrgenommen und sehr oft miteinander verwechselt. Aus diesem Grund werden leider auch oftmals falsche Entscheidungen, was den Einsatz von entsprechenden Mitteln und Maßnahmen betrifft, getroffen.

Ein gutes Image hätte die Daimler AG nicht gerettet und trotz perfektem Krisenmanagement vermutlich in große Schwierigkeiten gebracht. Ein kurzfristig aufgebautes Image, oft mit millionenschweren Werbeetats, die in Anzeigenkampagnen, Mailings oder Fernsehzeiten gesteckt werden, hilft an der Stelle nicht weiter.

Ein guter Ruf, eine exzellente Reputation ist das Ergebnis einer langanhaltenden, einer immer wiederkehrenden Bewertung durch den Kunden, ja durch die gesamte Öffentlichkeit. Bewertet werden hier zum Beispiel Service, Produktqualität, Werbung, soziale Verantwortung, interne Kultur, wie Mitarbeiter behandelt und gefördert werden, wie die Medien berichten und viele Aspekte mehr. Hier gilt es Gelder zu investieren. Hier gilt Etat nachhaltig und langfristig zu investieren.

Wichtig ist: Eine exzellente Reputation ist das Ergebnis langjähriger Arbeit. Reputation ist nicht das Ergebnis eines Momentes oder eines Augenblickes einer, auf eine paar Monate angelegten, teuren Marketingaktion.

Ich bin fest davon überzeugt, wenn ein Unternehmen sich entscheidet in seinen guten Ruf zu investierten, wird es sich deutlich erfolgreicher und nachhaltiger am Markt durchsetzen als seine Wettbewerber. Die Generierung von neuen Aufträgen wird wesentlich einfacher und das Unternehmen wird sich in Krisen hundertprozentig auf sein positiv gefülltes Reputationskonto verlassen können. Diese Einzahlungen werden um ein vielfaches zurückfließen. Die beschriebene Krise von Daimler steht dafür nur beispielhaft.

7.2   Es sind vor allem die kleinen Dinge, die Sie schützen.

Sie kennen das vielleicht aus Ihrer Kinderzeit. Sandburgen bauen. Im Jahresurlaub am Strand in Spanien oder auf Sylt. Ein riesiger Spaß für uns Kinder und Papa gleich mit dazu. Und dann? Kam die Welle und die Hälfte der Burg war weg. Stundenlage Arbeit einfach auf einen Schlag weg. Ein paar Schlaue haben ihre Burg durch höhere, stärkere Mauern und manche sogar durch zwei Mauern geschützt.

Der „Management-Vordenker" Tom Peters nennt sie „the big little things" – die kleinen Dinge, die den großen Erfolg ausmachen. Und damit hat er vollkommen Recht. Doch oft erscheinen uns diese kleinen Möglichkeiten als nicht besonders wertvoll oder erfolgsversprechend. In unserem Alltag erscheinen sie uns häufig als Zeitfresser. Denn meistens schauen wir nur auf die großen Dinge und die können wir uns oftmals nicht leisten. „So ein großes Marketingbudget haben wir nicht" ist ein Satz, den ich dauernd höre. Und was passiert dann? Nichts. Weder die großen Dinge, da sie finanziell nicht drin sind, noch die kleinen Dinge.

„The big little things" benötigen kein gigantisches Marketingbudget. Im Gegenteil: Je kleiner Ihr Etat ist, desto kreativer werden Sie in der Regel sein. Wenn Sie kein Geld haben, müssen Sie sich etwas einfallen lassen. Versuchen Sie es. Machen Sie einen Brainstorming-Tag.

Es sind die großen kleinen Dinge in Ihrem Verhalten, die etwas verändern. Ich selbst beschreibe die großen kleinen Dinge als „Sandkörner des Erfolges". Sandkörner, die zusammen eine große, standhafte Burg formen. Und ja, um seine eigene, von mächtigen Mauern umgebene Burg zu bauen, sind viel Zeit und Geduld erforderlich.

Übrigens: Ich wähle bewusst das Wort „Burg" und nicht die Vorstellung von einem wunderschönen Schloss mit riesigem Park. Schlossherren werden schnell als arrogant angesehen und sind es vermutlich oft auch. Großgrundbesitzer, Patriarchen und herrschaftliches Verhalten. Ihr Unternehmen sollte nicht arrogant oder abgehoben wirken, soll nicht den Eindruck vermitteln, Sie hätten Anstrengungen nicht mehr nötig. Bodenständigkeit und eine persönliche Kommunikation sind es, die Glaubwürdigkeit und Vertrauen vermitteln.

Unternehmen machen oft einen unpersönlichen Eindruck. Je größer und stärker, desto unpersönlicher. Unternehmen wie Google oder Apple versuchen, auf die Ebene ihrer Kunden zu gelangen und nicht über ihnen zu stehen. Das hat viel mit Außendarstellung, Prozessen und Verhalten gegenüber den Kunden zu tun, die solche Wertschätzung honorieren werden.

Diese virtuellen Mauern sind dazu da, Sie vor Unwägbarkeiten, vor nicht kalkulierbaren Risiken, zu schützen. Ihr guter Ruf schützt genau vor solchen nicht kalkulierbaren Risiken. Jede Burg, jedes Haus besteht aus winzigen Sandkörnern, die zu Bausteinen gepresst werden. Sie erinnern sich, der Aufbau einer exzellenten Reputation ist ein langer, sehr schwieriger Weg der aus harter und engagierter Arbeit besteht. Aber im Gegensatz zu einem kurzfristig aufgebauten Image wirkt Ihre Reputation, Ihr eigenes positives Reputationskonto sehr, sehr nachhaltig und wird Sie Ihr Leben lang begleiten.

Ich selbst begann meine Selbstständigkeit vor über dreißig Jahren. Die Idee: Wir gründen einen Zeitschriftenverlag. Etwas naiv, aber wir dachten, die Geschichte von Microsoft begann ja auch in einer Garage. Während dieser Zeit entstand ein sehr guter und persönlicher Kontakt zu Globetrotter Hamburg. Globetrotter ist weltweit einer der größten Einzel- und Versandhändler im Bereich Sport und Freizeit. Wir haben damals sehr viele Ideen gemeinsam auf den Weg gebracht und der Kontakt zum Marketing und zur Geschäftsleitung in Hamburg hat immer viel Spaß gemacht und war auch von gemeinsamen Erfolgen geprägt.

Ein offenes und intensives Verhältnis.

Vor über dreizehn Jahren verkaufte ich nun meinen Verlag und der Kontakt zu Globetrotter riss ab. Sie kennen das sicher. Man ist einfach zu wenig hinterher, solche persönlichen Kontakte aufrecht zu erhalten und zu pflegen.

Für mein erstes Buch „Ihr guter Ruf verkauft! Sonst nichts." wollte ich ein Interview mit der Geschäftsleitung führen. Meine Interviewanfrage wurde sofort positiv bestätigt und es kam zum Termin in Hamburg. Ich wurde von der kompletten Geschäftsleitung so herzlich empfangen, dass mir echt die Spucke weg blieb. Ich war, ehrlich gesagt, damals den Tränen nahe. Auch jetzt läuft es mir wieder kalt den Rücken runter. Das war ein tolles Erlebnis.

Warum erzähle ich Ihnen das? Ich hatte mir in den Jahren der Zusammenarbeit eine unglaubliche Reputation bei Globetrotter Hamburg erarbeitet. Mit vielen kleinen Dingen in unserer Zusammenarbeit, die vor über dreißig Jahren begann. Kleine Dinge, die Glaubwürdigkeit und Vertrauen erzeugt haben und auf mein persönliches Reputationskonto eingezahlt haben. Und sich irgendwann auszahlen. Auszahlen in diesem Falle, dass sie mein Geschäft weitergebracht haben.

Genau das ist aber der Unterschied zu kurzfristig aufgebautem Image. Reputation wirkt nachhaltig. Auch über das Leben eines Menschen oder den Lebenszyklus eines Unternehmens hinaus.

Was für kleine Dinge meine ich eigentlich? Ich möchte einige Beispiele nennen, die keinen unermesslich großen Marketingetat voraussetzen. Sie haben Top-20-Kunden? Stammkunden die sagen wir 50 % Ihres Umsatzes einbringen. Das ist der einfachste

Reputationsauslöser, den ich anzubieten habe. Gehen Sie nicht ins Wochenende ohne den obligatorischen Anruf am Freitag. Den Anruf bei mindestens einem Ihrer Top-20-Kunden. Es immer wieder verblüffend zu sehen, welche Auswirkungen solche regelmäßigen Anrufe haben.

Oder in kleinen mittelständischen Unternehmen ist der Qualitätscheck durch den Chef eine hervorragender Reputationsauslöser. Ich empfehle Ihnen, drei bis vier Monate nach der Erledigung eines Auftrags beim Kunden anzurufen und einen Vor-Ort-Termin mit ihm zu vereinbaren. Das ist eine sehr gute Möglichkeit, die Qualität Ihrer fertigen Aufträge zu kontrollieren und zugleich mit den Kunden im Gespräch zu bleiben. Ein klarer Reputations-Multiplikator. Er löst positive Mundpropaganda aus und aktiviert Empfehlungen.

Eine andere Variante ist der Neunzig-Tage-Anruf. Rufen Sie einen neuen Kunden 90 Tage nach seinem Kauf an. Ab heute.

Sie merken es bereits. Um Reputation auslösen bedarf es eines Umdenkens. Weg von klassischer Werbung. Hin zur Kommunikation, die Reputation auslöst. Eine gute Reputation ist das einzige, was Empfehlungen generiert und die Kunden von selbst kommen lässt.

Konkret: Nicht mehr der Preis alleine entscheidet. Das ist der erste und wichtigste Vorteil einer exzellenten Reputation. In Krisenzeiten ist Ihr guter Ruf bares Geld wert.

Es gibt viele Reputationskiller Sie haben für zwölf Uhr einen Termin mit einem potenziellen neuen Lieferanten vereinbart und wollen sich zum Mittagessen beim Italiener treffen. So weit, so gut. Sie sitzen also Punkt zwölf beim Edelitaliener. Sie meinen, das passiert nicht? Aber sicher! Hundertfach. Und jedes Mal verliert der „Zuspätkommer" ein kleines Stück an Reputation. Warum ruft der neue Geschäftspartner Sie nicht vorher an, um den Reputationskiller in einen Auslöser zu verwandeln? Stattdessen taucht er fünfzehn Minuten zu spät auf und bittet um Entschuldigung, weil er im Stau gestanden habe. Da hätte er durchaus eine Menge Zeit gehabt zum Telefonieren.

Alle Tische sind belegt. Fünf nach zwölf wird es Ihnen schon etwas unangenehm. Zehn nach zwölf denken Sie bereits: „Na ja, der scheint es ja nicht nötig zu haben." Es gibt viele Reputationskiller. Unpünktlichkeit ist einer von ihnen und erschreckend weit verbreitet.

Andererseits erleben wir im Tagesgeschäft regelmäßig Situationen, die echte Reputationsauslöser sind und die Sie fast ohne Zeitaufwand nutzen können:

1. Termine
   Sollte die Gefahr bestehen, dass Sie zu spät kommen, rufen Sie kurz an. Ihr Gesprächspartner wird es zu schätzen wissen.
2. Angebot erstellen
   Erstellen Sie Angebote in dem Zeitraum, den Sie zugesagt haben. Wenn Sie dem Kunden versichert haben, dass er das Angebot bis zum nächsten Tag um 14 Uhr erhält, müssen Sie sich daran halten. Sollten Schwierigkeiten auftauchen, rufen Sie ihn an.
3. Nachfragen beantworten
   Wenn es Nachfragen zu einem Produkt oder einer Dienstleistung gibt, antworten Sie innerhalb von 36 Stunden.

4. Lieferzeiten einhalten
   Zugesagte Lieferzeiten gilt es einzuhalten. Sollten Schwierigkeiten auftauchen, rufen Sie den Kunden an.
5. Telefonrückruf, Reaktion per E-Mail
   Setzen Sie den Reputationsauslöser „36 Stunden" ein. Antworten Sie innerhalb dieser Zeitspanne. Schieben Sie nichts auf die lange Bank, reagieren Sie heute.

Nicht mehr der Preis alleine entscheidet Wenn Sie einen exzellenten Ruf haben, entscheidet nicht mehr der Preis alleine. Sie fragen sich jetzt warum?

Ein Beispiel. Wir haben vor noch nicht allzu langer Zeit ein neues Büro angemietet. Einen wunderschönen Altbau im Herzen unserer Stadt. Klar war, dass ein neuer Boden hermusste. Es sollte ein wunderschöner, dunkelbrauner Sisalboden werden. Nachdem wir den Vermieter vor der gewünschten Ausführung davon überzeugt hatten, ging es an die Suche des Handwerkers. Der Vermieter war an der Stelle eindeutig. Es sollte die Firma XY aus der Stadt werden. Die Aussage: „Die sind zwar etwas teurer, leisten dafür aber hervorragende Arbeit."

Kein Angebotsvergleich, keinerlei Preisgespräche, kein rein gar nichts. Der gute Ruf eilte diesem Handwerker voraus. Übrigens zu Recht. Das Service- und Qualitätsniveau hat sich eindeutig bewahrheitet.

Der erwähnte Handwerker ist *der* Handwerker vor Ort. Er tut extrem viel für (s)ein positives Reputationskonto. Er baut stetig an seiner Burg. Und wie man sieht, zahlt sich das irgendwann – in diesem Falle in Form von Aufträgen – aus.

Ein Tipp: Die meisten Angebote bestehen aus Zahlenkolonnen. „Sehr geehrter Interessent, anliegend erhalten Sie unser detailliertes Angebot." Und los geht es mit Auflistungen, Einzelpositionen und vielem mehr. Am Schluss steht der Gesamtpreis. Alle angefragten Angebote von unterschiedlichen Dienstleistern sehen zu hundert Prozent gleich aus. Am Schluss steht auch immer der Gesamtpreis. Übrigens genau das, was Sie bei solchen Angeboten meistens immer als erstes anschauen. Was soll ich als Interessent denn da noch vergleichen? Hier entscheidet ausschließlich der Preis. Sonst nichts.

Legen Sie Ihrem Angebot Referenzen bei. Projektbeispiele. Presseartikel. Machen Sie aus Ihrem Angebot eine unverwechselbare Präsentation, die sie im wahrsten Sinne des Wortes unvergleichlich einmalig macht. Kommunizieren Sie Ihre Reputation. Sagen Sie, was Sie können. Sagen Sie, wer Sie sind. Die Zahlenkolonnen kommen zum Schluss. Sie sind das unwichtigste. Verkaufen Sie sich und Ihre Reputation und genau dann entscheidet nicht mehr der Preis alleine.

Konkret: Ihr Geschäftsrisiko sinkt deutlich. Das ist der zweite und wichtigste Vorteil einer exzellenten Reputation.

Ihr Geschäftsrisiko sinkt deutlich Es gilt die Reputation eines Unternehmens auszubauen, sie zu kommunizieren und letztlich darüber das Unternehmen zu schützen. Eine hervorragende Reputation bringt ein Unternehmen weit nach vorne. Schafft dadurch mehr und gut kalkulierte Aufträge, erwirtschaftet einen guten Unternehmensgewinn und schafft

Ihnen dadurch mehr Handlungsfreiheit bei notwendigen Investitionen. Eine starke Reputation ist in Krisensituationen eine Art Schutzschild. Sie erinnern sich an das „Bild" der Burg, die Sie mit Ihren starken Mauern vor Ungemach schützen.

Kunden und damit Aufträge kommen von alleine. Ihr Puffer in Krisensituationen ist deutlich größer als beim Wettbewerb. Aktuelle Studienergebnisse beweisen es. Das MBA-Forschungszentrum befragte 3000 Unternehmen. 83 % der befragten Unternehmen bewerteten die Reputation, also den Ruf eines Unternehmens, als stärkster Erfolgsfaktor in der Finanzkrise. Es folgte der Faktor Zuverlässigkeit – die ja Reputation auslöst – und an dritter Stelle der Preis. Übrigens zeigte sich deutlich, dass die Reputation bei Konzernen ebenso wichtig ist, wie bei mittelständischen Unternehmen.

Studien zeigen auch, dass über 25 % des Umsatzes durch den Ruf eines Unternehmens beeinflusst wird und gleichzeitig macht der gute Ruf eines Unternehmens bis zu 60 % seines Marktwertes aus.

Im Alten Testament der Bibel, Spruch 22, 1 stand bereits: „Ein guter Ruf ist wertvoller als großer Reichtum; und beliebt sein ist besser, als Silber und Gold zu besitzen."

Wer einen guten Ruf hat, ist deutlich besser vor Wettbewerbern und negativen Folgen geschützt. Vier wesentliche Punkte helfen Ihnen dabei:

1. Ihr Unternehmen führt sicher weniger Preisdiskussionen.
   Nun, es wäre doch wichtig für Ihren Erfolg, wenn Sie weniger Rabatte geben müssten. Weniger Nachlässe sorgen für mehr Gewinn. Ihr guter Ruf erledigt das für Sie.
2. Sie haben viele Stammkunden – ganz sicher.
   Wenn aus Kunden Ihre Fans werden, dann machen Sie mehr Umsatz. Mehr Umsatz bedeutet mehr Gewinn. Ihr guter Ruf erledigt das für Sie.
3. Ihr Unternehmen wird weiterempfohlen.
   Das ist die beste Form des Verkaufens. Aber was löst eigentlich Empfehlungen aus? Ihr guter Ruf erledigt das für Sie.
4. Über Ihr Unternehmen wird positiv gesprochen.
   Ein guter Ruf löst Mundpropaganda aus – übrigens positive wie negative. Ihr guter Ruf erledigt das für Sie.

Sie sollten also großes Interesse daran haben, sich einen guten Ruf zu erarbeiten. Ihn zu erhalten. Ihn stetig zu verbessern. Und vor allem ihn auch bekannt zu machen.

7.3 Die Grundlagen einer exzellenten Reputation

Ohne Ihre Glaubwürdigkeit, ohne dass Sie Vertrauen aufbauen, ohne Zuverlässigkeit und ohne dass Sie Verantwortung übernehmen, werden Sie es in keinem Falle schaffen, sich langfristig einen guten Ruf zu verschaffen. Das sind die „weichen" Faktoren für einen exzellenten Ruf, Ihre Reputation.

Aber wie erreiche ich, dass diese „weichen" Faktoren meine Außendarstellung verändern und als solche positiv wahrgenommen werden? Es gibt drei Gene Ihrer Reputation. Einfach, aber genauso schwer ist es sie konsequent im Alltag umzusetzen.

> Verliere auch nur einen Fetzen Reputation, und ich werde unbarmherzig sein
> (Waren Buffet, amerikanischer Investor).

Waren Buffet, war sich bereits vor 25 Jahren im Klaren darüber, wie wichtig der gute Ruf seiner Inventionen für sein Bankkonto ist. Kurzfristige Erfolge, kurzfristige Misserfolge, ein kurzlebiges Image interessierten ihn wenig. „Verliere auch nur einen Fetzen Reputation und ich werde unbarmherzig sein." Diesen Satz sollten auch Sie verinnerlichen. Ich bitte Sie, zukünftig noch sensibler dafür zu sein, an welcher Stelle Ihr Ruf leidet. Schärfen Sie Ihre Wahrnehmung dafür, wo Sie sofort und konsequent eingreifen müssen.

Aber was sind eigentlich die Grundlagen Ihres guten Rufes, was sind die Pfeiler einer ausgezeichneten Reputation? Es existieren drei Basiselemente, die ich gerne als die „Gene Ihrer Reputation" bezeichne.

1. Gen: Ehrlichkeit

Ehrlichkeit ist die Grundlage für das Vertrauen in eine Person und in ein Unternehmen. Sie entscheidet darüber, wie glaubwürdig Sie als Person und als Unternehmen von Außenstehenden eingeschätzt werden. Ehrlichkeit ist, langfristig betrachtet, das wichtigste Gen einer herausragenden Reputation.

Lügen zerstören Vertrauen auf brutale Weise und schädigen damit die Reputation des Gegenübers.

Vor einiger Zeit saß ich zusammen mit Georg Hackl auf einer Vortragsbühne mit anschließender Podiumsdiskussion. Georg Hackl sagte, er habe in seinem Leben viele Fehler gemacht, sie aber immer und vor allem sehr schnell als Fehler zugegeben. Nichts verschleiert oder geschönt. Niemals gelogen. Diese Ehrlichkeit sei manchmal schwer gewesen, aber somit habe er nie irgendwelche Leichen im Keller gehabt. Wie Recht er mit dieser Einstellung hat!

Sie werden jetzt vermutlich sagen, ich lüge doch meine Geschäftspartner nicht an. Sie versprechen donnerstags einem Interessenten für kommenden Montag, dass er das Angebot um 13 Uhr in seinem E-Mail-Account vorfindet. Es verstreicht der komplette Nachmittag, es wird Dienstag und selbst am Mittwoch findet Ihr Gesprächspartner noch immer nichts in seinem Postfach vor. Genau dann haben Sie Ihren Gesprächspartner angelogen. Nicht mehr und nicht weniger.

Zu lügen heißt nicht immer von einer großen Lüge zu sprechen. Auch das kommt im privaten wie im Geschäftsleben vor. Glauben Sie mir, ich weiß, wovon ich spreche. Aber meist sind es auch hier oft die kleinen Dinge, an die man gar nicht immer sofort in diesem Zusammenhang denkt.

Wandeln Sie solch Negatives in Positives um. Das ist die Grundlage für Glaubwürdigkeit und für das Vertrauen in Sie als Mensch und als Unternehmer.

2. Gen: Authentizität

Nach langjähriger Beratung von Unternehmen in den Bereichen Marketing, Positionierung und Kommunikation, bin ich zu der Erkenntnis gekommen, dass es ohne gelebte Authentizität nicht funktionieren kann. Um Spitzenerfolge zu erreichen, ist eine professionelle Authentizität Voraussetzung. Ohne sie ist maximal Durchschnitt möglich. Ohne Authentizität nehmen Ihnen Ihre Kunden das, was Sie zu erzählen, anzubieten, zu verkaufen versuchen, nicht ab. Der Erfolg bleibt aus.

Warum verzeiht die Mehrheit der Menschen dem „einen" Fehler und dem „anderen" nicht? Menschen, die authentisch agieren, wird über ihre ursprüngliche Echtheit Fehler verziehen. Ihre Reputation, Ihr Ruf wird also langfristig nicht darunter leiden, wenn Sie mal einen großen Fehler machen, eine Rechnung falsch geschrieben haben, eine Leistung mit Mängeln abgeliefert haben. Wenn Sie authentisch sind, ehrlich, echt und offen, wird man ihnen verzeihen. Im Gegenteil, man wird sie sogar dafür lieben. Ihre Reputation wird sich schrittweise erhöhen.

Ich möchte an dieser Stelle einen gewaltigen Schritt weitergehen. Authentizität kann man, wie ein Schauspieler, vorspielen. Es muss also noch etwas geben, was Ihre Authentizität ehrlich macht. Ich möchte es kurz machen. Authentizität wird dann ehrlich, wenn Sie integer handeln. Integrität muss an irgendeiner Stelle in Ihrem Leben bewiesen werden. Denken Sie an die Geschichte von Georg Hackl. Gespielte Authentizität produziert Leichen im Keller. Integrität nicht. Integrität basiert letztlich auf Ihren persönlichen Werten.

Der gute Ruf ist auf vier Elementen aufgebaut. Vertrauen, Glaubwürdigkeit, Zuverlässigkeit und Verantwortung übernehmen. Ihr potenzieller Kunde, Ihre Geschäftspartner, Ihre Bank merken, wenn hier etwas nicht hundertprozentig stimmig ist. Bleiben Sie also echt, kommunizieren Sie mit Ihren Partnern offen, klar und eindeutig und vor allem ehrlich. Auch wenn ehrlich sein nicht immer schön ist, so ist schön sein auch nicht immer ehrlich.

Viele Geschäftsfreunde äußern eine gewisse Unzufriedenheit gegenüber Ihren Hausbanken. Banker, die sie nicht verstehen, keine weiteren Kredite genehmigen, nicht für den Mittelstand da sind. Die Geschichte meines Bankers ist eine völlig andere. Als ich noch Vorstand eines Medienunternehmens war, war logischerweise das eine oder andere Gespräch mit meiner Hausbank notwendig, der eine oder andere Kredit vonnöten. Mein Banker war glücklicherweise vom alten Schlag, also einer der zuhört, das Konzept versteht. Auf die Frage, wie er denn Kredite außerhalb von Sicherheiten genehmigt, sagte er: „Herr Linsenmaier, ich weiß nach fünf Minuten des Gesprächs mit dem Unternehmer, ob er das hält, was er mir verspricht. Ist er glaubwürdig, kann ich ihm seinen Kreditantrag abzeichnen."

Daraus folgt: Ohne Glaubwürdigkeit, Vertrauen, Zuverlässigkeit, Verantwortung übernehmen – also ohne Authentizität bzw. Integrität, kein Kredit!

3. Gen: Präsenz

Es gibt zwei Möglichkeiten Präsenz umzusetzen. Erstens eine Präsenz über Ihre Kontakte und zweitens die Präsenz über Ihre Art der Kommunikation.

Tatsache ist, wenn Sie Ihre Ehrlichkeit und Ihre Authentizität bzw. Ihre Integrität nicht kommunizieren, bekommt es ja niemand wirklich mit, dass Sie einen guten Ruf besitzen.

Viele Unternehmer haben Angst, hinter ihrem Schreibtisch hervorzutreten. Sie schrecken davor zurück, sich in der Öffentlichkeit zu zeigen. Persönliche Gespräche zu führen. Präsenz zu zeigen. Zeigen Sie sich. So oft es geht! Neudeutsch heißt das ja inzwischen Networking. Und im Wort ist der Teil arbeiten, working, enthalten. Kontakte pflegen ist eine anspruchsvolle Arbeit, die es konsequent abzuarbeiten gilt.

Tatsache ist auch, dass die Art Ihrer Kommunikation, also eher weg von rein verkaufsorientierter Werbung, wie die Standartanzeigen und Standartmailings, Ihre Reputation deutlich erhöht und letztlich vor allem bekannt macht. Wenn Sie hier zuverlässig sind und Verantwortung übernehmen, wird Ihre Reputation zum Turbo für Ihr Unternehmen.

Ein weiterer Effekt: In Krisenzeiten haben Sie Menschen, die Ihnen helfen werden. Ohne groß nachzufragen, ohne groß alles zu hinterfragen. Menschen, die Ihnen einfach helfen.

Es geht um die Art Ihrer Kommunikation. Imageanzeigen zu schalten bringt hier nur sehr geringe Effekte. Reputation auszulösen ist eine andere Form der Kommunikation, Ihrer Werbung, Ihres Marketings. Reputation auszulösen basiert unter anderem darauf, dass Ihre Zielgruppe mit Ihnen zu kommunizieren beginnt, was bei klassischer Werbung nicht mehr passiert. Das Ergebnis für Ihr Unternehmen sind deutlich mehr Aufträge und eine exzellente Reputation die zusätzlich positive Mundpropaganda auslöst und weiter zusätzliche Empfehlungen generiert. Ein positiver Kreislauf.

Die Tage der offenen Türen sind vorbei. Roll-up-Wälder auf regionalen Messeveranstaltungen sind definitiv out. Das interessiert niemanden mehr. Sorry, wenn ich das so hart sage.

7.4 Reputation als Turbo für Ihr Unternehmen

Wenn Sie Strategien danach ausrichten Ihre Reputation stetig zu verbessern und sie kommunizieren, werden Ihre Entscheidungen einfacher, klarer und letztlich besser. Sie schalten damit einfach den Turbo ein. Sie wissen, wie Ihre Entscheidungen im Marketing, bei der Weiter- und Fortbildung der Mitarbeiter, im Vertrieb und in der Produktion auszusehen haben. Sie wissen exakt, wo und wie Sie Ihre finanziellen Mittel einsetzen müssen, um erfolgreich am Markt agieren zu können.

Ihre Reputation hilft Ihnen, sich eindeutig vom Wettbewerb abzuheben. Ihre Reputation hilft Ihnen in Zeiten der Krise stark zu bleiben und weiter erfolgreich zu sein. Ihre Reputation hilft Ihnen dabei zu agieren anstatt auf das Marktumfeld ständig reagieren zu müssen. Sie gestalten den Markt (mit).

Ich möchte fünf Aspekte, mit denen Sie als Unternehmer fast täglich zu tun haben, ansprechen. Fünf Punkte die, wenn Sie mit ihnen gut aufgestellt sind, Sie wirklich mit weniger Sorgen in den Feierabend gehen lassen. Wenn Kundenanfragen von alleine kommen, wenn Mitarbeiter unbedingt in Ihrem Unternehmen arbeiten möchten, wenn Banken

Ihnen gerne Kredite für Investitionen geben, wenn Ihr Unternehmenswert hoch ist, wenn Service und Qualität stimmen, dann können Sie hervorragend schlafen. Versprochen.

7.4.1 Aufträge, Mundpropaganda und Empfehlungen

Eine perfekte Reputation sorgt dafür, dass Kunden von alleine kommen. Sie glauben das nicht? Kann ich verstehen. Vermutlich haben Sie das in dieser Form noch nie erlebt.

Ein Beispiel. Ich habe zwei Bücher geschrieben. Ja, ich schreibe gerne. Habe über 20 Jahre lang einen Verlag als Vorstand geführt. Und ich gebe unter anderem über meine Bücher meine Lebens- und Berufserfahrung sehr, sehr gerne weiter. Aber ein Buch ist auch ein perfektes Marketinginstrument, um eine enorme Reputation aufzubauen. Ein Buch erzeugt Präsenz. Präsenz, die dazu führt, dass potenzielle Kunden anrufen und fragen was ich für sie tun kann, wo ich ihnen helfen könnte. Interessenten und in der Folge Kunden kommen von alleine. Aus eigener Motivation.

Machen Sie sich unbedingt Gedanken darüber, welche Kommunikationstools bei Ihnen dazu führen, dass Kunden von alleine kommen. Mein Satz in der Beratung von Kunden ist immer: „Wenn Sie nicht wissen, warum ein Interessent bei Ihnen anruft und letztlich zum Kunde wird, haben Sie alles richtig gemacht." Das heißt natürlich nicht, dass Sie ihn nicht während des Gespräches fragen sollten, wie er auf Sie gekommen ist.

Nehmen Sie mal zwei oder drei Tage Auszeit, um genau darüber intensiv nachzudenken. Um hier eine eigene Strategie zu entwickeln. Sollten Sie nicht wissen wie, dann lassen Sie sich von einem Experten dabei helfen.

7.4.2 Mitarbeitersuche

Fast alle Unternehmen haben Probleme bei der Suche nach Mitarbeitern. Vor allem bei der Suche nach guten, professionellen Mitarbeitern. Schwierig zu bekommen. Gehaltsvorstellungen extra hoch. Mit einem exzellenten Ruf lässt sich dieses deutlich besser managen.

Es gibt Unternehmen, dort stehen Mitarbeiter Schlange. Schlange, um dort arbeiten zu dürfen. So was gibt es, ja. Glauben Sie mir. Google, Facebook oder Start-up-Unternehmen sind gute Beispiele. Eine starke Reputation sorgt dafür. Ein Unternehmen, welches viel Zeit und Geld in seinen guten Ruf investiert, ist der Ausgangspunkt dafür, dass sich Mitarbeiter in die Bewerbungsschlange bei Ihnen vor der Tür einreihen.

Sie wollen ein Beispiel eines mittelständischen Unternehmens? Kennen Sie den Schindlerhof nordöstlich von Nürnberg? Kennen Sie Klaus Kobjoll, Gründer und Ideengeber des Schindlerhofs? Gewinner unglaublich vieler Auszeichnungen und Unternehmerpreise. Ein Vorbildunternehmer, der meiner Meinung nach nach meinem Prinzip der Reputation arbeitet.

Und: Mitarbeiter stehen bei ihm Schlange, um bei Ihm arbeiten zu dürfen. Zu dürfen, nicht um arbeiten zu müssen. Alle unterwerfen sich seinen Arbeitsbedingungen, die durchaus sehr hart sind und seiner durchaus eigenwilligen Philosophie. Warum? Der Ruf des Schindlerhofs ist weltweit anerkannt. Jedem, der dort jemals gearbeitet hat, stehen alle Türen bei anderen Hotels und Restaurants offen. Jeder der dort gearbeitet hat, ist ein Perfektionist in Service und Qualität, ist Experte darin Gäste in jeder Beziehung zu begeistern.

7.4.3 Geldbeschaffung

Es gibt Zeiten in denen Sie investieren müssen. Eventuell kann es sein, dass Sie selbst aufgrund von Zahlungsschwierigkeiten Ihrer Kunden in Schwierigkeiten geraten. Genau dann brauchen Sie das Vertrauen Ihrer Bank und Ihrer Investoren.

Ein Kunde von mir hatte große innerbetriebliche Schwierigkeiten – sagen wir aufgrund von gesundheitlichen Problemen – mit seinem zweiten Teilhaber und Mitgeschäftsführer, die schrittweise immer mehr zum Kunden vordrangen. Letztlich blieb ihm keine andere Möglichkeit als bei einer außerordentlichen Gesellschafterversammlung seinem Teilhaber zu kündigen. Keine einfache Aufgabe, vor allem weil noch eine familiäre Verbindung bestand. Also eine Entscheidung, die notwendig war, aber lange hinausgezögert wurde. Keine einfache Sache aber letztlich eine Existenzfrage für das gesamte Unternehmen. Äußerst wichtig war in der Phase, dass ihn seine Hausbank aktiv angerufen hat und ihm ihre, auch finanzielle, Unterstützung in jeder Beziehung angeboten hat. Der Satz war „Wenn Sie finanzielle Mittel benötigen, melden Sie sich bitte bei uns."

Wenn Sie finanzielle Mittel benötigen, brauchen Sie Partner, die Ihnen vertrauen und Ihnen genau in dieser Notlage helfen. Ihr guter Ruf hilft Ihnen dabei. Ihre Glaubwürdigkeit, Ihre Ehrlichkeit, die Sie immer wieder bewiesen haben, helfen Ihnen genau zu diesem Zeitpunkt.

7.4.4 Unternehmenswert

Eine aktuelle Marktstudie aus den USA bringt es auf den Punkt. 60 % Ihres Unternehmenswertes hängt von ihrer Reputation ab. Also das, was Sie konkret bei einem Unternehmensverkauf in ihrem Geldbeutel wiederfinden, hängt bis zu 60 % von Ihrer Reputation ab. Das gibt Sicherheit bei allen Ihren Entscheidungen, die Sie treffen, bei allen Investitionen, die Sie tätigen.

Es lohnt sich also in die Reputation Ihres Unternehmens zu investieren. Nicht nur für Aufträge oder für bessere Verkaufspreise. Nein, auch beim Verkauf Ihres Unternehmens zahlt sich Reputation in Form von barer Münze aus. Allein das Wissen über Ihren Marktwert gibt Ihnen die Sicherheit, auch in schwierigen Zeiten Entscheidungen zu treffen. Lässt Sie sehr beruhigt Entscheidungen für die Zukunft angehen und gibt Ihnen eine enorme Selbstsicherheit.

Das Geld, das Sie in Ihr Reputationsmanagement stecken, ist eine Investition in die Zukunft. Für Sie selbst, für Ihre Kinder und für Ihre Enkel. Oder für Ihre Investoren und Aktionäre. Machen Sie sich das bitte immer wieder bewusst.

7.4.5 Service und Qualität

Bei Service und Qualität kann man versuchen der Beste zu sein. Der Unterschied zu anderen Spitzenunternehmen wird fast immer minimal sein. Anders gesagt vergleichbar. Dieser minimale Unterschied wird absolut keine Reputation auslösen! Um in Qualität und Service Spitzenreiter zu sein, also sich mit großem Abstand vom Wettbewerb zu unterscheiden, müssen Sie extrem pragmatisch werden. Also alle Ihre Prozesse sehr, sehr einfach gestalten und ohne großen Schnickschnack. Ein starker Reputationsauslöser in Service und Qualität: Geben Sie Schwierigkeiten oder Fehler gegenüber Kunden immer zu. Das löst Reputation aus.

Hatten Sie selbst bereits einmal eine kaputtes iPad? Mir ist das schon zweimal passiert. Das spricht nicht für gute Qualität. Also warum bin ich immer noch Apple-Fan?. Auch wegen des pragmatischen Services von Apple.

Ausgangsbasis: Ein schwarzer Strich, der sich über den Bildschirm zieht. Oh je. Ein Fall für den Support. Warum denke ich nur sofort an ein großes deutsches Telekomunternehmen? Warteschlaufen, Ausreden, Warteschlaufen, Ausreden, Warteschlaufen …

Zurück zu meinem Fall. Bei Apple finden Sie auf der Internetseite den Button Support und komisch, ich dachte sofort wieder an das deutsche Telefonunternehmen. Bei Apple finden Sie allerdings sehr schnell den Icon „Bitte rufen Sie mich an – Call back". Gesagt getan. Call back. Ob Sie es glauben oder nicht. Mir ist das zweimal passiert. Der gewünschte Rückruf fand jedes Mal innerhalb von 60 Sekunden statt. In hochdeutsch. Phantastisch. Das Problem wurde gelöst. Wie ich finde sehr pragmatisch. Ein zweijähriger Servicevertrag via Telefon ausgefüllt und ein neues iPad lag jeweils innerhalb von drei Tagen auf meinem Schreibtisch. Es wurde einfach mit dem alten iPad getauscht. Völlig irre. Das ist ein „pragmatischer" Service, der Reputation auslöst. Schwierigkeiten zugeben und/oder Problem lösen.

7.5 Effektives Marketing für eine exzellente Reputation

Professionelles Reputationsmanagement für Ihr Marketing einzusetzen, verlangt ein Umdenken, ein Querdenken, eventuell verlangt es auch ab und zu das Brechen von Regeln. Warum? Weil Sie plötzlich aus dem Blickwinkel der Reputation Mittel- und Maßnahmen der klassischen Werbung, Mittel, die Sie bisher eingesetzt haben, plötzlich anders betrachten werden.

Sie werden zum Beispiel in Anzeigen plötzlich mit Ihren Kunden „arbeiten". Kunden, die in Anzeigen ihre Meinung über Ihre Leistungen sagen. Sie denken jetzt, ja das ist doch simpel. Wie oft haben Sie das schon gesehen? Sie werden nicht mehr mit eigenen Anzeigentexten, die Sie ausschließlich und völlig übertrieben ins rechte Licht rücken, arbeiten. Ihr Blickwinkel wird eine anderer werden. Ganz sicher.

▶ **Tipp** Wenn Sie wollen, finden Sie weitere zusätzliche und aktuelle Infos bei Twitter und Facebook von mir und auch anderen Nutzern mit meinem Hashtag #Reputationsauslöser. Oder laden Sie mein kostenloses APP zum Thema Reputation im jeweiligen Store bei Google oder Apple herunter. Sie erhalten wöchentlich einen Reputationsauslöser und Best Practice Beispiele von mir als Pushmeldung.

Von Fischen, Killern und Knöpfen Oft gedacht, dass man es tun sollte, aber meist ignoriert. Selbstkritik üben und über sich selbst und sein Umfeld nachzudenken ist definitiv anstrengend. Einmal aus „sich heraustreten" und sich selbst beobachten ist für die meisten Menschen schwierig.

An der Stelle empfehle ich meinen Kunden immer meinen, ich gebe zu eigenwilligen, Reputationsauslöser „Wie geht es mir?".

Nehmen Sie sich mindestens einen Tag, besser zwei oder drei Tage, Auszeit. Irgendwo, ganz alleine. Suchen Sie sich einfach einen Platz, an dem Sie sich wohlfühlen. Was hat das mit Reputation zu tun? Erst mal nichts! Ihre Nach*denk*zeit wird Sie wieder auf Spur bringen, wird Sie in Ihren Gedanken klar werden lassen. Wird Ihnen helfen die Dinge von „außen" zu sehen. Machen Sie das mindestens einmal im Jahr, eher öfters.

Warum sollten Sie das tun? Es gibt ein Sprichwort. Der Fisch stinkt immer vom Kopf her. Sie als Unternehmer, als Führungskraft sind der Kopf. Ohne Wenn und Aber. „Wie geht es mir?„ ist deshalb ein wirklich hervorragender Reputationsauslöser, um sich darüber klar zu werden. Klar über sich selbst zu werden. Nach*denk*zeit, um zu wissen, wo es langgeht und was zu tun ist.

In jedem Unternehmen gibt es Killer. Reputationskiller. Darüber müssen Sie in diesen Tagen nachdenken. Unpünktlichkeit, Unfreundlichkeit oder die Lüge. Ich habe bereits weiter vorne im Kapitel darüber geschrieben. Unehrlichkeit ist der Reputationskiller Nummer 1 in Unternehmen. Ich bin mir da sehr sicher. Darüber sollten Sie Ihre Auszeit „Wie geht es mir?" klar werden.

Und in jedem Unternehmen gibt es Knöpfe die Sie drücken können, um Reputation auszulösen. Oftmals Kleinigkeiten für hervorragendes Marketing. Beispiel ist die bereits angesprochene Unpünktlichkeit. Sicher, es kommt vor, dass man sich verspätet. Im Stau steht oder einfach zu spät losgefahren ist. Kein Thema. Meist kommt dann eine platte Entschuldigung. Wenn Stau oder kein Parkplatz abzusehen ist, rufen Sie einfach kurz an und kündigen Ihre Verspätung an. Und schon haben Sie eine Kleinigkeit genutzt um Reputation auslösen. Ob Vorstand, Geschäftsführer oder Mitarbeiter. Der Reputationsauslöser funktioniert immer. Wir haben bereits darüber gesprochen. Ich sage das nochmals, um bei Ihnen das Bewusstsein fördern und Sie für diese kleinen Dinge zu sensibilisieren.

Effektive Marketingtools, um Reputation auszulösen Ich möchte Ihnen aus der Praxis heraus Marketingtools an die Hand geben, die aus dem Blickwinkel „Reputation auslösen" äußerst effektiv für Sie arbeiten werden. Zusätzlich um Ihre Gedanken, für mögliche Reputationsauslöser zu diesen Tools, anzuregen.

1. Networking

Networking, also eigentlich professionelle Beziehungspflege, erzeugt am meisten Präsenz und Reputation. Werden Sie zum Mittelpunkt Ihres Netzwerkes. Wenn Sie bei Ihren Kontakten Vertrauen in Sie und Glaubwürdigkeit erzeugen, wird sich Ihr Ruf äußerst positiv entwickeln. Es wird positiv über Sie und über Ihre Unternehmen gesprochen und Sie werden weiterempfohlen.

Beispiel „quer gedacht" – Reputationsauslöser: Ehrenamt

Ehre, wem Ehre gebührt. Oder gar noch mehr Arbeit?

Networking heißt nicht nur zur nächsten Mitgliederversammlung zu gehen. Networking heißt Vorstand des Vereines zu werden. Denn Sie zeigen damit öffentliche Präsenz. Und gerade das ist eine ausgezeichnete Möglichkeit, um Reputation auszulösen. Auch der Umstand, dass Sie etwas freiwillig und ohne Bezahlung tun, wird viel Vertrauen und Glaubwürdigkeit erzeugen.

Doch bitte hüten Sie sich vor einer Anhäufung von Ämtern! Mancher meint, das tun zu müssen. Um mit einer ehrenamtlichen Tätigkeit Reputation auszulösen, müssen Sie erstens einen guten Job machen und zweitens vorab sehr genau überlegen, was für ein Amt Sie übernehmen möchten. „Ehrenamt" ist, zeitlich gesehen, oftmals keine Kleinigkeit. Also prüfen Sie genau, bevor Sie Ihre Zustimmung geben.

2. Presse

Gute Kontakte zur Presse sind wichtig und ein starkes Tool für Ihre Reputation. Warum? Weil ein Pressebericht immer neutral für Sie arbeitet. Weil Sie den Artikel in der Zeitung für viele Aktivitäten, wie als „Zugabe" zu Ihren Angeboten, nutzen können.

Beispiel „quer gedacht" – Reputationsauslöser: Pressemitteilung

Schreiben Sie eine Pressemitteilung. Heute noch!

Vermutlich fragen Sie sich jetzt: „Warum soll ich denn eine Pressemitteilung schreiben?" Nun, dafür gibt es viele Gründe. Im Zusammenhang mit Ihrer Reputation sehe ich jedoch nur einen Grund: Sie zeigen Präsenz. Präsenz auf anderen, auf neutralen Plattformen. Sie werden mit einem gewissen Maß an Anerkennung wahrgenommen. Sie stehen in der Zeitung!

Eine gute Darstellung in der Presse arbeitet neutral für Sie und löst damit Reputation aus. Eine Pressemitteilung, sagen wir in der regionalen Presse, können Sie Ihren Angeboten beilegen, um Ihre Reputation entsprechend zu kommunizieren.

Ihr Ziel muss darin bestehen, mithilfe Ihrer Pressemitteilung „gesehen" zu werden. Präsent zu sein. Und nicht in erster Linie, um neue Kunden zu gewinnen. Übrigens es gibt eine Menge an Onlineportalen, die Ihre Pressemitteilung sofort veröffentlichen.

3. Werbung

Klassische Werbung ist zur Steigerung Ihrer Reputation vielseitig einsetzbar. Leider wird sie oft zu „banal" eingesetzt. Übertriebene Werbetexte, Phrasen, die keiner mehr glaubt. Sorry, das ist Müll. Werbung lässt sich, wenn Sie umdenken, gut zur Steigerung Ihrer Reputation einsetzen. So wird übrigens auch zusätzlich Aufmerksamkeit erzeugt.

Beispiel „quer gedacht" – Reputationsauslöser: Eine Bewerbung – geringer Aufwand, große Wirkung.

Es gibt sie: Menschen, die an Ihrem Unternehmen interessiert sind. Menschen, die einen Arbeitsplatz in Ihrem Unternehmen suchen. Wenn diese Interessenten eine Bewerbung schicken, erhalten sie oftmals keinerlei Information über den Eingang ihrer Unterlagen, am Ende des Auswahlprozesses nicht einmal eine Absage. Auf klägliche Weise versagt hier die einfachste Form von Kommunikation: das Briefe schreiben.

Dabei könnte es sich bei den Bewerbern durchaus um potenzielle Kunden oder sogar um treue Kunden handeln. Bewerber können Reputations-Multiplikatoren sein. Denken Sie darüber nach wie sie zukünftig diese Multiplikatoren nutzen.

4. Verkaufen

Verkaufen hat viel mit „Hilfe anbieten" zu tun. Helfen Sie, wo Sie können. Das muss nicht unbedingt mit Ihren Produkten zu tun haben. Wenn ein Kunde von Ihnen ein Problem hat, helfen Sie. Wenn er Rückenschmerzen hat, obwohl Sie nur Druckerpatronen verkaufen, helfen Sie ihm, indem Sie ihm einen guten Therapeuten empfehlen. Werden Sie zum Marktplatz.

Beispiel „quer gedacht" – Reputationsauslöser: Qualitätscheck

Als Chef müssen Sie kontrollieren. Vor allem die Qualität der ausgeführten Aufträge.

Ich kenne ein paar Handwerker, die genau das tun: Nach Fertigstellung eines Auftrages und vor Auslieferung prüfen Sie die Qualität der Arbeit. Ein mir bekannter Stuckateur hat daraus sogar eine neue Geschäftsidee entwickelt. Regelmäßig prüft er alle Hausfassaden, an denen seine Firma gearbeitet hat. Fachmännischer Check und kleine Reparaturen gegen eine geringe Jahrespauschale.

Qualitätskontrolle, um Reputation auszulösen. Nicht nur um die Zufriedenheit der Kunden zu ermitteln, sondern auch um etwas für die eigene Reputation zu tun.

5. Kooperationen

Bei Kooperationen wird die Reputation jedes Einzelnen dadurch erhöht, dass Sie ihr Partner empfiehlt und dass Ihr Partner bereits eine exzellente Reputation besitzt.

Um Ihre Reputation zu erhöhen, empfehle ich Ihnen zunächst einfache Kooperationen. Falls Sie mit Ihrem Partner nicht klarkommen, können Sie sich leicht wieder lösen. Von vertraglichen Bindungen rate ich dagegen ab. Viel besser ist es, das Ganze auf Empfehlungsbasis zu gründen. Das kann für alle Seiten von enormen Nutzen sein.

Beispiel Reputationsauslöser: Bäcker-Metzger-Strategie

Schaffen Sie Kooperationen, die Sie stark machen. Bilden Sie Powerteams!

Kennen Sie die Bäcker-Metzger-Strategie? Ganz einfach. Der Metzger kauft für seine Wurst die besten Brötchen beim gegenüberliegenden Bäcker. Der Bäcker kauft für seine Brötchen die beste Wurst der Stadt beim Metzger gegenüber. Beide profitieren von dieser Kooperation. Und wenn sie schlau sind, sagen Sie das ihren Kunden und machen Werbung füreinander. Eigentlich ganz simpel. Und doch frage ich mich immer wieder: Warum machen das dann nur so wenige?

Sie merken bereits, um was es im Kern geht. Sie nehmen einige Marketingtools, die zu Ihnen passen, denken entsprechend um, denken quer.

Egal ob Networking, Kooperationen, Führung, Verkaufen, Web 2,0, Presse, Event, der Einsatz von Trojanern, Qualität und Service oder Werbung. Bei allen Marketingtools lassen sich Reputationsauslöser generieren. Einsetzbar für Sie als Chef selbst oder für Ihre Mitarbeiter, die als Reputations-Mulitplikatoren zukünftig für Ihr Unternehmen arbeiten werden. Nutzen Sie diese Chance für Ihr Unternehmen!

Immer wieder an Ihrer Reputation zu arbeiten, sie zu verbessern, sie zu kommunizieren, hilft Ihnen Ihr Unternehmen zu festigen. Sie vor Unwetter zu schützen. Ihr Unternehmen langfristig erfolgreich auszurichten. Ihr guter Ruf verkauft!

7.6 Über den Autor

Jürgen Linsenmaier ist Reputationsexperte, Marketingprofi, Autor, Vortragsredner und Unternehmer aus Leidenschaft. Schon als Student gründete er sein erstes eigenes Unternehmen, einen Verlag.

Alle von ihm entwickelten Zeitschriften sind nach mehr als 30 Jahren noch heute bedeutend im Markt platziert. Seinen Erfahrungsschatz sammelte er in seiner langjährigen Tätigkeit als Geschäftsführer und Vorstand eines Medienhauses. Durch seine Laufbahn als Manager und Unternehmer kennt er die Probleme, mit denen mittelständische Unternehmen tagtäglich zu tun haben.

Jürgen Linsenmaier ist ein Mann aus der Praxis für die Praxis. In seinen Vorträgen begeistert er die Zuhörer mit seiner authentischen und praxisorientierten Art der Vermittlung gelebten Erfolgswissens. Sein Motto und Titel seines ersten Buches: „Ihr guter Ruf verkauft! Sonst nichts."

Weitere Infos unter www.juergen-linsenmaier.de

Interview mit Dr. Gerlinde Manz-Christ

8

Gerlinde Manz-Christ

Inhaltsverzeichnis

8.1 Über den Autor 168

Unternehmen, Organisationen und auch Einzelpersonen können ebenso von einer Krise erfasst werden wie ein Staat. Wer diesen schwierigen Situationen effektiv vorbeugen sowie in der Krise adäquat handeln will, der sollte von der modernen Diplomatie lernen. Die internationale Diplomatie nutzt erfolgreich kommunikative Strategien, Techniken und Methoden, um aus Krisen einen Gewinn zu machen. Die ehemalige Diplomatin Dr. Gerlinde Manz-Christ erläutert im Interview, wie optimale Kommunikation aussieht und was Public Diplomacy bedeutet.

Frau Dr. Manz-Christ, haben Sie Angst vor Krisen?

Gerlinde Manz-Christ: „Warum sollte ich? Bei vielen Stationen meiner Karriere ging es um die Bewältigung von Krisen. Und so habe ich im Laufe der Zeit auch eine besondere Kompetenz zur Prävention gewonnen. Denn: Aus jeder Krise, die ich managen durfte, konnte ich vieles darüber lernen, wie sich eine solche prekäre Situation entweder vermeiden oder aber optimal vorbereiten lässt. Wo ein Weg in eine Krise führt, entdeckt man auch einen Weg heraus. Und nicht das Dilemma selbst ist der Feind, sondern der fehlende Glaube, es zu lösen – und die Unfähigkeit, aus ihm zu lernen. Ja, im Grunde hat uns die Krise erst dann erfasst, wenn wir kein Licht am Ende des Tunnels sehen und uns einen Lerneffekt nicht einmal vorzustellen wagen."

Haben Sie dafür ein Beispiel?

Gerlinde Manz-Christ: „Nehmen wir jemanden, dem plötzlich gekündigt wird. Sein Chef nennt ihm die Gründe und der Arbeitnehmer erfährt so, wie er vielleicht die Entlas-

---

Gerlinde Manz-Christ ✉
Landstraße 159, 9494 Schaan, Liechtenstein
e-mail: gmc@direct-diplomatic.com

sung hätte verhindern können. Nach dem ersten Schock verarbeitet er diese Erkenntnisse, macht sich selbstständig, verdient bald mehr als zuvor und ist sogar zufriedener. Eine Garantie auf dauerhaften Erfolg erhält er so nicht, aber er hat erfahren, dass ein negatives Ereignis nicht das Ende sein muss. Ein anderes Beispiel ist der Betrieb, der einen Großkunden verliert und dies zum Anlass nimmt, ein neues Produkt zu entwickeln, das sich rasch auf dem Markt durchsetzt. Auch hier gibt es keine Garantie auf künftig dauerhafte Kundenbeziehungen. Ebenso ist es in anderen Bereichen nicht immer möglich, Ereignisse zu verhindern, die eine Krise in sich tragen."

Sie versuchen also, ein zunächst dramatisch erscheinendes Geschehen gar nicht erst zur Krise werden zu lassen?

Manz-Christ: „Eine Krise ist nicht von vorneherein etwas Negatives. Krise stammt vom altgriechischen krisis und heißt der Wortbedeutung nach erst einmal nur Meinung, Beurteilung, Entscheidung oder entscheidende Wendung. Später wurde es auch im Sinne von Zuspitzung verwendet. Im Chinesischen besteht das Wort für Krise aus zwei Zeichen: Wei und Ji. Das erste steht für ‚Gefahr'. Das zweite Zeichen ist im englischsprachigen Raum mit ‚Chance' in Verbindung gebracht worden, was John F. Kennedy und Richard Nixon aufgriffen – mit der Folge, dass die Kombination von Gefahr und Chance zur populären Bedeutung von Krise aufstieg. Korrekter muss man Ji allerdings mit ‚kritischer Punkt' übersetzen, was wiederum der Entscheidung und damit auch dem möglichen Beginn von Neuem nahekommt. Krisen sind etwas, dem jeder früher oder später begegnet, der sich auf Gemeinschaft einlässt. Ob in einer Freundschaft oder Ehe, in einem Dorf oder in einem Unternehmen: Wo Menschen miteinander sind, entstehen Spannungen und ist der Keim der Krise permanent präsent. Zum Glück, denn Krisen können Motor des Fortschritts sein."

Die Existenz der Krise wäre damit der Preis für menschliches Zusammenleben und die Bedingung für Entwicklung?

Manz-Christ: „So kann man es sehen. Während einer Krise werden die Beteiligten oft unsicher und geraten unter Zeitdruck. Doch das hat ja auch einen positiven Aspekt: Der Zwang zu handeln nimmt immens zu! Vieles, was zuvor aufgeschoben oder verdrängt wurde, muss nun angepackt werden. Das kann für den Einzelnen genauso segensreich sein wie für Staaten oder Wirtschaftsunternehmen. Allerdings nur dann, wenn auch der Wille zu handeln stärker wird, die Betroffenen also nicht in Schockstarre verfallen. Das wichtigste Rüstzeug, um eine Krise durchzustehen, ist Mut."

Handeln entschärft nicht nur die Krise, sondern lässt sie im Rückblick sogar zur Initialzündung für etwas Positives werden?

Manz-Christ: „Max Frisch sagte einmal, eine Krise könne ein produktiver Zustand sein. Man müsse ihr nur den Beigeschmack der Katastrophe nehmen. Dem stimme ich fast uneingeschränkt zu. Warum nur fast? Weil mir das Wort Zustand nicht gefällt, wo doch vielmehr Dynamik angesagt ist. Es müssen nämlich die richtigen Entscheidungen getroffen werden, damit aus einer Krise etwas Positives geboren wird. Dann ist die Krise der Höhe -, aber auch der Wendepunkt einer nur potenziell gefährlichen Entwicklung. Nur wenn die Krise dauerhaft negativ verläuft, kommt es zu einem Unglück – und dem gilt es präventiv entgegenzuwirken."

Die von Ihnen angesprochene Dynamik entsteht wohl kaum aus dem Nichts?

Manz-Christ: „Nein, das ist unwahrscheinlich. Und deshalb konzentriere ich mich darauf, eine elementare Lektion zu vermitteln: In der Stunde der Wahrheit sollten alle Voraussetzungen zum blitzartigen und angepassten Handeln längst geschaffen sein. Gefühle wie Verzweiflung oder Wut dürfen in dem Moment keinen Platz haben, weil dies adäquate Reaktionen zumindest sehr erschwert. Und diese Gefühle sind weniger wahrscheinlich, wenn die Vorbereitung stimmt."

Mit diesem Satz sind wir bei unserem Thema, der Vorbeugung von Krisen ...

Manz-Christ: „... oder eben auch bei der Prävention von Katastrophen, die aus einer Krise immer entstehen können. Es darf nie vergessen werden, dass falsches Management den Konflikt zum Selbstläufer in Richtung Abgrund macht."

Einverstanden. Kommen wir also zurück zu Ihren beruflichen Stationen, bei denen das Management und die Prävention von Krisen Hauptrollen gespielt haben. Beispielsweise waren Sie Pressesprecherin der Regierung von Liechtenstein und später Kommunikationsberaterin des Fürstentums.

Manz-Christ: „Während meiner Zeit in diesen Funktionen geriet Liechtenstein international in den Fokus – zum einen durch die sogenannte Kieber-Affäre und die deutsche Steueraffäre im Jahr 2008 und zum anderen in der weltweiten Steuerdebatte und Finanzkrise 2008 und 2009. Das Land wurde als Paradies für Steuerflüchtlinge diskreditiert und es bestand durchaus die Gefahr, dass dieses Etikett alles andere überlagern würde. Dazu kam es jedoch nicht und ein wichtiger Grund dafür war das zuvor erarbeitete positive Image Liechtensteins. Ich hatte zusammen mit meinen Mitarbeitern eine neue Kommunikationsstrategie entwickelt und umgesetzt, deren zentrales Element die Marke Liechtenstein war."

Marken verbinde ich vor allem mit Produkten und Dienstleistungen, also mit Erzeugnissen oder anderen Angeboten von Wirtschaftsunternehmen. Auch eine Person kann zur Marke werden, aber ein Land?

Manz-Christ: „Eine Marke ist ja nichts anderes als eine Zusammenfassung von Eigenschaften, die etwas oder jemanden auszeichnet, also auf dem Markt positioniert. Wir verbinden zum Beispiel mit einer bestimmten Automarke Zuverlässigkeit oder technische Brillanz, weil uns die Fahrzeuge entsprechend kommuniziert werden. Warum also dies nicht auf die Markenentwicklung für ein Land übertragen? Die Marke Liechtenstein besteht aus sechs Elementen: souveräner, aktiver Staat in der internationalen Staatengemeinschaft, diversifizierte Industrie und starkes Gewerbe, sicherer und erfolgreicher Finanzplatz, vielfältiges Kulturleben, schönes Ferien- und Freizeitland sowie dem durch die Krone symbolisierten Fürstentum. Diese Kernbotschaften haben wir in erster Linie in die für uns politisch und wirtschaftlich relevanten Länder getragen – und dort waren primär die Meinungsführer und -mittler die Zielgruppen. Zu jedem der sechs Kernthemen gibt es eine Fülle von Informationen. Botschafter sind letztlich alle Liechtensteiner, die Kontakte über die Landesgrenzen hinaus haben, was auf so gut wie jeden der rund 36.000 Einwohner zutrifft. Entscheidende Erfolgsfaktoren der Markenkommunikation waren das ganzheitliche Konzept, die nachhaltige Weiterführung und die konsequente Umsetzung."

Wie half die bereits etablierte Marke Liechtenstein in der Krise?
Manz-Christ: „Das Beispiel Liechtenstein zeigt, wie sich per integrierter Kommunikation ‚in guten, sprich ruhigen Zeiten' vorsorgen lässt. Integriert heißt, Public Relations, Lobbying, Marketing und Branding miteinander zu verbinden, was wir in Liechtenstein konsequent getan haben. Durch unsere vorausschauende Kommunikation eröffneten sich uns Handlungsspielräume, was uns in die Lage versetzt hat, uns in der Krise auf die aktuellen Kernprobleme zu konzentrieren. Ohne die Vorarbeit hätte die plötzliche negative Sicht auf Liechtenstein vermutlich noch dramatischere und auf längere Sicht negative Konsequenzen gehabt."

Was genau sollte die Kommunikation im Falle eines Staates bewirken?
Manz-Christ: „Sie sollte ein umfassendes und realistisches Bild des Landes zeichnen – und dieses den Zielgruppen in den definierten Zielländern sowohl faktisch als auch emotional bekannt machen. Der Grund dafür leuchtet ein: Wenn Menschen etwas nicht kennen, sind sie meist bereit, es unreflektiert zu verurteilen. Ist es ihnen aber vertraut, schauen sie genauer hin und übernehmen nicht jede negative Bewertung eins zu eins, sondern neigen zum Verteidigen des ihnen lieb Gewonnenen. Um dies zu erreichen, braucht man ein wirklichkeitsgetreues Bild des Landes, um das es geht. Ecken und Kanten dürfen nicht gerundet bzw. abgeschliffen werden. Wer dies versucht, wird umgehend als Schönfärber erkannt. Wer dagegen ehrlich bleibt, gewinnt an Glaubwürdigkeit und Vertrauen. Beides ist unabdingbar bei der Bewältigung einer Krise."

Hat es denn ein Staat überhaupt nötig, sich wie ein Unternehmen zu positionieren, zur Marke zu machen?
Manz-Christ: „Absolut! Die Welt ist weitgehend zusammengewachsen und die globale Verzahnung wird stetig zunehmen. 194 Staaten sind von noch mehr Grenzen umgeben, die durch Dialog überwunden werden. Staaten machen ebenso wie Firmen Angebote, auch wenn sie keine Autos oder Uhren verkaufen. Ein Land betreibt eine bestimmte Außenpolitik, ist ein Wirtschaftsstandort, engagiert sich im Umweltschutz und ist Ziel für Touristen. Auf all diesen Feldern konkurriert der Staat mit anderen Ländern. Er muss also attraktiv sein, um seine Interessen durchzusetzen, etwa Unternehmen zur Ansiedlung oder Menschen zur Buchung eines Urlaubs auf seinem Territorium zu bewegen. Auch die eigenen Bürgerinnen und Bürger sollten sich mit ihrem Staat identifizieren und gerne dort wohnen – nicht zuletzt der Steuereinnahmen wegen."

Sie erwähnten Glaubwürdigkeit und Vertrauen als wichtiges Kapital im Zusammenhang mit Krisen.
Manz-Christ: „Wer glaubwürdig wirkt, dem wird häufig ohne Weiteres attestiert, verantwortungsbewusst zu handeln. Auch führt Glaubwürdigkeit zu kompetentem Auftreten, weil sie nicht ohne hohe Authentizität denkbar ist. Schon Aristoteles hat Glaubwürdigkeit der moralischen Integrität einer Person zugeordnet. Ihre Kommunikation zeichnet unbedingte Geradlinigkeit aus. Die transportierten Informationen sind objektiv und nicht Ergebnis einer subjektiven Auswahl – die beste Voraussetzung für ein pro-aktives Krisenmanagement. Zuvor etabliertes Vertrauen innerhalb der Zielgruppe trägt nämlich dazu bei, den typischen Spannungsbogen einer Krise abzuflachen und die Dauer der Krise teilweise erheblich zu verkürzen."

Wie gelingt es einem Staat, Vertrauen zu schaffen, sich also umfassend und realistisch darzustellen?

Manz-Christ: „Das ist eine Aufgabe der Public Diplomacy. Traditionell war ja Diplomatie primär das Feld der Regierungen, deren Repräsentanten untereinander verhandelt haben. Public Diplomacy bedeutet dagegen in der eingängigsten Definition ‚to inform and influence foreign publics'. Ein Staat kommuniziert hier mit einer fremden Öffentlichkeit, mit ‚normalen' Bürgern außerhalb seines Hoheitsgebietes. Er will über die eigenen Werte, Vorstellungen und Vorzüge informieren, um so seine Interessen durchzusetzen. Letztendlich versucht das Land, die Herzen der Menschen zu erobern und damit über die öffentliche Meinung ein ‚Ja' für seine Anliegen zu erzeugen. Zu beachten ist dabei, dass der Fortschritt der Informationstechnologie die Beschaffung von Informationen demokratisiert hat. Umso mehr ist ein Staat gezwungen, sich selbst darzustellen. Ich sehe Public Diplomacy als ‚Schwester' des Nation Branding, also der Markenbildung für einen Staat."

Nation Branding ist etwas sehr Modernes, die Basisinstrumente der Public Diplomacy (PD) dagegen sind alt.

Manz-Christ: „Die Basisinstrumente der Public Diplomacy gehen tatsächlich zurück bis zu den Anfängen der Staatskunst, sprich zu den Persern, Babyloniern und Sumerern. Der Begriff Public Diplomacy wurde aber erst im 19. Jahrhundert das erste Mal verwendet, nämlich 1856 in einem Leitartikel der britischen Times und 1861 in einem Artikel der New York Times. Damals gab es eine Bewegung, die gegen mehr oder weniger geheim verhandelte Staatsverträge opponierte – und gegen eine Diplomatie, die höchst diskret und größtenteils unter Ausschluss der Öffentlichkeit stattfand. Stattdessen sollte nun das Volk ein Anrecht haben zu wissen, was seine Regierung zu welchen Bedingungen mit einer anderen Regierung vereinbarte. Später trugen Telefon, Radio und Medien zu mehr Transparenz bei. Lenin, der 1917 an die Macht kam, veröffentlichte sämtliche von Russland vor seiner Zeit abgeschlossenen internationalen Verträge in den beiden russischen Zeitungen Pravda und Isvestija sowie in einem sieben Bände umfassenden Gesamtwerk. Die internationale Staatenwelt war brüskiert!"

Public Diplomacy hatte demnach nicht gerade einen Traumstart. Wann gewann das Konzept an Renommee?

Manz-Christ: „Nach dem Ersten Weltkrieg forderte der amerikanische Präsident Woodrow Wilson in seinem 14-Punkte-Programm, dass Staatsverträge öffentlich gemacht werden sollten. Und diese 14 Punkte legten die Grundzüge einer neuen Friedensordnung für Europa fest, die natürlich einem neuerlichen Krieg vorbeugen sollte. Das heißt, die Kommunikation mit der internationalen Öffentlichkeit war für Wilson ein Mittel der Krisenprävention. Im Zweiten Weltkrieg zögerte US-Präsident Roosevelt, als Großbritannien ihn zum Eingreifen bewegen wollte. Erst als das amerikanische Volk dank britischer Public Diplomacy einem Eintritt in den Krieg nicht mehr abgeneigt war, schwenkte Roosevelt um. Auch hier geht es um Prävention, denn ohne die USA hätte die Katastrophe Zweiter Weltkrieg noch viel länger gedauert und noch viel mehr Menschen das Leben gekostet."

Was geschah nach dem Zweiten Weltkrieg?

Manz-Christ: „Im sogenannten Kalten Krieg erweiterten die USA und die UdSSR ihr Repertoire an Mitteln, um ihren Machtbereich zu sichern und zu erweitern. Zum Militärischen und zur klassischen Diplomatie gesellte sich die Einflussnahme auf die Zivilbevölkerungen. Um das negativ konnotierte Wort Propaganda nicht verwenden zu müssen, kreierten die Amerikaner etwas Neues: Das war die Geburtsstunde des modernen Begriffs der Public Diplomacy, der positiv besetzt war und den man fortan stark mit den USA in Verbindung brachte. Anders als im 19. Jahrhundert kam nun zur Information einer fremden Öffentlichkeit die bewusste Steuerung der öffentlichen Meinung hinzu."

Hat sich Public Diplomacy moderner Prägung inzwischen zumindest in den meisten Teilen der Welt etabliert?

Manz-Christ: „Ja, sie ist mittlerweile ein unverzichtbarer Bestandteil der Diplomatie. Der Beruf des Diplomaten hat sich ja ohnehin durch die Internet-Revolution Ende des 20. Jahrhunderts enorm verändert. Zudem gehört Public Diplomacy nicht mehr nur den Diplomaten und Regierungsvertretern, sondern wird zunehmend auch von Organisationen und Einzelpersonen betrieben. Damit aber diese Form der Diplomatie nicht Public Relations und auch nicht schlichte Kommunikation zwischen beliebigen Menschen ist, muss der Staat involviert sein. Er kann die Ideen der Public Diplomacy-Akteure organisieren und umsetzen oder aber im Hintergrund die Aktivitäten zum Beispiel moderieren, vermitteln und finanzieren."

Public Diplomacy war in Liechtenstein sehr erfolgreich. Lässt sich das Beispiel auf andere Staaten übertragen?

Manz-Christ: „Im Prinzip ja. Je größer allerdings ein Staat ist, desto schwieriger wird es, alle Interessengruppen unter einem Dach zu vereinen. In einem Kleinstaat wie dem Fürstentum Liechtenstein fällt die Abstimmung relativ leicht. Je mehr Einwohner, je komplexer die Wirtschaft und so weiter, desto komplizierter gestaltet es sich, die nach außen gesandten Botschaften zu überblicken. Dennoch hatten wir in Liechtenstein viele Anfragen von kleinen und mittelgroßen Ländern, denen wir Ideen für ihr eigenes Land liefern konnten. Weil Public Diplomacy heute ein selbstverständliches Element der Außenpolitik ist, gibt es ein großes Interesse, Diplomaten darin auszubilden und für die Praxis zu schulen. Das ist eines der Felder, auf denen ich seit Jahren aktiv bin."

Sie waren Präsidentin der European Association of Political Consultants (EAPC) und setzten sich in dieser Funktion für ethische Aspekte der politischen Kommunikation ein. Was genau versteht man darunter?

Manz-Christ: „Für politische Berater gab es lange keinen Verhaltenskodex, wie er für andere Berufsgruppen selbstverständlich ist. Man denke etwa an den Hippokratischen Eid der Ärzte, der aus der Antike stammt. Während meiner Präsidentschaft in der EAPC haben wir dort einen solchen Kodex, also ethische Verhaltensregeln, eingeführt. Jedes Mitglied des EAPC musste sich verpflichten, diese Richtlinien einzuhalten. Im Einzelnen werden etwa Respekt gegenüber Auftraggebern und Kollegen, Wahrhaftigkeit im Verhältnis zu den Medien und der Öffentlichkeit, Diskretion sowie die Vertretung von Interessen ohne unlautere Anreize gefordert."

Ein Land ist in die internationale Staatengemeinschaft eingebunden, ein Unternehmen in die globalisierten Wirtschaftskreisläufe. Bei Banken ist diese Verflechtung besonders offensichtlich. Was hat dies für Konsequenzen für den Umgang mit Krisen?

Manz-Christ: „Banken befinden sich in einer hochkomplexen Gemengelage. Bei der Vorbereitung auf Krisen müssen sie nicht nur die Entwicklung der Märkte im Auge haben sowie ihre eigene Branche beobachten. Dabei dürfen die ‚Grauen Eminenzen' nicht vergessen werden. Diese wirken oft im Hintergrund, aber sie sehen das Gras welken, wenn die meisten noch an den ewigen Sommer glauben. Es geht darum, Trends vorauszusehen, um so vorausschauend agieren zu können. Dazu braucht man Mut, da ein solches Handeln oft wie ein Schwimmen gegen den Strom ist. Statt dem Mainstream zu folgen, macht man sich nicht selten unbeliebt. Aber genau das ist für Banken alternativlos. Sie müssen Politik und Wirtschaft zugleich im Blick haben, fast prophetische Gaben besitzen und ihre Erkenntnisse schlüssig umsetzen. Die Summe aus alldem ist das A und O einer guten Krisenvorbereitung in diesem Wirtschaftszweig."

Gesellschaftliche Trends sind das eine, harte Gesetze manchmal etwas anderes.

Manz-Christ: „Ja, natürlich werden Banken auch von der nationalen und internationalen Politik tangiert. Es ist deshalb notwendig, dauerhafte und konstruktive Beziehungen zu den relevanten Meinungsführern zu pflegen – und das mit viel Fingerspitzengefühl. Gute Netzwerker bauen zudem Kontakte zu den Entscheidern auf."

Auf die Finanzkrise, die 2008 begann, waren die Banken nicht wirklich vorbereitet.

Manz-Christ: „Das waren sie nicht. Viele wussten, was eines Tages kommen würde, doch sie verschlossen die Augen. Sie wollten nicht den Teufel an die Wand malen und haben einfach weitergemacht. Motto: ‚Wir arbeiten nach bisherigem Muster, solange dies gutgeht. Geht es nicht mehr gut, werden wir weitersehen.' Eine solche Passivität rächt sich. Wenn ich nämlich keine Vorbereitungen für eine Krise – zumal für eine in den Grundzügen vorhersehbare – treffe, dann kann ich im Bedarfsfall nicht schnell genug reagieren. Schnell zu sein, ist aber genau das, worauf es bei der erfolgreichen Bewältigung einer Krise ankommt. Wem das nicht gelingt, der ist rasch diskreditiert und verliert das Vertrauen bei den Menschen, von denen er lebt."

Genau das passierte den Banken im Zuge der Finanzkrise. Wie hätten sie dies verhindern können?

Manz-Christ: „Vertrauen muss man sich erwerben. Das braucht Zeit, Geduld und ehrliches Bemühen – und es braucht vor allem die Übereinstimmung von Worten und Taten. Im Grunde ist das eine einfache Sache und im Englischen heißt es denn auch treffend ‚walk the talk', also: ‚Tue, was du sagst.' Stimmt beides nicht überein, wird der Widerspruch heute dank Internet, Social Media und ganz allgemein großer Transparenz sofort aufgedeckt und angeprangert."

Vertrauen ist aber nicht alles. Was halten Sie von Krisenvorbereitung in mehr technischem Sinne?

Manz-Christ: „Die muss dann folgen, wenn die Basis in Form von Vertrauen und grundsätzlicher Zustimmung zu einem Unternehmen vorhanden ist. Für die technischen Aspekte der Krisenprävention sollte man sich professionelle Unterstützung holen. Warum? Weil ein Firmeninsider meist nicht den nötigen Helikopterblick hat. Der nämlich hat die Fähigkeit, Schwachstellen zu erkennen und die notwendigen konkreten Schritte zu deren Behebung aufzuzeigen. Auch für Nachhaltigkeit sorgt ein externer Experte meist besser als ein interner. Nur wiederholtes, ständiges Training aller Mitglieder einer Organisation garantiert im Bedarfsfall professionelles Management und somit die positive Auflösung einer außergewöhnlichen Situation. Manchmal führt die so erworbene Fitness sogar dazu, einen Konflikt im Keim zu ersticken. Ganz einfach deshalb, weil die Aufmerksamkeit enorm geschärft ist."

Was gilt sowohl für den Bankensektor als auch für andere Wirtschaftsunternehmen in Sachen Krisenprävention?

Manz-Christ: „Anders als ein Staat kann und muss ein Wirtschaftsbetrieb sein Image selbst definieren. Es ist Aufgabe der Führung, sich zu überlegen, wie das Unternehmen wahrgenommen werden möchte und welche Werte man mit ihm assoziieren soll. Erst danach können diese gelebt und kommuniziert werden. Eng damit verknüpft ist die Philosophie, nach der man handelt. Es ist nicht immer angebracht, regulatorische Schlupflöcher bis zuletzt auszunutzen, wenn dies gesellschaftlich längst nicht mehr akzeptiert ist und der Gesetzgeber ohnehin bald die Lücken schließen wird. Darüber hinaus bereiten sich Firmen in allen Branchen grundsätzlich auf die gleiche Art und Weise vor. Sie erstellen zum Beispiel ein Krisenhandbuch, das Notfallnummern enthält, Befugnisse der Mitarbeiter im Krisenfall festlegt, den Hauptkoordinator benennt und vieles mehr. Nicht vergessen werden darf die Notfallkette. Denn eine korrekte und umfassende Information der intern beteiligten Personen ist die Voraussetzung für jedes erfolgreiche Krisenmanagement."

Sind Großkonzerne ein Spezialfall und welche Rolle spielen Sie dort bei der Krisenprävention?

Manz-Christ: „Die Dinge zu koordinieren, fällt hier oft schwerer als in kleinen und mittleren Betrieben. Eine Ursache: Was das mittlere Management an Problemen sieht, bleibt der Unternehmensspitze nicht selten verborgen. Als externe Beraterin sorge ich dafür, mögliche Krisenszenarien auch den Verantwortlichen in den oberen Etagen bewusst zu machen. Zudem analysiere ich in Unternehmen jeder Größenordnung anders als jemand, der seit Jahren jeden Tag darin arbeitet: nämlich mit dem schon erwähnten Helikopterblick. Wer nicht aus der Branche kommt, stellt andere Fragen. Zwar hat vor allem jeder große Konzern ausgewiesene Experten für die Kommunikation, aber die sehen manchmal den Wald vor lauter Bäumen nicht. Deshalb ist die Zusammenarbeit mit einer Fachfrau oder einem Fachmann von außen so fruchtbar. Das Insiderwissen der Mitarbeiter wird optimal ergänzt durch jemanden, der Erfahrungen aus vielen anderen Bereichen mitbringt."

Auch Stiftungen, Non-Governmental Organizations (NGOs) und Vereine können in Krisen geraten. Gibt es hier spezielle Tipps für die Vorbereitung?

Manz-Christ: „Solche Organisationen sind für die meisten Menschen per se die „Guten". Ihr Ansehen steht und fällt mit ihrer Glaubwürdigkeit – und das stärker als etwa bei logischerweise profitorientierten Wirtschaftsbetrieben. Ergo: An NGOs, Vereine etc. werden sehr hohe moralische Maßstäbe angelegt. Sie müssen daher noch vorsichtiger als andere agieren, wo es um Wahrhaftigkeit geht. Corporate Social Responsibility sollte täglich gelebt werden, was verantwortliches unternehmerisches Handeln erfordert. Das bezieht sich sowohl auf den eigentlichen Geschäftszweck als auch etwa auf die Beziehungen zum eigenen Personal und den Interessengruppen, mit denen man es zu tun hat. Die Verantwortlichen der Organisation könnten eine aus Internen und Externen zusammengesetzte Ethik-Kommission gründen, die unter anderem Augen und Ohren offenhält, um Entwicklungen im relevanten Bereich rechtzeitig zu erkennen. Beispielsweise akzeptiert die Öffentlichkeit vielleicht heute Nebentätigkeiten, mit denen Geld verdient wird, morgen aber nicht mehr. Wie auch Banken und andere Unternehmen brauchen NGOs und Co. ein Frühwarnsystem, um Veränderungen so früh wie möglich zu erkennen und idealerweise unverzüglich aufzufangen."

Wie sieht ein solches System in der Praxis aus?

Manz-Christ: „Nehmen wir ein produzierendes Unternehmen. Dessen Außendienst beobachtet ohnehin die Kunden und bemerkt damit auch etwa einen Wandel in deren Gewohnheiten und Vorlieben. Der Einkauf weiß, was sich bei den Lieferanten tut. Andere haben eine spezielle Antenne für das Verhalten von konkurrierenden Betrieben, wieder andere für das, was sich in Sachen Technologie bewegt. Um ein funktionierendes Frühwarnsystem zu installieren, müssen all diese ungezielten Beobachtungen kontrolliert zusammengefasst und ausgewertet werden."

Hilft es, mögliche Krisenszenarien durchzuspielen?

Manz-Christ: „Auf jeden Fall. Das jedes Jahr zu machen, halte ich sogar für unabdingbar. Im Grunde gilt hier wie bei allen anderen Fertigkeiten: Nur regelmäßiges Training und Lernen garantiert, stets auf dem neuesten Stand zu sein und neben der Theorie auch die Praxis zu beherrschen. Ich empfehle den Unternehmen eine Risikomatrix anzulegen. Vereinfacht gesagt werden damit mögliche Krisenfälle nach ihrer Wahrscheinlichkeit und ihren Folgen gewichtet. Besondere Aufmerksamkeit zollt man den Events, die sehr wahrscheinlich eintreten und gleichzeitig drastische Auswirkungen haben. Im nächsten Schritt werden für diese wichtigen Szenarien festgelegt, wer für was verantwortlich und wer wann erreichbar ist. Dazu kommt das Inhaltliche, sprich zum Beispiel das Vorbereiten von Pressemitteilungen und Antworten auf häufig gestellte Fragen. Auch wird überlegt, wer im Krisenstab sitzen sollte. Experten fürs Fachliche brauchen dort Unterstützung von solchen mit wirtschaftlicher Kompetenz und solchen mit juristischem Hintergrund. Ja und dann heißt es, all diese Dinge regelmäßig zu aktualisieren und zu wiederholen. Das ist wie eine Übung der Feuerwehr, die sich auch nicht nur ihre Einsatzwagen in eine Garage stellt und dann auf einen Brand wartet. Nur Üben macht den Meister."

Was zählt beim Agieren in einer Krise zu den Todsünden?

Manz-Christ: „Zu langsam und zu spät zu reagieren, setzt selbst über Jahre aufgebautes Vertrauen aufs Spiel. Die gleiche Folge hat es, wenn aus vergangenen Krisen nichts gelernt wurde und die gleichen Fehler wieder gemacht werden. Auf keinen Fall darf die interne Information, also die der Mitarbeiterinnen und Mitarbeiter, vernachlässigt werden. Zum einen sind diese ja Ansprechpartner bei Anfragen von außen, zum anderen werden sie sich nur dann weiterhin mit dem Unternehmen identifizieren, wenn ihre Kompetenz auch in der Krise gewürdigt wird. Schuldzuweisungen – sei es an Mitarbeiter, an die Politik oder an wen auch immer – bringen in der Regel nichts und schaden stattdessen häufig. Todsünden sind zudem Ignoranz, Verdrängen, Lügen, Beschönigungen oder Halbwahrheiten, aber auch die Strategie, immer nur das zuzugeben, was nicht mehr geleugnet werden kann – auch Salamitaktik genannt. Dasselbe gilt fürs Bagatellisieren und fürs Schweigen sowie für das absichtlich komplizierte Ausdrücken eines an sich einfachen Sachverhalts. Unnahbarkeit sollte tabu sein, denn die Öffentlichkeit, Geschäftspartner und andere haben ein Recht darauf zu erfahren, was passiert ist und wie weiter vorgegangen werden soll. Der Chef darf nicht abtauchen, sondern muss an vorderster Front kämpfen, weil Krisenkommunikation prinzipiell Chefsache ist."

Wettbewerber werden die Krise zu nutzen versuchen. Wie wappnet das betroffene Unternehmen sich dagegen?

Manz-Christ: „Zum einen mit Genauigkeit. Alle Fakten, Daten, Zahlen, die kommuniziert werden, müssen hundertprozentig stimmen. Jeden Fehler würden die Gegner ausnutzen. Genauso wichtig ist es, stets sachlich zu argumentieren und Provokationen zu ignorieren. Auch wenn andere mit unfairen Mitteln operieren, darf dies nicht kopiert werden. Das Unternehmen sollte darauf achten, der Handelnde zu bleiben und nicht zum Getriebenen zu werden. Agieren statt nur noch zu reagieren, heißt das Motto. Um optisch gut rüberzukommen und rhetorisch fit zu sein, empfiehlt sich ein Medientraining mit einem Profi. Dies ist ein Punkt, der nicht erst nach Eintritt der Krise, sondern im Rahmen der Vorbereitung erledigt werden sollte."

Apropos Rhetorik. Was sind die zentralen Punkte beim richtigen Kommunizieren?

Manz-Christ: „Zum Ersten sollte man sich Folgendes immer wieder in Erinnerung rufen: Es ist unmöglich, nicht zu kommunizieren. Auch wer schweigt, sagt damit etwas und zwar nichts Positives. Das aber heißt, der von der Krise Betroffene muss auf jeden Fall reden. Dabei darf er nicht überheblich, distanziert oder gelangweilt wirken. Aus diesem Grund ist eine Salve von Fakten zu vermeiden. Vielmehr sollten Zahlen, Daten etc. nur ab und zu eingestreut werden. Erste Adresse sind die Herzen der Zuhörer und die erreicht nur, wer auch Emotionen zeigt. Ansonsten hilft es, die Kernbotschaften oft zu wiederholen, weil sie nur so beim Empfänger haften bleiben. Und längst reicht es nicht mehr, eine Pressekonferenz zu geben. Die Zahl der Kanäle für die Kommunikation ist groß und alle müssen genutzt werden – vom Intranet und dem Newsletter für Mitarbeiter über die Homepage und Social Media bis zu offenen Briefen."

Die Kommunikation ist vielfältiger geworden. Macht das Krisen wahrscheinlicher als früher?

Manz-Christ: „Ja und zwar aus mehreren Gründen. Heute wird nicht nur über viel mehr Leitungen kommuniziert, es läuft auch alles wesentlich schneller und nicht mehr kontrollierbar ab. Das erschwert es den Unternehmen, Staaten oder Organisationen, adäquat zu handeln. Sind erst einmal Gerüchte in der Welt, wird es schwierig, diese nachhaltig auszuräumen. Zudem ist die Zahl der Akteure viel größer, als sie es in der Vor-Internet-Ära war. Jeder kann heute mit ein paar Mausklicks seine Meinung ins Netz stellen und hat vielleicht in wenigen Stunden einen sogenannten Shitstorm ausgelöst, der kaum noch einzudämmen ist. Es redet jeder mit jedem, während früher lediglich der Journalist dem Pressesprecher gegenübersaß."

Eine Krise schafft Aufmerksamkeit, was bei negativen Ereignissen zunächst schlecht ist. Kann das Interesse der Medien und der Öffentlichkeit aber mittel- oder langfristig auch Möglichkeiten eröffnen?

Manz-Christ: „Das ist definitiv so. Im Normalbetrieb fällt es oft schwer, Journalisten für die eigenen Themen zu begeistern. Gerät ein Unternehmen in eine Krise, ist das Echo bei den Medien in jedem Fall groß. Es kommt dann darauf an, den professionellen und verantwortungsbewussten Umgang mit den Problemen zu vermitteln – und quasi nebenbei auch andere, ausschließlich positive Dinge. Nehmen wir ein Beispiel: Ein produzierender Betrieb ist mit technischen Problemen an einem seiner zahlreichen Standorte konfrontiert. Dort wurde die Umwelt kurzfristig belastet, was aber die Verantwortlichen zügig in den Griff bekommen haben. Das Unternehmen stellt diesen Erfolg dar und verweist gleichzeitig auf sein bisher immer vorbildliches Verhalten in puncto Umweltschutz. So erreicht es Publizität auch für seine Produkte, was bei optimalem Verlauf zu kostenloser Werbung führt."

Die Art und Weise der Kommunikation ist immer auch von der jeweiligen Kultur abhängig. Sie waren beruflich in Dakar und Tel Aviv, in Sapporo und New York tätig. Was bringt Ihnen Ihre so erworbene interkulturelle Kompetenz?

Manz-Christ: „Durch meine vielen Auslandsaufenthalte habe ich gelernt, dass jede Kultur ihren eigenen Umgang mit Krisen hat, was unter anderem auf die Differenzen bei der Art und Weise zu kommunizieren zurückzuführen ist. In Japan zum Beispiel herrscht eine ausgeprägte Zurückhaltung. Am anderen Ende der Skala würde ich etwa den arabischen Raum sehen. Ich mache meinen Kunden klar, wie wichtig es ist, beim Agieren während einer Krise die Herkunft der Zielgruppe zu beachten. Mit Ostasiaten muss eben anders umgegangen werden als mit Menschen aus dem Nahen Osten."

Sie werfen in Ihrem Unternehmen Ihre Erfahrung als Diplomatin und Ihre Welterfahrenheit in die Waagschale. Wir sprachen bereits über Liechtenstein und die Steueraffäre. Welche anderen Krisen haben Sie geprägt und nutzen Ihnen jetzt für Ihre Beratungstätigkeit?

Manz-Christ: „Als stellvertretende Botschafterin meines Heimatlandes in Tel Aviv hatte ich mit der Waldheim-Affäre zu tun. Der ehemalige UNO-Generalsekretär wurde 1986 Bundespräsident von Österreich. Vier Jahre waren aufgrund der NS-Vergangenheit

Kurt Waldheims die diplomatischen Beziehungen zwischen Israel und Österreich unterbrochen. Mit mir sprach zunächst so gut wie niemand mehr und ich stellte mir die Frage, wie ich dennoch die Herzen der Menschen gewinnen könnte. Ich blieb offen und suchte das Gespräch, wobei ich meist nur zuhörte, statt aktiv zu kommunizieren. In dieser Situation habe ich mich zum ersten Mal intensiv mit Public Diplomacy beschäftigt und diese Strategie angewendet. Mein Ziel war es, dass man unterschied zwischen der negativen offiziellen Haltung gegenüber dem Staat Österreich und der persönlichen, oft positiven Einstellung gegenüber den Österreichern. Ich habe deren reiche Kultur kommuniziert, zum Beispiel Salons veranstaltet, bei denen Musil gelesen wurde. Hinzu kamen wissenschaftliche Symposien, andere Kooperationsprojekte, umfassende Medienarbeit und Lobbying. So gelang es, das verlorene Vertrauen zu Österreich über die ja vorhandene Liebe zu diesem Land zurückzugewinnen."

Auch in den USA hatten Sie bald mit einer Krise zu tun.

Manz-Christ: „In New York war ich stellvertretende Generalkonsulin und als solche unter anderem zuständig für die Verbindung zu amerikanisch-jüdischen Organisationen und die Betreuung österreichischer Emigranten. Verständlicherweise wurde ich so stark vom guten Abschneiden der FPÖ Jörg Haiders bei der Parlamentswahl 1994 tangiert. Hinzu kamen weitere Probleme, die mit dem Umgang Österreichs mit Enteignungen und Raub während der Nazizeit zu tun hatten. Meine zentrale Aufgabe war es, angesichts eines drohenden Rechtsrucks in Österreich Vertrauen bei der jüdischen Bevölkerung österreichischen Ursprungs in den USA zu schaffen. Eine besondere Herausforderung war es, als ich Haider in New York empfing und dabei verhindern musste, dass mir jegliche Unterstützung der Menschen vor Ort wegbrach. Ein Spagat, für den es keine hundertprozentige Lösung gab. Genau dazu zu stehen, war letztlich ein entscheidender Punkt im Kampf um das Vertrauen der Menschen, die Angst vor einem Rechtsruck Österreichs hatten."

Wieder eine Sternstunde der Public Diplomacy?

Manz-Christ: „Und eine Erweiterung. Ich leitete die Krisenkommunikation und arbeitete intensiv mit etwa 7.000 jüdischen österreichischen Emigranten sowie Auslandsösterreichern zusammen. So erweiterte ich die Public Diplomacy zur Diaspora Public Diplomacy. Besonders gefreut hat mich, dass ich die Rückgabe zweier Bilder an eine jüdische Emigrantin erreichen konnte, was nur durch persönliche Kontakte und einen sensiblen Umgang mit dem Thema möglich war."

Die Sensibilität beim Antizipieren einer Krise und während der Krise ist sicher auch Schwerpunkt Ihrer Lehrtätigkeit?

Manz-Christ: „Wir müssen in einer immer mehr zusammenwachsenden Welt im Vergleich zu früheren Jahrzehnten in größeren Zusammenhängen denken. Bei Staaten bzw. deren Regierungen heißt das, den Fokus nicht ausschließlich auf die nationale Politik zu legen und die Fixierung auf die nächsten Wahlen zumindest abzuschwächen. Auch in der Wirtschaft ist mittlerweile alles mit allem und jeder mit jedem vernetzt. Ein Produkt besteht häufig aus Rohstoffen von mehreren Kontinenten, an seiner Herstellung wirken Menschen in vielen Ländern mit. Wenn irgendwo ein Stein ins Wasser fällt, bewegt sich das Wasser auch am Ende des Teichs. Die Krise ist daher längst unterwegs, auch wenn in der Umgebung alles ruhig erscheint. Und: Auf unserem runden Planeten gibt es nicht einmal ein Ende. Vielmehr wirkt ein Ereignis, nachdem es einmal um den Globus ‚gelaufen' ist, wieder auf den Urheber zurück. All das gebe ich als Dozentin weiter – etwa am Management Center in Innsbruck, wo ich Integrierte Kommunikation unterrichte, oder an der Diplomatischen Akademie Wien, wo ich Public Diplomacy lehre. BWL-Studenten gehen heute viel sensibler mit dem Thema Risikokommunikation um, als sie das noch vor einigen Jahren taten. Eine meiner Aufgaben ist es, die Sensibilisierung weiter zu erhöhen. Bedarf besteht hier auch bei Menschen, die schon längere Zeit im Beruf stehen, weil sich die Anforderungen rasant verändern. So gehören in Innsbruck viele über 30-Jährige zu meinen Zuhörern."

Sie verwendeten das Bild der Wellen, die ein Steinwurf in einem See verursacht. Man könnte auch sagen, es gibt heute keine Inseln mehr – weder in der Staatenwelt noch in der Welt der Unternehmen.

Manz-Christ: „Genau. Ich habe deshalb meine Arbeit unter das Motto ‚Vom Großen ins Kleine und zurück' gestellt. Andersherum ist der Satz genauso richtig. Was im Kleinen beginnt, hat Auswirkungen aufs große Ganze und letztlich wieder aufs Kleine. Ob Coaching, Training oder strategische Beratung: Mein Kommunikationsansatz ist ein ganzheitlicher und ich berücksichtige sowohl das große globale wie das kleine regionale Umfeld. Übrigens habe ich schon durch meine eigene Geschichte stets beides im Blick: Ich bin Wienerin und die österreichische Hauptstadt ist mein kulturelles Zuhause. Doch während meiner Kindheit und Jugend war ich nicht nur bei meinen Eltern in der Donaumetropole, sondern auch häufig bei meinen Großeltern im Vorarlberger Montafon. Die Mischung zwischen der Weltoffenheit der großen Stadt und dem engen Dorfleben hat meine Entwicklung stark beeinflusst. Zudem habe ich in den Bergen eine Zähigkeit erworben, die mir nicht nur während meiner Zeit als Diplomatin, sondern auch bei der jetzigen Umsetzungsarbeit in den Unternehmen zugutekommt."

Ist Umsetzungskompetenz Ihre zentrale Kompetenz?

Manz-Christ: „Sie ist das, was von mir erwartet wird – und das zurecht. Schließlich ist die tollste Kommunikationsstrategie nichts wert, wenn sie nur auf dem Papier existiert. Ja, ich habe vom ersten Gespräch an den praktischen Nutzen im Blick. Zunächst übersetze ich gemeinsam mit meinen Auftraggebern die häufig sehr komplexen Sachverhalte und oft diffusen Ideen in Botschaften, die klar und prägnant sind. Nur solche lassen sich an Zielgruppen senden, die weder die Zeit noch das Fachwissen haben, um sich in eine komplizierte Materie einzuarbeiten. Anschließend geht es an die tatsächliche Verankerung der Informationen in den Köpfen und Herzen der Menschen, die das Unternehmen erreichen möchte. Zur erfolgreichen Umsetzung zählt darüber hinaus das Training der Führungskräfte und Entscheidungsträger in puncto Kommunikation. Ich kreiere Lösungen und bringe diese zur Realisierung. Gleichzeitig aber möchte ich den Kunden nachhaltig krisenfest machen. Insofern ist mein Tun eine Art Initialzündung, die weitere Ideen und Entwicklungen auslöst."

Brauchen auch Einzelpersonen eine solche Initialzündung?
Manz-Christ: „Selbstverständlich. Change Management ist nicht auf Unternehmen beschränkt. Wer einen Veränderungswunsch hat, mit dem suche ich nach einer Perspektive und konkretisiere diese in Form eines praxistauglichen Plans. Eine Vision ist gefragt, die Kräfte freisetzt, nicht dagegen eine Utopie, die voraussichtlich ein unausführbarer Wunschtraum bleiben wird. Um eine solche Vision zu entwerfen, höre ich zu, frage aber auch nach und das durchaus kritisch. Es kommt zu einem Wechselspiel, das von Offenheit geprägt ist – und das wie beim Brainstorming den Blickwinkel weitet. Nicht selten werden so Ideen geboren, die weit weg führen von der aktuellen Situation und doch zur Biografie passen. Auf dieselbe Weise identifizieren wir Stolpersteine auf dem Weg zum nun anvisierten Ziel."

Sind Anstöße zur Veränderung und zum Umdenken auch das, was Sie als Keynote Speaker in den Mittelpunkt Ihrer Reden stellen?
Manz-Christ: „Ja genau. Heute ist ja ein Wandel viel häufiger nötig als in früheren Tagen. Das trifft auf Staaten und Unternehmen zu und ebenso auf den Einzelnen. Biografien mit 40-jähriger Karriere in ein- und demselben Betrieb sind rar geworden. Viele wechseln mittlerweile sogar mehrmals im Leben ihr Berufsbild. Logischerweise sind deshalb Inspirationen gefragt – am besten begleitet von leicht anwendbaren Tipps zur kurzfristigen Konkretisierung. So manchem helfen diese auch, Hindernisse zu identifizieren, die einer Neuorientierung entgegenstehen. Ich denke da zum Beispiel an das Bild, das Dritte von uns haben. Das ist häufig falsch und fast immer irrelevant. Jeder muss an sich selbst glauben, alles andere ergibt sich damit fast wie von selbst – inklusive der positiven Wirkung auf das Umfeld. Wenn man so will, ist eine zu große Abhängigkeit vom Fremdbild auch eine Krise, deren Herausforderung angenommen werden will. Gelingt dies, finden sich Menschen, die sich bereits als Verlierer gesehen haben, plötzlich auf der Gewinnerseite wieder."

Frau Dr. Manz-Christ, Sie leben ein Leben für die Diplomatie und Sie sind auch mit Leidenschaft Ökonomin. Wir haben schon mehrfach die Parallelen gestreift. Was kann, zusammenfassend gesagt, die Wirtschaft von der Diplomatie lernen?
Manz-Christ: „Kommunikation läuft überall nach denselben Regeln ab. Für entscheidend halte ich zwei davon. Die erste: Die menschliche Ebene ist wichtiger als die Sachebene. Ich denke, die Diplomatie hat das eher begriffen als die Wirtschaft. Besonders erfolgreiche Diplomaten kennen Gott und die Welt, sie knüpfen dichte Netzwerke, beherrschen den Small-Talk. In Unternehmen werden dagegen kleine Königreiche abgesteckt, wird Herrschaftswissen zurückgehalten. Denkbar schlechte Karten für eine Krise, in der es auf den Zusammenhalt aller ankommt. Ich rate daher zu diplomatischem Verhalten. Nicht im Sinne von ‚taktisch klug', sondern im Sinne von umfassender, authentischer Kommunikation der Vorgesetzten mit den Mitarbeitern, der Vertriebler mit den Kunden, der Einkäufer mit den Lieferanten und aller mit allen. Studien und neueste wissenschaftliche Erkenntnisse mögen erhellend sein, für die Krisenprävention taugen sie allein wenig. Der Abteilungsleiter, der mit seinem Stellvertreter über dessen letzte Bergtour geredet hat und der das Neueste von dessen Kindern weiß, kann sich der Unterstützung im Konflikt-

fall eher sicher sein. Dasselbe trifft, im größeren Maßstab, auf eine Firma zu, die sich von allen Seiten zeigt und die in echten Dialog mit ihren Kunden tritt."

Welches ist der zweite Punkt?

Manz-Christ: „Der Adler- oder Helikopterblick. Der Diplomat beseitigt in seinem Kopf alle Grenzen, weil diese Schranken vergangener Tage längst nichts mehr aufhalten. Analog müssen die Unternehmen raus aus ihrem Abteilungsdenken. Das Primat hat die Gesamtperspektive der Firma. Die Frage ‚Wie stehe ich am besten da?' ist obsolet. Stattdessen sollte die Antwort auf die Frage ‚Wie stehen wir alle am besten da?' das Verhalten leiten. Die Diplomatie hat das verinnerlicht, die Wirtschaft ist gerade dabei, es zu begreifen."

Und darüber hinaus?

Manz-Christ: „Die Diplomatie ist Vorbild beim Aufbau langfristiger Beziehungen, die oft kurzfristig gedacht keinen messbaren Erfolg bringen. Gute Diplomaten lassen den Anderen das Gesicht wahren, können sich in die Situation des Gegenübers versetzen, beherrschen das Zuhören, überzeugen ohne technische Hilfsmittel wie aufwendige Präsentationen und suchen immer das Gemeinsame und nicht das Trennende. Ein Unternehmen, das ähnlich denkt, ist für Krisen perfekt gerüstet."

Haben Sie auch ganz persönliche Krisen erlebt und positiv genutzt?

Manz-Christ: „Sicher. Schließlich geht niemand ohne Krisen durchs Leben und ich habe mich davon niemals einschüchtern lassen. Wer sich aber einer Krise mutig stellt, ist bereits den ersten Schritt auf dem Weg zu einem mehr als nur versöhnlichen Ende gegangen. Dazu möchte ich eine Geschichte erzählen: Anfang der 1980er-Jahre arbeitete ich in Sapporo auf der Insel Hokkaido für ein japanisches Unternehmen. Eines Tages hatte ich mich verlaufen und stand inmitten von Leuchtreklamen und Geschäften, auf denen nur japanische Schriftzeichen prangten. Keiner der vielen Menschen um mich herum verstand Englisch, alle Häuser sahen gleich aus. Schließlich rettete mich ein Anruf bei der Tochter meines Chefs, die mich später abholte. Statt die Sache dann einfach abzuhaken, lernte ich sofort Japanisch. Und acht Monate später saß ich bei einer Besprechung für das internationale Skispringen in Sapporo und dolmetschte auf Japanisch! Was hatte ich aus dieser Geschichte gelernt? Du kannst jede Krise, jede noch so schwierige und außergewöhnliche Situation beklagen. Oder aber Du kannst daraus etwas Gutes machen. Wenn scheinbar nichts mehr geht, ist es Zeit für Neues. Wohl keine andere Erkenntnis hat mir in meinem Berufsleben mehr geholfen."

8.1 Über den Autor

Gerlinde Manz-Christ ist Diplomatin, Internationale Kommunikationsberaterin und Dozentin und Jahrzehnte lang in diplomatischen Diensten für Österreich und als Regierungssprecherin für Liechtenstein aktiv. Sie hat unzählige politische Krisen in Japan, Israel, New York, Wien und Liechtenstein erfolgreich begleitet. Die Essenz aus diesen Erfahrungen vermittelt sie als internationale Vortragsrednerin und Referentin, Managementberaterin und Coach.

Darüber hinaus berät sie Regierungen und Organisationen im Bereich Public Diplomacy, Kommunikation mit der Öffentlichkeit in anderen Ländern. Sie lehrt als Dozentin an der Universität Innsbruck, am Management Center Innsbruck und an der Diplomatischen Akademie Wien.

Dr. Gerlinde Manz-Christ studierte Jus und Dolmetsch an der Universität Innsbruck mit Abschluss Dr. iur. Studien an den Diplomatischen Akademien Wien und Madrid sowie Universität Oslo. 2008 Executive Master in Business Administration an der Technischen Universität München, mit Masterarbeit „Liechtenstein und die deutsche Steueraffäre: Eine über die Medien geführte Diskussion über Wirtschafts- und Finanzpolitik, Moral und nationale Interessen".

Auszeichnungen: Großes Silbernes Ehrenzeichen mit dem Stern für Verdienste um die Republik Österreich, Jordanischer Großoffizier des Sternordens.

Weitere Infos unter www.manz-christ.com

9 Zwischen Alleskönner und Performancecoach – verkaufen, führen, stolpern?

Jochen Metzger

Inhaltsverzeichnis

9.1	So entwickeln Sie Ihr Vertriebsteam hin zu Höchstleistungen	169
9.2	Erwartungen an die Führungskräfte	171
9.3	Das eigene Denken überdenken	172
9.4	Die Logik des Systems	175
9.5	Die Konfiguration der Glaubenssätze	176
9.6	Drei Handlungsoptionen für den Performance-Coach	177
9.7	Über den Autor	181
Literatur		182

9.1 So entwickeln Sie Ihr Vertriebsteam hin zu Höchstleistungen

Heutzutage ist es die Normalität, dass man fortwährend im Vertrieb damit beschäftigt ist – nach dem Motto: „Höher, schneller, weiter" – die Umsatz- und Renditeziele zu steigern. Und dazu reicht es nicht mehr nur aus die besten Ideen und ein geniales Marketingkonzept zu haben oder mit hohem Kapitaleinsatz Produkte an den Markt zu bringen. Ein Faktor, der in den meisten Fällen noch sehr hohes Veränderungspotenzial hat, und für den Erfolg im Vertrieb unerlässlich ist: Den Mitarbeiter fördern und fordern in der Umsetzung.

> **... mit einem anderen Blick betrachtet**
> Erkennen Sie sich wieder ...
> Da gibt es diese Tage, an denen man abends völlig ausgepowert sich selbst die Frage stellt: „Was habe ich heute alles gemacht?" und darauf keine sinnvolle Antwort folgt.

Jochen Metzger ✉
Lettenstraße 28, 73072 Donzdorf, Deutschland
e-mail: metzger@remtene.com

© Springer Fachmedien Wiesbaden 2015
P. Buchenau (Hrsg.), *Chefsache Prävention II*, DOI 10.1007/978-3-658-03614-0_9

Sondern eine Flut an Erklärungsversuchen – warum man den Kollegen Müller noch unterstützen musste und mit Kollege Maier unbedingt noch die Verkaufsargumente besprechen. Man war den ganzen Tag „busy" und in der operativen Hektik hat auch dieser Tag, wie viele andere auch, ein Ende. Mit einem letzten Blick auf den Schreibtisch – im Augenwinkel erkennbar: Ein „Stapel" der noch zu erledigenden Aufgaben. Kurzentschlossen ist der Tag noch nicht zu Ende, denn die A-Aufgaben müssen jetzt auch noch abgearbeitet werden.

Wenn Ihnen das bekannt vorkommt, befinden Sie sich in guter Gesellschaft mit vielen Führungskräften auf diesem Planeten. Und Sie sind infiziert mit einem Virus – genannt: Alleskönner-Virus. Sollten Sie sich noch nicht ganz so sicher sein in der Diagnose – machen Sie einfach mal den Test:

> **Alleskönner-Viren Test**
>
> 1. Sie übernehmen häufig Aufgaben, die keine „Chef"-Kompetenz erfordern.
> 2. Mit Ihrem Helfer-Syndrom werden Sie über Aufgaben fremdgesteuert.
> 3. Mehr als die Hälfte Ihres Arbeitstages verbringen Sie mit Aufgaben der anderen.
> 4. Sehr häufig haben Sie das Gefühl, das das Ganze kein Ende nimmt.
> 5. Die „Chef"-Aufgaben erledigen Sie am Tagesende (im Büro oder zuhause ...).
> 6. Oft haben Sie den Eindruck, dass die Mitarbeiter keine Entscheidung treffen oder Verantwortung übernehmen.
> 7. Und egal was Sie auch unternehmen, es scheint so, dass sich im operativen Business nichts verändert.

Ihr Ergebnis? Haben Sie mehrere Fragen mit einem Ja beantwortet, sind Sie ein Alleskönner mit hohem Anspruch an Perfektion und ein absoluter Profi in Ihrem Business. Und diese Alleskönner sind *excellent im daily business* – absolute operative Spezialisten. Das wäre sehr gut, wenn Sie ein Mitarbeiter in Ihrem eigenen Team wären.

Doch eine Führungskraft – auf neudeutsch: ein Leader – sollte die Kontrolle haben. Auf einem Schiff steht der Kapitän auf der Kommandobrücke und nicht im Maschinenraum. Das hat seinen Grund: Im Maschinenraum kann er nicht sehen, wohin sein Schiff fährt. Auf der Brücke kann er über Kommando „volle Fahrt" aufnehmen und das Schiff auf Kurs halten. Also riskieren Sie nicht im operativen Tagesgeschäft die Orientierung zu verlieren, sondern vertrauen Sie der Mannschaft.

Kurzum: Als Führungskraft (Leader) sind Sie der Kapitän an Bord und verantwortlich für den „richtigen" Kurs. Die nun folgenden Tipps sind Vermeidungs- und Handlungsempfehlungen für eine erfolgreiche Führungspraxis und wenn Sie diese konsequent umsetzen, werden Sie als Performance-Coach Ihr Team zu Höchstleistungen führen und in Zukunft

- in weniger Zeit mehr erreichen, indem Sie sich auf die „Chef"-Aufgaben konzentrieren,
- Aufgaben klar delegieren und Kompetenzen übertragen,
- zusehen, wie sich die Effektivität der Mitarbeiter in der Zielerreichung um ein x-faches erhöht,
- Ihre persönliche Effektivität deutlich steigern,
- das Gefühl der Kontrolle haben.

9.2 Erwartungen an die Führungskräfte

Es ist schon einige Jahre her, dass Warren Bennis (Prof. für Business an der University of Southern California) feststellte, dass Angestellte „von Führungskräften drei Grundqualitäten erwarten: Richtung, Vertrauen und Hoffnung". Heute „unterschreibt" Gallup (in einer Studie 2013), was schon Warren Bennis feststellte, und ergänzt auf vier wesentliche Erwartungen an Führungskräfte fest: Vertrauen, Mitgefühl, Stabilität, Hoffnung. Daraus lässt sich ableiten, dass Führungskräfte eine enorme Vorbildfunktion für die Mitarbeiter haben. Wenn Sie selbst Ihre Ziele nicht kennen, wie soll dann der Mitarbeiter es können? Wenn Führungskräfte nicht mit Charisma und Ausstrahlung die Vision Ihrer Firma vertreten können, wie soll dann ein Mitarbeiter dem Kunden gegenüber dazu in der Lage sein? Und sollte dann noch keine Empathie vorhanden sein, warum sollte dann der Mitarbeiter die Verantwortung für die Unternehmensziele übernehmen. „Mit unsinnigen und veralteten bürokratischen Strukturen oder mit einem Führungsstil, der aus Befehlen und Kontrollieren besteht, werden Sie keine Top-Mitarbeiter anziehen oder halten können" und in der Fortsetzung: „Das Beste können Sie aus den Leuten herausholen, indem Sie sie anfeuern, unterstützen und ihnen dann nicht weiter im Wege stehen" (Scherer 2007). Und dabei auch nicht in den Rücken fallen.

Das heißt im Klartext: Die wesentlichen Impulse müssen von Ihnen kommen, wenn Sie aus Ihren Mitarbeitern ein starkes Team formieren wollen.

> … wer sich führen lässt, möchte eine Führungskraft, die eine solide Grundlage schafft. Zudem erwarten Mitarbeiter auch Stärke und Unterstützung. Und vielleicht das Wichtigste: Die Führungskräfte der gesamten Firma zeigten ihren Mitarbeitern, auf welche Weise sie die Unternehmenskennzahlen wie Kosten, Gewinn und Umsatz unmittelbar beeinflussen konnten. Das gibt den Mitarbeitern Stabilität und Vertrauen und ebnet den Weg zu nachhaltigem Wachstum (Gallup 2013).

Die Grunderwartungen der Mitarbeiter an eine „erfolgreiche" Führungskraft: Richtung, Vertrauen, Stabilität und Empathie.

Doch wie kann man seine Mitarbeiter unterstützen und dadurch die Unternehmensziele erreichen? Wie baut man Vertrauen auf und schafft dabei eine hohe Identifikation und wie erreicht man mehr Stabilität und kann dabei noch deutlich die Richtung vorgeben?

9.3 Das eigene Denken überdenken

Ich bin sicher, auch Sie haben als Führungskraft im Vertrieb schon des Öfteren darüber nachgedacht was Sie tun könnten, um noch mehr Vertriebserfolg zu erreichen. Nämlich dadurch, indem Sie es schaffen, dass Ihr Team „mehr verkauft" – also das tut, was Sie sich vorstellen. Und dabei sind Sie vielleicht schon in so manche Gedankenfalle „gestolpert".

> … wenn die doch nur tun würden, was ich erwarte.

9.3.1 Die Top 3 der Gedankenfallen – oder wenn ein Alleskönner beginnt zu stolpern

Falle 1 – Der Chef kann es am besten Die höchste Akzeptanz als Führungskraft erreicht man damit, dass man sein Konzept auch in die Tat umsetzen kann. Heißt im Vertrieb – der beste Verkäufer im Team ist die Führungskraft selbst. Denn wenn nicht die Führungskraft selbst, wer soll denn dann bitteschön der Beste sein! Da könnte vielleicht der ein oder andere Chef Recht haben. Doch letztendlich ändert es nichts an der Tatsache, dass er mit genau den Mitarbeitern, die er im Team hat, den Vertriebserfolg sicherstellen muss.

Falle 2 – Die Mitarbeiter brauchen klare Ansagen Häufig haben Führungskräfte die Vorstellung, dass ihre Mitarbeiter nicht bereit sind Verantwortung zu übernehmen und dadurch die Verkaufszahlen und -ziele fortwährend diskutiert werden müssen. Diese Ressourcenverschwendung entwickelt sich zu einem kontraproduktiven Faktor – immer mehr und mehr. Deshalb brauchen Mitarbeiter klare Anweisungen und Vorgaben.

Falle 3 – Vertrauen ist gut. Kontrolle ist besser Fakt ist – auch im Vertrieb sollte man seine Zahlen kennen, man muss wissen, an welchen Vertriebsprojekten die Verkäufer dran sind. Muss sie ständig auffordern aktiver zu sein, denn sonst sind am Monatsende zum x-ten Mal die Zahlen nicht erreicht worden. Ganz klar ist doch, dass diese Zahlen realistisch sind und erreicht werden müssen. Schließlich wurden genau diesen Zahlen im persönlichen Zielvereinbarungsgespräch zugestimmt. Also ist es eine Führungsaufgabe durch Kontrolle den Mitarbeiter darauf hinzuweisen, dass er hinter seinen Zielen liegt.

9.3.2 Diagnose: Infektion mit dem Alleskönner-Virus

Eine Infektion entwickelt sich über einen längeren Zeitraum. Nicht blitzartig. Dadurch kann man den Entwicklungsverlauf ziemlich genau diagnostizieren. Der Verlauf beginnt sehr harmlos und wirkt sich dann im Verlauf immer heftiger aus. In jeder Phase der Entwicklung kann die Führungskraft selbst gegensteuern – wir schauen uns den Verlauf im Detail an und Sie können dabei schon mal prüfen, ob und wie Sie davon betroffen sind.

Phase 1: Der Chef ist der Macher Die Führungskraft ist neu im Job und dabei besteht schon ein erhöhtes Risiko, sich zu infizieren. Gerade in den ersten Monaten ist auffällig, dass zwei Themen hohe Priorität haben: Erstens, der neue Chef möchte schnellstmöglich Bescheid wissen, was läuft, und zweitens, er muss sofort beginnen Führungsakzeptanz aufzubauen. Und das funktioniert am besten durch ständige Kommunikation auf der Fachebene (Senden von Kompetenzsignalen) und die Integration in das Tagesgeschäft. In dieser Phase „testen" die Mitarbeiter den Chef mit weniger spektakulären Themen und führen einen Reaktionscheck durch – und dabei stellen sich die Mitarbeiter folgende Fragen: Wie offen ist er? Wie steht es mit seiner Fach- und Führungskompetenz? Was ist ihm wichtig? ...

Und genau diese Phase ist für die Führungskraft optimal, denn so lernt er die Mitarbeiter besser kennen, kommt sehr schnell ins Tagesgeschäft und erarbeitet sich Führungsakzeptanz. Im Idealfall entsteht eine Win-Win-Situation.

Phase 2: Das Team reduziert die Eigeninitiative und entwickelt eine Strategie der Rückdelegation Nachdem sich beide Seiten aneinander gewöhnt haben und der Chef nun voll im Tagesgeschäft steckt, verändert sich das Entscheidungsvorgehen bei den Mitarbeitern. In jeden einzelnen Entscheidungsprozess wird nun die Führungskraft involviert und so zu einem fixen Bestandteil. Und übernimmt dadurch gleichzeitig auch die Verantwortung. Das Motto: „Bevor ich etwas entscheide, gehe ich lieber nochmal zum Chef und bespreche es mit ihm" gilt ab nun für die Mitarbeiter.

Die Mitarbeiter haben begonnen eine Komfortzone einzurichten und sind weiterhin in der Findungsphase für das angenehmste Klima. Der Chef fühlt sich akzeptiert und in seiner Rolle bestätigt. Beide Seiten haben ihre Freude – noch!

Die Taktik entwickelt sich weiter, denn je mehr sich die Mitarbeiter in ihrer Komfortzone eingerichtet haben, desto mehr beginnt sich plötzlich das Alleskönner-Virus auszubreiten. Die Führungskraft gräbt sich immer mehr im Tagesgeschäft ein und übernimmt mehr und mehr operative Aufgaben. Mit der Folge: Der Chef hat immer weniger Zeit für die Mitarbeiter. Und diese entwickeln nun eine neue Strategie der Rückdelegation – mit der Frage: Wie schaffe ich es am besten, den Chef mit meinem Anliegen zu erreichen und seine Unterstützung zu bekommen bzw. dass er die Verantwortung übernimmt? Die Kreativität der Mitarbeiter scheint hierbei keine Grenzen zu haben – das geht von „auf dem Gang abpassen" („Haben Sie kurz Zeit für mich?") über „Mitleidsgefühle" („Chef, wir kommen hier nicht weiter und benötigen unbedingt Ihre Unterstützung") hervorrufen bis hin zu Eskalationsandrohung („Der Kunde droht zum Wettbewerb zu wechseln").

Phase 3: „Ohne mich geht nichts"-Stadium Ab jetzt ist der Chef vollkommen im operativen Tagesgeschäft und übernimmt von morgens bis abends eine Vielzahl an Aufgaben, die er eigentlich durch Delegation weiterleiten sollte. Das Zeitmanagement nach ABC- oder D-Priorisierung ist außer Kraft gesetzt. Das Vertrauen in die Leistungsfähigkeit der Mitarbeiter, ohne Chef-Support, ist teilweise nicht mehr vorhanden oder wird situativ infrage gestellt. Anstatt sich auf Resultate und Ziele zu fokussieren, konzentriert sich die

Führungskraft auf Aktivitäten und die Notwendigkeiten, die von anderen „gesteuert" werden. In eben diesem Stadium kommt das Gefühl auf, dass man zu gar nichts mehr kommt. Es droht dazu noch der Verlust des Überblicks und der Nebeneffekt „man dreht sich nur im Kreis" stellt sich auch noch ein.

Und das führt in der operativen Hektik zu dem Paradox, dass der Chef keine Zeit mehr hat sich um die eigentlichen Chef-Aufgaben zu kümmern und die Grundprobleme (wie Aufgabendelegation, Kompetenzverteilung, ...) zu lösen.

Vor lauter Bäumen kann man den Wald nicht sehen und das bedeutet dann, dass es beinahe nur noch um Effizienz geht – das Abarbeiten im daily business und den Chef-Support zu liefern, sodass die Aufgaben und Ziele der Mitarbeiter erledigt sind und erreicht werden. Die Effektivität wird vernachlässigt und d. h. wiederum, dass die Führungskraft „nicht an den richtigen und wichtigen Aufgaben arbeitet". Und das führt in der Tat dazu, dass effizient ineffektiv gearbeitet wird! Das geschieht also genau dann, wenn der Chef nicht mehr erkennt, dass er nur noch mitarbeitet.

Jetzt sollte die Führungskraft Distanz aufnehmen zum operativen Business und hinterfragen: „Was sind eigentlich meine Aufgaben, für die ich bezahlt werde?" und weiter „Und welche Aufgaben haben meine Mitarbeiter?". Mit dieser Distanz und den passenden Antworten kommt die Führungskraft sicherlich schnell auf folgende Erkenntnisse (oder zumindest ähnliche): Führung, Strategie, Konzepte, ...

Genau jetzt ist es absolut notwendig, die Mitarbeiter aus der Komfortzone zu führen, die mit Chef-Unterstützung sehr komfortabel eingerichtet wurde. Dies erfordert aber eine Menge an Zeit und Geduld, doch gerade diese Zeit ist in dieser Phase nicht vorhanden. Der Teufelskreis setzt ein.

Phase 4: Die Illusion der Inkompetenz War das Gefühl des Gebrauchtwerdens in Phase 2 noch sehr angenehm – „Klasse, ich bin wichtig. Ohne mich geht nichts" – tendiert dieses jetzt auf den Nullpunkt hin. Plötzlich haben die meisten Führungskräfte den Eindruck, dass sie ein inkompetentes Team leiten, das völlig unfähig ist, überhaupt etwas selbstständig hinzubekommen.

Dies ist die Stunde der Wahrheit für die Führungskraft. Denn eine der wichtigsten Führungsweisheiten lautet: *Spätestens nach fünf Jahren hat jede Führungskraft genau die Mitarbeiter, die sie verdient hat!*

Die Rollenverteilung und die Entscheidungs- und Verhaltensmuster sind zwischen dem Mitarbeiter und der Führungskraft angeglichen und dadurch hat sich eine Art der Abhängigkeit ergeben. Und jetzt bahnt sich eine „Beziehungskrise" an: Da werden unscheinbare Nebensächlichkeiten plötzlich überbewertet und die eigentlich wichtigen Themen vernachlässigt. Die Realitätswahrnehmung fokussiert sich verstärkt auf negative Ergebnisse. Aus den dabei entstehenden Emotionen heraus erhöhen viele Chefs nun den Druck und bestätigen ihre eigene Annahme, dass die Mitarbeiter in ihrem Job unselbstständig agieren.

Die Erwartungshaltung der Führungskraft den Mitarbeitern gegenüber wird deutlich und der aufgebaute Druck verunsichert die Mitarbeiter immer mehr. Unverständlich – da sie doch durch den Chef „erzogen" wurden, mit allen Angelegenheiten zu ihm zu kommen und er immer seine Unterstützung angeboten hatte.

Paradoxerweise erhöhen die meisten Mitarbeiter jetzt nochmals die Kontaktfrequenz zur Führungskraft und fordern mehr Sicherheit durch Unterstützung ein. Der Effekt der Rückdelegation (entstanden in Phase 2) verstärkt sich. Diese Effektverstärkung bestätigt die Führungskraft wiederum im Glauben, sie hätte keine kompetenten Mitarbeiter.

9.3.3 Die Auswirkung von Alleskönner-Viren

Beim Blick auf den gesamten Verlauf der Phasen kann man zwei Entwicklungslinien erkennen: die der Führungskraft und die des Mitarbeiters. Beim Chef beginnt es mit dem Aufbau von Vertrauen und Akzeptanz und dem Gefühl gebraucht zu werden. Dazu investiert er sehr viel in den Beziehungsaufbau. Durch den Chef-Support übernimmt er viele operative Aufgaben und so übernimmt er immer mehr die Kontrolle in Entscheidungsprozessen. Parallel dazu baut er sein Wissen aus, durch die Einarbeitung in Fachthemen. Mit dem Zwischenergebnis, dass er an Macht, Einfluss, Wissen und Kontrolle gewonnen hat. Jetzt – so berichten immer wieder die Teilnehmer von Seminaren – haben sie sich den Respekt erarbeitet. Jetzt übernimmt er auch die Rolle des „Schleusenwärters" – „bestimmt, was durchgeht und mit welcher Geschwindigkeit" und „definiert und modifiziert die Art und Weise der Schnittstellen" (bottleneck effect).

Die erste Position auf der Entwicklungslinie des Mitarbeiters: selbstständiges Handeln und Entscheiden. Dabei tastet er sich an den „neuen" Chef heran, indem er mit hoher Aufmerksamkeit und Wertschätzung beginnt die Führungsqualitäten zu prüfen. Diese Vorgehensweise hat keinen formellen Charakter, sondern dient einzig und allein dazu, die persönlichen Chancen und Risiken für die zukünftige Zusammenarbeit auszuloten – ganz nach dem Motto: Mal schauen, was geht. Sehr häufig entsteht dadurch eine gegenseitige Abhängigkeit, die teilweise unbewusst bleibt. Zum tendenziellen Vorteil des Mitarbeiters, da eine Entlastung seine Komfortzone erweitert, weil die Führungskraft (zu) häufig die operative Verantwortung übernimmt. Diese Art Polarität der Abhängigkeiten konterkariert die Selbstständigkeit, teilweise mit dem Nebeneffekt (beim Mitarbeiter): Hilflosigkeit. Oder anders herum: Je wichtiger der Chef wird, umso anhängiger wird der Mitarbeiter.

9.4 Die Logik des Systems

Die „Management-Rookies" investieren eine Menge an Zeit, die Dinge selbst zu tun. Hingegen konzentrieren sich die „Management-Professionals" fast ausschließlich darauf, die Dinge erledigen zu lassen. Doch das Dilemma ist, dass beides miteinander inkompatibel zu sein scheint. Denn je mehr Aufgaben die Führungskraft selbst übernimmt, desto weniger Zeit hat sie für die Delegation. Umgekehrt ist es genauso. Daraus lässt sich ableiten: Mit zunehmender Führungsverantwortung sollte eine Verschiebung der Arbeit von sich selbst zu anderen stattfinden. Diese Logik im System hat William Onken (Jr.) in seinem Buch „Managing Management Time" sehr eindrucksvoll beschrieben: Manager, die in der Hierarchie aufsteigen, arbeiten mit zunehmender Führungsverantwortung auch mehr. Diese Mehrarbeit entsteht durch „mehr Managementaktivität". Schon in den 1970er-Jahren kam Peter Drucker zu der Aussage: „Die Zeit eines Executives scheint jedem zu gehören."

Im System „Führung" arbeitet der Manager demnach nicht anders, sondern mehr. Eine symptomatische Begleiterscheinung seit den ersten Schritten auf der Karriereleiter. In der Annahme, dass ein erhöhtes Arbeitspensum die Vorbildfunktion stärkt und zum Chef-Dasein dazugehört.

Die drei wesentlichen Gründe – warum Führungskräfte operativ „im System" arbeiten

- Hohe Identifikation mit den persönlichen Fähigkeiten.
- Direkte Bestätigung der Leistungsfähigkeit.
- Falsche Glaubenssätze.

9.5 Die Konfiguration der Glaubenssätze

Glaubenssätze sind konfigurierbar und bestimmen die Anwendung – vergleichbar mit einer Software, die auf einem Computer installiert ist. Das Programm stellt Funktionen zur Verfügung, die eine Anwendung zulassen oder auch nicht. Und die Nutzung des kompletten Funktionsumfangs wird durch den Anwender bestimmt. Das bedeutet: Die installierte Software hat Einfluss darauf, was wir mit dem Computer tun können oder auch nicht.

Und so verhält es sich mit den Glaubenssätzen. Diese können Berechtigungen (Erlaubnis) und Einschränkungen (Verbote) enthalten. Sie treffen Aussagen darüber, was jemand (nicht) kann/darf/soll/muss oder wie sich die Dinge zueinander verhalten oder die Welt ist. Dabei sind sie oft nicht logisch herleitbar, sondern basieren auf der Verallgemeinerung subjektiver Erfahrungen.

Ein Glaubenssatz ist ein Filter der Realität und basiert auf Annahmen, Erfahrungen und Wirkung. Und am Ende steuert er Ihre Wahrnehmung und diese wiederum beeinflusst Ihr Verhalten. Erstaunlich daran: Zum einen haben schon kleine scheinbar geringfügige Glaubenssätze eine große Wirkung und zum anderen sind sich viele Menschen überhaupt nicht bewusst, welche Glaubenssätze in ihrem Leben bestimmend sind.

Jetzt die gute Nachricht: Jeder kann sich bewusst neue positive Glaubenssätze zusammenstellen und durch Wiederholungen einprogrammieren – neu konditionieren.

Aufspüren von Glaubenssätzen:

1. Um blockierende Glaubenssätze aufzuspüren ist es wichtig, sich den eigenen Glaubenssätzen bewusst zu werden. Fragen Sie sich, was Sie über das Leben, Ihre Identität, Ihre Karriere, Arbeit, Zeit, Geld, zwischenmenschliche Beziehungen, Partnerschaft, Liebe, Ihr Selbstbild, Ihre Fähigkeiten, Veränderungsmöglichkeiten usw. denken.
2. Schreiben Sie die Antworten unreflektiert und ohne Bewertung auf, damit auch die unbewussten Glaubenssätze ans Licht kommen. Manchmal werden Sie sich wundern, was Sie schreiben.
3. Jetzt fragen Sie sich:
Welche Glaubenssätze möchte ich verändern, weil sie für mich einschränkend sind? Welche Glaubenssätze kann ich für Veränderungen bewusst einsetzen, weil sie mich unterstützen?
4. Weiter fragen Sie sich, was Sie auf keinen Fall wollen.
5. Schreiben Sie auch hier die Antworten unreflektiert auf, denn mit dieser Frage richten Sie den Fokus auf Situationen, die Sie eigentlich vermeiden möchten. Vielleicht werden Sie feststellen, dass Sie sich gerade in diesen Situationen sehr häufig befinden.
6. Um die dahinterstehenden Glaubenssätze verändern zu können, fragen Sie sich jetzt: Wenn ich das nicht will, was will ich stattdessen? Was soll stattdessen sein?

Checken Sie von Zeit zu Zeit Ihre Glaubenssätze und ob diese zur Ihren Zielen passen. Konzentrieren Sie sich dabei auf die Stärken und reduzieren Sie die Einschränkungen durch Veränderungen der Einstellungen und Annahmen.

▶ Die Vergangenheit können wir nicht verändern, doch die Zukunft so gestalten, wie wir es möchten.

9.6 Drei Handlungsoptionen für den Performance-Coach

9.6.1 Erfolgsfaktor „Dream Team"

▶ Wer allein arbeitet, addiert, wer gemeinsam arbeitet, multipliziert.

Stellen Sie sich als Führungskraft ein Dream Team zusammen, übernehmen Sie die Verantwortung und formen Sie aus Spezialisten eine Mannschaft. So formieren Sie in sieben Schritten zu Ihrem Dream Team:

1. Bestimmen Sie das Ziel. Verdeutlichen Sie sich, wo die Reise hingeht. Beantworten Sie sich die Fragen: „Wo will ich hin?", „Welchen Kurs nehme ich?" und „Welche Fähigkeiten werden gebraucht?".

2. Machen Sie eine Standortanalyse. Werden Sie sich klar, wer zur Zeit in Ihrem Team ist.
   Sind das die passenden Menschen und erreichen Sie dadurch das Ziel?
3. Ziehen Sie Konsequenzen. Überlegen Sie sehr genau, wie die Kompetenzen im Team verteilt sein sollten und welche Qualifikationen gefordert sind. Gehen Sie konsequent vor und entscheiden darüber, welche Qualifikationen Sie bei den Mitarbeitern fördern oder fordern. Wie bereit sind Sie dafür? Haben Sie auch den Mut Entscheidungen zu treffen, nämlich dann, wenn jemand nicht ins Team passt.
4. Nominieren Sie die Teammitglieder. Machen Sie allen klar, wer im Team ist und wer welche Funktion übernimmt. Verteilen Sie die Kompetenzen und nutzen Sie die Stärken jedes Einzelnen.
5. Erbringen Sie die Vorleistung. Ihre erste Frage darf nicht sein: Was bringt mir diese Person im Team? Sondern vielmehr: Wie kann ich diesen Mitarbeiter fördern oder wenn notwendig fordern, damit er sich weiterentwickelt? Hier müssen Sie außergewöhnlich agieren und etwas bieten als Führungskraft. Machen Sie sich Ihrer Stärken bewusst und verstärken diese.
6. Kommunizieren Sie die Ziele. Sprechen Sie immer und immer wieder ganz konkret über die Ziele. Machen Sie jedem Teammitglied verständlich, was er davon hat, wenn die Ziele erreicht werden. Unterteilen Sie die Ziele in eine persönliche Komponente und eine unternehmensrelevante Komponente.
7. Coachen Sie das Team. Jeden Tag sollten Sie die Taktik und die Strategie prüfen. Analysieren Sie in Team- und Einzelgesprächen den Fortschritt in der Zielerreichung. Sorgen Sie für hohe Anerkennung und Respekt. Pflegen Sie eine Kultur der Selbstverantwortung.

Wenn Sie diese sieben Schritte immer wieder und wieder konsequent umsetzen, wird sich Ihr Erfolg vervielfachen.

9.6.2 Das Zauberwort „Perfomancecoaching"

Stopp – die erste Wahrheit vorweg: Performancecoaching ist mächtig – viel zu mächtig um es in ein paar Sätzen abhandeln zu können. Was ich Ihnen aufzeigen möchte ist eine Mini-Intervention, die Ihnen helfen könnte, den Mitarbeiter in den Lösungsmodus zu versetzen. Dadurch verhindern Sie eine Infektion mit dem Alleskönner-Virus und dass Sie in den Tiefen des daily business verschwinden.

9.6.2.1 Drei Grundprinzipien für Lösungscoaching

- Die Führungskraft übernimmt die Rolle des Lösungspartners.
- Die Führungskraft steuert den Lösungsfindungsprozess über Fragen.
- Die Führungskraft begleitet den Mitarbeiter in der Umsetzung der Lösung.

Grundprinzip 1 – Die Führungskraft als Lösungspartner Eine der wichtigsten Grundregeln: Die Aufgabenverantwortung hat der Mitarbeiter und die Führungsverantwortung hat die Führungskraft. Dabei sind Kompetenzen und Qualifikationen klar über die jeweiligen Verantwortungsbereiche verteilt. D.h. die Führungskraft unterstützt den Mitarbeiter seine Aufgabenverantwortung besser und bewusster wahrzunehmen. Anstatt sich aktiv an der Lösungsfindung zu beteiligen, konzentrieren Sie sich darauf, was dieser benötigt, um die Lösung selbst zu finden. Auf den ersten Blick scheint dies sehr einfach zu sein, doch beim genauen Hinschauen erkennen wir, dass sich eine Führungskraft eventuell über Jahre hinweg zum Problemlösungsspezialisten entwickelt hat. Man hatte oder hat eine Vielzahl von Problem(chen) gelöst oder zu lösen und dabei eine Menge an Erfahrung gesammelt. Immer und immer wieder hat man als Führungskraft Probleme gelöst und deshalb reagieren viele reflexartig und schalten in den Problemanalyse-Modus. Was gleichzeitig bedeutet, dass man schon wieder Aufgabenverantwortung übernimmt (Alleskönner-Infektion).

- Befähigen Sie den Mitarbeiter in seiner Aufgabenverantwortung.
- Konzentrieren Sie Ihre Aktivitäten „nur" auf die Sicherstellung der Verantwortungsbereiche.

Grundprinzip 2 – Den Lösungsprozess über Fragen steuern Nach dem Motto: *„Wer fragt der führt"*, übernehmen Sie die Initiative und definieren sozusagen die Schnittstellen. Über diese Schnittstellen steuern Sie die Funktionen im Ausführungsprozess. Und dabei werden über die passenden Fragen sogenannte Interrupt-Routinen auf Prozessorebene ausgelöst, die dann wiederum im Anwenderprogramm die entsprechenden Funktionsroutinen aktivieren. Lassen Sie uns experimentieren – lesen Sie die Frage und dann schauen Sie für ein paar Sekunden an die Decke:

Haben Sie schon einmal Angela Merkel im Fernsehen gesehen?

Was haben Sie gemacht? Der ein oder andere wird in einem inneren Dialog die Frage wiederholt haben, hat sich Bilder vorgestellt und eventuell auch teilweise eine Stimme gehört. Zumindest haben Sie nachgedacht und hatten folgenden Gedankenprozess: „Klar habe ich die schon im Fernsehen gesehen. Erst in den Kurznachrichten zum Thema ..." Dabei erkennen Sie Szenen, Stimmen etc. Es ist überhaupt nicht von Bedeutung, was Sie gerade gedacht haben, sondern es geht allein um die Erkenntnis, dass durch eine Frage ein Denkprozess ausgelöst wurde.

Über Fragen können wir im Unterbewusstsein einen *Denkprozess anstoßen* und dabei unseren Gesprächspartner *„lösungsfokussiert"* aktivieren.

Phänomenal – wenn ich Sie frage, müssen Sie nachdenken! Klingt einfach und dennoch ist es ein sehr machtvolles Instrument in der Kommunikation. Erstens – weil ich durch den gewählten Zeitpunkt bestimmen kann, *wann* Sie denken und zweitens – ich über die Art und Inhalt der Frage beeinflussen kann, *wie* Sie denken. Genau das sollten Sie sich als Führungskraft bewusst machen, welchen Einfluss Sie durch Fragen auf die Umsetzung und Aufgabensteuerung nehmen können.

Für Führungskräfte ist Fragetechnik eines der wertvollsten Instrumente.

Grundprinzip 3 – Umsetzungsbegleitung bis zur Lösung Sind die Rollen verteilt und über die passenden Fragen der Lösungsansatz gefunden, geht es an die aktive Umsetzung. Ab jetzt ist der Mitarbeiter, im Rahmen seiner Kompetenzen, auf sich selbst gestellt. Die Führungskraft hat nun – im Hintergrund – zwei Aufgaben: a) falls etwas aus dem Ruder läuft, unterstützend zu wirken und b) antreibend die Aktivitäten zu forcieren. Nach dem Prinzip Fördern und Fordern coacht die Führungskraft den Mitarbeiter in der Umsetzung bis ans Ziel.

Dabei ist der Mitarbeiter nach seinem persönlichen Reifegrad zu fördern und zu fordern, sodass sich in dieser Dynamik über die Inspiration durch den Coach (Führungskraft) die intrinsische Motivation bei ihm aufbaut.

Wo die Sonne scheint, ist der Schatten nicht weit: Durch die Umsetzungserfolge kann es sein, dass alles ein Coaching benötigt und dadurch ein „Overkill" stattfindet.

9.6.2.2 Die passenden Coaching-Fragen für die Führungskraft

… um die Ausgangssituation zu verstehen:

- Wie stellt sich die Situation aus Ihrer Sicht dar?
- Wie bewerten Sie die Situation?
- Welche Bereiche, Funktionen oder Personen sind betroffen?
- Welche Gefahren, Probleme oder Risiken bringt die Situation mit sich?

… um in der Analysephase zu verstehen:

- Ist dieses Problem früher schon einmal aufgetreten? Wenn ja, wie wurde es gelöst? Was unterscheidet gegebenenfalls die Situation von früher und heute? Wie wurde damals das Problem gelöst?
- Wie hat sich das Problem über die Zeit entwickelt? Was ist der Auslöser dieses Problems? Verändert sich das Problem bei …?
- Wer ist über das Problem informiert oder hat es ebenfalls erkannt?
- Was wurde bereits unternommen?

… um eine Lösung zu finden:

- Wie denken Sie, könnten wir das Problem … am besten lösen?
- Was schlagen Sie vor, was zu tun wäre?
- Gibt es noch weitere Alternativen, die man in Betracht ziehen könnte, um eventuell schneller, effektiver, unkomplizierter ans Ziel zu kommen?
- Was könnten wir sonst noch unternehmen?
- Was würde passieren, wenn wir überhaupt nichts machen? Was würde dann geschehen?
- Angenommen, wir hätten alle Ressourcen zur Verfügung. Welche Vorgehensweise würden Sie für die Lösung des Problems vorschlagen?

... um die Umsetzung zu planen:

- Wie meinen Sie sollten wir vorgehen, um konkret das Ziel zu erreichen? Welche Schritte sind die ersten?
- Können Sie das alleine umsetzen? Oder benötigen Sie Unterstützung und in welcher Form?
- Was sollte bei der Umsetzung auf jeden Fall beachtet werden? Welche Hindernisse könnten auftreten?
- Wer übernimmt welche Aufgaben?
- Wie lange würde es dauern um ein Ergebnis zu erreichen?

Nutzen Sie die Erfolgschancen in dem Sie die Mitarbeiter in der Lösungsfindung und aktiven Umsetzung coachen!

9.7 Über den Autor

Jochen Metzger ist einer der „außergewöhnlichen" Businessexperten und ein Visionär wenn es um Potenzialentwicklung und Performancesteigerung im Vertrieb geht.

Als Querdenker stellt er den Status quo immer und immer wieder in Frage und entwickelt dabei neue Herangehensweisen. Der Bewusstmacher versteht Grenzen zu überschreiten um damit die Zukunft zu gestalten. Dadurch hat der Vertriebsexperte schon bei vielen Menschen das Verständnis von Führung und Vertrieb nachhaltig verändert. Das macht ihn so einzigartig und das ist die 100 % Erfolgsgarantie für Unternehmen, die mit dem Businessexperten zusammenarbeiten.

Sein Credo: *„Vertrieb so einfach machen, dass Vertriebserfolg einfach ist."*
Weitere Infos unter www.remtene.com

Literatur

Verwendete Literatur

Scherer, H. (2007). *Von den Besten profitieren. Erfolgswissen von 12 bekannten Management-Trainern*. Offenbach: GABAL Verlag.

Gallup (2013). Vier grundlegende Erwartungen an gute Führungskräfte. *Newsletter*, *02*, Gallup Deutschland, Berlin.

Weiterführende Literatur

Edlung (2010). *Monkey Management. Wie Manager in weniger Zeit mehr erreichen*. Münster: Verlagshaus Monsenstein und Vannerdat OHG.

Sinn wirkt präventiv

Ein Plädoyer für mehr als nur Über-Leben im Unternehmen

Monika Mischek

10

Inhaltsverzeichnis

10.1	Mitarbeiterbindung und -zufriedenheit	184
10.2	Selbstverständnis als Chef bzw. Führungskraft	186
10.3	Werte des Unternehmens und der Mitarbeiter	189
10.4	Sinn-volle Aufgaben	191
10.5	Selbstwirksamkeit	192
10.6	Selbstvertrauen und Vertrauen	194
10.7	Resilienz	196
10.8	Aktion und Ruhe	197
10.9	Kommunikation	198
10.10	Externe Faktoren	200
10.11	Was kann jeder Einzelne tun?	200
10.12	Fazit	202
10.13	Über den Autor	203
	Literatur	203

Es könnte so schön sein: Arbeitnehmer gehen zu Wochenbeginn voller Freude und Enthusiasmus zu ihrer Arbeitsstelle und freuen sich auf fünf interessante Arbeitstage, bevor das nächste Wochenende „droht". Sie treffen dort auf spannende und herausfordernde Aufgaben, hilfsbereite Kollegen in einem angenehmen Team und Führungskräfte, die sie fördern und ihnen nicht nur interessante Aufgaben, sondern auch Verantwortung übertragen. Sie arbeiten gerne und mit großem Einsatz im Unternehmen und machen sich Gedanken über Verbesserungen und Innovationen. Ist das nur ein Wunschtraum? An dieser Stelle höre ich manchen Menschen seufzen, das wäre schön, ist aber meilenweit von der Realität an meinem Arbeitsplatz entfernt!

Monika Mischek ✉
Georg-Büchner-Strasse 39, 64347 Griesheim, Deutschland
e-mail: mischek@changeandmove.de

© Springer Fachmedien Wiesbaden 2015
P. Buchenau (Hrsg.), *Chefsache Prävention II*, DOI 10.1007/978-3-658-03614-0_10

Stattdessen wird allerorten über Stress und Hektik geklagt sowie über sinnlose Aufgabenstellungen, bei denen kein Ziel, und schon gar kein roter Faden, zu erkennen ist und die morgen schon wieder hinfällig sind. Ellenbogenmentalität, Mobbing und Intrigen aller Art sind weit verbreitet, das Betriebsklima tendiert Richtung Gefrierpunkt. Die eigene Arbeit wird von vielen Menschen als „notwendiges Übel" betrachtet und erledigt, um das zum Leben ebenso notwendige Geld zu verdienen.

10.1   Mitarbeiterbindung und -zufriedenheit

Der Gallup Engagement-Index (Gallup 2014a) legt hierzu seit 2001 Jahr für Jahr beeindruckende Zahlen auf den Tisch, die Werte sind auf einem hohen Niveau stabil. So liegen die Werte für Mitarbeiter mit hoher emotionaler Bindung an das Unternehmen seit 2001 konstant zwischen 10 und 20 %.

Auch das aktuelle Ergebnis für 2013 (Gallup 2014b) gibt keinen Anlass zur Entwarnung. Demnach haben nur 16 % der Arbeitnehmer eine hohe emotionale Bindung an das Unternehmen, in dem sie arbeiten – hochgerechnet auf die gesamte erwerbstätige Bevölkerung ab 18 Lebensjahren sind dies gut 5,4 Millionen Menschen von fast 34 Millionen erwerbstätigen Erwachsenen.[1] Diese Mitarbeiter haben innovative Ideen, die häufiger umgesetzt werden, verursachen weniger Qualitätsprobleme und Arbeitsunfälle, sind weniger krank und zeichnen sich damit durch höhere Produktivität aus.

Und was tut die große Mehrheit von gut 28 Millionen Erwerbstätigen? Diese machen im besten Falle „Dienst nach Vorschrift". Dies trifft Gallup zufolge auf 67 % der Erwerbstätigen zu. Im schlechtesten Falle verursachen sie sogar Schäden, die die Existenz des Unternehmens gefährden können. Dies trifft in hohem Maße auf die 17 % zu, die gar keine emotionale Bindung an ihren Arbeitgeber haben. Die volkswirtschaftlichen Kosten aufgrund innerer Kündigung belaufen sich auf eine Summe zwischen 98,5 und 118,4 Milliarden Euro, Jahr für Jahr, wie Gallup hochgerechnet hat. Während die Mitarbeiter mit hoher emotionaler Bindung an das Unternehmen dessen Produkte und Dienstleistungen zu 86 % weiterempfehlen, macht dies nur ca. jeder Zweite mit einer geringen emotionalen Bindung. Bei den Mitarbeitern ohne emotionale Bindung sind es gerade mal 14 %. Ähnlich sieht das Ergebnis bei der Empfehlung des Unternehmens als Arbeitgeber aus: Mitarbeiter mit hoher Bindung empfehlen die Firma in der sie arbeiten, im Freundes- und Familienkreis zu 66 % als Arbeitgeber, bei den Mitarbeitern mit geringer Bindung sind es 29 % und bei den Mitarbeitern ohne Bindung lediglich 4 %. Mitarbeiter mit hoher Bindung zeichnen sich durch eine höhere Kundenorientierung aus, bieten besseren Service an und sie beteiligen sich aktiv an der Verbesserung der Unternehmensabläufe. Die Studie ist repräsentativ für Deutschland und weist auf die Verschwendung von Potenzialen und Ressourcen in der Wirtschaft hin.

---

[1] Grundlage: 33,819 Millionen Erwerbstätige ab 18 Jahren (ohne Selbstständige, mithelfende Familienangehörige) im Jahr 2012 (Quelle: Statistisches Bundesamt 2012).

Gleichzeitig bejahen in dieser Studie 36 % der Menschen die Frage, ob sie sich innerhalb der letzten 30 Tage aufgrund von Arbeitsstress ausgebrannt gefühlt haben. Bei gut einem Fünftel der insgesamt Befragten führte dies dazu, dass sie sich gegenüber Familie und Freunden schlecht verhalten haben. Auch bei diesen beiden Fragen ist die Verteilung je nach Bindungsgrad sehr unterschiedlich: So fühlten sich 58 % der bindungslosen, jedoch nur halb so viele, nämlich 29 %, der Mitarbeiter mit hoher Bindung aufgrund von Stress ausgebrannt. Auswirkungen auf den Umgang mit Freunden und Familie hatte dies bei 42 % der bindungslosen, jedoch nur bei 13 % der Mitarbeiter mit hoher Bindung. Besonders deutlich wird der Unterschied bei der Aussage „Während der letzten Woche hatte ich Spaß bei der Arbeit": Diese bejahen 86 % der Mitarbeiter mit hoher Bindung, noch 40 % der Mitarbeiter mit geringer Bindung und lediglich 10 % derjenigen ohne Bindung.

Dazu passt die Online-Studie unter gut 200 Office-Mitarbeitern, die das Marktforschungsinstitut Yougov für Robert Half im Januar 2014 (Wirtschaft + Weiterbildung 2014a) durchgeführt hat. Dort wurde gefragt: „Welches sind für Sie die größten Glücksfaktoren im Job?" Auf Platz eins landete ein gutes Einkommen (23 %), danach folgen interessante Aufgaben und Arbeitsinhalte (22 %). Ein fairer Chef und eine Work-Life-Balance, die es allen Mitarbeitern erlaubt, private und berufliche Bedürfnisse zu vereinbaren, teilen sich den Platz vier (jeweils 16 %). Die meisten Faktoren, die umgekehrt zur Unzufriedenheit der Mitarbeiter führen, lassen sich durch Führungskonzepte verbessern.

Dazu gaben 31 % der Befragten an, die negative Stimmung im Unternehmen schlage ihnen aufs Gemüt. Zudem beklagte sich jeweils mehr als ein Viertel von ihnen über mangelnde Wertschätzung vom Chef (28 %) und ungenügende Kommunikation (27 %). In der Realität scheinen Führungskräfte diesen Anforderungen nur in geringem Maße nachzukommen: Von den Befragten gaben nur 41 % an, dass ihr Chef Interesse an seinen Mitarbeitern zeige. Fairness und Offenheit gegenüber neuen Ideen und Vorschlägen attestierten ihrem Vorgesetzten jeweils 35 % der Fachkräfte. Mit 34 % ergreift nur rund jede dritte Führungskraft Maßnahmen für ein angenehmes Miteinander im Team. Fast ein Viertel der Befragten (23 %) gab sogar an, ihr Chef unternehme gar nichts, um Mitarbeiter glücklicher und zufriedener zu machen. Nun ist diese Befragung nicht repräsentativ, allerdings werden sich die Antworten mit unterschiedlichen Prozentwerten je nach Branche und Hierarchieebene ähneln.

So hat eine Studie (Wirtschaft + Weiterbildung 2014b) von LinkedIn unter Fach- und Führungskräften ergeben, dass fast jede zweite grundsätzlich offen für alternative Jobangebote ist. Ob ein neues Jobangebot angenommen wird, hängt davon ab, ob ein höheres Gehalt oder Zusatzleistungen gezahlt werden (39 %) oder die Aussicht auf eine bessere Work-Life-Balance besteht (31 %).

Das führt uns zu den Fragen: Welches sind die entscheidenden Punkte, die aus einer Arbeitsstelle einen Arbeitsplatz machen, an dem die Menschen gerne und mit Spaß tätig sind? Was zeichnet ein Unternehmen aus, über das Mitarbeiter gerne mit Freunden und Bekannten sprechen und dessen Produkte sie voller Überzeugung verwenden und weiterempfehlen? Welche Eigenschaften und Fähigkeiten benötigen gute Chefs? Oder anders ausgedrückt, wodurch wird Arbeit zu einer sinn-vollen Aufgabe, die mit Freude und

Begeisterung und ohne ständigen Blick auf die Uhr, wann denn endlich Feierabend ist, erledigt wird?

10.2 Selbstverständnis als Chef bzw. Führungskraft

Dieses Buch wendet sich an Chefs und Führungskräfte, wie schon der Titel deutlich macht. Was können also Chefs und Führungskräfte dazu beitragen, dass Mitarbeiter eine hohe emotionale Bindung ans Unternehmen haben bzw. entwickeln und behalten?

In der Gallup-Studie werden Führungskräften überwiegend von den Mitarbeitern ohne Bindung, von 41 % der Befragten, schlechte Noten für Führung gegeben, von Mitarbeitern mit geringer Bindung lediglich von 10 % und von denen mit hoher Bindung nur von 2 %.

Aus meiner Sicht setzt gute und gelingende Führung voraus, dass sich die Führungskraft mit sich selbst auseinandergesetzt und einen Standpunkt für sich entwickelt hat. Dieser Standpunkt basiert idealerweise auf einem positiven Menschenbild, klaren Werten, guten Kommunikationsfähigkeiten und einer Bandbreite an Verhaltensmöglichkeiten in der jeweiligen Führungssituation.

Wie steht es um Ihr Menschenbild und welche Konsequenzen hat dies für die von Ihnen praktizierte Mitarbeiterführung? Haben Sie sich mit diesem Thema bereits bewusst auseinandergesetzt und wenn ja, zu welchem Ergebnis sind Sie gekommen? Es gibt viele Modelle zur Führung und zu den Führungsstilen, denen verschiedene Menschenbilder zugrunde liegen. Im Folgenden werden einige kurz vorgestellt. Blake und Mouton haben in den 1960er-Jahren das Managerial Grid (Becker 2002, S. 210 ff.), das Verhaltensgitter, entwickelt und dieses in den späten 1980er-Jahren im Hinblick auf die Führungsstile nochmals überarbeitet. Dieses Modell dient der Klassifikation von Führungsstilen und setzt auf den beiden unabhängigen Dimensionen Aufgaben- und Mitarbeiterorientierung auf. Mit Aufgabenorientierung ist das Ausmaß gemeint, in dem sich die Führungskraft für die Verwirklichung der Ziele und Aufgaben einsetzt. Mitarbeiterorientierung betrachtet das Ausmaß, in dem die Führungskraft den Mitarbeitern die Möglichkeit gibt persönliche Motive zu befriedigen, die zu einem guten Klima und Zusammenhalt beitragen, aber nicht unbedingt im Zusammenhang mit betrieblichen Zielen stehen. Für beide Dimensionen gibt es neun Stufen der möglichen Bewertung, daraus ergeben sich dann 81 mögliche Ausprägungen, die den jeweiligen Führungsstil ausmachen. Blake und Mouton haben fünf dieser Stile herausgehoben. Der Stil 9/9, mit der jeweils höchsten Ausprägung bei Aufgaben- und Mitarbeiterorientierung war ihrer Auffassung nach der optimale – unabhängig von den zu führenden Mitarbeitern.

McGregor entwickelte ungefähr zur gleichen Zeit seine XY-Theorie (Schreyögg 2008, S, 192 ff.), die zwischen faulen und fleißigen Menschen unterscheidet und dafür unterschiedliche Führungsstile empfiehlt. Das neue Element war die Abkehr von einem optimalen Führungsstil für alle Mitarbeiter und die Differenzierung nach den zu führenden Persönlichkeiten. Seiner Beobachtung nach gestalten Führungskräfte organisatorische Maßnahmen nach den Menschenbildern, die sie haben. McGregor identifizierte zwei Theorien:

die Theorie X, nach der die Menschen an sich faul sind und die Theorie Y, nach der die Menschen verantwortungsbewusst und fleißig sind. Je nachdem, welchem Menschenbild die Führungskraft – häufig auch unbewusst – folgt, wird sie sich bei der Gestaltung organisatorischer Maßnahmen gemäß einer der beiden Theorien verhalten, so McGregor. Demnach brauchen faule Menschen enge Führung und Kontrolle, fleißigen Menschen wird mehr Freiraum zugestanden. Leider wird auch heute noch in vielen Unternehmen häufig gemäß der Theorie X geführt. Wenn wir von Menschen nur das Schlechteste annehmen und diese entsprechend führen, lässt ein Abwärtstrend nicht lange auf sich warten. Die Mitarbeiter erkennen Befehle, Misstrauen und damit verbundene permanente Kontrolle ebenso wie mangelnden Freiraum zur Gestaltung und fehlendes Vertrauen und verhalten sich entsprechend. McGregor empfahl, sich der Theorie Y zuzuwenden und Organisationen zu schaffen, in denen die Planung und Gestaltung mit den Wünschen und Zielen der Mitarbeiter in Einklang stehen. Heutzutage immer noch ein guter Ansatz, der in vielen Unternehmen noch auf Verwirklichung wartet.

Chris Argyris entwickelte sein Reifekonzept (Schreyögg 2008, S. 197 ff.) in den 1960er-Jahren auf der Basis der allgemeinen menschlichen Entwicklung vom Säugling zum Erwachsenen und leitet daraus das Streben des Menschen nach Reifung ab, welche je nach den individuellen Lebensumständen mehr oder weniger gelingt. Bei diesem Konzept steht die Ziel- und Sinnorientierung im Vordergrund, die Menschen sind auf der Suche nach einem sinnvollen und erfüllten Dasein. Die sieben Dimensionen der Reifung, die Argyris benennt, sind Aktivität, Unabhängigkeit, Verhaltensmuster, Interessen, Zeitperspektive, Rang und Selbstbewusstsein. Schon allein bei der Nennung der Begriffe ohne nähere Betrachtung kann man sich unschwer vorstellen, wie schwierig hier eine Anwendung auf die Mitarbeiter sein wird. Die grundsätzliche Schwierigkeit bei diesem Konzept ist die Tatsache, dass der Begriff der „Reife" wenig greifbar ist, nicht individuell betrachtet wird und damit sehr viel Interpretationsspielraum lässt.

Reddin erweiterte das „Managerial Grid" von Blake/Mouton um eine weitere Dimension der Effektivität der Führung, die situationsabhängig ist und nennt es 3-D-Konzept (Staehle 1999, S. 842 ff.). Die Führungsstile werden hier unterschieden nach Verfahren, Beziehung, Aufgaben und Integration, die je nach Situation erfolgreich sein werden oder nicht.

Das Konzept von Reddin wurde von Hersey und Blanchard in den 1970er-Jahren zur situativen Führungstheorie (Becker 2002, S. 217 ff.) weiter entwickelt. Auch sie unterscheiden die Dimensionen Aufgaben-, Beziehungsorientierung und Reifegrad. Der Reifegrad wird situations- und aufgabenbezogen definiert und umfasst diese Elemente: Fähigkeit zum Setzen erreichbarer Ziele, Fähigkeit und Motivation zur Übernahme von Verantwortung, arbeitsrelevante Kenntnisse und den allgemeinen Ausbildungs- und Erfahrungsstand des Mitarbeiters. Daraufhin unterscheiden Hersey/Blanchard vier unterschiedliche Reifegrade (geringe, geringe bis mäßige, mäßige bis hohe und hohe Reife), die als veränderliche Faktoren zu verstehen sind. Die Führungskraft kann und soll ihren Führungsstil an den mit der Aufgabe verbundenen Reifegrad anpassen und sich von der Aufgaben- hin zur Beziehungsorientierung entwickeln. Damit entstehen für die Mitarbeiter Möglichkeiten sich zu entwickeln, die wiederum zu einer Veränderung des Führungsstils führen können, sodass sich Mitarbeiter und Führungskraft in einer Wechselwirkung befinden.

Als letztes Modell sei noch das Kontingenzmodell der Führung (Staehle 1999, S. 348 ff.) von Fiedler erwähnt. In diesem Modell geht es um den Zusammenhang zwischen Führungsverhalten und effizientem Gruppenverhalten. Als Messgröße dient der LPC-Wert, der angibt, wie die Führungskraft „den am wenigsten geschätzten Mitarbeiter" (least-preferred Coworker) beschreibt. Auch hier wird Aufgaben- und Beziehungsorientierung in der Führung unterschieden und anhand der Beschreibungen des LPC auf den Führungsstil geschlossen. Im Unterschied zu den vorangegangen Modellen führt Fiedler aus, dass je nach Situation verschiedene Führungsstile zum Erfolg führen: Im Falle einer Katastrophe sind klare und kurze Anweisungen für die einzelnen Mitarbeiter sinnvoll und überlebensnotwendig, während in weniger brisanten Situationen die Mitarbeiter einbezogen werden können.

Es gibt also eine Vielzahl unterschiedlicher Modelle, die Führung, Führungsstile und -konzepte zu systematisieren versuchten. Genau dies ist auch einer der häufigeren Kritikpunkte, dass nämlich die meisten Modelle nach Art eines Rezeptes „Man nehme ..." formuliert sind und der Anwender leicht dem Trugschluss unterliegt, dass die Umsetzung des Rezeptes zum gewünschten Resultat führt. Führung ist allerdings nicht so linear in Ursache und Wirkung, dass „der Kuchen" tatsächlich immer aufgeht. Warum habe ich dann diesen Modellen doch einigen Platz in diesem Beitrag gegeben? Ich denke, dass es dennoch hilfreich ist, sich mit den Modellen zu beschäftigen und Anregungen für das eigene Führungsverhalten aufzunehmen. Führung ist eine herausfordernde Aufgabe, die abhängig vom Führenden, den Mitarbeitern, dem Umfeld und den zu erledigenden Aufgaben flexibel und situativ erfolgt. Die Kenntnis verschiedener Modelle und Sichtweisen auf das Thema kann hierbei hilfreich sein. Jede Führungskraft wird ihren eigenen, ganz persönlichen Weg finden. Ein positives Menschenbild trägt sicher auch zu einer guten gelingenden Führung bei, wie Fairness und Offenheit gegenüber Ideen und Vorschlägen der Mitarbeiter. Auf dieser Basis wird individuelles Führungsverhalten möglich. Dieses richtet sich idealerweise an den Werten aus, die Sie für sich selbst als relevant in Ihrem Menschen- und Arbeitsleben erkannt haben.

Aus der Gallup-Studie, die schon eingangs erwähnt wurde, geht deutlich hervor, dass Mitarbeiter mit einer hohen emotionalen Bindung an das Unternehmen sehr viel weniger wechselwillig sind (7 %), gegenüber denen mit geringer emotionaler Bindung (24 %) oder ohne emotionale Bindung (55 %). Diese Prozentwerte geben an, wie viele Teilnehmer die Aussage „Ich beabsichtige heute in einem Jahr noch bei meiner derzeitigen Firma zu sein" verneint haben. Wenn wir nun im nächsten Abschnitt einen Blick auf die Kosten dieser Fluktuation werfen, wird die Höhe der vermeidbaren Kosten deutlich.

10.3 Werte des Unternehmens und der Mitarbeiter

Auch wenn die Führungskraft einen nicht unerheblichen Anteil daran hat, wie wohl sich Mitarbeiter im Unternehmen fühlen, gilt es weitere Aspekte zu berücksichtigen:

Es mag banal klingen, aber die Werte des Unternehmens sollten benannt werden. Damit meine ich keine schön anzusehenden Hochglanz-Broschüren oder PowerPoint-Präsentationen, die als „Schrank-Ware" ihr Dasein fristen, sondern die Werte, die im Unternehmen die Basis des täglichen Handelns bilden und gelebt werden. Wenn sie gemeinsam erarbeitet und kommuniziert werden und dann gelebte Praxis sind, sollten sie natürlich auch bei der Mitarbeiterauswahl berücksichtigt werden. Wie sprechen Sie im Bewerbungsgespräch die Unternehmenswerte an? Wie finden Sie heraus, ob der Bewerber gleiche oder ähnliche Werte vertritt?

Wenn die Werte des Unternehmens und der Mitarbeiter im Großen und Ganzen ähnlich sind, werden sich neue Mitarbeiter leichter ins Unternehmen integrieren und an ihrem Arbeitsplatz wohler fühlen. Damit reduziert sich auch die Gefahr der Abwanderung innerhalb der Probezeit. Damit trägt das gemeinsame Werte-Fundament auch zur Reduzierung der Kosten im Personalbereich durch geringere Fluktuation bei. Die Kosten für die Neubesetzung eines Arbeitsplatzes wird je nach Quelle (Meirich 2005) und Hierarchieebene mit bis zum doppelten der Gehalts- und Nebenkosten eines Jahres angesetzt, so kommen schnell zehntausende Euro zusammen. Selbst auf Sachbearbeiter-Ebene kommen schnell größere Beträge zusammen: Nehmen wir ein durchschnittliches Jahreseinkommen von 25.000 Euro an. Multiplizieren Sie diese Zahl mit dem Faktor 40 %, dies ist eine realistische Größe für den Ersatz von Mitarbeitern auf dieser Hierarchieebene. Es kostet Sie also etwa 10.000 Euro, um nur einen Mitarbeiter zu ersetzen. Angenommen, es verlassen fünf Mitarbeiter im Jahr das Unternehmen, würden Sie pro Jahr alleine 50.000 Euro nur für den Ersatz Ihrer Mitarbeiter ausgeben.

Was genau sind denn nun Werte und weshalb sind sie auch für Unternehmen wichtig? Viktor E. Frankl, österreichischer Neurologe und Psychiater, versteht unter Werten Leitlinien zur Orientierung des Menschen. Diese geben Handlungsziele vor und sind für die Sinn-Bildung bedeutsam. Für ihn waren Werte die drei Wege, um den Sinn des Lebens zu entdecken. Er unterschied dabei schöpferische Werte, Erlebniswerte und Einstellungswerte (Frankl 2013, S. 91 ff.). Die schöpferischen Werte sind die Basis für das Denken und Handeln der Menschen und geben dem Da-Sein Sinn. Die Erlebniswerte entstehen im Erleben von etwas, das dem Menschen wichtig ist, beispielsweise durch Geselligkeit oder gemeinschaftliches Erleben. Die Einstellungswerte zeigen sich bei persönlichen Tragödien, beispielsweise wenn nahestehende Menschen plötzlich sterben und deren Aufgaben weitergeführt werden müssen. Die dann gezeigte Haltung im Leiden einen Sinn oder ein höheres Ziel zu sehen, ist damit gemeint. Friedrich Nietzsche[2] stellte zu Werten und Sinn fest „Hat man sein Warum des Lebens, so verträgt man sich fast mit jedem Wie."

---

[2] Friedrich Nietzsche, deutscher Philosoph und klassischer Philologe, 1844–1900.

Tab. 10.1 Werte

Anerkennung	Beständigkeit	Ehrlichkeit	Eigenverantwortlichkeit
Erfolg	Erfüllung	Fairness	Freiheit
Gemeinsinn	Gemeinwohl	Gerechtigkeit	Konsequenz
Leidenschaft	Loyalität	Nachhaltigkeit	Neugier
Ordnung	Ruhe	Selbstreflexion	Sinn
Status	Unabhängigkeit	Unbestechlichkeit	Verbundenheit
Vertrauen	Vertrauenswürdigkeit	Wertschätzung	Zufriedenheit
Zukunftsorientierung	Zuverlässigkeit		

Werte geben dem Menschen also Orientierung. Im Unternehmen sind viele verschiedene Menschen gemeinsam tätig, auch hier geben die Werte Orientierung – einen roten Faden – für das Handeln. Sie sind Bestandteil der Unternehmenskultur, je nachdem, welche Werte gelebt werden, werden andere Menschen angezogen im Unternehmen mitzuarbeiten. Mitarbeiter spüren, ob die Werte, wie miteinander und mit den Kunden und Lieferanten umgegangen wird und was das Unternehmen erreichen will, nur „Papiertiger" sind oder ob es sich tatsächlich um die Basis für das gemeinsame Tun handelt. Der Prozess der Ermittlung der eigenen Werte bzw. der Unternehmenswerte nimmt sicher einige Zeit in Anspruch und lässt sich nicht in einem einzigen Workshop erledigen, dies ist jedoch gut investierte Zeit, die sich rechnet. Die Unternehmenswerte werden in der Diskussion über Hierarchieebenen hinweg ermittelt oder „gefunden". Letztendlich werden die vorhandenen Werte bewusst gemacht, benannt und aufgeschrieben. Geschieht diese Ermittlung ausschließlich durch Vorgabe des Managements wird das eingangs dieses Kapitels erwähnte Phänomen der „Schrank-Ware" sehr wahrscheinlich. Damit sich die Mitarbeiter mit den Unternehmenswerten identifizieren, ist es sehr sinnvoll, diese in die Werte-Ermittlung einzubinden.

Im Unternehmens- und Führungskontext verbunden mit einem positiven Menschenbild kommen beispielsweise die in Tab. 10.1 aufgeführten Werte infrage.

Die beispielhafte Tab. 10.1 erhebt keinen Anspruch auf Vollständigkeit, Sie können diese beliebig um die Werte erweitern, die für Sie große Relevanz haben. Die genannten Werte sind nicht trennscharf, sondern überschneiden sich teilweise bzw. sind ineinander enthalten. Sie finden beim Erweitern der Tabelle womöglich auch widersprüchliche Werte. Wählen Sie für sich einige wenige Werte aus, auf die Sie sich fokussieren, vielleicht drei bis vier. Das heißt nicht, dass alle anderen unwichtig wären, sondern diese wenigen Werte bilden die Basis und die übrigen stehen ergänzend daneben und sind mit diesen verknüpft. Eine Auseinandersetzung mit Werten und die Festlegung der relevanten Werte ist auch für Sie als Mensch hilfreich, nicht nur für Ihre Rolle als Führungskraft oder Chef, da die Festlegung der eigenen Werte Ihren Kompass ausrichtet. Dinge und Aktionen, die nicht auf Ihren Werten basieren, können Sie schneller und leichter ablehnen und sich leichter selbst treu bleiben.

Wenn heute immer wieder über Unternehmen berichtet wird, die betrügen oder bestechen, stellt sich neben der Frage des Mitmachens die Frage nach dem Wegschauen derjenigen, die nicht direkt daran beteiligt sind. Heimliche Konten in der Schweiz oder in Liechtenstein oder Schmiergeldzahlungen, der einzelne Mensch ist hier mitverantwortlich gemäß seiner eigenen Werte. Skandale und Krisen bieten aber auch die Möglichkeit zur kritischen Auseinandersetzung mit sich selbst: Wie stehe ich selbst zu diesem Thema? Wo sind meine Grenzen erreicht oder gar überschritten? Was kann ich ändern, damit ich mich wieder wohler fühle? Wenn klar ist, was mir selbst wichtig ist, ist auch klar, was keine oder nur geringe Bedeutung für mich hat. Die Krise bietet an dieser Stelle die Gelegenheit den eigenen Kompass zu prüfen und ggf. neu zu justieren.

10.4 Sinn-volle Aufgaben

Im vorigen Kapitel haben wir schon den Zusammenhang zwischen Werten und Sinn thematisiert. Werte sind Leitlinien, die dem Menschen Orientierung geben, Handlungsziele vorgeben und für die Sinnbildung bedeutsam sind. Das wiktionary (2014) liefert verschiedene Definitionen von Sinn, unter anderen: Sinn als gedanklicher Hintergrund, als Zweck einer Handlung oder Sache sowie auch als innere Beziehung, Verständnis einer Person für eine Sache. Wenn nun die Unternehmenswerte klar sind und auch die Grundlage des unternehmerischen Handels bilden, zieht das Unternehmen Menschen mit gleichen oder wenigstens sehr ähnlichen Werten und Vorstellungen von Sinn an.

Somit gibt es eine gemeinsame Basis für die tägliche Arbeit. Wenn alle Mitarbeiter am gleichen Strang – und in die gleiche Richtung – ziehen, ergibt sich eine motivierte und leistungsfähige Truppe. Klingt einfach, ist im Tagesgeschäft trotzdem immer wieder herausfordernd und oftmals eine Gratwanderung. Einen kühlen Kopf zu bewahren und sich gemäß den Werten auszurichten und zu verhalten, klingt vielleicht für den einen oder anderen etwas realitätsfern oder schwierig umsetzbar, wenn Stress und Hektik überhand nehmen. Andererseits hat eine werteorientierte Unternehmenskultur den Vorteil eines vertrauensvollen Miteinanders, welches gerade in hektischen Zeiten dafür sorgt, dass das gemeinsame Ziel, den Kunden bestmöglich zu bedienen, nicht aus dem Blick verloren wird. Es ist nicht notwendig, sich nach allen Seiten abzusichern, um „im Falle eines Falles" ja nicht schuld zu sein – woran auch immer. Gerade dieses Phänomen bindet sehr viele Ressourcen und Energien, die an anderer Stelle weitaus sinnvoller eingesetzt werden könnten, wie ich aus eigener Erfahrung im Projektgeschäft berichten kann. Es ist für mich jedes Mal wieder sehr faszinierend und erstaunlich zugleich, wenn erwachsene Menschen halbe Tage mit dem Formulieren einer einzigen Antwortmail und der sorgfältigen Zusammenstellung des zugehörigen Mailverteilers verbringen, um nur ja alle informiert und sich selbst bestmöglich gegen jede „Schuld" abgesichert zu haben – produktiv und kundenfreundlich ist es nicht ... und sinn-voll?

Sinn-volle Aufgaben haben den Vorteil, dass die Mitarbeiter sie erledigen wollen – und nicht „müssen". Der Sinn ergibt sich aus Strategie und Vision des Unternehmens. Wofür existiert das Unternehmen? Welchen Zweck hat es? Welche Ziele sollen erreicht werden? Wenn Unternehmen eine Strategie für sich entwickelt haben, die auf Werten basiert und als roter Faden für das tägliche Handeln gilt, kann der eigene Beitrag zum Erfolg des Unternehmens vom Mitarbeiter leichter erkannt werden. Das Ziel, das der Mitarbeiter mit der Erledigung seiner Aufgaben erreichen wird, dient auch dem Ziel des Unternehmens. Insofern ist dieser Beitrag wert-voll und auch sinn-voll für das Unternehmen, denn er unterstützt den Fortbestand des Unternehmens durch konsequentes Umsetzen der Strategie. Die Mitarbeiter erleben ihren Beitrag als wertvoll im Unternehmenskontext und bekommen Wertschätzung dafür. Darüber hinaus erfahren die Mitarbeiter, dass sie etwas bewegen können, ihre Meinung zählt und sie auch als Menschen gesehen werden. Diese positiven Erfahrungen stärken das Vertrauen in die eigenen Fähigkeiten und das Selbstvertrauen auch schwierige Aufgaben lösen zu können.

10.5 Selbstwirksamkeit

In der Psychologie ist dieser Mechanismus bekannt als „Konzept der Selbstwirksamkeitserwartung". Das Konzept wurde vom Psychologen Albert Bandura in den 1970er-Jahren entwickelt. Hiermit ist die persönliche Einschätzung der eigenen Kompetenzen, allgemein mit Schwierigkeiten und Barrieren im täglichen Leben zurechtzukommen, gemeint. Diese Überzeugung bezüglich der eigenen Fähigkeiten bestimmt, wie Menschen sich in einer konkreten Situation fühlen, wie sie denken, sich motivieren und auch wie sie handeln. Sie beeinflusst die Wahrnehmung und Leistung daher auf unterschiedlichste Art und Weise. Selbstwirksamkeit bezieht sich also auf die Überzeugung, dass man fähig ist, etwas zu erlernen oder eine bestimmte Aufgabe auszuführen. Positiv auf die Selbstwirksamkeitserwartung wirken neben eigenen Erfolgserlebnissen auch Erfolge anderer Menschen, die ähnliche Fähigkeiten, wie man sie selbst hat, haben. Vertraute Menschen, die signalisieren, dass man die Aufgabe gut bewältigen wird, unterstützen sie ebenfalls positiv. In der Auseinandersetzung mit alltäglichen Anforderungen stellen die individuellen Selbstwirksamkeits- oder Kompetenzerwartungen eine wichtige personenbezogene Ressource dar. Wenn Menschen schwierige Dinge zu bewältigen haben, wägen sie die an sie gestellten Anforderungen gegen ihre Kompetenzen ab. Erst dann entscheiden sie sich für eine bestimmte Handlung bzw. Bewältigungsreaktion. Körperliche Erregungen können einen Hinweis geben, dass die eigenen Handlungsressourcen nicht ausreichen oder zu schwach sind: Wenn beispielsweise das Herz bis zum Hals schlägt, man feuchte Hände hat oder kalter Schweiß auf der Stirn steht. Hier helfen beim Stressabbau beispielsweise Entspannungstechniken, wie Progressive Muskelentspannung nach Edmund Jacobson oder Autogenes Training nach Johannes Heinrich Schultz, um entspannter, ruhiger und damit meist auch erfolgreicher an die herausfordernden Aufgaben heranzugehen.

Bei der Progressiven Muskelentspannung handelt es sich um ein Verfahren, bei dem durch die willentliche und bewusste An- und Entspannung bestimmter Muskelgruppen ein Zustand tiefer Entspannung des ganzen Körpers erreicht werden soll. Dabei werden einzelne Muskelgruppen in einer festgelegten Reihenfolge angespannt, die Muskelspannung wird kurz gehalten und anschließend wird die Spannung gelöst. Die Konzentration der Person wird dabei auf den Wechsel zwischen Anspannung und Entspannung gerichtet und auf die Empfindungen, die mit diesen unterschiedlichen Zuständen einhergehen. Ziel des Verfahrens ist die spürbare Entspannung des gesamten Organismus. Körperliche Unruhe oder Erregungszustände werden gemildert und Muskelverspannungen können gezielt verringert werden. Diese Technik ist auch sehr gut geeignet für Menschen, die die Wahrnehmung ihres eigenen Körpers schulen und ein besseres Körperbewusstsein erreichen wollen.

Das Autogene Training von Johannes Heinrich Schultz ist eine auf Autosuggestion basierende Entspannungstechnik. Mit Autogenem Training gelingt es sich in kurzer Zeit zu entspannen, es wirkt beruhigend, stresslösend und regeneriert Körper, Geist und Seele. Damit wird eine positive Beeinflussung des gesamten Organismus erreicht. Die verwendeten sprachlichen Formeln und die Übungsweise sprechen das vegetative Nervensystem an. Dies ist unter anderem für Herzschlag, Atmung, Blutdruck und Gefäße verantwortlich. Durch das Autogene Training ist es möglich, der Arbeit, dem Stress und der Anspannung mit Ruhe und Entspannung entgegenzutreten und so Momente der Erholung in den Alltag einzubauen.

Beide Techniken sind Methoden, die umso besser wirken, je regelmäßiger und länger sie geübt werden. Sie benötigen keine spezielle Ausrüstung, um die Übungen durchzuführen. Somit genügen schon ein paar Minuten im Arbeitsalltag, selbst am Schreibtisch, um eine Reduzierung des eigenen Stresslevels herbeizuführen, nachdem Sie die Übungen einmal von Grund auf erlernt haben. Beide Methoden senken den Stresslevel und ermöglichen somit besonnenere Reaktionen auf die Ereignisse. Entspannte Menschen zeigen mehr Stabilität und Widerstandskraft auch bei unerwarteten Ereignissen. Die jeweils bevorzugten Möglichkeiten des Stressabbaus sind individuell sehr unterschiedlich. Manche Menschen kommen gut mit Entspannungstechniken zurecht, andere ziehen körperliche Betätigung vor – sei es Garten umgraben, spazieren gehen oder Sport treiben. Wieder andere entspannen gut, wenn sie Zeit mit Freunden und Bekannten verbringen.

Ein wesentlicher Faktor bei der Selbstwirksamkeitserwartung ist die Annahme, dass man als Person gezielt Einfluss auf die Dinge und die Welt nehmen kann. In der Psychologie wird dies als Kontrollüberzeugung bezeichnet. Menschen mit geringer Selbstwirksamkeitserwartung glauben eher, dass sie nur zufällig oder durch das Zutun anderer erfolgreich waren. Nach Ansicht von Experten lässt sich die Selbstwirksamkeit bis zu einem gewissen Grad erlernen bzw. erhöhen. Zunächst sollte man für Erfolgserlebnisse der Betroffenen sorgen, denn je öfter sie die Erfahrung machen, etwas aus eigener Kraft geschafft zu haben, desto selbstwirksamer werden sie. Dabei ist es wichtig, realistische Teilziele zu stecken, denn das erhöht die Chancen, diese tatsächlich zu erreichen. Auch kleine Erfolge wirken sich auf das weitere Handeln aus, denn das Gefühl, etwas selbst in der Hand zu haben, wächst und damit die Motivation, sich einer weiteren Herausforderung zu stellen – so verbessert sich die Selbstwirksamkeit schrittweise und damit wächst auch das Selbstvertrauen.

10.6 Selbstvertrauen und Vertrauen

Unter dem Begriff Selbstvertrauen versteht die Psychologie die emotionale Bewertung und den Eindruck, den der Mensch von sich selbst hat. Ein gutes, hohes oder auch gesundes Maß an Selbstvertrauen ist dann zu erkennen, wenn der Mensch auf eine bevorstehende Aufgabe oder ein Problem optimistisch blickt und darauf vertraut, die Herausforderung zu meistern oder das Problem zu lösen. Bei der Definition von Selbstvertrauen sind die Ausprägungen für das Maß an Selbstvertrauen zu beachten. Grundsätzlich kann man zwischen:

- gesundem und ungesundem Selbstvertrauen,
- hohem und niedrigem Selbstvertrauen und
- berechtigtem und unberechtigtem Selbstvertrauen unterscheiden.

Weder ein zu hohes noch ein zu niedriges Selbstvertrauen ist für den einzelnen Menschen günstig, da beides zu unrealistischen Erwartungshaltungen führen kann. Ein unangemessen hohes Selbstvertrauen führt dazu, dass sich die betroffenen Menschen regelmäßig überschätzen. Das führt wiederum dazu, dass sie ihre Ziele gar nicht oder nur selten erreichen, da die Einschätzung der eigenen Fähigkeiten nicht realistisch ist und sie mit der Aufgabe tatsächlich überfordert sind. Ein zu niedriges Selbstvertrauen kann umgekehrt dazu führen, dass Menschen Aufgaben, Probleme und schwierige Situationen nicht annehmen und angehen, da sie sich dies nicht zutrauen. Sie gehen den Herausforderungen lieber gleich aus dem Weg, weichen möglichen Problemen aus und setzen sich keine Ziele, weil sie sich die Umsetzung nicht zutrauen. Dieses Verhalten kann bei sehr starker Ausprägung zu einer gewissen Hilflosigkeit und Ziellosigkeit führen, besonders wenn es längere Zeit anhält.

Ein gesundes berechtigtes Selbstvertrauen zeigt sich auch in Gestik, Mimik und Körperhaltung der Person. Menschen mit einem hohen Selbstvertrauen erkennt man beispielsweise an der aufrechten und offenen Haltung, dem offenen Blickkontakt sowie einer deutlichen und verständlichen Sprache. Das Selbstvertrauen lässt sich nicht nur an äußerlich Wahrnehmbarem festmachen, sondern auch am Inneren des Menschen, am Eigenbild, das ein Mensch von sich hat. Spricht die Person von sich, thematisiert sie dann überwiegend ihre Schwächen oder auch ihre Stärken sowie was und wie viel sie sich zutraut? Wenn Menschen sich selbst vertrauen, dann glauben sie an ihre Fähigkeit mit Problemen, die auf sie zukommen, umgehen zu können. Damit haben sie das Selbst-Vertrauen, ihr Leben zu meistern – was auch immer kommen mag. Durch dieses Vertrauen gehen sie gelassen durch die Welt.

Neben dem Vertrauen in die eigene Person hat auch das Vertrauen in andere Menschen Relevanz. Mit der zuvor beschriebenen Gelassenheit durch Selbstvertrauen fällt es auch leichter, anderen Menschen zu vertrauen. Denn wenn man die Überzeugung hat, mit allem, was auf einen zukommt, fertig werden zu können, dann braucht man keine Ängste oder Befürchtungen zu haben und kann anderen Menschen Gutes unterstellen, ihnen einen Vertrauensvorschuss geben und vertrauensvoll auf diese zugehen. Wenn man jedoch glaubt, anderen nicht gewachsen oder schwächer als sie zu sein, dann hat man eher Angst vor anderen und neigt zu Misstrauen. Außer Frage steht dabei, dass Vertrauen missbraucht werden kann. Auf der menschlichen Ebene ist dieser Missbrauch eine Enttäuschung, aus der man entsprechende Konsequenzen ziehen kann und sollte. Von Menschen, die das entgegengebrachte Vertrauen eventuell sogar mehrfach missbrauchen, um ihren eigenen Nutzen ohne Rücksicht auf andere Menschen zu erreichen, sollte man sich möglichst trennen, besonders wenn keine Einsicht und Reue zu erkennen ist.

Auch in der Wirtschaft gibt es den Vertrauensmissbrauch, hier sei etwa auf den Diebstahl von materiellen und immateriellen Unternehmenswerten, Patentrechtsverletzungen, Plagiate und Raubkopien durch Mitarbeiter, Geschäftspartner, Lieferanten oder Kriminelle hingewiesen. In erstaunlich vielen Unternehmen herrscht alles andere als ein vertrauensvolles Klima, stattdessen bestimmen Revierdenken, Eigeninteressen und mehr oder weniger gekonnte Machtspielchen den Alltag, wie bereits eingangs des Beitrags erwähnt. Warum ist es nun so schwierig mit dem Vertrauen? Im Grunde funktioniert das gegenseitige Vertrauen ähnlich wie ein Bankkonto: Davon kann man nicht nur abheben, sondern muss auch etwas einzahlen. Also gilt, wer einen hohen Kontostand haben möchte, muss mehr einzahlen als er entnimmt. Und wer will, dass sein Konto im Plus ist, der sollte möglichst mit dem Einzahlen beginnen und nicht mit dem Abheben! Abbuchungen sind all jene Taktiken und Schachzüge, die kurzfristig vielleicht sogar kleine Vorteile bringen, aber zu Lasten des Vertrauenskontos gehen:

- Kollegen bei einer Entscheidung zu übergehen, weil man vermutet, dass sie Einwände erheben werden,
- bei Mitarbeitern, Kollegen und/oder Vorgesetzten unerfüllbare Erwartungen zu wecken,
- sich auf Kosten von anderen Menschen zu profilieren,
- Fakten schaffen, statt den Konsens mit anderen Sichtweisen in der Diskussion zu suchen,
- unrealistische Vorgaben von oben einfach nach unten weiterzugeben,
- die untertriebene Darstellung des nötigen Aufwands, mit der man sich die Zustimmung eines Mitarbeiters oder Kollegen für eine Zusatzaufgabe erschleicht ...

Lauter Tricks und Kniffe, die den Berufsalltag zwar im Moment für den Tricksenden leichter machen, die sich aber auf längere Sicht vertrauensschädigend auswirken. Vertrauen hat also einen Preis: Den Verzicht auf kurzfristige Vorteile, die man sich mit List und Tücke zu Lasten der Kollegen erschleicht. Je nach Persönlichkeit kommen die Menschen mit solchen und anderen Verhaltensweisen ihrer Mitmenschen besser oder weniger gut zurecht. Vertrauen kann also sehr leicht zerstört werden. Es ist ein zartes Pflänzchen, das gehegt und gepflegt werden will, damit es sich entwickelt und gedeiht. Andererseits ist Vertrauen die Grundlage für ein gutes Unternehmensklima und schafft eine stabile Grundlage zwischen Führungskraft und Mitarbeitern, sodass sich die Arbeit daran lohnt.

10.7 Resilienz

Der Begriff Resilienz ist immer häufiger auch im Personal- und Führungskontext zu finden, obwohl er ursprünglich aus der Werkstoffphysik kommt. Dort gelten Materialien als resilient, die nach Momenten der extremen Spannung wieder in ihren Ursprungszustand zurückkehren, wie etwa ein Gummiband. Beim Menschen funktioniert das Prinzip durchaus ähnlich: Resiliente Menschen besitzen eine seelisch hohe Widerstandskraft oder Unverwüstlichkeit, gewissermaßen das Immunsystem der Seele. Diese „Stehauf-Menschen" erholen sich nicht nur erstaunlich schnell von extremen Stresssituationen, sondern gehen sogar gestärkt aus ihnen hervor, auch wenn es sich um Konflikte, Misserfolge, Niederlagen und Lebenskrisen wie schwere Erkrankungen, eine Entlassung, den Verlust eines nahe stehenden Menschen durch Tod oder Trennung, Unfälle, Schicksalsschläge, berufliche Fehlschläge oder eine traumatische Erfahrung handelt. Belastungen erleben resiliente Menschen eher als Herausforderung denn als Problem oder unlösbare Krise. Sie erholen sich auch schneller von Fehlschlägen und Niederlagen als Menschen, die über eine geringe Resilienz verfügen. Resilienz ist somit eine Art körperliche und seelische Widerstandsfähigkeit. Selbstwirksamkeit meint also die individuelle, unterschiedlich ausgeprägte Überzeugung, dass man in einer bestimmten Situation die angemessene Leistung erbringen kann.

Wie inzwischen erforscht wurde, ist Resilienz nicht angeboren, sondern wird von uns Menschen im Laufe der persönlichen Entwicklung erlernt (Berndt 2013, S. 74). Somit kann jeder Mensch seine Resilienz steigern, wenn es ihm daran mangelt. Die Resilienzforschung hat folgende Faktoren identifiziert, die für eine gute seelische und körperliche Widerstandkraft wichtig sind:

- Die Überzeugung, dass wir Einfluss auf unser Leben haben. Das Vertrauen in die zuvor bereits erwähnte Selbstwirksamkeit ist die wichtigste Fähigkeit resilienter Menschen. Menschen mit einer guten Widerstandskraft übernehmen für ihr Leben und ihr Handeln die Verantwortung. Menschen mit einer geringen Resilienz sehen sich oft in der Opferrolle und fühlen sich deshalb hilflos, eher ohnmächtig und ausgeliefert.
- Selbstvertrauen spielt eine wichtige Rolle, nämlich die Überzeugung, dass wir über genügend innere Stärke verfügen, um eine Lösung finden zu können.
- Das soziale Netzwerk mit engen emotionalen Bindungen zu anderen Menschen. Sodass wir wissen, wir sind nicht allein, also stabile und reale Beziehungen zu Freunden und Menschen.
- Die Fähigkeit, um Hilfe zu bitten.
- Eine optimistische Grundhaltung liefert ebenfalls einen wichtigen Beitrag. Wer optimistisch ist, betrachtet Krisen als vorübergehend und ist der Überzeugung, dass sich alles zum Guten wenden wird. Dieser Optimismus hilft, besser mit Problemen und Krisen umzugehen.
- Die Fähigkeit, den Blick auf die Lösung von Problemen zu richten.
- Positive Erfahrungen der Krisenbewältigung in der Vergangenheit.

- Körperliche Bewegung in Form von Ausdauersport wie Joggen, Schwimmen, Walken oder Radfahren.

Gefördert wird Resilienz durch ein Zugehörigkeitsgefühl zu einer Gemeinschaft, Selbstwirksamkeit, Selbstvertrauen und den Glauben an einen höheren Sinn im Leben. Dies sind wichtige Bausteine für den einzelnen Menschen, um mit den Herausforderungen des Alltags umgehen zu können. Wenn der Mensch davon ausgeht, die Situation kontrollieren und sogar verändern zu können, empfindet er sie als weniger belastend. Intelligenz und Humor sind auch zwei Aspekte, die sich positiv auf die Resilienz auswirken. Wer intelligent ist, kann sich mit seiner Situation auseinandersetzen, sich Alternativen überlegen und hat meistens mehrere verschiedene Möglichkeiten zu handeln. Humor hilft, nicht immer alles zu ernst zu nehmen, sondern auch mal über sich selbst lachen zu können. Die gesündere Haltung ist den Widrigkeiten des Alltags mit Optimismus und Witz entgegen zu gehen, anstatt nur mit Blick zurück die Verluste zu beklagen. Zusammenfassend lässt sich sagen, ein Training der eigenen Resilienz lohnt sich nahezu für jeden Menschen.

10.8 Aktion und Ruhe

In der Ausgabe des Harvard Business Managers vom Mai 2014 gibt es einen interessanten Artikel zur „Sonntagsneurose" gebildeter hochqualifizierter Personen in gehobenen Positionen. Dazu hat Professor Wolfgang Maennig (Harvard Business Manager 2014, S. 14 ff.) die Daten des sozioökonomischen Panels ausgewertet. Die Teilnehmer wurden nach ihrer grundsätzlichen Zufriedenheit und ihren Lebensumständen befragt. Professor Maennig fiel auf, dass sich besser Gebildete an Samstagen und Sonntagen unglücklicher fühlen als an anderen Wochentagen, besonders deutlich wurde dies bei den Männern. Dazu hat er zwei mögliche Interpretationen parat: Zum einen haben bei dieser Gruppe der Druck und die Anforderungen im Arbeitsleben in den letzten Jahren besonders stark zugenommen. Die Aufgabenstellungen, die zu Wochenbeginn ungeplant dazu kommen, sind weniger vorhersehbar geworden und die To-Do-Liste wird immer nur noch länger. Zum anderen könnte es ein Hinweis sein, dass die Betroffenen lieber arbeiten würden als Freizeit zu haben. Dann wird die Zeit des „Nichtstuns" im Hinblick auf die vielfältigen anstehenden Aufgaben möglicherweise als Bremse für das Vorankommen betrachtet und schafft Unbehagen. Bedeutet dies nun auch, dass sich die Menschen auf der Arbeit wohler fühlen als zuhause? Spannend ist auch das „einfache" Rezept, dass diese Gefühle am besten durch ein permanent gleichbleibendes Stressniveau an sieben Tagen die Woche vermieden werden können – wer kann dies schon auf Dauer und mit welchen Konsequenzen verfolgen? Die „schwierigere" Lösung ist laut Professor Maennig die eigenen Ansprüche zu senken, sowohl die an die eigene Person, den Beruf und auch das Umfeld – gerade für die besonders betroffene Zielgruppe eher keine leichte Aufgabe. Es wird interessant sein, hier die weiteren Forschungen zu verfolgen.

Häufig wäre jedoch genau das Gegenteil bei der täglichen Arbeit hilfreich: Gerade bei komplexen Aufgaben, plötzlich auftretenden Schwierigkeiten oder auch bei der Entwicklung von mittel- bis langfristigen Strategien ist es wichtig, sich für eine gewisse Zeit zurückziehen zu können. Dann fällt es leichter die Fragestellung in Ruhe zu durchdenken, verschiedene Handlungsmöglichkeiten zu ermitteln und auszuarbeiten sowie diese Szenarien auf ihre Sinnhaftigkeit und Umsetzbarkeit zu prüfen, um dann eine fundierte Entscheidung treffen zu können. Damit dies überhaupt möglich ist, ist Konzentration notwendig und diese setzt wiederum Ruhe anstelle von permanenter Aktion voraus. In der Hektik des Tagesgeschäfts ist daran nicht zu denken. Ständig verlangt etwas oder jemand die ganze Aufmerksamkeit, alles ist brandeilig und extrem wichtig und kann auf gar keinen Fall warten. Es regieren Aktionismus, Eile und Geschäftigkeit – die Re-Aktion, nicht das Ergebnis steht im Vordergrund. Auf der Basis von Hektik und Aktionismus können keine klugen Entscheidungen entstehen, dies sollte niemanden ernsthaft wundern. Die Tendenz, Dinge nur oberflächlich zu betrachten und Entscheidungen ohne tiefere Kenntnis des Sachverhalts unter Zeitdruck zu entscheiden, ist immer häufiger festzustellen. Dies wirkt sich negativ auf die weitere Entwicklung des Unternehmens, die Atmosphäre im Unternehmen und die Gesundheit des Mitarbeiters aus, hier wird die Arbeitsfähigkeit herabgesetzt und gesundheitlichen Problemen Vorschub geleistet, insbesondere psychische Störungen nehmen immer weiter zu. Wer an diesen Ansprüchen scheitert bzw. den eigenen Erwartungen nicht genügt, droht auf lange Sicht auszubrennen und psychisch zu erkranken. Laut einer langfristig angelegten Forschung der DAK-Gesundheit (DAK 2013, S. 27) nahm die Anzahl der Arbeitsunfähigkeitstage aufgrund psychischer Erkrankungen im Zeitraum von 1997 bis 2012, also in 16 Jahren um 165 % bzw. den Faktor 2,7 zu, wobei sich die Dauer der Arbeitsunfähigkeit tendenziell weiter verlängert. Ausfälle aufgrund psychischer Erkrankungen liegen inzwischen auf Platz zwei der Ursachen für Krankschreibungen, nach Muskel-Skelett-Erkrankungen. Sie dauern sehr lange, häufig länger als einen Monat. Zeiten zum Innehalten, regelmäßige – auch kurze – Pausen, etwas Bewegung auch tagsüber, bei einem Spaziergang während der Mittagspause, die nicht durchgearbeitet wird, können hier als ganz einfache und grundlegende Präventionsmaßnahmen helfen.

10.9 Kommunikation

Wie im Abschn. 10.1 bei den verschiedenen Studien dargestellt, beklagen viele Mitarbeiter mangelnde Wertschätzung vom Chef und ungenügende Kommunikation. Tatsächlich scheinen Führungskräfte diesen Anforderungen nur wenig Gewicht beizumessen und ihnen in geringem Maße nachzukommen: Mehr als die Hälfte der Befragten gab an, dass ihr Chef kein Interesse an seinen Mitarbeitern zeige. Nur ein Drittel der Führungskräfte ergreift Maßnahmen für ein angenehmes Miteinander im Team.

Für gelingende Zusammenarbeit im Unternehmen ist funktionierende Kommunikation unerlässlich: Arbeitsaufträge verteilen, Erwartungen und Ziele klären, Informationen und Erläuterungen dazu abgeben, Arbeitsabläufe effizient gestalten, Fortschritte ermitteln, steuern und gegensteuern, Feedback geben – für alle diese Punkte ist Kommunikation wichtig und zwar zwischen Mitarbeiter und Führungskraft, nicht als Einbahnstraße, auf der Anweisungen erteilt werden. Damit Kommunikation erfolgreich ist, ist Zuhören gefordert: Zuhören, um zu verstehen, was der andere sagen will und auch nachzufragen, wenn etwas unklar ist. In vielen Meetings, Besprechungen aller Art geht es gar nicht ums Verstehen, sondern darum, den eigenen Standpunkt und sich selbst darzustellen, die eigene Meinung kundzutun, die eigenen Interessen zu fördern oder die Umsetzung von Dingen, die den eigenen Interessen zuwider laufen zu verhindern, das Haar in der Suppe zu finden – häufig geht es nicht um die Sache, sondern um taktische oder politische „Spielchen".

Beim aktiven Zuhören geht es im Gegensatz dazu darum, zu verstehen, was der Sprechende sagt und dies wiederzugeben, um zu einem gemeinsamen Verständnis der Aussage zu kommen. Dabei schafft man durch Hinterfragen, Ergänzungen oder Umformulierungen in recht kurzer Zeit ein tatsächlich gemeinsames Verständnis, sofern das Vertrauen untereinander vorhanden ist.

Gelingende Kommunikation zeichnet sich dagegen durch gegenseitigen Respekt, Aufmerksamkeit für den anderen, Lob und Anerkennung und fairen Umgang miteinander – auch und gerade in schwierigen Situationen – aus. Sie trägt wesentlich zu einem guten Betriebsklima bei. Sie ist die Basis, um Menschen in die Lage zu versetzen, als Gruppe Leistungen zu erbringen, indem man ihnen gemeinsame Ziele und Werte sowie kontinuierliche Lern- und Entwicklungsmöglichkeiten gibt. Sie ermöglicht den Austausch über Erkenntnisse und Sichtweisen, das Lernen aus vorangegangenen schwierigen Situationen und Fehlern und die Weitergabe von Informationen zu gut gelungenen Projekten und deren Ursachen. Gleichzeitig sind Mitarbeiter, die sich gut informiert und in die Kommunikation eingebunden fühlen, motiviert und arbeiten kreativ mit.

Findet keine oder nur unzureichende, selektive Kommunikation statt, entstehen sehr rasch Gerüchte. Es kursieren wilde Geschichten, die häufig Endzeitstimmung verbreiten und mit der tatsächlichen Situation nichts oder nur sehr wenig zu tun haben – auch hier gilt, leere Räume füllen sich, gerade bei Veränderungsprojekten kann man dies immer wieder beobachten. Insofern ist eine offene Kommunikation besser als gar nichts zu sagen. Selbst wenn beispielsweise (noch) nicht viel Inhaltliches gesagt werden kann, kann man darüber sprechen, was die Ziele sind, wie das Vorgehen aktuell geplant, was der Anlass für das Projekt ist, was bei der Umsetzung besonders im Vordergrund stehen wird, usw. Zur gelingenden Kommunikation im Unternehmen gehört auch mit Maß und Ziel zu kommunizieren. In vielen Unternehmen verbringen Mitarbeiter mehr Zeit mit Meetings als mit produktiver Arbeit. Informelle wie formelle Kommunikation ist notwendig, ebenso wie verschiedene Medien und Kommunikationskanäle. Mitarbeiter haben in der Regel Interesse an Kommunikation und Austausch, um ihre eigenen Aufgaben erledigen zu können, Erwartungen und Wünsche mitzuteilen und mit Kollegen gemeinsame Aufgaben zu bearbeiten. Die Qualität der Kommunikation hängt eng mit der Unternehmenskultur zusammen: Die Unternehmenskultur prägt mit Werten, Normen und Handlungsmöglichkeiten das Denken und Handeln der Mitarbeiter und schafft damit den Rahmen für die Kommunikation. Dies zeigt sich beispielsweise daran,

- wie miteinander geredet wird,
- ob Mitarbeiter rechtzeitig und umfassend informiert werden,
- ob es Tabuthemen gibt, über die keinesfalls gesprochen wird,
- ob unterlassene Kommunikation bemerkt wird und Konsequenzen hat,
- wie Konflikte behandelt werden und
- wie Kritik geäußert wird.

An diesen Beispielen wird schon deutlich, dass die Art und Weise der Kommunikation stark von der Unternehmenskultur, dem Umgang miteinander und von vorhandenem Vertrauen bzw. Misstrauen abhängt.

10.10 Externe Faktoren

Natürlich sind auch andere Faktoren zu berücksichtigen, wie die Arbeitsorganisation, Arbeitsschutz, rechtliche Aspekte, betriebliches Gesundheitsmanagement und die Arbeitsplatzgestaltung im Unternehmen, die sich auf die Belastbarkeit und den Umgang mit den täglichen Aufgaben am Arbeitsplatz auswirken. Dies sei der Vollständigkeit halber erwähnt – auch wenn der Schwerpunkt in diesem Beitrag auf den personenbezogenen Ressourcen und Möglichkeiten liegt. Diese haben den Vorteil, dass jeder Einzelne sich entwickeln kann und diese persönlichen Ressourcen zukünftig auch in anderen Lebenssituationen und an anderen Arbeitsplätzen zur Verfügung haben wird.

10.11 Was kann jeder Einzelne tun?

Nachdem wir nun einige Aspekte betrachtet haben, die Einfluss darauf nehmen, wie wohl oder unwohl sich Menschen an ihrem Arbeitsplatz fühlen, kommen wir zur Frage, was können Führungskräfte und Mitarbeiter tun, um das Arbeitsleben effizient, produktiv und angenehm zu gestalten? Wir haben gesehen, dass eine gute Führungskraft sich ihrer selbst bewusst sein sollte, die für sie gültigen Werte ermitteln und einen eigenen Standpunkt entwickeln sollte. Nun ist eine Führungskraft heute häufig nur temporär Ansprechpartner für den Mitarbeiter, durch Restrukturierungen, Fusionen, Verkäufe von Unternehmen oder Unternehmensteilen und Fluktuationen ergeben sich immer wieder neue Konstellationen, Gruppen und Gruppendynamiken. Dennoch gilt auch heute noch häufig, Mitarbeiter, die kündigen, verlassen nicht das Unternehmen, sondern ihren Chef.

Umso wichtiger ist es für jeden einzelnen, egal ob Mitarbeiter oder Führungskraft, für sich selbst Klarheit zu erlangen:

- Weiß ich, was mein Beitrag im Unternehmen ist, was von mir verlangt wird?
- Welche Kenntnisse und Fähigkeiten kann ich einbringen und welche entwickeln?
- Wie trage ich zum Unternehmenserfolg und seiner Entwicklung bei?
- Welche Unternehmenswerte und -ziele teile ich?
- Geben mir die Ziele und die Unternehmensphilosophie das Gefühl, dass meine Arbeit wichtig ist?
- Was schätze ich im Unternehmen?
- Wie gehe ich mit Kollegen und Vorgesetzten um?
- Habe ich Handlungsspielraum und Verantwortung und wie nutze ich sie?
- Werden meine Arbeitsergebnisse wahrgenommen und erfahren sie Wertschätzung?
- Hat in den letzten sechs Monaten jemand im Unternehmen mit mir über meine Fortschritte und meine Perspektiven gesprochen?

Diese Fragen lassen sich sowohl aus Mitarbeiter- als auch aus Unternehmenssicht beantworten. Die Verantwortung für die Arbeitszufriedenheit liegt sowohl beim Unternehmen und den Führungskräften als auch bei den einzelnen Mitarbeitern. Arbeitszufriedenheit stellt sich ein, wenn Menschen die Aufgaben und Themenfelder gefunden haben, die ihren Talenten entsprechen, und wenn sie in diesen Feldern entsprechend gefordert und gefördert werden. Jeder einzelne Mensch trägt heute die Verantwortung für die eigene Lebens- und Karriereplanung. Flexibilität, Mobilität und lebenslanges Lernen sind gefragt. „Love it, leave it or change it"[3] ist die Strategie, mit der jeder Mensch für sich selbst immer wieder neu entscheiden kann, wie er mit der eigenen Arbeitssituation umgehen will. Natürlich mit den jeweiligen Konsequenzen, dennoch sind diese drei Möglichkeiten grundsätzlich immer vorhanden und wählbar. Jede der drei Varianten hat verschiedene Konsequenzen und nicht jeder Mensch wird jederzeit bereit sein, für jede den jeweiligen Preis zu bezahlen. Sie selbst entscheiden darüber, wie und wo sie den Arbeitsalltag bewältigen, ob mit schlechter Laune oder einer freundlichen Grundhaltung, ob als Opfer der Umstände oder als Gestalter des eigenen Lebens.

Wer seine Arbeit liebt und gerne ausübt, ist schon angekommen – Glückwunsch dazu! Wer nur immer mal wieder oder nur ein wenig unzufrieden ist, sollte die Möglichkeiten ausloten, etwas zu verändern – vielleicht auch mit professioneller Unterstützung, da die notwendige Veränderung größer oder kleiner, einfacher oder schwieriger sein kann. Es lohnt sich auf jeden Fall, sich damit zu beschäftigen und so möglicherweise auch innerhalb des aktuellen Umfelds zu einer zufriedenstellenden Aufgabe zu kommen. Zudem können Sie jederzeit entscheiden, mit welcher Einstellung Sie der aktuellen Situation begegnen. Falls Sie jedoch feststellen, dass Sie die aktuelle Situation weder annehmen noch lieben können und auch Veränderungen keine deutliche Verbesserung bringen werden, bleibt als dritter Schritt: Orientieren Sie sich neu! Sicherlich die schwerwiegendste der drei Varianten, verbunden mit Risiken aber auch mit Chancen ...

---

[3] „Liebe es, verlasse es oder ändere es", Spruch aus den 1970er-Jahren.

Wie schon Georg Christoph Lichtenberg[4] sehr treffend formulierte: „Ich kann freilich nicht sagen, ob es besser werden wird, wenn es anders wird; aber soviel kann ich sagen: es muss anders werden, wenn es gut werden soll."

10.12 Fazit

Wie wirkt nun Sinn präventiv? Der Appell an Chefs und Führungskräfte lautet:

- Prüfen bzw. ermitteln Sie ihre eigenen Werte.
- Reflektieren Sie Ihre Einstellungen zum Thema Führung und betrachten Sie ihre Führungspraxis.
- Schaffen Sie Arbeitsplätze, die sinnvolle Arbeit in angenehmer Atmosphäre möglich machen.
- Erklären Sie den jeweiligen Mitarbeitern die Bedeutung der einzelnen Aufgaben und deren Beitrag zum Unternehmenserfolg.
- Sorgen Sie für einen respektvollen Umgang miteinander.
- Setzen Sie auf eine offene Kommunikation, die Vertrauen fördert.
- Stellen Sie Mitarbeiter ein, die die Werte des Unternehmens teilen und mittragen.

Wenn Sie gute Arbeitsbedingungen für Ihre Mitarbeiter schaffen, wirkt sich dies positiv auf die Produktivität aus. Fehlzeiten und Fluktuation verringern sich und die Stimmung im Unternehmen verbessert sich. Gesundheitliche Probleme, wie psychische Störungen und Burn-out-Syndrom treten in sehr viel geringerem Umfang auf, wenn Mitarbeiter gute Führung erleben, angenehme Arbeitsbedingungen vorfinden, Handlungsmöglichkeiten und Entwicklungsperspektiven haben und Verantwortung übernehmen können. Wie dargestellt, erfordert dies häufig keine großen finanziellen Investitionen, sondern eher Veränderungen der Einstellungen und Sichtweisen. Allerdings erfordert es Mut und häufig auch Durchsetzungsvermögen, Dinge anders als bisher zu machen.

Eine Investition, die sich in vielerlei Hinsicht lohnt und letztendlich – durch geringere Kosten und höhere Produktivität auch finanziell auszahlt.

Ich wünsche Ihnen viele neue Erkenntnisse auf dem Weg und viel Erfolg bei der Umsetzung!

---

[4] Georg Christoph Lichtenberg, 1742–1799, Mathematiker und Experimentalphysiker, er gilt als Begründer des deutschsprachigen Aphorismus. Zitat aus Lichtenberg 1971.

10.13 Über den Autor

Monika Mischek ist seit mehr als 25 Jahren als Führungskraft, Beraterin, Dozentin und Rednerin tätig. Ihre Themenfelder sind Personal- und Organisationsentwicklung mit den Schwerpunkten Veränderungen in Unternehmen sowie auf der persönlichen Ebene, Unternehmenskultur, Kommunikation und Projektmanagement.

Monika Mischek verbindet ihr Fachwissen mit eigenen grundlegenden Erfahrungen aus den Bereichen Führung, Kommunikation, Veränderung und Projektmanagement. Als Betriebswirtin und ehemalige IT-Consultant unterstützt sie Menschen, die immer schneller stattfindenden Veränderungen im Arbeits- und Privatleben zu bewältigen. Lebenslanges Lernen und der Umgang mit Veränderungen werden dabei immer wichtigere Kompetenzen im Leben jedes Einzelnen. Ziel ihres Tuns ist es, Menschen die Möglichkeiten aufzuzeigen, die Veränderungen bieten und Handlungsspielräume auszugestalten. Dazu ist es hilfreich, die eigenen Ressourcen zu erkennen, einzusetzen und selbst das Steuer in die Hand zu nehmen. In Seminaren und Vorträgen vermittelt sie die Zusammenhänge und gibt Tipps, Hinweise und zeigt Möglichkeiten auf.

Weitere Infos unter www.personalsorgenlos.de und www.changeandmove.de

Literatur

Becker, M. (2002). *Personalentwicklung* (3. Aufl.). Stuttgart: Schaeffer-Pöschel.

Berndt, C. (2013). *Resilienz – Das Geheimnis der psychischen Widerstandskraft* (4. Aufl.). München: dtv premium.

DAK (2013). *Gesundheitsreport 2013, Analyse der Arbeitsunfähigkeitsdaten, Update psychische Erkrankungen - Sind wir heute anders krank?* Hamburg: DAK Forschung für DAK-Gesundheit.

Frankl, V. E. (2013). *Ärztliche Seelsorge, Grundlagen der Logotherapie und Existenzanalyse* (4. Aufl.). München: dtv Deutscher Taschenbuch Verlag.

Gallup (2014a). *Gallup Engagement-Index Zeitreihe 2001-2013.* http://www.gallup.com/strategicconsulting/158207/zeitverlauf-engagement-index-2001-2013.aspx. Zugegriffen: April 2014

Gallup (2014b). *Gallup Engagement-Index 2013.* http://www.gallup.com/strategicconsulting/168167/gallup-engagement-index-2013.aspx. Zugegriffen: April 2014

Harvard Business Manager (2014). „Gott sei Dank, es ist Montag!". *Harvard Business Manager*, 05.

Georg Christoph Lichtenberg (1971), Zitat aus Sudelbücher II. München, Aph. K 293 (1796)

Meirich, A. (2005). Mitarbeiterbindung statt hohe Fluktuationskosten. *Schweizer Personalmagazin HR Today*, 3.

Schreyögg, G. (2008). *Organisation* (5. Aufl.). Wiesbaden: Gabler.

Staehle, W. H. (1999). *Management* (8. Aufl.). Verlag Vahlen.

Statistisches Bundesamt (2012). *Mikrozensus 2012, Fachserie I Reihe 4.1.,1.* Wiesbaden.

wiktionary (2014). *Sinn* Recherche und Download im April 2014. http://de.wiktionary.org/wiki/Sinn

Wirtschaft + Weiterbildung (2014a), Ausgabe 04/2014, S. 12, und Pressemitteilung von Robert Half http://www.presseschleuder.com/tag/arbeitszufriedenheit/

Wirtschaft + Weiterbildung (2014b): Ausgabe 04/2014, S. 13, und Pressemitteilung von LinkedIn unter http://www.presseportal.de/pm/64022/2663928/jede-zweite-fach-und-fuehrungskraft-offen-fuer-jobangebote⁻, Studie unter 18.000 LinkedIn-Mitgliedern in 26 Ländern, davon 754 deutsche Fach- und Führungskräfte

Bewegung ist Leben

Ralf Ohrmann

11

Inhaltsverzeichnis

11.1	Ein kurzer Einblick in die Funktionsweisen unseres Organismus und die damit zusammenhängende Notwendigkeit sich systematisch zu bewegen (Anpassungserscheinungen des Körpers auf regelmäßiges Training)	205
11.2	Die Superkompensation	209
11.3	Das Kreuz mit dem Kreuz	211
11.4	Auswirkungen eines regelmäßigen Bewegungstrainings	214
11.5	Über den Autor	217

11.1 Ein kurzer Einblick in die Funktionsweisen unseres Organismus und die damit zusammenhängende Notwendigkeit sich systematisch zu bewegen (Anpassungserscheinungen des Körpers auf regelmäßiges Training)

Der Mensch ist aufgrund seiner Veranlagung kein sitzendes Wesen, der Mensch ist für Bewegung geschaffen. Muskeln, Knochenapparat, innere Organe oder auch der Stoffwechsel sind auf Bewegung ausgerichtet. Anatomie und Physiologie des Menschen unterstützen Bewegung in jeder Form. Seit es den Menschen gibt, sind Bewegung und körperliche Aktivität wesentliche Bestandteile seines Lebens. Schon der Ur-Mensch war auf Bewegung angewiesen, sei es als Jäger, Sammler oder Krieger. Die modernen Menschen sind genetisch noch immer auf das Leben als Jäger und Sammler programmiert, weil ihre genetische Ausstattung sich in den 10 000 Jahren seit der Steinzeit kaum verändert hat.

Ralf Ohrmann ✉
Parkstraße 25, 65449 Limburg, Deutschland
e-mail: info@athlesys.de

Der Bewegungsdrang des kleinen Kindes weist auf unveränderte Erbanlagen hin. Damals vollbrachten die Menschen Tag für Tag athletische Höchstleistungen, wenn sie Nahrung suchten, wilden Tieren nachstellten und Unterkünfte bauten. Diejenigen, die aufgrund ihrer Gene dazu nicht fähig waren, starben aus. So entstand in den Überlebenden im Laufe der Jahrtausende ein biologisches Rüstzeug, das immer weiter vererbt wurde. Es bürgt für optimale Abläufe im Körper – aber eben nur, solange ein Individuum sich jeden Tag bewegt. Verteidigung oder Flucht war Voraussetzung für das Überleben. Insgesamt besteht weitgehend Einigkeit darüber, dass körperlich sportliche Aktivität entscheidend zur Stärkung der physischen Gesundheitsressourcen beitragen kann, da über eine systematische Aktivierung des Muskelsystems komplexe Anpassungsprozesse des gesamten Organismus ausgelöst werden können. Wenn die Beanspruchungen der Organe und Körpersysteme chronisch unterhalb einer bestimmten Reizschwelle bleiben, so resultieren Funktions- und Leistungseinbußen, später folgen Inaktivitätsatrophien, die einen krankheitsnahen Zustand darstellen können. Liegen bereits degenerative Veränderungen vor, so kann die Kombination der Auswirkungen von Bewegungsmangel mit degenerativ verursachten Leistungseinbußen oder auch mit Folgen von Fehlbelastungen bei der Arbeit und in der Freizeit zum Auftreten von Beschwerden und internen Risikofaktoren führen. Manifester Bewegungsmangel liegt dann vor, wenn die Muskulatur chronisch mit weniger als 30 % ihrer Maximalkraft und das Herzkreislaufsystem mit weniger als 50 % seiner maximalen Leistungsfähigkeit beansprucht werden.

Weil im bewegungsfaulen Körper die biochemischen Kreisläufe stocken, ballen sich beispielsweise die Blutfette vermehrt zu Gallensteinen: Trägen Personen wird häufiger als dem Rest der Bevölkerung die Gallenblase entfernt. Und weil im lahmen Leib die Verdauung schleppend abläuft, vergrößert sich die Kontaktzeit mit krebsauslösenden Stoffen aus der Nahrung: Inaktive Menschen haben ein um 50 % erhöhtes Risiko, vom Dickdarmkrebs heimgesucht zu werden.

Die meisten Zivilisationskrankheiten sind darauf zurück zu führen, dass der Stoffwechsel wegen allzu großer Untätigkeit aus dem Ruder läuft. Als Minimalanforderung sehen Forscher 30 Minuten moderate Bewegung am Tag an – etwa Walking oder Schwimmen. Als „inaktiv" definieren sie alles, was darunterliegt. Ohne dieses Mindestmaß an körperlicher Aktivität, die unsere Genome von uns erwarten, ist es wahrscheinlich, dass eine pathologische Genexpression zu chronischen Krankheiten führt.

Das würde bedeuten: Im Körper eines jeden Menschen, der sich nicht täglich mindestens eine halbe Stunde lang ertüchtigt, herrscht Ausnahmezustand. In den Zellen und Geweben laufen permanent krankmachende Vorgänge ab, und es scheint nur eine Frage der Zeit, ehe sich diese in Molesten und Beschwerden äußern.

Das alte Konzept körperlicher Aktivität muss den Evolutionsmedizinern zufolge überdacht werden: Bewegung ist keineswegs eine nützliche Zugabe, um die Gesundheit zu verbessern. Vielmehr ist sie die Voraussetzung, die das normale Funktionieren des Menschen erst ermöglicht. Mit den neuen Befunden erscheinen auch die vielfältigen Veränderungen des Körpers, die sich mit den Jahren einstellen, plötzlich in anderem Licht. Was oft als Alternsvorgang verstanden wird, ist in hohem Maße das Resultat von Inaktivität.

Milliarden geben die Deutschen aus für die Produkte der Anti-Aging-Industrie; doch bisher haben alle Pillen, Hormone, Frischzellspritzen, Vitaminkuren und orthomolekulare Verfahren kläglich versagt. Es gibt nur einen Jungbrunnen – aber wer davon trinken will, muss sich anstrengen. Nur regelmäßige körperliche Aktivität kann den biologischen Alterungsprozess aufhalten.

Forscher schauen nicht auf Falten, Tränensäcke und zurückweichende Haaransätze. Vielmehr zielen sie auf zehn Größen im Körper („Biomarker"), die sie mit Geräten messen können: Muskelmasse, Kraft, metabolische Umsatzrate, Fettanteil, aerobe Kapazität, Blutzuckertoleranz, Zusammensetzung der Blutfette, Blutdruck, Knochendichte sowie das Vermögen, die Körpertemperatur zu regulieren. Wir altern nicht chronologisch, sondern biologisch. Wenn man die Körperfunktionen erhält, dann kann man den biologischen Alterungsprozess überwinden.

Eine große Zahl epidemiologischer Studien hat eindeutig ergeben: Tägliche körperliche Aktivität ist verbunden mit einem verringerten Risiko für Herz-Kreislauf-Erkrankungen, Schlaganfall, Gedächtnisschwund, Depression, Diabetes, Fettleibigkeit, und sie verlängert das Leben.

Etwa 65 % der 50- bis 59-jährigen Frauen und 60 % der Männer desselben Alters sind kaum mehr in der Lage, die Treppe drei Stockwerke hochzugehen. Von den 30- bis 59-jährigen Frauen und Männern treiben mehr als die Hälfte überhaupt keinen Sport. Mehr als 65 Prozent der über 40 Jahre alten Männer sowie mehr als 70 Prozent der Frauen dieser Altersgruppe gelten als inaktiv.

Aufgrund ihrer Steinzeit-Gene bekommt ihnen dieses Lotterleben schlecht. Sie nehmen zwar etwa ein Drittel weniger Kalorien zu sich als ihre nimmersatten Vorzeitahnen. Jedoch verbrennen sie, bezogen aufs Körpergewicht, nur noch 38 % der Energie. Der Körper spült das Übermaß an Sahnekuchen, Leberwurstbroten und Weizenbieren nicht einfach wieder hinaus. Vielmehr macht er daraus – es könnte ja eine Hungersnot kommen – störende Fettpolster an Bauch und Po.

Wohin der archaische Regelkreis führt, haben Forscher an den Pima-Indianern studiert, die in Mexiko und in den USA leben. Die US-Pima verputzen jeden Tag 500 bis 600 Kilokalorien mehr als die genügsameren Stammesgenossen im ärmeren Mexiko. Die Folge: Sie sind im Durchschnitt 26 Kilogramm schwerer und haben eine der weltweit höchsten Diabetesraten. Jeder Zweite ist zuckerkrank.

Den Ausbruch dieses Stoffwechselleidens führen Evolutionsmediziner als Paradebeispiel dafür an, wie der menschliche Organismus noch auf Steinzeit gepolt ist. Der Körper vermag nur eine kleine Menge an Traubenzucker (Glukose) in Muskeln und Leber zu speichern; dieser Vorrat ist schon nach einem Fastentag erschöpft. Deshalb braucht der Körper Regelkreise, die den Glukosevorrat in Hungerszeiten schützen.

Für unsere Vorfahren war es von Vorteil, dass nur aktive Muskeln dem Blutstrom Glukose entziehen können. In Zeiten von Kartoffelchips und Autofahren gerät dieses System zum Nachteil: Die inaktiven Muskeln sind unfähig, Glukose aus dem Blut zu fischen, sodass diese sich dort immer stärker konzentriert. Um den hohen Blutzuckerspiegel zu regulieren, bildet die Bauchspeicheldrüse in gewaltigen Mengen das Hormon Insulin. Doch durch die überschießende Ausschüttung werden die eigenen Körperzellen resistent gegen das Hormon. Der Zuckerstoffwechsel bricht zusammen, der Mensch erkrankt an Diabetes. Übersteigt die Glukosekonzentration einen Schwellenwert, so drohen Kreislaufschwäche, schwere Gefäßschäden, Erblindung und Zuckerkoma.

Mangelnde körperliche Bewegung ist fast ausschließlich eine Folge der Arbeits- und Lebensweise der modernen Gesellschaft. Durch den Fortschritt der technischen Zivilisation ist auch kaum mehr körperliche Leistung notwendig. Da redet der moderne Mensch von glücklichen Hühnern, welche frei umher rennen, er selbst hockt aber bewegungslos am Arbeitsplatz oder in der Wohnung.

Zu Beginn des 20. Jahrhunderts war der menschliche Körper im täglichen Arbeitsprozess noch gewaltig gefordert. Die reine Muskelkraft brachte rund 90 % der im Arbeitsprozess notwendigen Energie hervor, heute – in der industrialisierten Welt – liegt dieser Wert bei 1 %. Lediglich ein lächerliches Prozent an Muskelenergie ist für Arbeit notwendig. Zwar gehört der Wunsch nach Erleichterung der körperlichen Arbeit zum Ur-Traum der Menschheit, muss jedoch deshalb auf jede körperliche Tätigkeit, auf Bewegung verzichtet werden?

Selbstverständlich nicht! Der Weg zu mehr Vitalität, zu verbesserter Konzentrationsfähigkeit, zu gesteigertem Wohlbefinden beginnt mit einfachen Bewegungsimpulsen. Körperliche Bewegung lässt sich im Laufe des Tages immer wieder ohne viel Aufwand einschieben. Man sollte sich regelmäßige Standards setzen:

Zum Beispiel:

- täglich nach dem Aufstehen etwa 10 Minuten Gymnastik,
- Kniebeugen während des Zähneputzens,
- auf dem Weg zur Arbeit das Auto bewusst in gewisser Entfernung parken und die letzten Meter oder auch Kilometer zu Fuß gehen,
- bewusst den Fahrstuhl meiden und die Treppen nutzen,
- nach Möglichkeit berufsbedingte Telefonate grundsätzlich im Stehen/Gehen durchführen,
- auch auf hausinterne Telefonate weitestgehend verzichten und die Kollegen zu Fuß aufsuchen ein fünfminütiger Verdauungsspaziergang nach dem Mittagessen erhöht zusätzlich das Bewegungskonto.

Diese Standards haben noch lange nichts mit Sport zu tun, bringen aber eine Menge Bewegung in den Alltag.

Die Muskulatur eines untrainierten Menschen reicht zwar aus, um mit den Anforderungen des normalen Alltags fertig zu werden, sie verkrampft aber leicht bei plötzlichen stärkeren Belastungen. Schwache und ungleichgewichtige Muskulatur verbraucht zudem viel mehr Sauerstoff für normale, einfache Tätigkeiten.

Kurzatmigkeit und frühzeitige Erschöpfung sind oft die Folge. Mit kraftloser und verkürzter Muskulatur neigen wir außerdem dazu, sogenannte Schonhaltungen einzunehmen.

Solcher Bewegungsmangel wirkt sich besonders auf die Gelenksfunktionen aus. Die wiederum ist abhängig von der dämpfenden Knorpelschicht. Eine vordergründig schmerzlindernde Schonhaltung des Gelenks wird deshalb eher zu einer Verschlimmerung des Zustandes als zu einer Heilung führen. Schließlich ist das immer stärker in Erscheinung tretende Phänomen der Osteoporose eine weitere Folge unseres Bewegungsmangels. Osteoporose ist nicht durch Medikamente oder besondere Ernährung zu heilen. Gegen sie hilft nur eine muskuläre Anstrengung gegen die Wirkung der Erdanziehungskraft. Untersuchungen beweisen, dass bei einem zweijährigen entsprechenden Training die Knochendichte um 12 % erhöht werden kann. Der größte Gewinn jedoch liegt in der Verbesserung der Ökonomisierung, d. h. des sich aufeinander Einstellens von Herzkreislauf und Muskelkoordination. Die Sauerstoffeinsparung beträgt bei einfachen Bewegungsformen wie Laufen oder Radfahren zwischen zehn und 20 %, bei komplizierteren Bewegungsabläufen wie Schwimmen, Tennis oder Squash sogar bei bis zu über 50 %. Der Muskelumfang nimmt sichtbar zu. Obendrein verbessern sich die Blutfettwerte. Muskeltraining mit und ohne Gerät mit einer Intensität ab 30–50 % der Maximalkraft bewirkt wahre Wunder.

Durch Ausdauertraining werden schon nach wenigen Wochen deutliche Erfolge bezüglich der Verbesserung des Herzkreislaufsystems verzeichnet. Aber der Organismus vergrößert nicht nur seine Kapazitäten, sondern er sorgt auch noch vor. Wenn er körperlich gefordert wird, ist damit zunächst sein inneres Stoffwechsel-Gleichgewicht gestört, das heißt, er verbraucht mehr Energie als vorher.

Diese nimmt er sich aus seinen Energiereserven. In der Erholungsphase werden diese Energiereserven nicht nur wieder aufgefüllt (kompensiert), sondern durch einen intelligenten Schutzmechanismus über das Ausgangsniveau hinaus aufgefüllt, um im Falle einer erneuten, gegebenenfalls höheren Belastung vor Erschöpfung gefeit zu sein. Dieses Phänomen nennt sich Superkompensation.

11.2 Die Superkompensation

Mit der Super- oder Überkompensation betreibt der Organismus also eine Art „Vorratswirtschaft", indem er sich auf ein höheres Leistungsniveau entwickelt, von dem aus zukünftige Belastungen ökonomischer zu bewältigen sind (vgl. Abb. 11.1).

Ist man nun in der Lage aufgrund von Körpererfahrung und Einhaltung der trainingswissenschaftlichen Prinzipien den nächsten Bewegungsreiz an der Stelle zu setzen, an der der Organismus optimal erholt ist, setzt sich das Prinzip der Superkompensation weiter fort. Man beginnt das nächste Training auf einem höheren Niveau als vorher und erlebt, wie der Organismus Schritt für Schritt sein Leistungsniveau anhebt.

Das Training fällt dem Betreffenden immer leichter. Voraussetzung ist jedoch, dass man sich nicht überfordert, das heißt, dass man weder zu häufig noch zu intensiv trainiert. Das wichtigste Prinzip hierbei ist die Beachtung der optimalen Relation von Belastung und Erholung (vgl. Abb. 11.2).

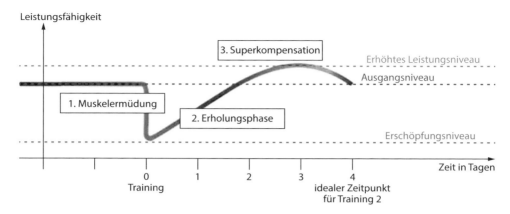

Abb. 11.1 Superkompensation, Quelle: eigene Darstellung

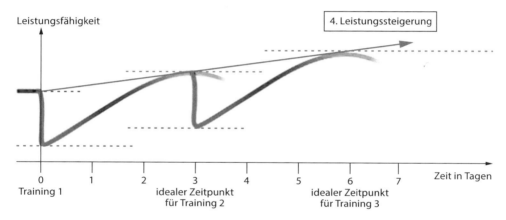

Abb. 11.2 Verhältnis von Belastung und Erholung, Quelle: eigene Darstellung

Stellt sich nun die Frage: Wie viel muss sich der Mensch bewegen, um seinen Körper länger gesund zu erhalten? Als zu Beginn der siebziger Jahre der Astronauten-Arzt Doktor Kenneth Cooper seine amerikanischen Landsleute aufforderte, dem Herzinfarkt davonzulaufen, wurde eine gewaltige Fitnesswelle vom Zaun gebrochen.

Jeder trimmte seinen Körper auf Teufel komm raus, ganz nach dem Motto „je mehr, umso besser". Unter dem Slogan „no pain no gain", wurde die wahre Fitness nur dem in Aussicht gestellt, der sich schweißüberströmt und mit schmerzverzerrtem Gesicht bis zur letzten Minute quälen konnte. Doch durch den tragischen Tod des amerikanischen Jogging-Pioniers Jim Fixx – er verstarb in Ausübung seines exzessiven Trainingspensums – wurde nicht nur die Sportöffentlichkeit plötzlich wachgerüttelt, sondern auch Mediziner sowie Sport- und Trainingswissenschaftler.

Unter dem Begriff Wellness schlug das Fitness-Pendel gemäßigtere Töne an: Wer durch Bewegung wöchentlich zusätzlich etwa 1200–2000 kcal verbraucht, bietet seinem Körper einen idealen Gesundheitsschutz. Selbst Menschen mit Risikofaktoren wie erhöhten Cholesterinwerten oder zu hohem Blutdruck erzielen mit regelmäßigem Bewegungstraining überraschende, überaus positive Ergebnisse.

Es ist damit klar, dass mäßige aber regelmäßige Bewegung dem Körper hilft, noch vorhandene aber meist eingeschränkte körperliche Leistungsfähigkeit zu erhalten bzw. zu reaktivieren. Sport sollte also im Gesundheitsbereich nicht Selbstzweck sein, um bei diversen Wettkämpfen als Sieger gefeiert zu werden. Sport soll vielmehr den Weg zu gesünderem Leben weisen, soll den Körper länger gesund erhalten. Auch die Erlebniswerte und die sozialen Kontaktmöglichkeiten über Sport, die Möglichkeit der psychischen Erholung und andere positive psychosozialen Aspekte sind hier zu erwähnen.

„Schonen statt schinden" fördert also nicht nur die Beweglichkeit des Körpers, sondern auch die des Geistes und der Seele. Gesundheitssport kann von jedem durchgeführt werden. Jeder Mensch hat das dazu notwendige Talent bzw. die nötigen Grundvoraussetzungen. Gesundheitssport ist sogar bis ins hohe Alter möglich. Man bezeichnet diese Formen der sportlichen Betätigung deshalb auch häufig als Lifetime-Sport.

Wandern, Spazierengehen, Radfahren oder Schwimmen – lange Zeit wurden diese Formen der Bewegung belächelt und ihre positiven Wirkungen auf die Gesundheit des Körpers ignoriert. Wer sich mindestens zwei bis dreimal pro Woche systematisch bewegt, dessen Herz arbeitet ökonomischer und leistet dadurch mehr. Die Lungen können zusätzlich Sauerstoff aufnehmen. Die beanspruchten Muskeln werden straffer und durch den erhöhten Energieverbrauch sinkt der Körperfettanteil. Stress und Depressionen lassen sich ebenfalls wirkungsvoll bekämpfen.

Entscheidend bei der Planung der einzelnen Bewegungseinheiten sind die entsprechenden Pausen dazwischen. Von diesen strukturierten Pausen ist der Erfolg der Superkompensation abhängig.

11.3 Das Kreuz mit dem Kreuz

Als vor etwa 3 Millionen Jahren ein Teil unserer Vorfahren vom Baum fiel, begann das Martyrium mit der Wirbelsäule. So oder so ähnlich könnte man die ersten menschenähnlichen Wesen auf der Erde und das „Kreuz mit dem Kreuz" beschreiben. Die Weite der Grassteppen Afrikas zwang die Ur-Menschen von vier auf zwei Beine, um den Überblick zu behalten. Er geht aufrecht und die vorderen Gliedmaßen sind zu Armen und Händen entwickelt. Als Kleinkind vollzieht übrigens jeder Mensch diese Entwicklung in wenigen Monaten nach. Die Wirbelsäule und Becken-Konstruktion des Menschen machten auf der Jahrmillionen langen Evolutionsleiter jedoch kleinere Schritte als der Intellekt. Zwar formte sich die Wirbelsäule zum Doppel-s-förmig gekrümmten Stab, der zur Bewegung, zur Rumpf-Stabilisierung und zum Nervenschutz fähig ist, die Lendenwirbelsäule als Zone höchster Belastung blieb aber ihr anfälligster Teil.

Rückenschmerzen sind ein komplexes Geschehen. Sie sind daher keinesfalls nur einseitigen Belastungen oder Baufehlern individueller oder gesamtmenschlicher Natur zuzuschreiben. Sie haben in jedem Fall auch psychische und soziale Ursachen. Untersuchungen haben gezeigt, dass Patienten mit ständigen Rückenschmerzen ein besonderes Verhaltensmuster aufweisen: Sie stellen hohe Leistungsanforderungen an sich selbst. Bei Problemen mit der Selbstbehauptung (Selbstvertrauen, Durchsetzungsvermögen, Selbstsicherheit) kommt es beispielsweise häufig zu Beschwerden der Halswirbelsäule. Menschen mit einem Bandscheibenvorfall zeigen sehr häufig hohe Stressoren.

Neben ständigen Zwangshaltungen, zum Beispiel die Schreibtischarbeit oder die Tätigkeit am Computer, kann auch eine Überlastung durch Sport zu Beschwerden führen. Leistungssportliche Ambitionen bei unzureichenden muskulären Voraussetzungen sind für die Wirbelsäule genauso gefährlich wie Bewegungsmangel und Sitzzwang. Wirbelsäulenprobleme können aber auch durch Fußdeformationen oder anatomische Baufehler der Wirbelsäule bedingt sein.

Oftmals handelt es sich bei den Rückenbeschwerden aber um einen Mix verschiedener Faktoren. Einen großen Anteil der Beschwerden verursachen sogenannte neuromuskuläre Dysbalancen! Unter dem Begriff muskuläre Dysbalance versteht man die Verkürzung einer aktiven Muskelgruppe (Agonisten) bei gleichzeitiger Erschlaffung des muskulären Gegenspielers (Antagonisten).

So wird beispielsweise durch die krumme Sitzhaltung am Bildschirm, im Auto, auf der Couch mit nach vorne hängenden Schultern der große Brustmuskel ständig verkürzt. Gleichzeitig wird die Muskulatur des oberen Rückens überdehnt. Die Folge: Es bildet sich ein Rundrücken, der die gesamte Statik der Wirbelsäule und das Muskelsystem beeinträchtigt.

Allgemein entstehen Ungleichgewichte, wenn bestimmte Muskeln durch zu einseitige Beanspruchung im Alltag überlastet werden und sich verhärten, während andere Muskeln aufgrund ständiger Unterforderung Muskelmasse abbauen. Durch diese unterschiedlichen Zug- und Druckverhältnisse wird der passive Bewegungsapparat zu sehr in eine Richtung gezogen. Gelenke, Bänder und Sehnen geben dem größeren Zug nach und verändern ihre Position in der Statik. D.h. die Schultern kippen nach vorne, wenn die Brustmuskulatur zu stark zieht. Gleiches passiert im Bereich des unteren Rückens, wenn sich das Verhältnis Bauchmuskulatur und Rückenmuskulatur nicht in der Balance befindet.

Auch hieraus ist die Folge, dass ein Gelenk den unterschiedlichen Zugverhältnissen nachgeben muss. In diesem Fall ist es die Hüfte, die entweder bei zu starker Bauchmuskulatur nach hinten kippt oder bei zu starker Rückenmuskulatur nach vorne. In 80 % der Fälle haben Rückenschmerzen ihre Ursachen also nicht in einer deformierten Anatomie des Knochengerüstes, sondern sind auf muskuläre Dysbalancen und einseitige Fehlhaltungen in Kombination mit Bewegungsmangel zurückzuführen.

Hier gilt es mithilfe der richtigen Übungen die entsprechende Muskulatur zu stärken und zu dehnen. Entsprechende Dehneinheiten sollten nicht zwingend in zeitlicher Nähe zu den Trainingseinheiten stehen. Ganz im Gegenteil. Eine sinnvoll und vernünftig ausgeführte Einheit zum Thema Dehnen sollte als Extra-Einheit im Wochenrhythmus platziert werden. Nicht zwischen Tür und Angel und auch nicht als Einstieg oder Abschluss einer Ausdauer-Einheit

▶ **Dehnen** Längentraining der Muskulatur

Ein Muskelaufbau-Training wird meist als reines Krafttraining bezeichnet und auch gestaltet. Für eine funktionelle Muskulatur benötigen wir aber Muskeln, die eine hohe Arbeitsleistung verrichten können.

Trainingseinheiten, welche die Muskulatur ausschließlich in die maximale Verkürzung kontrahieren lassen, haben zur Folge, dass der Muskel zwar kräftiger wird, aber auch kürzer und somit kann im schlimmsten Falle die Arbeitsleistung vermindert werden.

> **Übersicht**
> Arbeit = Kraft × Weg (W = F × S)

Bei einem Längentraining der Muskulatur werden die kontraktilen Elemente eines Muskels (Sarkomere) nicht parallel geschaltet wie beim reinen Krafttraining, sondern in Reihe. Aus diesem Grund hat z. B. der Biceps Humeri eines Bodybuilders ein anderes Muskelrelief als der eines Turners. Der Turner hat einen längeren Bizeps und ist damit auch leistungsfähiger was die Arbeitsleistung betrifft. Beim reinen Krafttraining wird die Muskelmasse vergrößert, der Muskel wird dicker. Beim Längentraining wird der Muskel länger. Um die Arbeitsfähigkeit eines Muskels optimal zu trainieren, sollte der Trainingsreiz so beschaffen sein, dass gleichzeitig ein Massetraining und ein Längentraining erfolgt.

Hierfür muss der Muskel in seiner ganzen Bewegungsamplitude belastet werden. Damit ein Muskel umgebaut wird, muss dem Körper signalisiert werden, dass dieser Muskel den momentanen Ansprüchen nicht gerecht wird. Er muss gezielt überlastet werden.

Ein Muskel benötigt zur Anregung des Umbaus eine Erschöpfung der energiereichen Phosphate innerhalb des belasteten Muskels, möglichst aller Fasern, die aufgrund der zunehmenden Ermüdung nach und nach allesamt innerviert werden.

Und eine mechanische Schädigung der Myofibrillen (Muskelkater) aufgrund der von außen einwirkenden Kräfte bzw. durch eine ausreichende hohe Spannungsentwicklung innerhalb des Muskels. Hierbei muss beachtet werden, dass bei einem exzessivem Training die Arbeitsfähigkeit der Muskulatur schneller zunimmt als es die passiven Strukturen, wie Sehnen und Bänder, zulassen.

Aus therapeutischer Sicht ist ein gezieltes Längentraining einzelner Muskeln und ganzer Muskelgruppen sehr wichtig. Es können verkürzte Muskel auf Länge trainiert werden um muskuläre Dysbalancen zu beseitigen oder vorzubeugen. Ein gezieltes Längentraining sollte immer als gesonderte Trainingseinheit gestaltet werden.

Als Grundsatz für ein Fitnesstraining ist zu beachten, dass alle Beugemuskeln zur Verkürzung neigen. Also alle Muskeln, die uns wieder in die Embryonalstellung hineinziehen, sollten auf Länge trainiert werden.

11.4 Auswirkungen eines regelmäßigen Bewegungstrainings

11.4.1 Bewegungsapparat: Verbesserung der Ausdauer und Krafteigenschaften der Muskulatur

Nur durch Muskeltraining gibt es ein Herz-Kreislauf-Training und damit ein wirksames Gegenmittel gegen die häufigsten lebensverkürzenden Krankheiten. Es hat den größten Einfluss auf die Verbesserung der Ökonomie des Zusammenspiels von Nerven, Muskeln und der Gesamtheit des Energiestoffwechsels. Doch nach wie vor ist die größte Schwachstelle des Menschen beim Sport der Bewegungsapparat. Gelenke, Sehnen oder Muskeln streiken, bevor das Training „zu Herzen" gehen kann. Unzählige Menschen klagen über erhebliche Nacken-, Schulter-, Rücken-, Knie- und Fußgelenkbeschwerden.

Hauptursachen hierfür sind:

- das Nichtbeanspruchen vorhandener Muskulatur,
- die daraus entstehenden Dysbalancen, also das Ungleichheit der miteinander in Verbindung stehenden Muskeln,
- die durch psychische Belastungen verursachten Muskelverkrampfungen, die Kopfschmerzen, Migräne, Hexenschuss mit sich bringen können.

Anpassungen durch regelmäßiges Muskeltraining:

- Vermehrung der Mitochondrien (Zellkraftwerke – dienen der Atmung und dem Stoffwechsel der Zellen) ermöglicht eine verbesserte Sauerstoffausnutzung.
- Abbau von überschüssigem Körperfett.
- Höhere Belastbarkeit der Bänder und Sehnen, da diese durch die bessere Durchblutung elastischer werden.
- Größere Belastbarkeit und Elastizität der Knochen durch eine verbesserte Mineralstoffversorgung; die Abnahme der Knochenmassen wird verlangsamt (Osteoporose-Prävention).
- Besserer Schutz der Gelenke durch verstärkte Ernährung der Gelenksknorpel (bessere Gelenksschmierung).
- Das Zentralnervensystem passt sich an, indem es die Muskulatur anders ansteuert. Es verbessert die Koordination zwischen den einzelnen Muskeln (intermuskuläre Koordination) bzw. die Koordination einzelner Muskelfasern innerhalb des Muskels (intramuskuläre Koordination).
- Diese initiiert eine Anpassung des Herz-Kreislauf-Systems, um die Muskulatur während bzw. kurz nach der Beanspruchung besser mit Blut und damit Nährstoffen versorgen zu können.
- Hiermit verändert sich auch der Stoffwechsel, der größere Reservekapazitäten aufbaut, um die Versorgung der Muskulatur (nach Beendigung der Beanspruchung) trotz erhöhten Verbrauchs garantieren zu können.

- Letztlich passen sich auch die Muskeln selbst an. In ihnen erhöht sich je nach Belastungsgestaltung des Krafttrainings die Zahl der Mitochondrien, der „Zellkraftwerke", die für die aerobe Energiebereitstellung, also die „Verbrennung" mittels Sauerstoff, verantwortlich sind.

11.4.2 Herz-Kreislauf-System

- Bessere Sauerstoffversorgung des gesamten Organismus (erhöhte Sauerstofftransport-Kapazität) durch Vermehrung der roten Blutkörperchen
- Verstärkte Infekt-Abwehr durch mehr Lymphozyten (Gruppe von weißen Blutkörperchen) im Blut
- Verringerte Thromboseneigung
- Erhöhung der Herzleistung durch höheres Herzgewicht (Vergrößerung des Herzmuskels) und Herzvolumen sowie durch verstärkte Herzdurchblutung
- Niedrige Herzfrequenz (Ökonomisierung der Herz-Kreislauf-Arbeit)

Das Herz ist der größte Hohlmuskel des menschlichen Körpers und wiegt in etwa 300 g. Es leistet etwa ein Viertel PS und schlägt rund 75 mal pro Minute. Das sind am Tag etwa 100.000 Schläge. Dabei pumpt es jedes Mal 0,1 l Blut in den Kreislauf. Das sind 5–7 l/min, 400 l/h, 10.000 l am Tag und rund 4 Millionen l im Jahr. Und dies alles, wenn wir den Ruhewert 75 Schläge pro Minute zu Grunde legen. Wenn das Herz aber richtig belastet wird, kann die Herzfrequenz in Richtung 200 wandern. Deshalb ist es erstrebenswert die Zahl der Herzschläge, also den Ruhepuls durch Training herabzusetzen, um das Herz zu schonen.

▶ Das Wunderwerk „Herz": Man sollte seine Möglichkeiten besser nutzen.

- Senkung des systolischen Blutdrucks
- Verbesserte Elastizität der Blutgefäße
- Verbesserung des venösen Blutflusses
- Bessere Durchblutung in der Peripherie gewährleistet einen erhöhten Schutz vor arteriellen Verschlusskrankheiten (Verkalkung der Gefäße)
- Bessere Durchblutung des Gehirns (unter anderem verbesserte Merkfähigkeit, größeres Erinnerungsvermögen)

11.4.3 Atmung

- Anstieg der Vitalkapazität der Lunge
- Vergrößerung der Atemhilfsmuskulatur
- Ökonomisierung der Atmung (geringere Steigerung der Atemfrequenz bei Belastung)

- Verbesserte Sauerstoffversorgung und Durchlüftung der Lungen
- Anstieg der maximalen Sauerstoffaufnahme (tiefere Atmung)

11.4.4 Stoffwechsel

- Absinken erhöhter Triglyzeride und des „schlechten" LDL-Cholesterins
- Anstieg des „guten" HDL-Cholesterins
- Senkung des Harnsäurespiegels
- Verbesserung der Insulin-Empfindlichkeit
- Verbesserter Ausscheidungsstoffwechsel über den Schweiß
- Unterstützung der Gewichtsregulation
- Förderung der Darmtätigkeit
- Bessere Gegensteuerung bei Stressreaktionen des Körpers

11.4.5 Nerven- und Hormonsystem

- Verbesserung der Bewegungssteuerung (Koordination Reaktionsfähigkeit Gleichgewicht Raumorientierung Aufmerksamkeit etc.)
- Optimierung der vegetativen Regulation (raschere Erholungsfähigkeit, positive Beeinflussung bei Schlaflosigkeit, Nervosität, Konzentrationsschwäche)
- Erhöhte Leistungsfähigkeit durch Ökonomisierung des endokrinen Systems (alle endokrinen Drüsen wie Hypophyse, Schilddrüse und Nebenniere)

11.4.6 Psyche

- Steigerung des Selbstwertgefühls
- Förderung des psychischen Wohlbefindens (Freude, Zufriedenheit etc.)
- Positive Beeinflussung in Richtung eines gesundheitsorientierten Lebensstils (verstärktes Gesundheitsbewusstsein)
- Steigerung des Aktivitätsniveaus
- Erhöhung der Stresstoleranz und Steigerung der Problemlösungskapazität
- Mehr Lebensqualität durch intensivere Körperwahrnehmung

Was unsere Gesundheit betrifft, so kann uns niemand die Verantwortung für uns selbst abnehmen.

Laut des Ökumenischen Rats der Kirchen ÖRK ist „Gesundheit eine dynamische Seinsart des Individuums und der Gesellschaft; ein Zustand des körperlichen, geistigen, seelischen, wirtschaftlichen, politischen und sozialen Wohlbefindens, der Harmonie mit anderen, mit der materiellen Umwelt und mit Gott".

Es ist ein ganzheitlicher Zustand, der von jedem selbst zu verantworten ist. Aus eigenverantwortlichem Handeln wächst das Bewusstsein, das Richtige getan zu haben. Ein Mensch, der erkennt, dass er sich mehr bewegen müsste, es aber nicht tut, sieht sich ständig im Begründungszwang. Er kompensiert seine Bewegungslosigkeit mit anderen Aktivitäten, zum Beispiel vermehrter Arbeit, um damit seine Untätigkeit zu entschuldigen.

Gesundheit ist oft wie Freiheit. Solange man sie hat, schätzt man sie nicht. Hat man Sie verloren, versucht man alles, um sie wiederzuerlangen. Gesundheit und allgemeine Fitness sind Gaben, die dem Menschen nicht einfach in den Schoß fallen.

Bleiben Sie bewegt!

11.5 Über den Autor

Ralf Ohrmann ist ein gefragter Bewegungs- und Trainingswissenschaftler im Leistungs- und Profisport. Als gelernter Sportwissenschaftler verbrachte Ralf Ohrmann seine ersten beruflichen Jahre als wissenschaftlicher Mitarbeiter in der Forschung. 2008 wagte er den Schritt in die Selbstständigkeit und gründetet das Unternehmen Athlesys.

Heute ist er Ansprechpartner für Leistungssportler, Unternehmen, Promis und Personen des öffentlichen Lebens zu den Themen Bewegung und Ernährung. Er berät Fußball-Nationalmannschaften und setzt seine eigenen Trainingskonzepte in der Fußball-Bundesliga und in ausländischen Ligen mit zahlreichen Mannschaften um.

Im Rahmen der Betrieblichen Gesundheitsfürsorge kümmert sich Ralf Ohrmann mit seinem Team um die Themen Ernährung, Ergonomie am Arbeitsplatz, Bewegung und Training, Entspannung, Stressmanagement und Stressprävention. Er ist Experte und Kolumnist für Fitness-Fachzeitschriften und einschlägige Tageszeitungen und stand bereits für TV Formate und Radio Interviews mehrfach zur Verfügung.

Seit 2010 berät Ralf Ohrmann Fitnessstudios bei der Entwicklung des Qualitätsmanagements und beim Neu-Einstieg in die Fitness-Branche. Er bildet Trainer aus und weiter in der Hoffnung, dass diese seinen idealistischen Ansatz „Gesundheit und Bewegung für Jedermann" tragen, und somit das Thema für viele zugänglicher wird. In diesem Zusammenhang beschäftigt er sich auch intensiv mit Bewegung und Ernährung für Kinder und Jugendliche.

Mehr Informationen finden Sie unter www.athlesys.de

Wer Leistung will, muss Sinn stiften

12

Kurt Steindl

Inhaltsverzeichnis

12.1 Führungskräfte müssen motivieren 220
12.2 Wozu Werte im Unternehmen? 221
12.3 Der erste Schritt zum *wert*vollen Unternehmen 221
12.4 Werte umfassen das ganze Leben 222
12.5 Es gibt immer einen Grund 223
12.6 Ein leichtes Leben mit Werten? 225
12.7 Grundwerte 226
12.8 Das Ziel von Arbeit 228
12.9 Wie kommen die Werte ins Unternehmen? 229
12.10 Wertschätzung 233
12.11 Über den Autor 239

Der Sommer war endgültig vorbei und die Nächte wurden kühl. Höchste Zeit also, unseren Pool abzudecken. Als wir das letzte Trapezblech hochhoben, bemerkten wir darunter ein Igelnest. Nach vorsichtiger Inspizierung stand eindeutig fest, es war bewohnt.

Normalerweise müssen wir unsere beiden Jungs mit neun und zwölf Jahren dazu nötigen, ihren kleinen Beitrag zur Haus- und Gartenarbeit zu leisten. Dieses Mal war es jedoch anders. „Wir brauchen viel Laub, damit die Igel im Winter nicht erfrieren!", lautete das Kommando. Und dann geschah etwas Wunderbares:

Wie Wirbelwinde sausten die Kinder in die Garage, holten die Rechen und begannen tatsächlich mit Feuereifer das Laub auf unserer Gartenwiese zu kleinen Haufen zusammenzukehren. Geschwind wurden die Laubhaufen dann über dem Igelnest platziert. Ohne Aufforderungen waren die Jungs tatsächlich begeistert bei der Arbeit. Nach getaner Tat standen sie noch sehr lange vor ihrem Werk und warteten darauf, dass sich vielleicht ein

Kurt Steindl ✉
Im Weideland 8, 4060 Leonding, Österreich
e-mail: office@kurtsteindl.com

© Springer Fachmedien Wiesbaden 2015
P. Buchenau (Hrsg.), *Chefsache Prävention II*, DOI 10.1007/978-3-658-03614-0_12

Igel zeigt. Müde, aber gleichzeitig sehr zufrieden, setzten sie sich schließlich an den Küchentisch und beratschlagten, wie sie die Igel gut durch den Winter bringen könnten.

12.1 Führungskräfte müssen motivieren

Seit Jahrzehnten geistert dieser Mythos in der Managementliteratur herum. Ziel muss es sein, die Mitarbeiter zu mehr Engagement und Eigeninitiative zu bewegen. Ohne Motivation durch die Führungskräfte ist das nicht zu erreichen. Mit einer derartigen Haltung schaffen wir uns aber selbst gleich mehrere Probleme:

1. Diese Haltung impliziert, dass Mitarbeiter im Grunde faul und nicht am Unternehmen interessiert sind. Wozu müsste man sie sonst motivieren? Das könnte zu einer sogenannten „selbsterfüllenden Prophezeiung" werden. Wir kreieren damit eine Wirklichkeit, die wir in Wahrheit nicht möchten.
2. Wie wollen wir motivieren? Wollen wir tatsächlich auf den Tisch springen und „Tschaakaa! Du schaffst es!" rufen? Mal abgesehen davon, dass unsere Mitarbeiter uns dann für vollkommen übergeschnappt halten würden, wäre der Erfolg vermutlich bescheiden. Oder wollen wir tatsächlich permanent mit Anreizen und Prämien agieren?

Die Motivationsforschung hat eindeutig belegt, dass es nur *eine* anhaltende, nachhaltige Motivation beim Menschen gibt – die intrinsische Motivation. Das Tun aus eigenem Antrieb, aus Freude an der Sache. „Wollen" lautet hier das Zauberwort.

Die Motivation von Führungskräften ist eine Beeinflussung von außen und damit extrinsische Motivation. „Wie kann ich den Mitarbeiter manipulieren, dass er etwas tut, was er freiwillig nicht tun würde?", lautet die Haltung dahinter. In meinen Augen ist das höchst verwerflich. Das ist doch ein eindeutiger Versuch einer Dressur. So bringt man Tieren Kunststücke bei.

> **Beispiel**
> Als ich meinem Hund das „Bei-Fuß-gehen" lehrte, hatte ich immer ein paar Stückchen Wurst in der Hand. Wenn er die Sache gut gemacht hat, dann gab es ein Stück als Belohnung.

Wenn wir mit einem ansehnlichen Euroschein wedeln, wird sich vermutlich jemand finden, der die ungeliebte Aufgabe für diese Summe abarbeitet. Diese Art der Motivation wirkt natürlich auch, aber nur kurzfristig. Der größte Nachteil ist aber der, dass die Summen oder Anreize immer größer werden müssen, um längerfristig den gewünschten Effekt zu erzielen. Außerdem werden Mitarbeiter damit zur Abhängigkeit „erzogen". Nicht mehr die Erfüllung der Aufgabe steht dann im Vordergrund, sondern das Erreichen der Prämie. Das Hauptproblem ist aber, dass die intrinsische Motivation abnimmt, je mehr die extrinsische Motivation zunimmt.

Das Beispiel mit dem Igelnest zeigt eindringlich, dass die Leistung der Handelnden automatisch hoch ist, wenn der Sinn einer Tätigkeit klar erkennbar ist – und die Betroffenen sich damit einverstanden erklären. Laub zusammenrechen an sich ergab für die Kinder keinen Sinn. Leben zu schützen, hat da schon eine ganz andere Dimension. Wir sollten uns also weniger auf die Motivation von Mitarbeitern konzentrieren, sondern vielmehr auf die Vermittlung der Sinnkomponente. Die Igel durch den Winter zu bringen machte für unsere Jungs Sinn, also haben sie tatsächlich ihr Bestes gegeben. Wenn sich der Sinn einer Arbeit nicht erschließt, dann wird es zusätzliche Anstrengungen brauchen, um zumindest ein akzeptables Ergebnis zu erzielen. Wir sollten also in einfachen Worten erklären, in welchem größeren Kontext die Arbeit steht und warum sie *wert*voll ist.

Die Bereitschaft, sein Bestes geben zu wollen, ist bei Mitarbeitern speziell in den ersten Tagen im neuen Job besonders groß. Diese Motivation aufrecht zu halten, ist die Herausforderung an Führungskräfte. Um motivierte Mitarbeiter zu haben, ist es von immenser Bedeutung, die Richtigen einzustellen. Der entscheidende Punkt ist die Haltung des Mitarbeiters, mit der er an die Aufgaben herangeht. Wer seine Arbeit gerne macht, wird sie in der Regel auch gut machen. Also nicht motivieren, sondern vielmehr Demotivation vermeiden, lautet die oberste Führungsaufgabe.

Demotivation passiert leider rasch. Der Mitarbeiter grüßt und ich bin so in Gedanken, dass ich nicht zurückgrüße. Ein Mitarbeiter hat etwas gut gemacht und ich agiere, als wäre das selbstverständlich. Ein Fehler ist passiert und ich reite darauf herum. Es gibt noch viele, viele Möglichkeiten mehr.

12.2 Wozu Werte im Unternehmen?

Wer den Sinn der Aufgabe erfasst und sich damit einverstanden erklärt, den braucht man nicht zu motivieren, der motiviert sich selbst. Deshalb haben *wert*volle Unternehmen auch klare Werthaltungen, die nicht nur schön an einer Wand hängen, sondern auch gelebt werden. Die Erfüllung von Werten gibt dem Leben Sinn. Wir brauchen keine Leitbilder an der Wand, sondern gelebte Werte und damit wahrhaftige Orientierung im Alltag.

In meiner Funktion als Berater begleite ich Unternehmen auf dem Weg zur *sinn-* und *werte*orientierten Unternehmensführung. Dabei kommt unweigerlich der Punkt, an dem ich dann gefragt werde, ob man diese Werte tatsächlich immer im Auge haben müsse. Meine Antwort lautet: Absolut. Bei Werten ist es wie beim Kinderkriegen. Man kann auch nicht ein bisschen schwanger sein. Also entweder ganz oder gar nicht.

12.3 Der erste Schritt zum *wert*vollen Unternehmen

Zuerst klären wir im Führungskreis die Unternehmenswerte, nach denen wir unser Tun ausrichten wollen. Bin ich Gründungsunternehmer, dann sind meine persönlichen Werte automatisch auch die Unternehmenswerte. Sind mehrere Personen an der Gründung beteiligt, zum Beispiel bei Familienunternehmen, dann ist die Summe der persönlichen Werthaltungen die Basis der Unternehmenswerte.

> **Beispiel**
>
> Meine Frau und ich haben unsere Firma Gastlichkeit & Co vor vielen Jahren gegründet. Gleich zu Beginn haben wir überlegt, wie wir unser Unternehmen gestalten wollen. Was ist uns wirklich wichtig, abgesehen vom Umsatz und Ertrag? Wir wollten einen Leitfaden über unser unternehmerisches Verhalten. Was sollen unsere Kunden, Partner und Mitarbeiter spüren, wenn sie mit uns zu tun haben? Von mir kamen die Werte Selbstbestimmung und Freude bereiten, von meiner Frau Geborgenheit und Freude bereiten. Wir haben dies auf einen einfachen Nenner gebracht und komprimiert. Also lauten unsere Unternehmenswerte Selbstbestimmung, Geborgenheit und Freude bereiten. Nach diesen richten wir nicht nur unser berufliches Schaffen aus, sondern auch unser Privat- und Familienleben.

12.4 Werte umfassen das ganze Leben

Früher vertrat man die Meinung, dass Freizeit und Beruf strikt zu trennen sei. Ich bin der festen Überzeugung, dass dies überhaupt nicht möglich ist. Wir sind *ein* Mensch, eine unteilbare Einheit und als solche werden wir unser Privatleben immer mit in die Arbeit nehmen und umgekehrt. Natürlich werden wir mit der nötigen Disziplin danach trachten, dies in angemessener Weise zu tun, um niemandem – schon gar nicht unseren Kunden – mit unseren Problemen zur Last zu fallen. Andererseits unterscheiden sich *wert*volle Unternehmen gerade dadurch, dass sie auch am persönlichen Wohl des Einzelnen Anteil nehmen.

> **Beispiel**
>
> Ich war Gastwirt. Eines Tages kam unser Koch mit Tränen in den Augen zu mir und erklärte, dass er im Krankenhaus gerade die Diagnose Hautkrebs erhalten hatte. Eine Chemotherapie soll helfen. Dass dabei natürlich der gesamte Körper in Mitleidenschaft gezogen wird, ist wohl jedem klar. An Arbeiten ist dabei nicht zu denken. „Du wirst einen anderen Koch brauchen", eröffnete er mir.
>
> Natürlich haben wir im Anschluss alle Mitarbeiter über diese Situation informiert. Wir standen alle unter Schock. Nach der Sperrstunde saßen wir zusammen und berieten, was wir tun könnten. Ich wollte mich von diesem tüchtigen und anständigen Mitarbeiter nicht trennen. Es war unsere jüngste Mitarbeiterin, die vorschlug, dass sie gerne jeden Tag etwas früher kommen würde, wenn es hilft. Dann könnte sie ein paar einfache Vorbereitungsarbeiten des Koches übernehmen. Wir anderen waren ebenfalls dazu bereit und so beschlossen wir, gemeinsam unseren Kollegen durch diese schwere Zeit zu tragen.

An guten Tagen kam der Koch und verteilte die Tätigkeiten, zeigte vor und erledigte die leichteren Arbeiten. An weniger guten Tagen saß er in der Küche auf einem Barhocker und war lediglich zum Abschmecken der Speisen fähig, während wir gemeinsam seine Arbeit machten. An besonders schweren Tagen rief er an und sagte für diesen Tag ab. Dann bat ich entweder meine Mutter, eine pensionierte Gastwirtin, um Hilfe oder stand selbst in der Küche. Zwar hatte ich als gelernter Kellner Grundahnung von der Küche, aber die Feinheiten eines ausgebildeten Kochs waren mir damals noch fremd. Dann hatte ich meinen Koch manchmal am Telefon und ließ mir von seinem Bett aus schrittweise die Zubereitung des heutigen Menüs erklären. Das hatte den positiven Nebeneffekt, dass ich relativ rasch in die Geheimnisse der guten Küche eingeführt wurde. Davon profitiere ich noch heute.

Nach einigen Monaten war die Sache dann ausgestanden und unser Koch wieder der Alte. Das Besondere an der ganzen Situation war, dass wir als Team großartig zusammen gefunden haben. Jeder war bereit, für den anderen einzuspringen, zu helfen, zu unterstützen, aufzumuntern. Kurz, wir wurden eine echte Einheit und die viele Arbeit machte uns so richtig Freude.

Besonders auffällig war der Umgang miteinander, wenn wir wieder einmal einen Tag mit besonders viel Andrang hatten. Wir lobten uns gegenseitig, wie gut wir diesen Ansturm geschafft haben, wiesen auf die besondere Leistung des anderen hin, freuten uns gemeinsam über Umsatzrekorde und feierten auch kleine Erfolge. Waren wir motiviert? Und wie! Warum? Weil wir füreinander da waren. Weil wir wussten, ich kann mich auf die anderen verlassen, die sind für mich da. Wir vertrauten einander. Wertschätzung war nicht nur ein Wort, sondern gelebte Wirklichkeit. Unsere Arbeit machte Sinn. Es tat uns allen gut, dabei zu sein.

12.5 Es gibt immer einen Grund

Wir Menschen machen nichts zufällig. Für unser Fühlen, Denken und Tun gibt es immer einen triftigen Grund. Die Tiefenpsychologie geht sogar davon aus, dass unsere tiefen Urängste, die uns meist sogar nicht bewusst sind, unser Leben bestimmen. Wer zum Beispiel Angst hat, nicht geliebt zu werden, wird sich dementsprechend mitfühlend, hilfsbereit, sozial und vor allem freundlich präsentieren, um die Wahrscheinlichkeit, von anderen gemocht zu werden, zu erhöhen. Wer Angst vor Verletzungen hat, wird sich eher zurückziehen und sich mitunter sogar schroff und abweisend verhalten, damit ihm niemand zu nahe kommt und seine Verletzlichkeit erkennt. Mit diesen Ängsten verbunden sind klare Werthaltungen, die bei Erfüllung die Angst verdrängen und für angenehme Gefühle sorgen. Im ersten Fall zum Beispiel Harmonie, Vertrauen oder Freude bereiten. Im zweiten Fall vielleicht Unabhängigkeit, Freiheit oder Verantwortung. Das sind tiefe verwurzelte intrinsische Bedürfnisse. Wenn wir diese intrinsischen Bedürfnisse als Werte erkennen, werden sie uns bewusst und wir können uns dafür entscheiden und unser Handeln danach ausrichten.

Menschliches Verhalten passiert nicht zufällig. Ganz besonders erkannt habe ich das bei meiner Salzgurkengeschichte.

> **Beispiel**
>
> Meine Mutter macht die besten Salzgurken der Welt. Eines Tages drückte sie mir ein Zehnliterglas Salzgurken in die Hand. Ohne Deckel wohlgemerkt. Meine Bedenken, dass ich ja alleine mit dem Auto hier bin, noch einige Kilometer nach Hause zu fahren habe und das Gurkenglas umfallen könnte, wischte sie beiseite. In der Folge stellten wir das Gurkenglas in den Fußbereich des Beifahrersitzes und verspreizten es mit Taschen, Kartons und Koffern, die ich meist im Auto habe. Der Hinweis „Fahr langsam!" war keine wirkliche Beruhigung für mich. Ich hatte tatsächlich große Angst, dass das Glas umkippen könnte und ich den Geruch von Salzgurken nie wieder aus dem Auto bringe. Vielleicht haben Sie eine Vorstellung davon, wie ich die Autofahrt in Angriff nahm? Wie bei meiner allerersten Autofahrt! Ich bin sehr, sehr vorsichtig angefahren, habe sehr, sehr vorausschauend gebremst und in den Kurven war ich besonders langsam und bedächtig unterwegs.
>
> Vielleicht ahnen Sie schon, dass die anderen Verkehrsteilnehmer wenig Freude mit mir hatten. Die netteren Autofahrer haben lediglich kurz gehupt, andere zeigten mir mit ihren Händen verschiedene Zeichen, wobei der getippte Finger an die Stirn noch zu den gemäßigten gehörte. Zu Beginn der Fahrt habe ich das verständnisvoll über mich ergehen lassen. Mit der Zeit wurde ich aber selbst immer ungehaltener und schließlich brach es aus mir hervor, „dass ich ja nicht zum Spaß so fahre, sondern eben offene Salzgurken transportiere". Natürlich wussten das die anderen Autofahrer nicht. Die dachten einfach, ein ausgewachsener Idiot säße da am Steuer.
>
> Einige Tage später fuhr ich dann selbst hinter so einem Exemplar von Autofahrer nach. Und zu meiner eigenen Verwunderung ertappte ich mich dabei, wie ich auf die Hupe drückte und im Auto laut rief: „Hey, was ist los? Gib Gas!" In diesem Moment kam mir jedoch ein entscheidender Gedanke. Ich hatte doch für meine idiotische Fahrweise ein paar Tage zuvor einen triftigen Grund. Was lässt mich denken, dass dieser Mensch hier das nur aus reiner Blödheit macht? Um es kurz zu machen: Ich bin geduldig nachgefahren, bis er in eine Seitenstraße abbog.

Menschen handeln immer aus einem triftigen Grund. Sogar, wenn sie es kurz darauf bereuen. Haben wir nicht alle im Stress schon einmal etwas gesagt, das uns danach leid tat? Aber in diesem Moment kam es einfach über uns. Unsere intrinsischen Bedürfnisse sind der Grund dafür. Wenn unsere Bedürfnisse in Gefahr geraten, dann reagieren wir oftmals sehr impulsiv und werden vielleicht sogar richtig zornig.

Wir sind natürlich auch von unserer Tagesverfassung, von unserer Stimmung geleitet. *Wert*volle Menschen werden aber danach trachten, dass ihre momentanen Emotionen die Werthaltungen nicht ad absurdum führen. Stephen R. Covey hat dies in seinem Bestseller „Die sieben Wege zur Effektivität" auf den Punkt gebracht: „Erfolgreiche Menschen ordnen ihre Gefühle ihren Werten unter!"

*Wert*volle Menschen machen sich ihre Bedürfnisse bewusst und formulieren diese als Werthaltungen. Wer das Bedürfnis hat, vorsichtig zu sein, hat zum Beispiel Sicherheit als Wert. Wer sich gerne auf sich selbst verlässt, vielleicht Selbstbestimmung oder Unabhängigkeit. Wem soziales Engagement ein besonderes Anliegen ist, den wird vielleicht Harmonie als Wert berühren.

Werte lassen sich nicht mit dem Verstand logisch erklären. Werte kann man nur spüren, fühlen. Wir sind deshalb auch gefordert, unser Gespür dafür zu schärfen, was uns in unserem Innersten tatsächlich wichtig ist. Was löst ein angenehmes Gefühl aus und was eher ein schlechtes Gewissen? Unser Gewissen ist ein sogenanntes *Sinn*-Organ. Wohlgemerkt, kein Sinn*es*organ, sondern ein *Sinn*organ, das uns tatsächlich ganz klar den Weg weist. Wenn wir uns die Frage stellen: „Ist das richtig oder falsch?" bekommen wir sofort die Antwort. Wir spüren im selben Moment, ob etwas doch nicht ganz so richtig ist. Leider meldet sich dann auch unser Verstand mit Ausreden. Zum Beispiel: „Die anderen tun's doch auch!". Wenn wir tatsächlich auf unser Gewissen hören, haben wir die höchste Chance, ein *wert*volles Leben zu führen.

12.6 Ein leichtes Leben mit Werten?

Wird es einfacher dadurch, dass ich mich nach klaren Werten ausrichte? Nein, eher im Gegenteil. Es wird vermutlich schwerer. Weil es mitunter schon richtig Kraft braucht, das Richtige zu tun. Speziell wenn das Falsche doch spürbar einfacher wäre. Das Leben selbst wird durch eine Ausrichtung auf Werte nicht einfacher, aber es hat die Chance ein *gutes* Leben zu werden.

Unsere Gesellschaft ist heutzutage eher darauf programmiert, möglichst einfache und rasche Lösungen zu suchen. Wir wollen flotte Instantrezepte. Wenn wir zum Beispiel Kopfweh haben, dann nehmen wir ein Aspirin. Man könnte bereits den Eindruck bekommen, dass Kopfweh ein deutliches Zeichen von Aspirinmangel ist. Also schnell was nachwerfen. Wir neigen dazu, vornehmlich die Symptome anzupacken, anstatt den Dingen auf den Grund zu gehen. Es ist ja auch einfacher. Dabei wäre es nachhaltiger und auch für die Gesundheit besser, wenn wir uns die Frage stellen, woher das Kopfweh kommt. Welche Ursachen es haben könnte.

Es liegt generell in der Natur des Menschen die Dinge möglichst einfach zu gestalten. Damit Sie mich nicht falsch verstehen, ich will hier die Einfachheit nicht verdammen. Im Gegenteil. Vielmehr möchte ich darauf hinweisen, dass nicht immer der einfache Weg der Gute ist. Manchmal ist es eben der schwere Weg, der anstrengend und mühevoll ist, der uns jedoch gestärkt und glücklich sein lässt.

Ganz oder gar nicht Jetzt sind wir bei einem Kernpunkt von Sinn und Werten. Werte verlangen uns immer ganz und nicht nur ein bisschen. Speziell dann, wenn es gerade bequemer wäre, sie zu vergessen. Wir spüren die Herausforderung und die Werte fordern die Erfüllung. Jetzt geht es darum, Farbe zu bekennen. Sind meine Werthaltungen nur

Lippenbekenntnisse, die sich schön als Plastiksatz formulieren lassen oder steckt eine tiefe Ernsthaftigkeit dahinter. Die Antworten auf nachfolgende Fragen klären es eindeutig:

- Will ich mit meinen Werten nur gut dastehen, oder sind sie tatsächlich die Grundpfeiler meines Lebens? Sind sie eher sinnentleerte Plastiksätze, oder sind das meine tiefen Überzeugungen und meine Art, ein erfülltes Leben zu führen?
- Was soll mein Beitrag sein, die Welt besser zu verlassen, als ich sie vorgefunden habe? Womit möchte ich die Welt zu einem besseren Ort machen?
- Was will ich in die Welt stellen, das mein Leben überdauern soll? Was sollen meine Kinder von mir als Vorbild ins Leben mitnehmen? Wofür stehe ich mit ganzem Herzen?
- Werde ich dadurch zu einem besseren Menschen?

Wer sich diese Fragen nicht stellt, läuft Gefahr, eine Rolle zu spielen und sich hinter einer Maske zu verstecken. Er läuft dann weiter Gefahr mit angezogener Handbremse durchs Leben zu fahren. Wenn wir nicht nach unseren Werten leben, dann opfern wir unsere Vitalität und unsere Lebendigkeit. Damit aber auch unser ganzes Sein. Wir opfern es oftmals auf dem Altar von Geld, Ansehen, Status, Macht oder anderen Dingen, die uns ach so wichtig erscheinen.

Für ein erfülltes Leben ist es von großer Bedeutung, dass wir uns auf das Wesentliche besinnen. Was macht mein Leben aus? Wie will ich handeln? Was tut mir gut und gleichzeitig auch den anderen?

12.7 Grundwerte

Lange bevor der Mensch zu denken beginnt, ist er zuerst ein fühlendes Wesen. Bereits im frühen Stadium als Embryo empfinden wir Gefühle. Wir spüren bereits im Mutterleib, wie es der Mutter geht. Ob die Mama glücklich und zufrieden ist oder ob sie angespannt und genervt durch den Tag geht. Wir fühlen also schon lange, bevor wir das Licht der Welt erblicken.

Zum rationalen Denken benötigen wir die Erinnerung. Die Gehirnregion, in der das Denken sitzt, ist erst im Alter von etwa zweieinhalb bis drei Jahren voll ausgebildet. Man kann den Zeitpunkt des ersten Denkens bei einem Kleinkind übrigens ziemlich genau bestimmen. Wenn das Kind das Wort „Ich" verwendet, dann ist es in der rationalen Welt angekommen. Bis dahin ist es in erster Linie ein Gefühlswesen.

In früher Kindheit erleben wir dann sogenannte Prägungen, die eine Bedeutung für das ganze Leben haben. Manchmal sind es kleine, sogar unscheinbare Ereignisse, denen wir aufgrund einer hohen Emotionalität besondere Bedeutung zuweisen. In der Regel können wir uns an diese Prägungen nicht erinnern, weil sie in den ersten Lebensjahren erfolgen, bevor unsere Fähigkeit zur Erinnerung voll ausgeprägt ist. Diese Prägungen verankern wir jedoch unbewusst als intrinsische Bedürfnisse.

> **Beispiel**
>
> Das Kind, das vielleicht öfter alleine gelassen wurde und damit die Erfahrung machte, dass es nur einen einzigen Menschen auf dieser Welt gibt, auf den es sich wirklich verlassen kann, nämlich sich selbst, entwickelt sich vielleicht zu einem Einzelgänger, dem es eher schwer fällt, intensive soziale Kontakte zu knüpfen. „Ich bin gerne allein!"
>
> Wenn das kleine Kind zum Beispiel die Erfahrung macht, dass es nichts alleine ausprobieren darf, dass immer jemand hilft – weil die Eltern vielleicht überfürsorglich sind und möglichst alle Probleme vom Kind fernhalten wollen – dann könnte es sein, dass dieser Mensch auch später nur eine verringerte Problemlösungskompetenz entwickelt. „Hilf mir bitte!"
>
> Macht das Kleinkind vielleicht die Erfahrung, dass das Leben aus strengen Regeln und Ordnungen besteht, die unbedingt eingehalten werden müssen – weil es sonst vielleicht eine Strafe setzt – dann könnte es sein, dass dieser Mensch später vermehrt auf Vertrautes und Bewährtes baut und Neuerungen eher skeptisch gegenübersteht. „Bloß keine Veränderungen!"
>
> Fühlt sich das Kind vielleicht übergangen, bekommt vielleicht zu wenig Zuwendung und Aufmerksamkeit und macht damit die Erfahrung, „Ich muss auf mich aufmerksam machen, damit man mich überhaupt wahrnimmt", dann könnte es sein, dass dieser Mensch vermehrt das Rampenlicht sucht und gerne im Mittelpunkt steht. „Die Welt ist meine Bühne."

Diese vier Beispiele sind nicht willkürlich gewählt, sondern verweisen auf die Arbeiten von Fritz Riemann, einem Tiefenpsychologen und Therapeuten aus München. Natürlich sind diese Beispiele nur ein kleiner Auszug der unendlichen Variationen, die es bei Entwicklungsmöglichkeiten gibt. Die Wissenschaft ist sich aber ziemlich einig, dass wir tatsächlich bereits in früher Kindheit die Weichen für unser späteres Leben stellen. „Menschliches Verhalten wird von Ängsten determiniert[1]", so Fritz Riemann.

Aus unseren, wie bereits erwähnt meist unbewussten, intrinsischen Bedürfnissen entwickeln wir Werthaltungen. Diese Werthaltungen lassen sich in abstrakten Begriffen ausdrücken, wie zum Beispiel Freiheit oder Geborgenheit. Sie sind die Grundlage für unser Fühlen, Denken und Handeln. Deshalb auch der Ausdruck „Grundwerte".

Wir spüren bereits in früher Kindheit, was uns gut tut und was nicht. Was uns Freude bereitet, was uns ein tiefes inneres Glücksgefühl beschert. Damit sind natürlich nicht die Freude über ein Geschenk und der Stolz über eine gut gemeisterte Aufgabe gemeint. Diese damit verbundenen Gefühle sind eher oberflächlich und flüchtig. Nein, ich meine diese tiefen ursprünglichen Gefühle, die wir uns meist gar nicht erklären können, warum sie uns so gut tun. Die uns lächeln lassen. Bei denen wir am liebsten vor Freude in die Luft springen wollen. Diese tiefen Gefühle entstehen aus der Präsenz von Grundwerten. Wenn wir unsere Grundwerte spüren, dann sind wir glücklich, so einfach ist das. Grundwerte lassen sich übrigens rational nur beschränkt erklären, sie sind eben ein Gefühl. Man kann sie nur spüren.

---

[1] Anm. des Autors: determiniert bedeutet hier vorausbestimmt.

Einen Grundwert erkennt man daran, dass er gut für mich ist und gleichzeitig gut für den anderen. Wenn es nur gut für mich ist, dann ist das Egoismus. Ist es nur gut für den Anderen, dann ist es Selbstaufgabe. Grundwerte sind immer positiv und wollen auch immer etwas Positives schaffen. Sie basieren auf dem Gefühl von Liebe. (Hass, Neid, Rache und so weiter sind keine Grundwerte, sondern lediglich Motive.) Grundwerte geben uns die Disziplin, konzentriert einer Sache nachzugehen. Wenn wir diese mächtigen Gefühle spüren, sind wir sogar bereit große Strapazen und Mühen auf uns zu nehmen.

„Wer ein Warum hat, erträgt auch jedes Wie!" Friedrich Nietzsche.

Beispiel

Am einfachsten lässt sich das am Beispiel eines Hobbys erklären. Nehmen wir an, Sie sind vielleicht begeisterter Bergwanderer. Sie stehen also freiwillig früh am Morgen auf, bereiten sich eine Jause zu, packen einen Rucksack, ziehen geeignete Kleidung an, stecken schwere Schuhe an Ihre Füße und marschieren bereits in der Morgendämmerung los. Mühevoll steigen Sie den Berg hinan. Sie schwitzen, die Knie schmerzen, die Füße werden müde. So sind Sie mehrere Stunden bergauf unterwegs. Wozu das alles? Um am Gipfel zu stehen! Und dann? Dann gehen sie wieder hinunter ins Tal. Jemand, dem Bergwandern nicht so am Herzen liegt, wird sich verwundert an die Stirn greifen. Aber für diejenigen unter uns, die dieses erhebende, großartige Gefühl kennen, dort oben zu stehen, tief einzuatmen und die Freiheit in vollen Zügen zu genießen, wissen, dass dies derart mit Energie auflädt, dass wir das immer wieder und wieder erleben wollen. Wir wollen dieses Gefühl, diesen Grundwert (vielleicht Freiheit?) wieder und wieder spüren. Das gibt Kraft und lädt unsere Batterien auf. Wir sind dann zwar müde aber glücklich.

12.8 Das Ziel von Arbeit

Das ist meines Erachtens nach das wirkliche Ziel von Arbeit: müde aber glücklich zu sein. Wann sind wir glücklich in der Arbeit? Wenn wir wenig zu tun haben und einen gemütlichen Tag verbringen? Nein, sondern dann, wenn wir unser Bestes gegeben haben und uns rechtschaffen müde zurücklehnen.

Wenn wir uns Ziele setzen, sollten wir deshalb vielmehr darauf achten, welche Emotionen damit verbunden sind. Nicht nur ausschließlich auf die Erreichung. Die Managementliteratur hebt die Bedeutung von konkreten Zielen immer hervor. Dort steht geschrieben, dass wir uns hohe Ziele setzen und diese möglichst erreichen müssen. Ich sehe das anders. Ich will mir nur Ziele setzen, die mich bereits bei der Planung in einen freudigen Erregungszustand versetzen. Die mich lächeln lassen. Bei denen ich nicht nachdenke, was ich davon haben werde, wenn das Ziel erreicht ist. Nein, ich setze mir Ziele, die mir Freude bereiten. Budgetziele, Umsatzziele, Qualitätsziele und so weiter erfüllen diesen Aspekt leider nur selten. Also achte ich darauf, wie *wert*voll meine Ziele sind.

Konfrontieren Sie doch einmal Ihre Mitarbeiter mit einem Umsatzziel und achten Sie auf die Begeisterung in den Gesichtern. Achten Sie darauf, ob nicht jemand am Tisch vor Langeweile zu gähnen beginnt. Wenn ich aber ein Ziel präsentiere, das auf deutlich spürbaren Werthaltungen basiert, dann entsteht eine ungeheure Dynamik. Denken Sie an die Geschichte des Kochs mit Hautkrebs. Das Ziel war klar: Wir wollen ihn behalten, obwohl er nicht oder nur sehr eingeschränkt arbeiten kann. Wir haben dabei übrigens keine Verhaltensmaßnahmen, keine Einzelschritte und schon gar keine Belohnungen dargestellt. Nein, wir haben uns *wert*voll an die Arbeit gemacht. Das gab Kraft, schaffte Vertrauen und jeder Einzelne war aufrichtig bereit sein Bestes zu geben. So ist das mit *wert*vollen Zielen.

12.9 Wie kommen die Werte ins Unternehmen?

Klären Sie zuerst für sich, was Ihnen wirklich wichtig ist. Vielleicht können Sie diese Gefühle gleich in abstrakten Begriffen darstellen? Die häufigsten Grundwerte, die mir in der täglichen Arbeit mit Kunden begegnen, sind übrigens Freiheit, Harmonie, Geborgenheit, Selbstbestimmung, Unabhängigkeit, Freude bereiten, Vertrauen, Sicherheit, Verantwortung, Hilfsbereitschaft, ...

Vielleicht achten Sie gleich auf Ihre eigenen Emotionen, wenn Sie diese Werte lesen. Wohlgemerkt, nicht auf Ihren Verstand, sondern auf Ihr Herz, auf Ihre Gefühle sollten Sie achten. Wenn Sie ein Wert berührt, dann gehen Sie doch diesem Gefühl nach. Was ist es, was mich hier bewegt? Warum spüre ich ein intensives positives Gefühl? Was könnte dahinter stecken?

Ach ja, noch ein wichtiges Detail: Werte zu klären braucht Zeit. Wir können das nicht übers Knie brechen und mit dem Verstand sagen: „Das klingt gut, das nehme ich!" Unser Verstand ist nicht auf Emotionen geeicht. Warten Sie, bis Sie eindeutig spüren, was Ihnen wichtig ist.

In meinen Vorträgen und Seminaren konfrontiere ich meine Zuhörer gerne mit einer kleinen Übung:

Übung

Angenommen, Sie würden durch einen entfernten Verwandten zehn Millionen Euro erben. Zu Ihrer freien Verfügung. Was würden Sie tun? Was fällt Ihnen spontan ein? Die meisten Menschen erzählen dann vom Hauskauf, vom schönen Auto, von einer langen Reise, vom shoppen gehen, ...

Dann folgt die entscheidende Frage: „Wie würden Sie dann am allerliebsten Ihren Alltag gestalten?" Die meisten Menschen antworten, dass sie auf jeden Fall weiter arbeiten gehen würden, sonst wird es ja langweilig. „Was würden Sie arbeiten?" Nach einigem Zögern folgt fast immer die Antwort, dass sie sich etwas suchen würden, was sie wirklich interessiert. „Und was könnte das sein?" und jetzt – sehr erstaunlich: „Das weiß ich nicht!"

Es ist ein wirkliches Armutszeugnis unseres Bildungssystems, dass wir Kinder zwar mit allerhand – zum Teil unnötigem – Wissen vollstopfen, ihnen aber keine praktikable Anleitung an die Hand geben, wie sie diese Fragen für sich beantworten können: „Was interessiert mich wirklich? Welche Talente habe ich? Was sind meine Stärken? Was will ich?" Dabei steckt in der Beantwortung dieser Fragen doch unser Lebensglück.

Übung

In der Übung lasse ich dann nicht locker und wende oft die Zauberfrage an: „Angenommen, Sie wüssten es, was würde es dann sein?" Klingt zwar etwas merkwürdig, funktioniert in der Praxis aber sehr gut. Schließlich helfe ich mit weiteren Detailfragen und am Ende kommt manchmal tatsächlich eine ganz klare Vorstellung heraus, wie dieser Mensch sein Leben gestalten würde, wenn er die nötigen Ressourcen dafür hätte.

Dieses Zehn-Millionen-Beispiel verwende ich, um den Zuhörern zu zeigen, was in ihnen schlummert, wenn der finanzielle Druck nicht da wäre. Viele Menschen gehen arbeiten, weil sie Miete zahlen, etwas essen müssen und sich vielleicht auch ab und an einen kleinen Urlaub leisten wollen. Wenn ich nicht arbeiten gehen muss, um meinen Lebensunterhalt zu verdienen, dann könnte ich viel freier entscheiden, wie ich meinen Alltag gestalte. Interessanterweise hat noch nie jemand gesagt, er würde sein ganzes Leben lang nur auf der faulen Haut liegen und jeden Tag verdösen. Vielleicht probieren Sie diese Übung einfach einmal aus? Damit könnten Sie gut ergründen, ob Ihre derzeitige Arbeit tatsächlich Ihren inneren Bedürfnissen entspricht.

Ja, ich kenne den Einwand, dass dies doch nicht so einfach sei. Schließlich hat man auch Verpflichtungen für Kinder, Familie, Angestellte, Kredite. Da kann man nicht einfach sagen „So, ich mache jetzt nur noch, was ich will! Das geht doch nicht!" Und ich stelle die Gegenfrage: „Warum sollte das nicht gehen?"

Vielleicht denken wir Menschen etwas zu sprunghaft und unterscheiden die Welt vorschnell in gut oder schlecht, in schwarz oder weiß. Dabei gibt es doch unzählige Zwischenstufen. Ich empfehle es Ihnen allerdings nicht, es so zu machen wie ich.

Beispiel

Mein vierzigster Geburtstag stand vor der Tür. In diesem Zusammenhang stellte ich mir eine einfache Frage: „Möchtest du die zweiten vierzig Jahre deines Lebens so verbringen wie die ersten vierzig?" Ich war selbst überrascht über die Impulsivität meiner Antwort. „Nein, auf keinen Fall!", rief etwas in mir. Als sich meine Verwunderung über diesen Gefühlsausbruch gelegt hatte, dachte ich also darüber nach, wie ich meine zweite Lebenshälfte gestalten möchte. Ich war Gastwirt und die Geschäfte liefen ausgezeichnet. Zwar hatte ich gerade einen Disput mit dem Verpächter (es ging wie immer ums Geld), andererseits hatte ich so ein großartiges Team, dass meine Frau und ich sogar fünf Wochen am Stück segeln waren, ohne ein einziges Mal im Betrieb anzurufen. Das alles natürlich bei laufendem Geschäft. Als wir zurückkamen, hatten meine

Mitarbeiter sogar noch einen Umsatzrekord gemeistert. Eigentlich müsste ich also zufrieden sein. Und doch plagten mich dunkle Gedanken. Ich fühlte mich müde, leer, war ungenießbar, ausgelaugt, freudlos, ausgebrannt, …

In dieser Phase bekam ich eine Werbezuschrift von einem Trainerinstitut, das eine Ausbildung zum Seminartrainer anbot. Meine Frau erzählte mir später, dass ich diese Werbung bislang immer ungesehen im Papierkorb entsorgt hätte. Doch dieses Mal war es anders. Ich blätterte die Broschüre durch und spürte bis in die hinterste Faser meines Körpers „Wow, das ist es! Ich will Trainer werden!" Natürlich schüttelten alle den Kopf, als ich meine Pläne im Familien- und Freundeskreis erzählte. Ich kann mich sogar noch an die Worte meiner Frau erinnern, die gerade mit unserem ersten Kind schwanger war: „Schön, und wovon werden wir leben?" Meine Antwort: „Ich weiß es nicht, aber ich spüre, ich will das unbedingt machen. Es wird schon gutgehen!" Den Pachtvertrag habe ich umgehend gekündigt. Wohlgemerkt, ohne einen einzigen Seminarkunden zu haben.

Natürlich war der Anfang schwer. Sogar sehr schwer. In den ersten beiden Jahren habe ich fast alle Ersparnisse verbraucht und die Zweifler in meinem Umfeld schienen recht zu behalten. Dass ich es durchgestanden habe, war vermutlich in erster Linie dem Umstand zu verdanken, dass ich das unbedingt wollte. Wieder in mein altes Leben zurück? Auf keinen Fall. Also Zähne zusammengebissen und weiter gemacht. Als die ersten zählbaren Erfolge kamen, spürte ich ungeheure Glücksgefühle. In Vorträgen und Seminaren anderen zu mehr Lebens- und Arbeitsqualität zu verhelfen, machte mich selbst auch glücklich. Ich empfand Arbeit nicht mehr als lästiges Übel, sondern als Erfüllung.

In den Medien entkommen wir kaum dem allgemeinen Tenor, dass Arbeit unangenehm sei, schlecht und das wirkliche Leben in der Freizeit stattfindet. Drehen Sie doch am Montagmorgen das Radio auf und Sie werden hören, wie man Arbeit schlechtredet. „I don't like Mondays" sang sogar Bob Geldorf von den Boomtown Rats und spielte damit auf einen Amoklauf an, bei dem die Täterin als Begründung dafür angab, dass Montag gewesen sei. Und sie hasse eben Montage.

12.9.1 Arbeit als lustvolles Tun

Arbeit kann doch viel mehr sein, als bloß der Platz, an dem ich das nötige Geld verdiene, um meinen Lebensunterhalt zu bestreiten. Arbeit kann auch Berufung sein, ein Ort des lustvollen Tuns, ein Grund jeden Morgen aufzustehen, weil etwas Schönes auf mich wartet.

„Wie hätten Sie es gerne am allerliebsten?", lautet die entscheidende Frage, um den eigenen Bedürfnissen und Werten auf den Grund zu gehen. Sind es gleich mehrere Werte, die Sie berühren, dann versuchen Sie diese vielleicht etwas zu komprimieren. Mehr als drei Werte sollten es möglichst nicht sein, weil dann die nötige Einfachheit und damit Klarheit fehlt. Manchmal reicht auch nur ein einziges oder eben zwei Wörter.

Wenn Sie dies geklärt haben – und denken Sie daran, das braucht Zeit – dann schreiben Sie unbedingt auf, welche Bedeutung die Umsetzung Ihrer Grundwerte in den einzelnen Bereichen Ihres Lebens hätte.

- Was bedeutet das für den Umgang innerhalb meiner Familie?
- Was bedeutet das im Umgang mit meinen Freunden und Bekannten?
- Was bei den Mitarbeitern, den Lieferanten, den Gästen und sonstigen Menschen in meinem Umfeld?

Schreiben Sie mit der Hand auf ein leeres Blatt Papier. Das hat mehr Kraft, als wenn Sie es in den Computer tippen. Damit schaffen Sie die nötige Klarheit, was so bleiben soll, wie es ist und was sich in Ihrer Arbeit, in Ihrem Leben zum Positiven ändern soll.

Wenn diese Klarheit da ist, dann informieren Sie die Familie und erklären Ihre Beweggründe. Erzählen Sie, wie Sie es gerne am allerliebsten hätten, beschreiben Sie Ihre Beweggründe und seien Sie dabei sehr offen und aufrichtig. Keine Angst, niemand wird Sie auslachen. Wahre Werte berühren uns Menschen und wir spüren sofort, wie gut sie tun. Beantworten Sie die Fragen mit dem Herzen und nicht mit dem Kopf. Lassen Sie sich deshalb Zeit, bis Sie anderen davon erzählen. Erst wenn Sie sich selbst gut geerdet haben und in Ihren Werten sicher fühlen, ist der richtige Zeitpunkt da.

Wenn Sie Ihre Mitarbeiter informieren, dann sprechen Sie am besten auch darüber, welche Übungsfelder sich anbieten. Was bedeuten diese Werte für die Dienstleistungen, für die Produktion, für den Verkauf, für den Umgang mit Beschwerden, für das Marketing, …? Und wie können wir sie spürbar erlebbar machen? Werte fallen schließlich nicht vom Himmel, sondern müssen geübt werden. Solange alles eitel Wonne ist, ist es eher einfach, nach Werten zu leben. Wie sieht es aber aus, wenn im Team Gewitterwolken aufziehen? Woran soll man dann die Werte erkennen? Denken Sie daran: Ganz oder gar nicht. Für Werte gibt es keine Kompromisse und auch keine Ausreden.

12.9.2 Mehr über Gelungenes reden

In unserer heutigen Gesellschaft geben wir dem Misslungenen mehr Platz als dem Gelungenen. Die Zeitungen und Nachrichten sind voll von Meldungen über misslungenes Leben. Wenn wir einen neuen Mitarbeiter einstellen, fallen uns Schwächen meist deutlicher auf als die Stärken. Ändern wir das gemeinsam. Tauschen wir uns mehr über Gelungenes aus und gestalten wir eine *Werte*kultur in unserem Umfeld, in der wir Misslungenes nicht zum zentralen Element machen. Geben wir den guten Leistungen, der Höflichkeit, der Wertschätzung den nötigen Platz. Das heißt, Misslungenes nicht zu ignorieren, sondern ihm nur den angemessenen Platz zuzuweisen.

Übereilen wir nichts, sondern geben wir den Dingen die nötige Zeit. Wir haben vielleicht bereits Jahrzehnte ohne bewusste Werte gelebt, also kommt es auf einige Monate auch nicht an.

12.10 Wertschätzung

Bei meiner täglichen Arbeit mit *sinn*- und *werte*orientierter Unternehmensführung habe ich eine interessante Erfahrung gemacht. Wenn ein Unternehmer sich dazu entschließt, ein *wert*volles Unternehmen zu gestalten, dann ist der Wert „Wertschätzung" ein geeigneter Weg, die Sache zu beginnen. Wer sich über seine persönlichen Werte noch nicht endgültig klar ist, kann mit „Wertschätzung" diesen fruchtbaren Prozess initiieren. In der Folge habe ich einige Gedanken zu Wertschätzung verfasst, die einen guten Start zur *sinn*- und *werte*orientierten Unternehmensführung möglich machen.

Wertschätzung ist ein Schlüsselwert, mit dem man andere Werte aufschließt.

Vertrauen Durch Wertschätzung entsteht Vertrauen. Vertrauen bedeutet, ein angstfreies und entspanntes Miteinander zu erleben. Vertrauen heißt auch, ich kann darauf vertrauen, dass das, was ich sage und tue, nicht gegen mich verwendet wird. Dass man mir auch etwas zutraut. Dass man wirklich darauf vertraut, dass ich es gut machen will. Dass ich selbst darauf vertrauen kann, dass man es gut mit mir meint. Dass man mir hilft und mich unterstützt, wenn es nötig ist und mich vor allem auch als Mensch wahrnimmt.

Wo Vertrauen herrscht, da traue ich mich auch etwas zu sagen. Ich traue mich offen zu sein. Ich kann vertrauen, dass mein Beitrag auch angenommen wird und so ankommt, wie ich es meine. Vertrauen heißt, ich traue mich, es anzusprechen, wenn etwas gegen den Strich läuft.

Vertrauen ist die Grundlage für ein gutes Betriebsklima. Das führt zu Hilfsbereitschaft und wirklicher Zusammenarbeit. *Die* Basis für ein exzellentes Team.

Geborgenheit Wenn ich nicht bewertet oder abgeurteilt werde, sondern sein darf, wie ich bin, dann kann ich mich geborgen fühlen. Niemand lacht mich aus oder macht sich anderweitig über mich lustig. Wir respektieren einander und gehen achtsam miteinander um. Geborgenheit bedeutet, sich in einer Gemeinschaft gut aufgehoben zu fühlen. So wie in einer intakten Familie. Wo ich mich geborgen fühle, da bin ich sicher. Auf mich wird Acht gegeben und ich gebe Acht auf meine Kollegen und meine Kunden. Dadurch werde ich sicherer und offener. Dann bin ich gerne bereit, mein Bestes zu geben.

Gerechtigkeit Wo Wertschätzung gelebt wird, gibt es keine Ungerechtigkeiten. Da wird niemand bevorzugt und auch keiner ignoriert. Da werden Aufgaben gerecht verteilt und darauf geachtet, dass sich niemand übervorteilt fühlt. Die Diensteinteilung nimmt Rücksicht auf besondere Situationen und gleicht kurzfristige Sonderstellungen auf Dauer wieder aus. Ich werde gefordert, aber nicht überfordert. Ich werde gefördert, aber nicht verhätschelt oder verwöhnt, sondern gemäß meinen Stärken eingesetzt. Gerechtigkeit bedeutet nicht, alle gleich zu behandeln, sondern die Individualität des Einzelnen zu berücksichtigen.

Gelassenheit Gelassenheit heißt beides: Ich kann etwas sein lassen, im Sinne von loslassen und ich kann mich auch einlassen und niederlassen. Die Dinge entspannt sehen und unnötige Verkrampfung lassen. Auch eine Sache bleiben lassen und nicht krampfhaft weiter zu verfolgen, wenn es nicht lohnt. „Wenn du merkst, dass du ein totes Pferd reitest, dann steige ab!", lautet eine Weisheit der Dakota-Indianer.

Ich kann mich einlassen auf die Werte des Unternehmens. Lasse mich auf den anderen ein und stehe zum Betrieb, weil ich mich damit verbunden fühle. Ich werde auch eingelassen. Das bedeutet, dass man mich willkommen heißt und sich freut, dass ich da bin.

Wo Gelassenheit spürbar ist, kann auch Humor entstehen und die Dinge werden leichter genommen. Das deutlichste Zeichen für Wertschätzung ist vermutlich Humor im Team. Miteinander lachen bedeutet natürlich: lachen zur Freude aller Beteiligten. *Über* jemanden zu lachen ist eine Beschämung. Auch wenn der Betroffene gute Miene zum bösen Spiel macht und vordergründig mit lacht. Positiver Humor ist ein deutlicher Indikator, dass hier gemeinsam gearbeitet wird. Dass man sich versteht und das Miteinander harmoniert. Studien haben übrigens nachgewiesen, dass Humor die Produktivität eines Unternehmens spürbar steigern kann.

Alle Menschen werden sorgsam behandelt. Es gibt keine unterschiedliche Behandlung nur aufgrund von Status und Tätigkeit. Genauso wie es genau genommen keine niederen Arbeiten gibt, weil im Grunde alle wichtig sind zum Gelingen des Ganzen, gibt es auch keine Menschen oder Berufe, die schlechter behandelt werden als andere. Die Würde des Einzelnen wird geachtet und respektiert. „Erst die Menschen, dann die Dinge", könnte da ein gutes Motto sein.

Wertschätzung zeigt sich am sorgsamen Umgang mit dem mir Anvertrauten Andere Meinungen sind erwünscht und werden sachlich und achtsam besprochen. Eine wertschätzende Konfliktkultur bedeutet, dass man zuhört, bis man wirklich versteht und erst dann seine eigenen Ansichten kundtut. Beschämungen und Beleidigungen sind nicht wertschätzend. Wenn es doch passieren sollte, dann entschuldigen wir uns aufrichtig dafür und bemühen uns, dies in Zukunft zu vermeiden.

Waren und Instrumentarien werden sorgsam behandelt. Es wird nichts einfach weggeworfen, weil es einfacher ist, sondern wir pflegen und verwerten die Ressourcen möglichst schonend und nutzenbringend. Wir gehen auch wertschätzend mit der Umwelt um.

Wertschätzung ist die Kunst, in dem was der Andere tut und sagt, das Werthafte zu sehen Wertschätzung ist für ein gutes Betriebsklima unabdingbar. Ohne Wertschätzung ist kein gedeihliches Miteinander möglich. Leider konzentrieren wir uns eher auf die Schwächen des anderen. Wertschätzende Führung achtet darauf, die Stärken des Mitarbeiters zu erkennen und entsprechend zu fördern. Das bedeutet nicht, die vorhandenen Schwächen zu ignorieren, sondern sie vielmehr als gegeben zu akzeptieren, aber nicht darauf „herumzureiten".

Gerade Menschen, die sich selbst nicht wertschätzen, deren Selbstwert schwach ist, versuchen ja sich selbst aufzuwerten, indem sie andere abwerten. Dies ist ein Nährboden für Neid, Missgunst, Beschämung, Beleidigung und dergleichen. Diese Zustände führen allesamt zu einem schlechten Betriebsklima und damit automatisch zu einer schlechteren Performance. Kritik (auch konstruktive Kritik) führt meist zu Gesichtsverlust und ist daher nicht (oder zumindest nur in absoluten Ausnahmefällen, wo es zum Beispiel um Bewusstmachung eines höchst verwerflichen Verhaltens geht) zulässig. Wer beschämt wird, zahlt diese Erniedrigung zurück. Die einfachste Währung für die Rückzahlung ist „Engagement". Wer beschämt wird, reduziert automatisch sein Engagement und zieht sich vielleicht sogar in die innere Kündigung zurück. Er macht dann nur mehr Dienst nach Vorschrift. „Ich mache, was ich muss – aber nicht mehr". Eigeninitiative? Fehlanzeige. „Warum soll ich mich einbringen, wenn man mich beleidigt?"

Durch fehlende Wertschätzung entsteht bei Mitarbeitern Angst, Fehler zu machen. Dann besinnt man sich lieber auf Vorschriften und bewegt sich damit auf sicherem Terrain. Der Sinn einer Handlung wird nicht mehr hinterfragt, sondern Regeln einfach nur stur erfüllt, obwohl es vielleicht diese Situation bei diesem Kunden anders erfordert hätte. Wertschätzende Führung ist bestrebt, eine positive Fehlerkultur zu entwickeln. „Wir machen gerne Fehler, weil wir mutig Neues ausprobieren und uns damit auch weiterentwickeln." Fehlerfreudigkeit bedeutet, dass ein Fehler lediglich als ein misslungener Versuch angesehen wird. Damit wurde ein „Erfahrungsgutschein" gelöst. Wir wissen, wie es nicht funktioniert und haben daher etwas daraus gelernt. Der Fehler wird als etwas Positives angesehen. Fehlerfreudigkeit darf allerdings nicht mit Fehlerhäufigkeit verwechselt werden. Ein Fehler soll natürlich möglichst nur ein einziges Mal gemacht werden. Um es auf den Punkt zu bringen: Wenn der gleiche Fehler nochmals passiert, gibt es meist nur zwei Hintergründe:

1. Der Mitarbeiter weiß es nicht besser.
   Er hat den Fehler beim ersten Mal vielleicht gar nicht als solchen registriert. Oder er kennt keine Möglichkeit, den Fehler zu vermeiden. Dann braucht es lediglich eine Aufklärung und eine Darstellung der Lösung(en).
2. Der Mitarbeiter interessiert sich nicht.
   Dann ist es bedeutend schwerwiegender und es braucht ein klärendes Gespräch, woher das Desinteresse resultiert. Liegt es an der ungeliebten Aufgabe, an mangelnder Motivation, an der (subjektiv wahrgenommenen) niedrigen Wertigkeit der Aufgabe, …?

Ist es nur diese Aufgabe, die nicht gemocht wird oder gibt es gleich mehrere Umstände, die zum erneuten Fehler führten? In manchen Fällen wird bei diesem Gespräch die generelle Unzufriedenheit des Mitarbeiters deutlich. Dann überlegt sich die wertschätzende Führung, ob der Mitarbeiter in diesem Unternehmen überhaupt sein volles Potenzial ausschöpfen kann. Oder ob es nicht für beide Seiten besser wäre gemeinsam darüber nachzudenken, wie man dem Mitarbeiter helfen kann, etwas anderes zu finden. Vielleicht eine andere Aufgabe im Unternehmen, die seinen Interessen mehr entgegenkommt oder im Bedarfsfall sogar ein Wechsel in ein anderes Unternehmen, wo er seine Fähigkeiten besser zur Geltung bringen kann.

Wertschätzung ist das Ende aller Abwertung meiner Selbst und des Anderen Wer im Sinne von „besser oder schlechter" bewertet, kann nicht wertschätzend agieren. Er wird vielleicht versuchen, seine Bewertungen zu verstecken und nach außen so zu tun, als ob er wertschätzend sei. In Wahrheit wird er aber lediglich eine wertschätzende Maske aufsetzen und andere insgeheim verachten. Das bedeutet natürlich, nicht authentisch zu sein und das wird vom Umfeld in der Regel rasch erkannt. Wertschätzung heißt, auf gängige Bewertungskategorien zu verzichten.

Wir lieben es, die Welt einfach in schwarz oder weiß, in gut oder schlecht aufzuteilen. Das schafft einfache Kriterien und damit eine einfache Orientierung. Dabei ist diese Grenze aber kaum zu erstellen. Die Grauzonen des Lebens sind so breit und vielfältig, dass wertschätzende Führung immer nachfragen sollte, warum der Mitarbeiter so gehandelt hat. Menschen handeln nie zufällig. Für jedes Handeln gibt es einen triftigen Grund. Denken Sie an die Salzgurkengeschichte. Ich muss den Grund überhaupt nicht kennen. Es reicht zu wissen, dass es mit Sicherheit einen triftigen Grund gibt.

Manchmal ist der Grund des eigenen Handelns uns selbst nicht bewusst. Fritz Riemann, der Autor des Psychologiestandardwerkes „Die Grundformen der Angst", geht davon aus, dass menschliches Verhalten immer von unseren tiefen Grundängsten determiniert (also vorausbestimmt) ist. Wer zum Beispiel Angst hat, nicht geliebt zu werden, wird sich entsprechend fürsorglich, mitfühlend, hilfsbereit und sozial verhalten, weil dieses Verhalten die Wahrscheinlichkeit erhöht, von den Menschen in seinem Umfeld gemocht zu werden. Diese Art von Angst ist selten bewusst, sondern steuert unbewusst unser Tun.

Das Gegenüber hat mit Sicherheit andere Erfahrungen in seinem bisherigen Leben gemacht und sieht deshalb die Welt mit anderen Augen. Es deshalb als besser oder schlechter zu bewerten, ist schlichtweg unangemessen und falsch. Die Individualität des Einzelnen ist ein unumstößliches Faktum. Wer wertschätzen will, muss von Bewertungen weg. Das heißt, aufmerksam zu werden: „Wo werte ich jetzt? Wo *be*werte ich jetzt?" Bewertung ist das Gegenteil von Wertschätzung, obwohl in beidem „Wert" vorkommt.

Wertschätzung beginnt mit einer Unterstellung. Ich unterstelle dem anderen: „Das, was du sagst und tust, wird wohl gute Gründe haben. Ich kenne diese Gründe nicht, deshalb muss ich dich fragen."

Wertschätzung beginnt mit dem Fragen Die fragende Haltung ist die Haltung der Wertschätzung schlechthin. Wer wertschätzt, weiß vom anderen im Grunde nichts. Deshalb darf man einen Menschen auch nicht ungefragt lassen. Im Gastgewerbe ist es oftmals karikiert durch das süßliche *„Was kann ich für Sie tun?"* Wenn diese Frage jedoch ehrlich gemeint ist, dann ist sie wertschätzend.

Wertschätzung beginnt mit der sokratischen Haltung: „Ich weiß, dass ich nichts weiß." Ich sollte also fragen: „Wie meinst du das? Ich verstehe nicht ganz. Hilf mir, deine Sichtweise zu verstehen." Dann komme ich in einen Dialog. Meistens diskutieren wir ja nur. Diskutieren bedeutet aber, *gegen*einander zu reden. Dialog heißt, *mit*einander zu reden. Dazu braucht es aber die Bereitschaft aufrichtig verstehen zu wollen, warum der andere denkt wie er denkt. Um das zu erfahren, frage ich. Aufrichtig interessiert und geduldig.

Wertschätzende Führung befiehlt nicht, sondern bittet Jeder Befehl ist im Grunde eine Entwürdigung. Der Befehl kommt aus dem Untertandenken. Wertschätzende Führung wird deshalb nicht befehlen, sondern bitten. Hier sind keine eintrainierten Floskeln, die den Befehl lediglich als Bitte formulieren, gemeint, sondern vielmehr eine innere Haltung. Diese Haltung basiert auf dem aufrichtigen Interesse an einer guten Zusammenarbeit. Auf dem Wissen, dass wir nur gemeinsam erfolgreich sein können. Dass Arbeit mehr sein soll, als lediglich der Platz, an dem ich mein Geld verdiene. Dass der Arbeitsplatz auch eine soziale Heimat für alle Beteiligten ist. Dass jeder Einzelne als Teil des Ganzen gesehen wird. Dass Menschen im Grunde immer ihr Bestes einbringen wollen, wenn wir als Führungskräfte das auch erkennen und ermöglichen.

Achtsamkeit, Würde und Wertschätzung hängen sehr eng miteinander zusammen „Die Würde des Menschen ist unantastbar." So lautet der erste Satz im europäischen Grundgesetz. Wertschätzende Führung wird dies bei jedem Gespräch, bei jeder Handlung beachten. Es braucht deshalb viel Achtsamkeit und Sorgfalt im Umgang mit anderen Menschen. Unsere heutige Gesellschaft ist leider nur wenig mit Achtsamkeit gesegnet. Ja, man könnte fast den Eindruck bekommen, dass solche Werte stark vernachlässigt werden. Gerade in einem Umfeld, das von Zurschaustellung von materiellen Reichtümern und Statussymbolen geprägt ist, vermissen wir Einfühlungsvermögen, Hilfsbereitschaft, Aufmerksamkeit, Höflichkeit, Achtsamkeit und Wertschätzung. Dabei haben wir Menschen eine regelrechte Sehnsucht danach. Ohne die Beachtung dieser Werte ist ein wertschätzendes Leben nicht möglich.

Achtsam die Persönlichkeit des anderen wahrzunehmen, auch auf die kleinen Dinge zu achten und Verletzungen bereits im Ansatz zu vermeiden, bedeutet wertschätzend die Würde des anderen zu respektieren. Beleidigungen, Beschämungen, Verletzungen, Schläge (auch verbale) sind ein Angriff auf die Würde des Menschen.

Wertschätzung heißt aufrichtig sein Wohlgemerkt, damit ist nicht Ehrlichkeit gemeint. Keine Angst, ich will Sie jetzt nicht zur Lüge anstiften. Obwohl, eigentlich doch. Ehrlichkeit ist nämlich dann nicht mehr zulässig, wenn sie den anderen verletzt. Dann darf ich nicht mehr ehrlich sein. Dann ist eine Notlüge die bessere Wahl. Im Wort Aufrichtigkeit ist „aufrichten" enthalten. Im Sinne von stärken, helfen und unterstützen.

„Sind Sie mit mir zufrieden?", „Wie habe ich das gemacht?", „Wo kann ich mich verbessern?" und so weiter sind Fragen, die vornehmlich nach Aufrichtigkeit verlangen. Wenn Ehrlichkeit den anderen verletzen könnte, dann sollte ich besser aufrichtig sein. Wer so handelt, zeigt Warmherzigkeit und Menschlichkeit.

Ja, darf ich dann überhaupt noch meine ehrliche Meinung sagen? Ja, wenn sie wertschätzend ist. Wenn nicht, dann sollten wir aufrichtig sein. Das bedeutet natürlich nicht, dass wir alles Geschehene immer gutheißen müssen. Dass wir als Führungskraft die Dinge einfach laufen lassen. Frei nach Immanuel Kant: „Hart in der Sache, aber immer weich zu den Menschen!" Wir bestehen darauf, dass die Dinge so erledigt werden, wie es vereinbart wurde. Gleichzeitig zeigen wir aber auch Verständnis dafür, dass jemand eine andere Sicht der Dinge hat. „Let's agree to differ!" ist ein grandioser Satz aus dem Amerikanischen. „Lass uns darüber einig sein, dass wir hier verschiedener Meinung sind!" Dann verliert niemand das Gesicht und wir können gemeinsam weiter arbeiten.

Wertschätzung heißt zuhören Das hat auch etwas mit Aufmerksamkeit zu tun. Zuhören ist mehr als den anderen nicht zu unterbrechen. Aufmerksames Zuhören bedeutet, die eigenen Gedanken erstmal hinten an zu stellen und ganz da zu sein. Nicht bereits darüber nachzudenken, wie sehe ich das? Was sage ich darauf? Wie kann ich dieses Argument entkräften?

Damit Sie eine Ahnung bekommen, was aufmerksames Zuhören wirklich bedeutet, ersuche ich Sie, an eine Situation zu denken, in der Sie sich gerade frisch verliebt haben. Wenn wir verliebt sind, hören wir zu, wie die Weltmeister. Alles, was diese Person zu uns sagt, ist interessant und wichtig. Wir hinterfragen nicht, wägen nicht ab, ob es gut oder schlecht ist, sondern nehmen es so hin, wie es ist. Wir wollen verstehen, wie diese Person tickt, wie sie die Welt sieht. Was ihr gefällt oder nicht gefällt. Und sind sogar fasziniert von Ansichten, die unseren vollkommen entgegengesetzt sind. Das Geheimnis dahinter? Wir interessieren uns wirklich für den anderen.

Die gute Nachricht: Sie müssen nicht alle Mitarbeiter und Kunden lieben. Aber die vier M's sind unverzichtbar. *M*an *M*uss *M*enschen *M*ögen. Erst dann ist aufrichtige Wertschätzung und damit auch gute Dienstleistung möglich.

Wertschätzung respektiert die Gefühle der Menschen Mitunter versuchen wir allen Ernstes, andere Menschen davon zu überzeugen, wie sie ihr eigenes Leben besser gestalten können. Wir maßen uns an, die Gefühle des anderen zu bewerten. „Du brauchst keine Angst zu haben!", „Jetzt hast du lange genug getrauert!", „Stell dich nicht so an!", „Bleib locker." Solche Sätze sind im Grund auch Bewertungen, weil sie dem anderen das Gefühl geben, etwas falsch zu machen. Meist werden sie sogar als Kritik wahrgenommen. Zu recht.

Natürlich sind wir im Umgang mit Kunden angehalten, unsere Gefühle nicht wie auf einem Tablett vor uns her zu tragen. Hier möchte ich das Wort Disziplin einbringen. Andererseits kann es nur gespielt sein, wenn jemand in gedrückter Stimmung zum Kunden geht und da besonders fröhlich agiert. Wir Menschen erkennen das sofort, ob jemand die Freundlichkeit nur spielt.

Wahre Wertschätzung ist auch daran erkennbar, dass verständnisvoll auf Ärger, auf Enttäuschung, auf Traurigkeit, auf Ungeduld etc. reagiert wird. Ein wertschätzendes Unternehmen ist natürlich keine Therapieanstalt. Aber immer ein Platz von gelebter Menschlichkeit und Fürsorge. Dann ist es ein *wert*volles Unternehmen.

12.11 Über den Autor

Kurt Steindl (MBA) ist selbstständiger Redner und Serviceexperte. Seine beruflichen Wurzeln liegen in der Hotellerie & Gastronomie. Als gelernter Restaurantfachmann stieg er innerhalb weniger Jahre ins Management auf. Dort war er mehr als 15 Jahre in leitender Funktion tätig.

Überdurchschnittliche Dienstleistungen sind für den ehemaligen Gastwirt die Grundlage erfolgreicher Dienstleistung. Deshalb gründete er im Alter von vierzig Jahren eines der erfolgreichsten Weiterbildungsinstitute Österreichs. Seine Firma Gastlichkeit & Co betreut Tophotels und namhafte Kunden im In- und Ausland.

Kurt Steindl – der Serviceflüsterer – ist auch Österreichs oberster Hoteltester (Tageszeitung Kurier). Seine Bewertungen dienen als Grundlage für die österreichische Hotelklassifizierung. Er gilt als profunder Tourismusexperte und zählt zu den gefragtesten Beratern zum Thema SINN- und WERTEorientierte Unternehmensführung. „Wer Leistung will muss Sinn stiften", lautet sein Credo.

Kurt Steindl lebt in Leonding in Österreich und arbeitet weltweit. Er ist Jahrgang 1960, verheiratet und Vater von zwei Söhnen.

Weitere Infos unter www.kurtsteindl.com

Starke Chefs sind schwach, aber glücklich!

Mario Tutas

Inhaltsverzeichnis

13.1	Erfolgreich, aber unglücklich	241
13.2	Erwartungen an Führungskräfte	242
13.3	Warum wird so viel von Chefs verlangt?	245
13.4	Was können wir ändern?	248
13.5	Zusammenfassung	260
13.6	Über den Autor	261
Literatur		261

Chefs dürfen keine Menschen mit Stärken und Schwächen sein, sondern müssen Supermenschen sein!

13.1 Erfolgreich, aber unglücklich

In meiner langjährigen Beratungspraxis erlebe ich häufig wirtschaftlich sehr erfolgreiche Führungskräfte, die insgesamt aber nicht glücklich mit ihrem Leben sind. Unter Führungskräften verstehe ich den inhabergeführten Betrieb genauso wie das mittlere- und Topmanagement. Darüber hinaus zeigen uns Untersuchungen alljährlich wieder, dass auch ein erheblicher Anteil der Mitarbeiter nicht glücklich in seinem Job ist. Dabei sind das nun keine neuen Erkenntnisse, die u. a. die Gallup-Studie zum Mitarbeiterengagement jährlich wiederkehrend aufzeigt. Nur ein sehr geringer Anteil von rund jedem achten Mitarbeiter ist vollauf zufrieden und identifiziert sich mit seinen Aufgaben und dem Arbeitgeber. Geändert hat sich in den letzten Jahren allerdings nur der deutliche Anstieg von psychischen Erkrankungen von Berufstätigen. Es wird Zeit, die Gründe dafür ausfindig zu machen.

Mario Tutas ✉
Altenwalder Chaussee 98, 27472 Cuxhaven, Deutschland
e-mail: tutas@mario-tutas.de

Ein „weiter so!" wird gerade in Märkten der Personalknappheit zur Bestandsgefährdung von Unternehmen und Existenzen führen. Warum sind aber auch sehr erfolgreiche Menschen nicht glücklich? Aus meiner Sicht ist die Antwort einfach: „Führungskräfte sind Menschen und keine Supermenschen!". Es wird aber von Führungskräften Unmenschliches erwartet und die Aufgaben von Führungskräften sind unmenschlich. Darunter leiden dann alle im Unternehmen. Dieses Selbstverständnis zeigt auch die Literatur zur Unternehmensführung. Es gibt umfangreiche Literatur zur Mitarbeitermotivation etc. Wenn es aber um Bücher für Chefs geht, dann haben diese meistens folgenden Titel:

- Mein Chef ist ein Arschloch
- Der Chef-Faktor: Lösungen für das Arschlochproblem
- Mein Chef, das Arschloch!
- Rache am Chef
- Der Arsch auf dem Sessel
- Wie führe ich meinen Chef?

Diese Bücher sind oft Bestseller, da deren Inhalt vielen Mitarbeitern aus dem Herzen spricht. Der Ansatz ist aber der völlig falsche. Chefs sind in der Regel keine Arschlöcher, sondern eben auch nur Menschen, die meistens entweder über sehr gute Kenntnisse im operativen Geschäft oder über die Führung eines Unternehmens verfügen und nur sehr selten beides vereinen. Trotzdem sollen Chefs aber die Verantwortung für beide Bereiche vollständig übernehmen. Nachfolgend werde ich darstellen, warum die Anforderungen an Führungskräfte nicht erfüllbar sind.

13.2 Erwartungen an Führungskräfte

13.2.1 Workaholics sind „sexy"

Überfüllte Terminkalender, jederzeit per Smartphone erreichbar sein und ständige Geschäftsreisen, verbunden mit einer Wochenarbeitszeit von deutlich mehr als 60 Stunden, zeigen Dritten, wie unglaublich wichtig Chefs sind. In einem Meeting kurzfristig den Raum zu verlassen, um dringende Rückrufe oder E-Mails zu erledigen, ist Normalität in unserer Unternehmenswelt. Nahezu mitleidig werden Führungskräfte in Seminaren angesehen, die nicht wichtige Telefonate in den Pausen führen. Scheint wohl noch nicht hoch genug in der Hierarchie zu sein, dass seine/ihre Entscheidungen nicht dringend benötigt werden. Wer wichtig ist, hat Stress!

Eine gute Führungskraft hat in den Erwartungen vieler als erster das Büro zu betreten und als letzter zu verlassen. Daneben eintretende gesellschaftliche Verpflichtungen sind natürlich zusätzlich zu erbringen. Der Chef soll ein Vorbild sein. Es kann nicht erwartet werden, dass die Mitarbeiter Überstunden machen, wenn der Chef das nicht vorlebt. „Das sehe ich gar nicht ein!" oder „Ich arbeite mich kaputt und der Chef macht schon wieder eine Weltreise!" sind nicht selten geäußerte Aussagen von Mitarbeitern. Warum eigentlich?

Was haben der Chef und seine Arbeitsweise mit der Arbeitsweise von Mitarbeitern zu tun? Aus welchen Gründen heraus soll der Chef überhaupt eine Vorbildfunktion einnehmen?

Gesellschaftlich wird aber genau das erwartet. Fleißig sein. Ergebnisse? Egal!

Für mich sind Führungskräfte mit einer dauerhaften Wochenarbeitszeit von mehr als 50 Stunden und einer ständigen Erreichbarkeit für benötigte Entscheidungen einfach nur sehr schlechte Führungskräfte, die sich nicht organisieren können. Temporär ist es sicher in Ordnung, wenn die Wochenarbeitszeit deutlich überschritten wird. Aber auf Dauer ist es schlichtweg nur die Unfähigkeit von Führungskräften. Aus vielen Beratungsgesprächen kenne ich die Einwände. „Es geht gerade nicht anders." oder „In Ihrem Unternehmen mag das ja gehen, aber bei mir sieht das ganz anders aus. Ich würde ja gern delegieren, aber ich habe dafür nicht die Mitarbeiter."

Mit nur einer Gegenfrage zeige ich den Führungskräften dann deren Verantwortlichkeit auf. „Wer ist denn für die Einstellung von fähigen Mitarbeitern zuständig?"

Workaholic zu sein, mag also die Erwartungen Dritter erfüllen, erfordert aber auf Dauer die Aufgabe des Privatlebens und verhindert darüber hinaus, dass sich die Mitarbeiter ebenfalls verantwortlich fühlen. Der „Superchef" macht das schon ...

13.2.2 Bewertungskriterien für Führungskräfte

Folgende Anforderungen werden an eine Führungskraft bei den meisten „Fortune 50"-Unternehmen als Bewertungskriterien gestellt:

- Selbstkenntnis,
- Change Management,
- visionäre Kraft,
- Planungsfähigkeiten,
- inspirierend sein,
- strategisches Denken,
- Motivation von Mitarbeitern,
- Durchsetzungsfähig,
- Prozessdenken,
- ergebnisorientiertes Denken,
- Werteverhalten,
- unter Druck stabile Ergebnisse liefern.

Die Beurteilungssysteme der Führungskräfte sind tatsächlich an solche Vorgaben gebunden. Auch werden in einem mittelständischen inhabergeführten Unternehmen solche Erwartungen von den Mitarbeitern und dem Unternehmensumfeld an den Chef gestellt. Es dürfte niemanden verwundern, dass die vollständige Erfüllbarkeit der vorgenannten Kriterien nicht möglich ist. Das Verrückte ist aber, dass ernsthaft über die Verbesserung in den suboptimalen Bereichen gesprochen wird und die Führungskraft tatsächlich versucht, sich in Folgebeurteilungen zu verbessern. Auch wenn es sonst nie ausgesprochen werden darf, werde ich es trotzdem tun. Es ist *unmöglich,* sämtliche Kriterien optimal zu erfüllen!

Dieses liegt in der Natur des Menschen. Die Persönlichkeit ist eine Funktion einer Wahrnehmung und Reaktion einer Person auf die jeweilige Lebenssituation. Jeder Mensch verfügt mehr oder weniger ausgeprägt über vier Verhaltenstendenzen. Diese sind:

D = Dominant
I = Initiativ
S = Stetig
G = Gewissenhaft

Bei einer Führungskraft wird nunmehr also erwartet, dass sämtliche Verhaltensmöglichkeiten den benötigten Lebenssituationen nach stets stark ausgeprägt sein sollen. Mir ist eine solche Person noch nicht begegnet. Es gibt hierzu zahlreiche entwickelte Persönlichkeitstest. Unter anderem das stark verbreitete sogenannte „DISG-Modell" welches durch Fragen die Verhaltenstendenzen eines Menschen herausfinden soll. Kritisch ist es hierbei aus meiner Sicht nur, dass eine Antwort stets zu Lasten einer weiteren Verhaltenstendenz geht, sodass es bei diesem Test unmöglich ist, in sämtlichen Bereichen stark ausgeprägt zu sein. Wobei es, selbst wenn es theoretisch möglich wäre, wohl keinen Menschen mit solchen Fähigkeiten gibt.

13.2.3 Fazit zu den Erwartungen an eine Führungskraft

Es werden eine fortlaufende Verfügbarkeit und ein sehr hoher Zeiteinsatz erwartet. Wahrscheinlich weil durch Fleiß die fehlenden Talente bei den Aufgaben ausgeglichen werden sollen. Es fehlt die Betrachtung der Ergebnisse. Ein gutes Ergebnis soll nicht ausreichen. Eine Führungskraft hat auch Vorbild zu sein. Dieses mag noch möglich sein, dürfte aber nachhaltig zu einer Verminderung der Lebensqualität führen. Sicher kennen Sie auch viele Unternehmer, die außerhalb des Unternehmens nichts mit sich anzufangen wissen. Nach Beendigung der aktiven Berufstätigkeit fallen diese Menschen in ein tiefes Loch. Jeder Mensch benötigt für ein erfülltes Leben die Familie, Freunde und den Beruf. Schlägt das Pendel nur in die Richtung Beruf aus, so führt dieses mit nahezu einer Zwangsläufigkeit zu einem seelischem Ungleichgewicht.

Die gestellten Kriterien, die eine Führungskraft erfüllen soll, sind nicht vollständig erfüllbar. Punkt. Trotzdem wird es erwartet. Es ist wichtig dies für sich zu akzeptieren, dass auch Sie als Führungskraft nur Teilbereiche mit ihren Talenten richtig ausfüllen können. Haben Sie bitte nicht den Anspruch die Schwächen auszumerzen, sondern konzentrieren Sie Ihre Führung auf Ihre Stärken.

▶ Wer Erwartungen anderer erfüllt, macht andere glücklich und sich selbst unglücklich!

13.3 Warum wird so viel von Chefs verlangt?

13.3.1 Wer keine Verantwortung trägt, macht nichts falsch und weiß alles besser

Wer in das Berufsleben eintritt, wird aufgefordert, die Verantwortung für sein eigenes Handeln aufzugeben. Die trägt der Chef. Das scheint ganz selbstverständlich zu sein. Vielleicht kennen Sie diese Situation aus dem Berufsleben. Ihr Wagen ist kaputt und soll repariert werden. Das organisiert Ihr Sekretariat. Dann kommt die Sekretärin auf Sie zu und zeigt Ihnen den Kostenvoranschlag und fragt, ob die Reparatur in Auftrag gegeben werden soll. Wenn Sie nun nicht zufällig Kfz-Mechaniker sind, dann können Sie fachlich so ziemlich gar nichts zu dieser Entscheidung beitragen. Trotzdem wird erwartet, dass Sie die Verantwortung für die Beauftragung der Reparatur übernehmen. Zugegeben, auch das Sekretariat könnte keinen Beitrag leisten. Aber wenn zwei Ahnungslose über etwas entscheiden sollen, dann gibt es nur zwei Möglichkeiten: Erstens, ein Ahnungsloser entscheidet das alleine und nimmt nicht noch zusätzlich die Zeit anderer Ahnungsloser in Anspruch oder zweitens, es wird ein Fachmann mit der Prüfung der Vergabe beauftragt. In unserer Welt der Unternehmensführung guckt der Chef aber wichtig und unterschreibt dann den Auftrag. Meistens noch mit dem Hinweis an das Sekretariat, nachzufragen, ob noch was an dem Angebot zu machen ist. Sinnlose Zeitverschwendung.

Dies wird jedoch für nahezu alle Aufgaben so gemacht und zwar auch in den Bereichen, in denen der Mitarbeiter der Fachmann ist. Die ausführende Fachkraft ist an Anweisungen gebunden, die ein Unwissender oder eine zumindest fachlich schlechtere Person aufgibt. Es gilt das Prinzip der Hierarchie und nicht das Prinzip der Kompetenz. Wie kommt es, dass dies von den meisten Beteiligten als vollkommen normal angesehen wird? Dafür müssen wir ein wenig in die Geschichte zurückgehen. Ursächlich ist unter anderem der sogenannte „Taylorismus", der von dem US-Amerikaner Frederick Winslow Taylor (1856–1915) erfunden wurde. Dieser führte – sehr vereinfacht dargestellt – die Trennung von Aufgaben ein. Das Management hatte die Aufgabe den optimalen Prozessweg zu erstellen und die Mitarbeiter waren für die exakte Umsetzung verantwortlich. Das Management war also das Gehirn und die Mitarbeiter die Hände. Mitdenken und Verantwortlichkeit war für die damalige Mitarbeitergeneration nicht erforderlich. Zur damaligen Zeit war das Modell genial. Dies vor allem deshalb, weil es seinerzeit nicht selbstverständlich gewesen ist, lesen, schreiben und rechnen zu können. Leider hat sich auf diesen Annahmen basiert in den folgenden Jahrzehnten die Unternehmensführung entwickelt. Der Mitarbeiter ist ausführendes Organ und nicht verantwortlich für die Abläufe. Das ist für den Mitarbeiter eigentlich auch eine angenehme Situation. Wenn der Prozessablauf schlicht schlecht ist, darf mit vollem Herzen über die Geschäftsführung geschimpft werden. Die haben doch echt keine Ahnung „da oben". Da wir schon zu Schulzeiten lernen, feste Vorgaben zu befolgen, kommen die Mitarbeiter gar nicht darauf, der Geschäftsführung Hinweise zur Verbesserung des Prozesses zu geben. Das ist schon in der Schule nicht belohnt worden. Richtige Lösung in der Rechenaufgabe im Fach Mathematik, aber „falscher" Lösungsweg

= Punktabzug! Also wird es gemacht, wie es vorgegeben wurde. Das ist häufig der Grund, warum exzellente Unternehmer schulisch nur Mittelmaß gewesen sind. Sie waren nicht angepasst genug um schulisch erfolgreich zu sein.

Die meisten Mitarbeiter wollen durch die Unterschrift des Vorgesetzten die Absolution. Wenn dann etwas schief geht, hat der Chef es ja auch abgesegnet. Das wirkt zunächst für die Mitarbeiter nur positiv. Es bewirkt aber auch, dass das Gehirn auf „Abschaltmodus" geschaltet wird und führt auf Dauer ebenfalls zu einer Unzufriedenheit der Mitarbeiter, da deren Talente so nicht vollständig genutzt werden. Die Mitarbeiter wollen auch Freiheiten genießen. Dafür ist der Preis jedoch Verantwortung.

▶ Der Preis für Freiheit ist Verantwortung. Der Preis für die Übernahme der Verantwortung von fremden Tätigkeiten ist Angst.

13.3.2 Die Arbeitswelt vor E-Mails und Smartphone

Die Generation unserer Eltern und Großeltern haben deutlich mehr Arbeitsstunden zu verrichten gehabt. Durchschnittlich 500 Stunden pro Jahr wurde in den Siebzigerjahren mehr gearbeitet als in den jetzigen Jahren um 2010. Trotzdem war Stress in diesen Generationen nahezu kein Thema. Die Art der Arbeit hat sich jedoch zwischenzeitlich massiv verändert. Durch die moderne Kommunikationstechnik passt sich der Mensch der Maschine an und nicht mehr umgekehrt. Was für sich einzeln betrachtet großartige Erfindungen sind (Internet, E-Mail und Smartphone), ist für die Entwicklung der Arbeitsbedingungen katastrophal. Die besondere Würze dabei sind jedoch die Erwartungen aus den Vorgängergenerationen, was den Arbeitseinsatz betrifft. Dies ist aus deren Sicht auch verständlich, da in Vorgängergenerationen von der Quantität deutlich mehr zu leisten war. Die Komplexität und die fehlende Möglichkeit ohne Störungen zu arbeiten, führen zu einer extremen Belastung. Dies ist auch logisch, da der Mensch nicht multitaskingfähig ist ohne an Qualität zu verlieren. Der Beweis hierzu kann mit Leichtigkeit geführt werden. Nahezu jeder hat während eines Telefonats schon einmal eine E-Mail geschrieben. Das geht so lange gut, bis der Gesprächspartner eine gering komplexe Frage stellt. Dann ist es ruhig in der Leitung. Durch Nachfragen bringen wir uns dann zurück in das Gespräch.

Unsere Vorgängergenerationen können nicht verstehen, wie wir trotz der erheblichen Arbeitserleichterungen und dem in Summe geringerem Zeiteinsatz überfordert sein können. Das ist ja auch tatsächlich auf dem ersten Blick nicht nachvollziehbar. Jedes technische Hilfsmittel ist für sich betrachtet auch eine erhebliche Erleichterung bei der zu erledigenden Arbeit. Durch die fehlende Möglichkeit, ohne zusätzliche Inanspruchnahme von Leistungskapazitäten des Gehirns die anfallenden Tätigkeiten mit weiteren Einflüssen – wie z. B. E-Mail – parallel zu erledigen, beansprucht die Tätigkeit jedoch extrem und anders als früher. Wer zu Zeiten unserer Eltern nicht im Betrieb gewesen ist, war eben nicht da und hat am nächsten Tag zurückrufen können, ohne dass es negativ wirkt. Heute hat jeder immer erreichbar zu sein. Der Termin beim Kunden ist beendet, dann werden die E-Mails gecheckt und die Rückruflisten abgearbeitet. Erholung oder die Vorbereitung auf eine gezielte Tätigkeit ist nicht denkbar. Diese Erkenntnisse sind im Jahr 2014 nun nicht wirklich neu. Warum ändert sich dann nichts? Dies hat zwei Gründe. Die Akzeptanz für fehlende Erreichbarkeit müsste in der gesamten Arbeitswelt vorhanden sein. Wenn nur ein Wettbewerber nicht mitzieht, dann sind wir alle verpflichtet, uns entsprechend von den technischen Möglichkeiten der Erreichbarkeit versklaven zu lassen um nicht ins Hintertreffen des Wettbewerbs zu geraten. Dieses wird sich nach meiner Einschätzung erst nachhaltig ändern, wenn die Einflüsse der ständigen Erreichbarkeit so starke Auswirkungen auf die Gesundheit des Menschen haben, dass der Staat Erreichbarkeiten gesetzlich normiert. Der weitere Grund ist, dass unser Belohnungssystem im Gehirn uns motiviert, diese eine kleine Aufgabe – wie die Erledigung einer E-Mail – zu erledigen. Das Gehirn findet nämlich erledigte Aufgaben unglaublich toll. Dabei wird nicht unterschieden, ob die Aufgabe wirklich so großartig gewesen ist. Hauptsache 20 E-Mails erledigt. Auch wenn es von den 20 E-Mails bei 15 E-Mails um Spam- oder die beliebten cc-Mails handelt.

Unterziehen sich selbst einmal einem Test. Legen Sie Ihr Smartphone an einem Arbeitstag zur Seite und sehen Sie auch nicht nach, ob es neue E-Mails gibt. Was ist das für ein Gefühl? Angst, oder? Es könnte ja was verpasst werden. Die fortlaufende Informationsflut ist in der jetzigen Arbeitswelt alltäglich geworden. Wir brauchen Informationen wie die Luft zum Atmen. Dabei machen Sie sich klar:

> **Tipp** Wenn es brennt, schreiben Sie der Feuerwehr keine Mail, sondern Sie rufen an!

Dies sind die vereinfacht dargestellten Gründe, warum das Klagen über Stress nahezu zum guten Ton gehört. Alle erleben es und daher ist jeder, der keinen Stress erfährt, aus der Sicht der Betrachter einfach nur unwichtig. Dazu kommen die Erwartungen der Vorgängergenerationen.

13.3.3 Gesetzliche Verpflichtungen

Auch der Staat findet es gut, dass Chefs verantwortlich sind. Angefangen bei den steuerlichen Verpflichtungen, wo der gesetzliche Vertreter, also der Geschäftsführer, Vorstandsvorsitzende oder Inhaber, die Steuererklärung unterzeichnet. In der Regel ist es aber so, dass Fachleute wie Wirtschaftsprüfer oder Steuerberater die entsprechenden Steuererklärungen und Jahresabschlüsse vorbereiten. Trotzdem ist der gesetzliche Vertreter verpflichtet, die Richtigkeit – nach bestem Wissen und Gewissen – zu bestätigen. Das ist ungefähr so, dass beim Arzt dessen Diagnose bestätigt werden soll. Warum ist es nicht in Ordnung, zu bestätigen, dass sämtliche Geschäftsunterlagen und Sachverhalte dem Wirtschaftsprüfer und Steuerberater zur Verfügung gestellt worden sind? Das würde der Lebenswirklichkeit deutlich mehr entsprechen.

Weiteres Beispiel ist das Arbeitsrecht. Durch Kündigungsschutzgesetz und bindende Tarifverträge werden dem Arbeitgeber erhebliche Lasten zugunsten der Arbeitnehmer auferlegt. Das ist in einem Arbeitnehmermarkt nur schwer verständlich und lässt sich nur aus der Historie erklären. Zu früheren Zeiten waren die Arbeitnehmer sicher schützenswert. Heute sind sie es – bis auf wenige Ausnahmen – nicht. Den Arbeitnehmern wäre es durchaus zuzutrauen, das Gehalt eigenständig zu verhandeln. Aber nein, Verantwortung für das eigene Leben zu übernehmen, das ist nicht die Aufgabe eines Arbeitnehmers. So scheinen zumindest die Vorstellungen des Gesetzgebers zu sein. Vergütung nach Leistung? Bitte auf keinen Fall. Alle bekommen das gleiche, abhängig von Qualifikation, Berufserfahrung und Lebensalter. Das ist für Leistungsträger ungerecht und für Minderleister ganz prima. Es zeigt sich hier jedoch eine positive Entwicklung von Seiten der neueren Generation der Arbeitnehmer. Diese wollen vermehrt für sich selbst verantwortlich sein und empfinden die Bevormundung durch den Staat nicht als positiv.

Es ist auch selbstverständlich, dass der Arbeitgeber für den Staat die Steuern und Sozialversicherungsbeiträge einzubehalten hat. Natürlich nebst dem dazugehörigen Verwaltungsaufwand. Vergünstigung durch den Staat für diese erbrachte Dienstleistung? Genau – strafrechtliche Risiken.

Die Liste würde sich beliebig verlängern lassen und soll nur im Ansatz zeigen, welche zusätzlichen Belastungen ein gesetzlicher Vertreter eines Unternehmens zu verantworten hat. Dabei ist noch besonders zu beachten, dass diese von ihm zu verantwortenden Tätigkeiten zumeist außerhalb seiner Kernkompetenz liegen.

13.4 Was können wir ändern?

13.4.1 Kernaufgaben einer modernen Führungskraft

Um eine erfolgreiche und glückliche Führungskraft zu sein, sollten Sie sich den folgenden Kernaufgaben widmen:

1. Machen Sie das, was Sie können – fühlen Sie sich nicht verpflichtet, alles zu können.
2. Mitarbeiterauswahl – Talent vor Erfahrung.
3. Mitarbeiterführung.

Weitere Themen wie Innovation, Forschung und Marketing sind natürlich abhängig von der ausgeübten Position ebenso zu berücksichtigen, sollen aber hier, wo es um das Problem der Führung geht, ohne Betrachtung bleiben. Wobei die erfolgreichsten Manager begriffen haben, dass die Grundregel gelten sollte:

Erst wer, dann was (Collins 2011).

Wenn Sie es schaffen eine Tätigkeit auszuüben, die den eigenen Talenten entspricht und dazu dies auf die Mitarbeiter ausdehnen, dann lässt sich der Erfolg nicht verhindern. Egal, um was für ein Unternehmen es sich handelt.

Ich weiß, dass es sich viel zu einfach anhört. Aber genauso ist es. Beachten Sie die vorstehenden Grundsätze und Sie werden glücklicher und erfolgreicher sein, als Sie es jemals für möglich gehalten haben! Ich werde nachfolgend erläutern, was konkret unter diesen Aufgaben zu verstehen ist.

13.4.1.1 Machen Sie das, was Sie können – fühlen Sie sich nicht verpflichtet, alles zu können

Befreien Sie sich! Wir wissen nun, dass sämtliche an eine Führungskraft gestellte Aufgaben nicht erfüllbar sind.

Als Führungskraft sollen Sie Vater oder Mutter, Held und Visionär sein. Das ist die Erwartung der Mitarbeiter. Der Chef soll nach den Wunschvorstellungen der Mitarbeiter für seine Mitarbeiter sorgen, sie beschützen und ihnen zeigen, wo es langgeht. Da wohl nur die wenigsten Menschen zum Helden, Übervater/-mutter und überzeugendem Visionär fähig sind, müssen Sie klar aufzeigen, was Ihnen möglich ist. Schaffen Sie klare und erfüllbare Erwartungen. Machen Sie deutlich, dass mit der Übernahme einer Führungsposition nicht die Transformation zu einem Supermenschen verbunden ist. Sie werden sicher über außerordentliche Talente verfügen, sonst wären Sie nicht zur Führungsposition gekommen. Zeigen Sie diese Ihren Mitarbeitern auf.

Natürlich werden Ihnen die Mitarbeiter nur folgen, wenn diese Ihnen vertrauen. Genau deshalb ist es wichtig zu definieren, was Sie können und was nicht. Denn der einzelne Mitarbeiter wird Sie daran messen, welche Anweisung individuell erteilt worden ist. Ob es sich dabei um einen Bereich Ihrer Talente handelt oder nicht interessiert den Mitarbeiter nicht. Wenn durch fehlerhaftes Verhalten in Bereichen, wo Ihre Kompetenz überschaubar ist, dann wird Ihnen diese fehlende Kompetenz auch auf andere Bereiche übertragen. So werden Sie das Vertrauen der Mitarbeiter sehr schnell verlieren können. Das Vertrauen der Mitarbeiter ist aber elementar für eine erfolgreiche Führung. Vergessen Sie bitte nicht, dass Vertrauen leider nicht verordnet werden kann. Dieses kann nur durch fachliches und zuverlässiges Handeln erworben werden.

Erstellen Sie einmal ein Stärken- und Schwächen-Profil, das sich an dem Muster in Tab. 13.1 orientieren könnte.

Die fachlichen Fähigkeiten sind individuell auf die operativ anfallenden Arbeiten zu erstellen.

Nachdem Sie ein solches Profil für sich erstellt haben, nehmen Sie eine Person Ihres Vertrauens hinzu und überprüfen Sie Ihre Selbsteinschätzung. Seien Sie hier lieber zurückhaltend in der Selbsteinschätzung. Denn an dieser Einschätzung werden Sie zukünftig gemessen werden. Nun machen Sie etwas, was in der heutigen Welt der Unternehmensführung eigentlich undenkbar ist. Sie zeigen dieses Selbstprofil den Mitarbeitern. Entschuldigen Sie sich dafür, dass Sie in einzelnen Bereichen nur über durchschnittliche oder unterdurchschnittliche Fähigkeiten verfügen. Bitten Sie darum, dass man Ihnen in diesen Bereichen Hilfe leistet.

Tab. 13.1 Stärken- und Schwächen-Profil

Nr.	Bezeichnung	Schulnote
	Managementfähigkeiten	
1	– Selbstkenntnis	
2	– Change Management	
3	– Visionäre Kraft	
4	– Planungsfähigkeiten	
5	– Inspirierend	
6	– Strategisches Denken	
7	– Mitarbeitern Vertrauen schenken können	
8	– Durchsetzungsfähig	
9	– Prozessdenken	
10	– ergebnisorientiertes Denken	
11	– Werteverhalten	
12	– unter Druck stabile Ergebnisse liefern	
	Persönliches Verhalten	
1	– Einfühlungsvermögen	
2	– Selbstbewusstsein	
3	– selbstbeherrscht	
4	– zuverlässig	
5	– konfliktfähig	
6	– tolerant	
7	– kompromissfähig	
8	– optimistisch	
9	– hilfsbereit	
10	– kontaktfreudig	
	Fachliche Fähigkeiten	
1	– Controlling	
2	– …	

Sie werden sehr schnell feststellen, dass eine solche Aufrichtigkeit zu einem großen Vertrauensgewinn bei den Mitarbeitern führt. Durch die Reduzierung der Erwartungshaltung auf eine erbringbare Anforderung wird sich der Druck für Sie als Führungskraft massiv reduzieren. Durch dieses Aufzeigen von menschlichen Schwächen machen Sie sich bei den Mitarbeitern stark. Es gehört ja einiges dazu, dieses so offenzulegen. Die Mitarbeiter verstehen aber sehr schnell, dass eine Führungskraft, die so agiert, verlässlich ist und nicht schauspielert oder sich durch die Kraft der Hierarchie versucht durchzusetzen. Je nachdem, wie das Vertrauensverhältnis ist, können Sie anstatt einer dritten vertrauten Person zur Kontrolle der Selbsteinschätzung auch eine Mitarbeiterbefragung machen. Dies wird aber nur dann Sinn machen, wenn die Mitarbeiter wissen, dass Sie eine ehrliche

Einschätzung erwarten und ertragen können. Wenn dieses Vertrauen der Mitarbeiter in die Führung fehlt, ist eine solche Befragung – trotz Anonymität – meistens zu positiv.

Optimal wäre es nun, wenn die anfallenden Tätigkeiten und Aufgaben der Führungskraft den Talenten angepasst werden kann. Das ist davon abhängig, ob es weitere Geschäftsführer oder Führungskräfte mit anderen Talenten im Unternehmen gibt. Das kann auch eine hierarisch untergeordnete Führungskraft sein. Wenn dies gelingt, dann können Sie die vorhandenen Talente ausspielen und werden einen deutlich größeren Leistungsbeitrag für das Unternehmen erbringen.

> Die Menschen sind weniger veränderbar, als wir glauben. Verschwende nicht deine Zeit mit dem Versuch, etwas hinzuzufügen, das die Natur nicht vorgesehen hat. Versuche herauszuholen, was in ihnen steckt. Das ist schwer genug (Buckingham und Coffman 2012).

Das gilt natürlich auch für die eigene Veränderungsfähigkeit. Auch wenn wir uns das nur ungern eingestehen wollen.

Ein besonderes Problem sind die Führungskräfte im mittleren Management. Hier ist es die vorrangige Aufgabe, zunächst die obere Führungskraft von diesem Vorgehen zu überzeugen. Ansonsten besteht die Gefahr, dass aufgrund der weitläufigen Einschätzung einer Führungskraft das Vorgehen tatsächlich als Schwäche und nicht als Stärke ausgelegt werden kann. Gefährlich ist es insbesondere bei pathologischem oder fanatischem Narzissmus der oberen Führungskraft. Diese Führungskraft gilt es zu überzeugen. Ansonsten sollten Sie schnellstmöglich den Arbeitsplatz wechseln. Denn eine solche Führungskraft wird das Unternehmen ohnehin zielsicher in die Insolvenz führen.

Wenn es Ihnen aber gelingt, dass die Schwächen Ihrer Talente offengelegt werden können, dann ist dies eine große Befreiung. Nutzen Sie diese Chance zur Verbesserung der persönlichen Zufriedenheit!

13.4.1.2 Mitarbeiterauswahl – Talent vor Erfahrung

Bei der Mitarbeiterauswahl wird häufig auf die Papierform geachtet. Welche Qualifikation und welche Erfahrung. Auf den ersten Blick ist das auch nicht verkehrt. Entscheidend ist aber das Talent und dieses lässt sich nur bedingt aus den Unterlagen herausarbeiten. Ein einfaches Beispiel, warum das Talent die Erfahrung schlägt, ist die Welt des Sports. Nehmen wir einmal an wir haben einen 32-jährigen Zweitligafußballer, der seit 14 Jahren Profi ist. Im Vergleich haben wir einen 18-jährigen Mario Götze. Der Zweitligaprofi wird trotz seiner Erfahrung niemals zu der Leistung fähig sein wie es Mario Götze ist. Da hilft kein Training und Coaching. Sicher kann ein optimales Training diesen Zweitligaspieler zu einem maximal durchschnittlichen Erstligaspieler machen, aber dann ist das Ende der Fahnenstange erreicht. Mario Götze ist dagegen mit 20 Jahren ein etablierter Nationalspieler.

Das Problem ist, dass in der Wirtschaft mit größter Wahrscheinlichkeit der Zweitligaspieler eingestellt worden wäre. Dieses liegt auch daran, dass die Leistungsbeurteilung in einem Unternehmen nicht so klar ist, wie es das im Fußballsport ist. Die Papierform des

Zweitligaspielers wäre einfach besser gewesen und in einem Vorstellungsgespräch hätten die Erfahrung und die Ruhe sicher auch einen besseren Eindruck hinterlassen als ein aufgeregter junger Mann.

Große Talente scheinen immer unerreichbar zu sein. Eben wie ein Sonnenkind Franz Beckenbauer. Da der Begriff Talent so weit weg zu sein scheint, erlangt es keine Bedeutung in den Unternehmen. Die Wahrheit ist aber aus meiner Sicht eine ganz andere. Jeder von uns hat außerordentliche Talente. Diese treten nur nicht immer öffentlich in Erscheinung. Jeder hat das nachfolgende Beispiel schon einmal erlebt. Eine besonders aufmerksame Bedienung in einem Restaurant, die einem einfach nur Freude bereitet. Nur wir stehen danach nicht auf und machen die Laola-Welle und bestaunen dieses außergewöhnliche Talent ein guter Gastgeber zu sein, sondern wir vergessen es danach. Wenn das Thema außergewöhnliche Talente auf der Tagesordnung stehen würde, dann würden wir sicher nicht an dieses herausragende Talent der Gastfreundschaft denken, sondern an bekannte Stars oder Spitzenmanager.

Was ist unter einem Talent zu verstehen? Ein Talent hat ein wiederkehrendes Verhaltensmuster in bestimmten Lebenssituationen. Das dürften wir alle haben. Eben nur in unterschiedlichen Bereichen. Darüber hinaus ist ein bestimmtes Denkverhalten automatisiert vorhanden. Wenn diese nun zur Tätigkeit passt, dann haben wir unser Talent. Dadurch macht die Tätigkeit einfach Spaß und durch Spaß kommt auch automatisch der Erfolg. Hier kommt das nächste erläuterungswürdige Problem. Arbeit? Spaß? Genau! Nur leider haben wir verlernt, dies bewusst wahrzunehmen. Bleiben wir einmal beim Fußballsport. Hier hat jemand sein Hobby zum Beruf gemacht. Trotzdem wird es natürlich Tage geben, wo statt Waldlauf lieber die Hängematte in der Karibik bevorzugt werden würde. Ob das vorhandene Talent richtig eingesetzt ist, lässt sich durch einen einfachen Test feststellen. Es kommt eine Zauberfee und bietet Ihnen an, nie wieder Ihrer jetzigen Tätigkeit nachzugehen und Sie erhalten dafür monatlich EUR 10.000,00 (oder was auch immer Sie benötigen, um vernünftig leben zu können). Es wäre aber absolut verboten die Tätigkeit auch nur im Geringsten auszuüben. Stellen Sie sich dies einmal konkret vor. Wenn Sie eine ihren Talenten entsprechende Tätigkeit ausüben, dann würden Sie nach ein bis zwei Monaten der Erholung ein Gespräch mit der Zauberfee führen und darum bitten, notfalls gegen Bezahlung von Ihnen, die Tätigkeit zumindest vereinzelt ausführen zu dürfen. Wir nehmen die Freude an unserer Tätigkeit aufgrund der Dauerhaftigkeit und des Fremddrucks nicht mehr zur Kenntnis.

Wie können wir diese Erkenntnis nun in unserer Mitarbeiterführung und -gewinnung richtig einsetzen? Erstellen Sie für sämtliche Tätigkeiten ein Begabungsprofil. Dafür kann die Tab. 13.1 verwendet werden. Dann erfolgt noch die Einschätzung der Mitarbeiter. Passen die Profile zusammen, dann haben Sie einen Supermitarbeiter, der sicher fantastische Leistungen erbringen wird. Bei vorhandenen Mitarbeitern können Sie die Selbsteinschätzung der Mitarbeiter relativ schnell auf Richtigkeit überprüfen. Bei potenziellen Mitarbeitern kann ihnen dies durch entsprechende Tests gelingen. Beachten Sie, dass die fachlichen Fähigkeiten absolut nachrangig sind. Diese können bei entsprechenden Grundbegabungen schnell erlernt werden. Umgekehrt ist dies nicht möglich.

▶ Fachliche Fähigkeiten sind erlernbar. Talente und Begabungen nicht.

Es kann deshalb dabei herauskommen, dass der Buchhalter eher in den Vertrieb gehört und umgekehrt. Das Problem ist, dass viele Menschen einen Beruf ausüben, der sich nicht an den Talenten orientiert. Leider bemerkt das niemand. Dies bedeutet für viele Menschen, dass für eine einmalige fehlerhafte Berufsauswahl ein Leben lang der Preis der Erfolglosigkeit gezahlt wird. Es ist erstaunlich, dass niemand aufschreit und das vorhandene System massiv kritisiert. Der Grund hierfür ist jedoch eindeutig. Wir kennen es nicht anders. Bereits in der Schule werden wir zu Allroundern geschult. Wer nur ein besonderes Talent in der Mathematik hat und sich darüber hinaus sehr schwer tut, hat nur eine Chance, wenn zusätzlich das Talent von Fleiß und sinnlosem Auswendiglernen vorhanden ist. Wie viele Talente in der Schule vernichtet werden, vermag ich mir gar nicht auszumalen. Unser Lernsystem ist auf die Breite und nicht auf die Spitze ausgelegt. Damit wird es aber nur zu Breitensport und nicht zu Spitzensport reichen.

Wir benötigen also den Mut auch völlige Neuausrichtungen vorzunehmen. Denken Sie an die Aussage: „Erst wer, dann was" von den erfolgreichsten Managern dieser Welt. Es mag auch dazu führen, dass Menschen in ihrer Unternehmung keine Tätigkeiten finden, die zu den Begabungen passen. Es ist dann zu überlegen diese Tätigkeiten zu schaffen oder sich zu lösen. Das müssen Sie zumindest tun, wenn Sie sich Spitzenleistung wünschen. Denken Sie an den erfahrenen Zweitligaspieler. Ein Vogel wird sich eben trotz massiver Bemühungen niemals so sicher im Wasser verhalten wie ein Fisch.

▶ Im Wasser brauchen wir Fische und in der Luft Vögel.

Natürlich brauchen Sie nicht jede Position mit Menschen besetzen, die alle geforderten Begabungen und Talente erfüllen. Es sollten für Spitzenleistungen aber zumindest 80 Prozent erfüllt werden. Damit wäre das Unternehmen in kurzer Zeit unschlagbar. Insbesondere aufgrund des Wettbewerbsumfeldes, wo diese Logik nicht verwendet wird. Da versuchen Fische mit Hilfsmitteln zu fliegen und Vögel sind im Wasser mit Taucherausrüstung. Wenn die Fische der Wettbewerber landen müssen um Treibstoff zu tanken, fliegen ihre Mitarbeiter einfach weiter.

Lösen Sie sich *jetzt* von dem Märchen, dass jeder alles erreichen kann, wenn nur genügend Willen vorhanden ist. Jeder kann sein, was er will. Falsch! Jeder kann sein, was er ist und das sehr erfolgreich! Da muss ich der Werbung einmal zustimmen.

▶ Ich will so bleiben wie ich bin. Du darfst!

Abb. 13.1 Bedürfnispyramide nach der TKP7e-Methode

13.4.1.3 Mitarbeiterführung

Nachdem wir unsere Mitarbeiter ihren entsprechenden Talenten und Begabungen einsetzen, ist nunmehr im Rahmen einer modernen Personalführung das weitere Vorgehen zu erörtern.

Welche Bedürfnisse des Mitarbeiters sind hier zu erfüllen? Aus der von mir entwickelten TKP7e-Methode® ergibt eine Bedürfnispyramide (vgl. Abb. 13.1).

Aus dieser Pyramide ist ersichtlich, dass zunächst die Mitarbeiter „Wissen" erhalten müssen. Wir können kein unternehmerisches Handeln durch unsere Mitarbeiter einfordern, wenn die dafür notwendigen Informationen nicht zur Verfügung stehen. Nur durch Wissen können die Mitarbeiter Probleme erkennen und dafür Lösungen anbieten.

▶ Ohne Problem gibt es keine Lösung!

In den nachfolgenden Unterkapiteln möchte ich die Bereiche Wissen, Verantwortung und Feedback erläutern, da diese die wichtigsten Säulen der Bedürfnisse der Mitarbeiter sind und nicht etwa wie häufig vermutet die Vergütung oder persönliche Entwicklung.

13.4.1.3.1 Wissen der Mitarbeiter

Wissen ist die Grundlage für eigenverantwortliches Arbeiten der Mitarbeiter. Ohne Wissen kein Problem und ohne Problem keine Lösung. Erst wenn der Mitarbeiter weiß, wofür das Unternehmen steht und wofür er verantwortlich ist, kann er Verantwortung zur Verbesserung des Unternehmens und seiner geleisteten Arbeit übernehmen. Jeder Mitarbeiter muss die Unternehmensstrategie, die Unternehmensziele und die eigenen Ziele kennen. Dem Mitarbeiter kann nur unternehmerisches Denken angedacht werden, wenn er auch über die entsprechenden Informationen verfügt. Der Mitarbeiter muss über die Ergebnisse seines Handelns ebenfalls informiert werden. Je größer das Wissen der Mitarbeiter, desto größer die Chance, dass der Mitarbeiter eigenständig nach Verbesserungen sucht.

Es ist damit Ihre Aufgabe als Führungskraft, die Mitarbeiter mit der Unternehmensstrategie der nahen und weiteren Zukunft vertraut zu machen. Soll das Unternehmen wachsen oder schrumpfen? Welche Bereiche sollen verstärkt werden? Ist genügend Liquidität für die Umsetzung der Maßnahmen vorhanden? Wie sind die Betriebsergebnisse?

Hierzu ist eine Vielzahl von Maßnahmen erforderlich. Als allererstes ist es aus meiner Sicht unumgänglich, die Betriebsergebnisse den Mitarbeitern offenzulegen. Wie weitreichend dies sein sollte, hängt von der Größe des Unternehmens und den Aufgaben der Mitarbeiter ab. Es kann ausreichend sein die Kennzahlen des Betriebsteils offenzulegen oder auch das Gesamtergebnis des Unternehmens. In jedem Fall muss der Mitarbeiter aber wissen, wo das Unternehmen steht.

Nach Bekanntgabe der Unternehmensziele sind die Mitarbeiter auch fortlaufend über den Zielerreichungsgrad zu informieren. Nur so kann der Mitarbeiter einwirken und Hinweise geben, warum etwas nicht erreicht worden ist. Auch bei der Zielfestlegung kann der Mitarbeiter wichtige Hinweise geben. So werden in vielen Unternehmen die neuen Jahresziele auf Basis der Vergangenheit des Unternehmens ermittelt. Dabei bleiben aber äußere Einflüsse vollkommen unberücksichtigt. Was ist ein Wachstum von 10 % wirklich wert, wenn der Rest der Branche ein Wachstum von 30 % erzielt hat? Gehen Sie davon aus, dass die ausführenden Mitarbeiter über Wissen verfügen, was enorm wertvoll ist. Denken Sie an die Serie „Undercover Boss". Dort erleben die Chefs am eigenen Leib, was es bedeutet, wenn Arbeitsanweisungen und Vorgaben von Personen gemacht werden, die die Tätigkeiten nicht selbst auszuführen haben.

Viele Unternehmer haben nun Angst die betrieblichen Kennzahlen offenzulegen. Sie meinen, die Mitarbeiter können damit nicht umgehen. Diese Ängste sind bei einem Unternehmen, wo Mitarbeitern ihren Talenten entsprechend eingesetzt sind, vollkommen unbegründet.

Wissen zu fördern, bedeutet auch, dass der fachliche und persönliche Horizont zu erweitern ist. Hierfür ist ein Rahmen zu schaffen. So sollten die Mitarbeiter im Rahmen von Eigenverantwortlichkeit über ein eigenes Fortbildungsbudget verfügen, welches natürlich auch zur Persönlichkeitsentwicklung verwandt werden darf.

Folgende Maßnahmen schlage ich zur Umsetzung der Verbesserung des Wissens der Mitarbeiter vor:

a) Jahreskickoff-Veranstaltung
   Auf dieser Veranstaltung, welche im Januar des Jahres stattfindet, bekommen die Mitarbeiter die folgenden Informationen:
   - notwendige betriebliche Kennzahlen des Unternehmens aus dem Vorjahr (am besten auch die gesamte Gewinn- und Verlustrechnung),
   - Auswertung der Kundenbefragung,
   - Auswertung der Führungskräftebeurteilung durch die Mitarbeiter,
   - Liste der A-, B- und C-Kunden (C-Kunden sollten gekündigt werden),
   - Ergebnisse der Lieferantenbewertung und deren Folgen,
   - Planung für das aktuelle Jahr (Unternehmensplanung),

- geplante Auszeichnung (Zertifizierung, Unternehmerwettbewerbe),
- geplante Großprojekte (zum Beispiel Umstellung auf DMS (Dokumentenmanagementsystem, papierloses Büro)).

Anhand dieser Informationen können die Mitarbeiter deutlich einschätzen, wie es um das Unternehmen bestellt ist. Auch können Mitarbeiter bei schlecht beurteilten Lieferanten aktiv an einer Lösung mitwirken. Wie sollten die Mitarbeiter das tun, wenn sie keine Kenntnis über die Unzufriedenheit haben? Ebenso verhält es sich mit den B-Kunden. Nun können auch die Mitarbeiter aktiv mitwirken, dass sich doch noch ein A-Kunde daraus entwickelt.

b) Monatsbesprechung
    In diesem Gespräch, was maximal 15–30 Minuten dauern darf, sollte über folgendes berichtet werden:
    - aktuelle betriebswirtschaftliche Auswertung (BWA) im Vergleich zur Plan-BWA,
    - Mitarbeiterveränderungen (Zugänge, Abgänge, bestandene Probezeiten),
    - Kundenveränderungen (Zu- und Abgänge, bei Abgängen mit den Gründen der Beendigung),
    - Besonderheiten (Presseartikel über die Firma),
    - Stand der Verbesserungsvorschläge.
c) Mitarbeiterhandbuch
    In einem Mitarbeiterhandbuch finden die Mitarbeiter alle geregelten Abläufe zu Themen wie Arbeitszeiten, Urlaub, Krankmeldungen, Kooperationspartner des Unternehmens, Fortbildungsbudget und Aufstiegsmöglichkeiten.
d) Kompetenzmatrix
    Aus der Kompetenzmatrix kann jeder ersehen, wer in welchem Fachgebiet über besondere Kenntnisse verfügt. Es geht hier nicht nur um fachliche Kompetenzen, sondern zum Beispiel auch um Kenntnisse in der EDV.
e) Buch der Zuständigkeiten
    Ein Buch, aus dem sich sämtliche Zuständigkeiten für alle Aufgaben innerhalb des Unternehmens (oder des Unternehmensbereiches) ergeben. Jeder kann die Zuständigkeiten des anderen einsehen. Soweit eine Aufgabe niemandem zugeordnet worden ist, wird dies sofort nachgeholt. Jeder kennt damit die Zuständigkeiten nebst Vertreter.
f) Zielebuch
    Jeder Mitarbeiter erhält zu Beginn des Jahres das Zielebuch, aus dem sich die einzelnen Ziele eines jeden Mitarbeiters und der Geschäftsführung ergeben. So kann sich jeder ein Bild über die Ziele des anderen machen. Daraus ist dann auch das Gesamtziel des Unternehmens abzuleiten.
g) Monatsfeedback
    Jeder Mitarbeiter sollte einen Soll-Ist Vergleich seiner Leistung erhalten.
h) Jahresbeurteilung der Mitarbeiter
    Einmal im Jahr erhalten die Mitarbeiter eine detaillierte Beurteilung. Der Mitarbeiter kann sich deshalb genau einordnen.

Tab. 13.2 Vertrauensstufen

	Abkürzung	Berechtigung
Vertrauensstufe 1	V1	Die Aufgabe soll ohne Hilfe des Vorgesetzten erledigt werden. Der Vorgesetzte geht davon aus, dass der für die Aufgabe zuständige Mitarbeiter über das notwendige Fach- und Sachverhaltswissen verfügt. Der Vorgesetzte erwartet bei Fragen konkrete Lösungsvorschläge vom Mitarbeiter.
Vertrauensstufe 2	V2	Wie V1, jedoch möchte der Vorgesetzte vor Versendung an den Kunden die Ergebnisse zur Einsicht bekommen.
Vertrauensstufe 3	V3	Der Mitarbeiter verfügt über Grundwissen in der zu erledigenden Materie. Der Vorgesetzte erwartet bei Fragen zumindest Lösungsansätze. Es darf nichts versendet werden, was nicht vom Vorgesetzten freigegeben worden ist.
Vertrauensstufe 4	V4	Der Mitarbeiter soll sich in die Materie einarbeiten und dem Vorgesetzten einen Vorschlag zur Erledigung unterbreiten. Es darf nichts versendet werden, was nicht vom Vorgesetzten freigegeben wurde. Der Vorgesetzte geht davon aus, dass sich der Mitarbeiter das notwendige Fachwissen erst noch erarbeiten muss. Der Mitarbeiter kann jederzeit Fragen an den Vorgesetzten richten.

Diese Auflistung hat natürlich nicht den Anspruch vollständig zu sein, sondern soll nur einige Beispiele aufzeigen. Ergänzen und kürzen Sie diese Liste wie es beliebt.

13.4.1.3.2 Verantwortung

Zwingende Voraussetzung zur Übernahme von Verantwortung ist Kenntnis darüber, wofür der Mitarbeiter verantwortlich ist.

Dieses eigentlich so simple Prinzip ist in der Praxis nicht so einfach, wie Sie sicher auch schon leidvoll erfahren haben. Der Chef glaubt bei einer Anweisung daran, dass der Mitarbeiter weiß, was von ihm erwartet wird. Beispielhaft bittet der Chef seine Mitarbeiter darum, etwas für einen Kunden zu erarbeiten. Wenn der Mitarbeiter diese Ergebnisse nun direkt zum Kunden schickt, war es falsch, weil der Chef die Ausarbeitung zunächst begutachten wollte. In einem anderen Fall legen die Mitarbeiter die Unterlagen auf dem Schreibtisch des Chefs zwecks Durchsicht. Das war dann auch wieder falsch, weil es sofort direkt zum Kunden weitergereicht werden sollte.

Vielleicht werden Ihnen diese Beispiele bekannt vorkommen. Das Problem ist, dass der Mitarbeiter nicht wusste, welches Vertrauen er genießt. Die Lösung für dieses Problem sind die Vertrauensstufen nach der TKP7e-Methode®.

Nach dieser Methode erhält der Mitarbeiter für seine Daueraufgaben und für Einzelaufträge eine Vertrauensstufe. Tabelle 13.2 zeigt, wie sich diese zusammen setzen.

Für Daueraufgaben wird eine Zuteilung in eine Liste eingetragen (vgl. Tab. 13.3 und Buch der Zuständigkeiten, Abschn. 1.4.1.3.1).

Tab. 13.3 Zuteilung von Daueraufgaben

Nr.	Was	V1	V2	V3	V4	Vertreter	Budget
1							
2							
3							
4							

Durch eine konsequente Umsetzung dieser Methode wird dem Mitarbeiter klar und deutlich aufgezeigt, welche Verantwortung für welche Tätigkeit zu tragen ist.

Bei erstmaliger Zuordnung der Vertrauensstufen werden Sie erkennen, wie schwer eine solche Zuordnung ist und wie unvorhersehbar diese Zuordnung bislang – abhängig von der Tagesform – erfolgte.

Bei Zuordnung der V1-Stufe wird der Mitarbeiter zu Beginn trotzdem versuchen sich die Absolution von der Führungskraft zu holen. Die Mitarbeiter sind es nicht gewohnt für die eigenen erbrachten Leistungen wirklich verantwortlich zu sein. Hier ist Beharrlichkeit gefragt. Nach einer kurzen Zeit erfolgt die Akzeptanz der zugeordneten Vertrauensstufen. Damit verbunden ist ein großer Stolz auf die eigene Arbeitsleistung.

Wenn ein Mitarbeiter die von ihm erbrachte Arbeitsleistung einer V1-Aufgabe auf den Tisch der Führungskraft legt mit der Frage, ob das richtig ist, dann ist wahrheitsgemäß zu antworten, dass die Führungskraft das nicht weiß, da die Aufgabe nicht von ihr erledigt wurde. Das ist manchmal gar nicht so einfach, da Führungskräfte versucht sind, sich sofort die Arbeit wieder zurückübertragen zu lassen. Stattdessen ist dann die Gegenfrage zu stellen, welches Problem denn besteht. Wenn der Mitarbeiter dann antwortet, dass er keine Probleme sieht, dann ist zu sagen, dass dann nicht verständlich ist, warum er zur Führungskraft gekommen ist.

Welche Folgen hat die Anwendung dieser Methode auf die Arbeitsqualität?

Diese Frage ist eindeutig damit zu beantworten, dass die Arbeitsqualität massiv steigen wird. Dies ergibt sich daraus, dass die Mitarbeiter nur Ergebnisse abgeben, von denen sie vollständig überzeugt sind. Vorher ist die Überzeugung dagewesen, dass die Führungskraft evtl. Fehler schon ausfindig machen werde. Für eine vollständige Überprüfung fehlt den Führungskräften aber ehrlicherweise die Zeit. Wäre die Zeit vorhanden, stellt sich die Frage, warum die Aufgabe dann nicht gleich selbst von der Führungskraft erledigt worden ist?

13.4.1.3.3 Feedback

Zunächst einmal das Thema Lob. Hier ist es wichtig, den berechtigten Forderungen der Mitarbeiter gerecht zu werden. Hier gibt es folgende Grundregeln:

- Lob muss ehrlich sein.
- Lob muss unverzüglich erfolgen.
- Lob muss konkret sein.
- Lob muss angemessen zur erbrachten Leistung sein.

Es erfordert daher entsprechende Aufmerksamkeit der Führungskraft, da eine gut erledigte Arbeit schnell im Arbeitsalltag untergeht. Andererseits kann die Führungskraft auch nur loben, was tatsächlich in deren Wissensbereich gelangt ist. Das muss den Mitarbeitern auch erläutert werden. Diese erwarten oft ein Lob für erbrachte Leistungen, obwohl die Führungskraft davon keine oder nur eine geringe Kenntnis hat. Es ist hier wichtig den Mitarbeitern deutlich zu machen, dass ein ehrliches Lob nur dann ausgesprochen werden kann, wenn die Führungskraft die Leistung auch tatsächlich beurteilen kann.

Es ist aus meiner Sicht nichts zu halten von Vorschlägen aus Managementbüchern, die empfehlen, mindestens einmal am Tag zu loben. Es ist dann zu loben, wenn von der Führungskraft eine gute Leistung erkannt worden ist. Dann aber unmittelbar. Hier muss aber jeder selbst seine eigenen Erfahrungen machen. Unterschätzen Sie aber bitte nicht die positiven Auswirkungen von ehrlichem Lob. Der Mensch braucht Lob wie die Luft zu atmen. Wenn gute Arbeit nur mit noch mehr Arbeit und keinerlei Anerkennung verbunden ist, dürfen Sie sich nicht wundern, wenn die Leistungsbereitschaft der Mitarbeiter mittelfristig nachhaltig nachlassen wird.

Was Sie aber unabhängig von situationsbedingtem Feedback tun können, wird nachfolgend dargestellt.

Nachdem die Mitarbeiter den genauen Verantwortungsbereich kennen (Abschn. 13.4.1.3.2) ist es auch möglich, darüber ein Feedback zu geben. Es müssen klare Zielvereinbarungen getroffen werden. Diese Ziele müssen erreichbar und messbar sein.

Es kommen folgende Punkte in Betracht:

- Wertzuwachsziele[1],
- Beurteilung durch Kunden (Kundenzufriedenheitsbefragungen),
- Anzahl der eingebrachten Verbesserungsvorschläge,
- Ergebnisse der internen Audits.

Es handelt sich dann nicht um ein starres Ziel, sondern um ein flexibles Ziel. Der Mitarbeiter kann selbstverantwortlich entscheiden, wie er die Punkte erreichen möchte. Egal wie er sich entscheidet, das Unternehmen generiert einen entsprechenden Wert und das ist das, was wirklich zählt. Besonders wichtig ist auch die Fortbildungen mit aufzunehmen. Auch dafür sollten Punkte vergeben werden. So kann sich die Unternehmensführung sicher sein, dass dieser wesentliche Punkt einer funktionierenden Mitarbeiterkultur selbstverantwortlich vom Mitarbeiter umgesetzt wird. Denn auch hier erhöht der Mitarbeiter,

---

[1] Die meisten Unternehmen vereinbaren Umsatzziele mit den Mitarbeitern. Dies führt jedoch dazu, dass die Mitarbeiter fehlgeleitet werden und wichtige interne Aufgaben nicht die notwendige Beachtung schenken. Warum auch, wenn in der Beurteilung nur nach der Umsatzzielerreichung geblickt wird. Es muss alles berücksichtigt werden, was einen Wert für das Unternehmen hat. So können zum Beispiel interne Projekte mit einem Budget versehen werden, welches anstatt von Umsatz Berücksichtigung findet. Hierfür gibt es dann entsprechende Punkte. Insoweit kann ein Euro „echter" Umsatz ebenfalls mit einem Punkt gleichgesetzt werden.

zumindest solange er dem Unternehmen treu bleibt, durch das zusätzlich erworbene Wissen den Wert des Unternehmens.

Dieses als kurze Erläuterung zu dem „Wertzuwachsziel". Zurück zu der eigentlichen Zielvereinbarung.

Der Mitarbeiter muss fortlaufend über seine Zielerreichung informiert werden. Die Führungskraft bekommt ja auch spätestens monatlich die Ergebnisse seines Bereichs. Dasselbe muss für die Mitarbeiter gelten. Von daher ist mindestens ein monatliches Feedback der Zielerreichung der Mitarbeiter durchzuführen.

Ein ebenso wirksames Instrument ist ein Feedback der Mitarbeiter an die Führungskraft. Dort sollten offene Fragen gestellt werden. Zum Beispiel wie der Mitarbeiter mit seiner Leistung im letzten Monat zufrieden gewesen ist. Ebenso die Frage, was gut und was schlecht gewesen ist. So bekommt die Führungskraft zumindest einmal im Monat ein Feedback vom Mitarbeiter und kann sich entsprechend um Missstände kümmern. In meiner Beratungspraxis bin ich immer wieder verwundert, wie ein solches Instrument selbst bei kleineren Teams von nur 20 Mitarbeitern zur Verbesserung der Zusammenarbeit beiträgt. Durch das monatliche Ausfüllen eines solchen Feedbackbogens der Mitarbeiter an die Führungskraft reflektiert sich der Mitarbeiter und es kommt zum zwangsläufigem Dialog, was ansonsten aufgrund der täglichen Arbeitsroutine auf der Strecke geblieben wäre. Damit dieses Instrument seine volle Wirkung zeigt, muss die Führungskraft sofort auf das Feedback reagieren, damit der Mitarbeiter sich sicher sein kann, dass sein Anliegen ernst genommen wird.

13.5 Zusammenfassung

Ich hoffe sehr, Ihnen wurde nun deutlich, dass unabhängig davon, welche Funktion ausgeübt wird, ein Mensch „nur" ein Mensch mit menschlichen Fähigkeiten bleibt. Stärken Sie die Stärken und bauen Sie darauf eine vertrauensvolle Unternehmenskultur auf. Erlauben Sie sich und Ihren Mitarbeitern in einigen Bereichen schwach zu sein! Das wird Sie und Ihr Unternehmen stark machen! Dabei wünsche ich Ihnen viel Erfolg.

13.6 Über den Autor

Mario Tutas ist von Beruf Steuerberater und erfolgreicher Unternehmer in verschiedenen Branchen und wurde für seine Unternehmensführung mehrfach ausgezeichnet. Seine Spezialkompetenz ist die Personalführung. Er hält bundesweit Vorträge und berät Firmen zum Thema der Personal- und Unternehmensführung. Die Klarheit seiner Botschaften und der große Umsetzungserfolg zeichnen die Führungsmethoden von Mario Tutas aus.

Weitere Infos unter www.mario-tutas.de

Literatur

Collins, J. (2011). *Der Weg zu den Besten*. Frankfurt: Campus-Verlag.

Buckingham, M., & Coffman, C. (2012). *Erfolgreiche Führung gegen alle Regeln*. Frankfurt: Campus-Verlag.

Mehr wissen – weiter kommen!

Ein einfacher Weg zu besseren Arbeitsergebnissen und weniger Stress

Die berufstätigen Löwen Lono und Kimba geben beide ihr Bestes, um in ihrer Arbeitswelt, der Löwen-Liga, zu bestehen. Dort sind die Anforderungen sehr hoch, und die beiden begegnen ihnen auf unterschiedliche Weise. Während es dem ständig von Burnout bedrohten Lono nicht gelingt, Beruf und Privatleben in Einklang zu bringen, kann Kimba den Herausforderungen erfolgreich begegnen. Er erzielt bessere Arbeitsergebnisse und hat die wichtigsten Lebensbereiche gut im Griff. Die Autoren Buchenau und Davis bleiben konsequent in dem von ihnen geschaffenen „Löwen-Universum", in dem es Lion-Mails, den Kollegen Löwenhardt und nach Feierabend auch schon mal ein kühles Löwenbräu gibt. Mit einem Augenzwinkern zeigen die Autoren metaphorisch zwei Möglichkeiten des Umgangs mit beruflichen Herausforderungen auf.

So vermitteln die Löwenfiguren auf humorvolle und unterhaltsame Weise einen Weg zu einer ausgeglichenen Work-Life-Balance – gut gebrüllt, Löwe!

Die Autoren

Peter Buchenau ist seit über 15 Jahren als Krisenmanager, Ratgeber und Redner mit den Schwerpunkten Führung und Krisenmanagement sowie Stress- und Burnout-Prävention auf dem internationalen Markt tätig. Er hält einen Lehrauftrag an der Hochschule Karlsruhe und ist Referent an der HSG St. Gallen. Nebenbei steht er noch als Kabarettist auf der Bühne.

Zach Davis ist Bestsellerautor, spezialisiert auf Zeitintelligenz und PoweReading. Seit 2003 ist er als Referent mit einem „Infotainment auf höchstem Niveau" (Handelsblatt) unterwegs. Der Vortragsredner des Jahres 2011 wurde im Jahr 2012 in Indianapolis/USA zum CSP (Certified Speaking Professional) gekürt. Mit seinen Veranstaltungen erleichtert er Fach- und Führungskräften, Studierenden, Selbstständigen und dem Top-Management das Berufsleben.

Peter Buchenau, Zach Davis
Die Löwen-Liga
Tierisch leicht zu mehr Produktivität und weniger Stress
2013. X, 148 S. 52 Abb.
Br. € (D) 14,99 | € (A) 15,41 | *sFr 19,00
ISBN 978-3-658-00946-5

€ (D) sind gebundene Ladenpreise in Deutschland und enthalten 7% MwSt.
€ (A) sind gebundene Ladenpreise in Österreich und enthalten 10% MwSt.
Die mit * gekennzeichneten Preise sind unverbindliche Preisempfehlungen und enthalten die landesübliche MwSt. Preisänderungen und Irrtümer vorbehalten.

Änderungen vorbehalten.
Erhältlich im Buchhandel oder beim Verlag.

Abraham-Lincoln-Straße 46 . D-65189 Wiesbaden
Tel. +49 (0)6221 / 3 45 - 4301 . springer-gabler.de

Top-Coaches und Berater berichten aus der Praxis

Ein richtungsweisendes Fachbuch zu einem neuen Trend

Der demografische Wandel und ein damit verbundener Mangel an leistungsfähigen Führungs- und Fachkräften, der stete Druck, sich an einem globalisierten Markt zu beweisen, die immer komplexer werdenden Prozesse der internen Administration – all dies stellt Unternehmen und Mitarbeiter vor enorme Herausforderungen. Umso wichtiger wird es in diesem Zusammenhang, die wertvolle Ressource Mensch zu schützen und dessen Arbeitskraft zu erhalten. Gesundheit spielt hierbei eine große Rolle: Gesunde Mitarbeiter leisten mehr, sind produktiver und effektiver. Gesundheit wird zur Chefsache und zum Wirtschaftsfaktor in Unternehmen, wie es auch der kommende sechste Kondratieff-Zyklus vorsieht.

14 Coaches, Berater und Trainer beschreiben bezogen auf ihr jeweiliges Fachgebiet, welchen Einfluss der Faktor Gesundheit künftig auf Unternehmen haben wird, und geben praktische Hinweise für einen zeitgemäßen Umgang mit diesem wichtigen Thema.

Die Zielgruppen

- Führungskräfte und Personalverantwortliche sowie Gesundheitsbeauftragte in Unternehmen
- Studierende und Dozenten in den Fachgebieten Betriebswirtschaftslehre, Sozialarbeit und Gesundheitsmanagement

Peter H. Buchenau (Hrsg.)
Chefsache Gesundheit
Der Führungsratgeber
fürs 21. Jahrhundert
2013. XII, 258 S. 48 Abb. Brosch.
€ (D) 29,99 | € (A) 30,83 | *sFr 37,50
ISBN 978-3-658-01417-9

€ (D) sind gebundene Ladenpreise in Deutschland und enthalten 7% MwSt.
€ (A) sind gebundene Ladenpreise in Österreich und enthalten 10% MwSt.
Die mit * gekennzeichneten Preise sind unverbindliche Preisempfehlungen und enthalten die landesübliche MwSt. Preisänderungen und Irrtümer vorbehalten.

Stand: November 2013. Änderungen vorbehalten.
Erhältlich im Buchhandel oder beim Verlag.

Abraham-Lincoln-Straße 46. D-65189 Wiesbaden
Tel. +49 (0)6221 / 3 45 - 4301 . springer-gabler.de

Printing: Ten Brink, Meppel, The Netherlands
Binding: Ten Brink, Meppel, The Netherlands